KB164916

문예신서
137

구조주의의 역사

백조의 노래: 1967년에서 70년대

프랑수아 도스

김웅권 옮김

東 文 選

구조주의의 역사

백조의 노래: 1967년에서 70년대

FRANÇOIS DOSSE

Histoire du structuralisme · II

le champ du signe, 1945-1966

© 1992, Éditions La Découverte

This edition was published by arrangement
with Éditions La Découverte, Paris

"구조주의는 새로운 방법이 아니다.
그것은 현대의 지식에 대한 깨어 있는 불안한 의식이다."
—— 미셸 푸코, 《말과 사물》

차 례

머리말

구조주의인가, 구조주의들인가? 구조주의자들의 승리에 찬 도정은 50년대와 60년대에 큰 영향을 미쳤고, 앞서 나온 I·II권에서 **기호의 영역**을 기술하게 해주었다. 이 도정이 끝나는 시점에서 분명하게 보이는 것은 구조주의의 현상이 개별적 학문의 논리들과 개인들로 이루어진 다원적 현실을 포함하고 있다는 점이다. 이 현상은 어떤 유령적인 학파에 속한다기보다는 부조화를 이루는 모자이크의 성격을 띠고 있다. 비록 특정 시선과 많은 개념적 교환들이 **구조주의의 시기**를 식별하게 해준다 할지라도 말이다. 60년대 중반에 루이 알튀세와 미셸 푸코의 시도가 하나의 혁신된 철학을 중심으로 사회과학의 가장 현대적인 연구들, 모두가 구조주의적이라는 용어로 구분되었던 그 모든 연구들을 결집하려는 통일적 의지를 나타냈다는 점에는 이론이 없다. 우리가 이미 본 바와 같이 1966년에 이 야망은 절정에 달했다.

그러나 아주 신속하게 1967년부터 균열들이 나타나 1차 시기의 결집들이 흔히 지녔던 인위적인 성격을 드러내게 된다. 그리하여 각자는 구조주의자라는 수식어를 피하기 위해, 일찍이 구조주의자였다는 점까지 거부하면서 거리를 두고 샛길을 찾아나선다. 예외적으로 레비 스트로스만이 현실의 우여곡절로부터 벗어나 자신의 길을 계속 추구한다.

역설적이지만 바로 1967년에 매체들이 구조주의의 통일성과 성공을 발견해 찬양하는 반면에, 구조주의자들은 자신들이 인위적 통일성이라고 평가하는 것과 거리를 두게 된다. 따라서 당시는 해체·분산·퇴조의 시기였다. 그러나 이 시기는 다른 시간성에 따라 이루어지는 구조적 연구들의 리듬에 피상적으로만 영향을 미친다. 1968년 5월 운동을 이용한 구조주의의 제도적 성공은 전통에 대한 반항과 반문화의 깃발을 상실한 하나의 프로그램을 평범화시키고 동화시키는 데 있어서 매우 중요한 단계를 구성하게 된다. 이 프로그램은 결국 사회과학에서 이론적인 조용한 연구 지평들 가운데 하나가 된다.

I

최초의 균열

1

촘스키 이론: 새로운 경계인가?

1967년 니콜라 뤼베는 자신의 박사학위 논문을《생성문법 서설》이라는 제목으로 플롱사에서 출간한다. 그는 이 책에서 촘스키의 원칙들을 설명하는데, 이것은 많은 언어학자들에게 그렇듯이 그에게도 1차 구조주의 시기와의 근본적인 단절을 표현했다. 1933년에 태어난 니콜라 뤼베는 리에주에서 최초 교육을 받았으나, 당시 소르본에서 실시하는 것과 유사한 교육에 불만을 품었다. 그렇지만 1959년에 그는 벨기에를 떠나 파리로 온다. "나는 다소간 민족학에 대해 생각하고 있었다. 처음에 음악도였던 나는 소쉬르·트루베츠코이·야콥슨 같은 자들의 언어학적 저서들을 상당수 읽었다."[1] 따라서 뤼베는 단번에 여러 학문들이 합류하는 지점에 있었고——이는 총합화시키고자 하는 구조주의의 욕망을 나타내는 좋은 징후이다——진행중인 과학적 모험에 참여하려고 고심하면서 엄밀성을 추구하러 떠난다.

파리에 오자 그는 콜레주 드 프랑스에서 에밀 벵베니스트의 강의, 소르본에서 앙드레 마르티네의 강의, 고등연구원에서 클로드 레비 스트로스의 세미나를 동시에 수강한다. "처음에 나를 열광케 했던 것은 레비 스트로스의 세미나로 이동했다. 그는 막 영어로 출간된 로만 야콥슨의 〈언어학과 시학〉이라는 대단한 논문을 가져왔던 것이다. 그는 매혹되어 있었고, 두 시간의 강의를 이 논문에 할애하면서 텍스트를 거의 다 읽어 주었다."[2] 그후 곧바로 1962년에 뤼베는 하나의 시학 프로그램을 연구하기 위해 벨기에 국립과학연구재단(FNRS)에 들어간다. "나는 보들레르에 관한 박사학위 논문을 쓸 생각이었으나 결코 이루지 못했다."[3] 1963년에 그는 당시의 주요한 출간물의 하나인 야콥슨의 논문 모음집——이 책은 《일반언어학 시론》이라는 제목으로 미뉘사에서 나온다——의 서문을 쓸 뿐 아니라, 친구인 뤼시앵 세박과 함께 라캉의 문제적 세미나에 드나든다. 그가 라캉이 생 트로페에 임차한 집에서 1960년 촘스키를 발견한 것은 전적으로 뜻밖이었으며, 세박과 라캉의 딸, 그리고 몇몇 친구들과 여행을 할 때였다. "나는 라캉에게 연구실 역할을 했던 방에 홀로 있었다. 그곳에는 무통사에서 출간된 푸른색의 작은 책 한 권이 책상 위에 뒹굴고 있었다. 그것은 촘스키의 《통사론 체계》였다. (…) 나는 바캉스가 끝나자 그 책을 즉시 주문했고, 아주 흥미롭다고 생각했다. 그러나 나는 아무것도 이해하지 못했다. 나에게는 너무나 많은 요소들이 아직도 부족했던 것이다."[4] 이와 같은 독서에도 불구하고 니콜라 뤼베는 여전히 야콥슨과 옐름슬레우를 뒤따른다. 그는 1964년에 일반언어학의 상황에 관해 초점을 맞춘 논문을 에릭 드 당피에르를 위해 쓰는데, 이 논문에서 그는 구조주의를 찬양한다.[5]

촘스키 이론으로의 전환

그러나 바로 1964년 그 시점에서 모든 것이 흔들린다. 그때 리에주의 친구 하나가 뤼베에게 막 출간된 폴 포스탈의 저서인 《조직 구조. 통사적 기술의 현대적 양식에 관한 연구》를 빌려 준 것이다. 저자는 이 책에서 촘스키의 큰 개념들을 소개했다. "나는 리에주-파리간 열차에서 그 책을 읽었고, 생성문법학자가 되어 북부역에서 내렸다. 몇 시간 동안에 나는 내가 가야 할 길을 찾은 것이다. 모든 것이 뒤집어졌다. 나는 에릭 드 당피에르를 위한 논문을 마감해야 했다. 그러나 나는 그것을 더 이상 믿지 않았다."[6] 그리하여 뤼베는 생성주의(générativisme)에 관한 모든 것을 읽기 위해 꼬박 3년을 보내고 자신의 박사학위 논문——처음에 그는 이 논문을 출간할 생각이 없었고 다만 공식적인 학위를 취득해, 대부분의 구조주의자들이 그렇듯이 약간은 이질적인 경력을 마감하고자 했다——을 준비한다. 그러나 곧바로 이 책은 1967-1968년에 언어학을 발견하는 새로운 세대의 애독서가 된다.

그때까지 촘스키는 프랑스에서 거의 알려지지 않았다. 물론《통사론 체계》는 1957년에 나왔다. 그러나 이 책이 프랑스의 쇠이유사에서 나오기 위해서는 1969년까지 기다려야 한다. 따라서 그 사이에 촘스키 이론의 소개는 이전 시기와 완전히 단절한 니콜라 뤼베에 의해 이루어진다. 1966년부터 그는 생성문법을《언어들》지 4호에서 소개한다. 뤼베는 촘스키에게서 소쉬르와 야콥슨에 의해 당시까지 방치된 통사론에 대해 연구할 수 있는 가능성을 보았다. 그러나 보다 많은 과학성을 향한 공통적 탐구라는 측면에서 구조주의와 촘스키 이론 사이에 연속성이 있긴 하지만, 뤼베에 따르면 생성주의의 이점은 오류를 증명할 수 있는 것으로 제시된 과학에 대한 포퍼적인 개념에 있다. "단절은 오류를 증명할 수 있는 가정들을 제안할 수 있는 가능성 속에 있다."[7] 생성주의는 계산이 기계적으로 이루어질 수 있는 산식처럼 기능하는 명료하고 분명한 이론의 요구를 상정한다. "카를 포퍼는 귀납법의 원리를 토대로 과학을 성립시킨다는 것이 불가능하다는 점을 분명히 보여 주었다."[8] 언어 능력의 구조인 심층 구조와 표층 구조로 언어가 이중적으로 분절됨에 따라 이중의 보편성이 전제된다. 하나는 적절한 규칙과 체계의 보편성이고, 다른 하나는 "일정 수의 본질적인 보편소들의 보편성이다."[9] 보편소들의 이와 같은 탐구는 구조주의적 야심을 수용하여 보다 멀리 끌고 가려 한다. 구조주의적 야심은 플라톤이《소피스테스》(262 a-c)에서 언급한 일반 원칙에서 영감을 얻었는데, 이 원칙은 이미 '구조언어학의 실질적인 토대'[10]를 제공했다. 플라톤은 이 책에서 하나의 기호 체계에 대한 연구는 일정 수의 제한된 조건들을 전제한다고 주장하고 있다. 이 조건들은 최소 단위들의 탐지, 이 단위들의 유한적인 수, 그것들을 결합할 수 있다는 사실, 그리고 마지막으로 모든 결합들이 가능한 것은 아니다라는 점이다.

우리가 앞으로 보게 되겠지만 1968년 5월 운동이 구조주의적 패러다임을 대부분 약화시키게 되는 반면에, 촘스키 이론은 60년대말의 사건들과 조화를 이루고 공생 상태에 있다. 그러나 이는 이상한 오해에 토대를 두고 있다. 우선 촘스키는 미국적인 의미에서 과격한 의견의 소유자이다. 왜냐하면 베트남 전쟁에 항의하기 때문이다. 그리고 이런 의미에서 그는 비판적 태도의 표현 자체처럼 나타난다. 그러나 특히 프랑스인들은 '무언가를 낳고 풍요롭게 하며 움직인다는 의미에서' 생성적이라는 낱말을 이해했다. "사람들은 정적인 구조들을 더 이상 원하지 않았다. 그래서 구조주의는 보수주의와 연결되었지만, 사실 생성적이라는 용어는 이 모든 것과 아무 관계도 없는 순전히 기술적(技術的)인 용어이다."[11] 반대로 촘스키가 볼 때 생성문법은 명료한 문법, 다시 말해 주체들의 언어 능력 모델의 문법 이외에 아무것도 의미하지 않으며, "법칙을 통해 명료하게 열거한다는 것을 단순히 의미한다."[12] 풍부한 오해들 때문에 촘스키 이론에서 역사·운동·구조를 화해시킬 수 있는 방법을 보게 되는 반체제적 세대와 생성문법의 예기치 않은 만남이 이루어지게 된 것이다. 비록 이러한 인식이 곡해에 토대를 두고 있지만, 그것은 생성주의가 프랑스에 침투하게 해주는 방식이었다.

생성주의의 고고학

두번째 오해는 촘스키가 자신의 비판에서 유럽 구조주의를 지칭하지 않고, 레너드 블룸필드의 미국 구조주의와 이른바 '예일학파'라는 그의 '분포주의' 학파를 언급했기 때문이다. 이 분포주의학파는 50년대 미국에서 언어학을 지배하고 있었다. 행동주의 심리학에서 영감을 얻은 블룸필드는 언술의 의미에 대해 탐구하지 않고, 언어의 메커니즘들을 기술하고 규칙성이 부각되도록 하는 데 만족해야 한다고 생각했다. 이와 같은 방식은 언술을 직접적인 성분들로 해체하고, 그것들을 분포상의 질서로 분류하는 2개의 작용을 전제했다. 따라서 촘스키 이전의 미국 언어학은 본질적으로 기술적(記述的)이었고, 선조성을 나타냈으며, 파롤의 행위들과 이것들의 의미 사이에 전제된 투명성에 토대를 두고 있었다. 미국 구조주의에 의해 식별된 대립 체계들은 특히 유심론의 회피를 가능하게 해주었다. 분포주의적이고 기술적인 이와 같은 방법은, 특히 20년대부터 아메리카 인디언들의 다양한 언어들을 복원하고자 하는 의지에 의거하고 있었다. 이는 소쉬르 이론과 거리를 둔 보아스·사피어 등과 함께 대서양 건너편에서 전개된 민족언어학(ethnolinguis-tique)의 관점이었다. "촘스키 이론의 단절은 미국 언어학파와 관련되어 설정되었다. 이 단절은 분명했지만, 아무도 이의를 제기하지 않았던 하나의 토대가 있었다. 그것은 분절이다. 어떤 이론도 문장의 구조를 분석하겠다는 계획이 없었다."[13]

미국 구조주의(또는 분포주의)의 계보는 1951년에 방법을 기술한 젤리그 해리스를 경유한다.[14] 그는 블룸필드처럼 이 방법에서 의미와 분포의 상응 관계를 전제하고, 표상적이고 동질적인 자료체의 구성에 의거하는 방식의 원리들을 규정한다. 이는 계속적인 분할들을 통해서 언어의 상이한 형태소들과 음소들의 결정에 이르기 위한 것이다. 이와 같은 최초의 구조들에 다다르기 위해 해리스는 계산의 기계적 법칙들을 규정하고 주관주의의 흔적이나 문맥적인 흔적은 모두 제거한다. "예를 들어 문장의 주어와 같은 기능적인 개념들은 분포의 복잡한 부류들에 의해 대체되어야 했다."[15] 따라서 화자의 지향성을 나타내는 모든 형태는 분포주의의 과학적 영역으로부터 배척된다. 그래서 해리스는 블룸필드의 논리를 끝까지 밀고 가고, 동치 부류들에 입각해 담화적 구조들의 연구에 도달하기 위해 변형의 개념을 도입한다. 이러한 연구 방향은 그를 점점 더 정교한 형식화로 끌고 가는데,[16] 이는 기본적 조작자들로부터 구성된 제한된 수의 기본적 문장들의 다양한 담화적 발현들을 파생시키기 위한 것이다. "이러한 모델에서 모든 것은 의미를 객관적 정보에 동일화시키는 작업에, 그리고 어떤 취약한 의미론의 편견에 토대를 두고 있다."[17]

생성주의의 원칙

촘스키는 우선 해리스의 분포주의의 계보 속에 위치한다. 그러나 그는 방법의 명료한 성격을 유지하지만, 곧바로 매사추세츠공과대학(MIT)에서 모리스 할과 함께 자신의 연구를 새로운 방향, 즉 '생성적' 방향으로 옮긴다. 그리하여 그는 언어의 풍요로움을 철저히 드러내지 않는 자료체에 분포주의가 강제하는 제한들을 인정하지 않는다. 그는 그 이상으로 단순한 기술적(記述的) 단계를 뛰어넘어 설명의 보다 본질적인 수준에 다다르고자 한다. 그리하여 그는 분류학적 방법들을 규탄하고, 1차적으로 자신의 연구 영역을 통사론에 제한하여 그것을 특수한 사용에 대해 자율적인 문법, 독립적인 이론으로 구축한다. "이러한 연구의 최종 결과는 개별적 문법들에서 사용되는 기술적(記述的) 메커니즘들이 개별 언어들에 대한 특별한 참고 없이 추상적으로 제시되고 연구될 수 있는 언어학적 구조의 이론이 되어야 할 것이다."[18] 이러한 문법의 형태는 귀납적 결과가 나오게 되는 어떤 자료체로부터가 아니라, 가능성들을 명백히 하는 작업으로부터 출발하는 생성적 메커니즘의 형태가 되게 된다.

그러나 방법의 형식주의와 이것에 의한 의미의 거부는 생성주의를 구조주의와의 연속성 속에 포함시킨다. "언어에 대한 이러한 견해는 극도로 강력하고 일반적이다. 우리가 그것을 채택한다면, 우리는 화자를 본질적으로 이런 유형의 기계(수학에서는 상태의 유한수를 지닌 마르코프 과정이라는 말로 알려져 있다)인 것처럼 생각하게 된다."[19] 1957년에 이와 같은 생성문법 구축의 기술적인 전제들을 제시한 후, 촘스키는 1965년 《통사론 이론의 측면들》의 출간을 통해 자신의 방법을 역사적으로 그리고 이론적으로 확립하면서 이 문법에 철학적 연장(延長)이라는 측면을 부여한다. 이 책은 1971년 쇠이유사에서 번역 출간되었다. 어린아이는 모두 모국어를 놀라울 정도로 신속하게 배우고, 따라서 어떤 언어도 습득할 수 있는 능력을 잠재적으로 지니고 있다는 확실한 사실로부터 출발한 촘스키는 이로부터 맥락적 환경의 근본적 결정이 아니라 그 반대로 언어들, 즉 언어의 보편소를 지배하는 보편적 법칙들의 결정을 도출해 낸다. 따라서 모든 개인은 언어 능력을 태생적으로 타고났으며, 이 언어 능력은 그가 그것을 가지고 이룩하게 되는 것, 다시 말해 각각의 개별 언어의 사용이 구성하는 특수한 언어 수행과는 구분되어야 한다.

그리하여 촘스키의 언어학적 보편 이론은 생득설과 합류하고, 문화적 차이들을 넘어서는 인간성의 개념에 의거한다. 이러한 보편주의적 야심 또한 자연과 문화의 접합점에서 구조주의의 통합적 프로그램과 합류한다. 그러나 촘스키 이론에서 분석의 출발점은 더 이상 개별 언어의 기술이 되지 않는다. 그것은 현실에 도달하기 위해 개념, 구축된 것으로부터 출발하게 된다. "언어학 이론의 근본적 대상은 완전히 동질적인 언어적 공동체에 속하는 이상적인 화자-청자이다."[20]

촘스키는 포르루아얄의 문법으로 거슬러 올라가는 유럽 언어학의 전통을 원용함으로써, 역사적으로 자신의 방법을 이중으로 뿌리 내리게 한다. 그는 17세기 데카르트의 합리주의에 의거해 이 시대의 생득설과 데카르트의 실체론을 수용하고[21] 유전학의 도움을 받아 이 생득설을 과학적으로 성립시키기를 기대한다. 그는 여기서 언젠가 정신적 울타리에 접근하겠다는 레비 스트로스의 야심과 만난다. "모든 것은 마치 (…) 말하는 주체가 정연한 규칙 체계, 유전적 코드를 자신의 사유하는 실체에 동일화시킨 것처럼 이루어지고 있다."[22]

촘스키에 따르면, 기술공학적인 현대성의 시대에 이러한 근본적 구조는 유전학의 도움으로 밝혀질 수 있다는 것이다. "인지과학의 프로그램을 자기 것으로 수용하면서 촘스키는 케임브리지학파와 더불어 다음과 같은 제안을 받아들인다. 즉 하나의 관념은 컴퓨터에 코드화된 정보와 같은 구조를 지니고 있다."[23] 촘스키는 언어학이 생성문법을 통해 다다른 단계에서, 갈릴레오적 의미에서 과학이 되는 기대를 할 수 있다고 생각한다. 촘스키의 과학주의는 명료하고, 그의 모델은 자연과학 속에서 설정된다. 그는 자신의 근본적 구조, 즉 언어 능력의 구조를 가지고 '구조의 존재론'[24]으로 방향을 정한다.

언어 능력/언어 수행의 구분은 소쉬르적인 계보 속에서 랑그/파롤의 구분을 수용하는 것인가? 프랑수아즈 가데는 결국 전자의 구분에서 소쉬르의 프로그램과의 연속성을 본다. "이것이 바로 그[촘스키]의 견해들이 소쉬르와 일치하는 본질적인 요점이다. (…) 언어 능력은 소쉬르의 랑그와 비교될 수 있다."[25] 실제로 우리는 야콥슨에 대한 촘스키의 실질적인 참조가 뒷받침하는 이 두 개념적 커플 사이에 매우 강력한 유사성을 식별해 낼 수 있다. 비록 60년대초부터 소쉬르가 언어에 관한 순진한 견해를 지닌 것으로 소개되고 있다 할지라도 말이다. 그러나 니콜라 뤼베가 볼 때, 촘스키의 경우 언어를 창조하는 성격의 강조는 이 점에서 "언어 능력과 언어 수행 사이에 촘스키가 단행한 구분이 랑그와 파롤 사이의 소쉬르의 이분법에 근본적으로 대립된다는 사실을 함축한다."[26] 소쉬르의 경우 랑그가 요소들의 단순한 분류로 규정되고 창조는 오직 파롤에 국한되어 있는데 비해, 촘스키는 창조성을 2개의 유형으로 나누고 하나는 규칙을 바꾸는 창조성으로, 다른 하나는 규칙에 의해 지배되는 창조성으로 규정한다. 첫번째 유형은 언어 수행에 속하고, 두번째 유형은 랑그의 능력에 속한다. 니콜라 뤼베가 이러한 분절점에서 간파해 내는 것은, 말하는 주체가 전에 결코 들어 본 적이 없는 문장들을 이해하거나 표명할 수 있는 토대인 무수히 많은 가능한 문장들을 전제하는 그 구상 덕분에 언어에 대한 고찰을 근본적으로 새롭게 하고 있다는 점이다.

구조주의는 촘스키가 탈역사화되고 탈문맥화된 인간성의 오랜 개념에 의거할 때 부지불식간에 자연주의로 변모된다. 그리하여 그것은 자연 속에 있는 구조를 재발견한다. "모든 진정한 사회과학, 혹은 사회 변화에 관한 모든 혁명적 이론은 인간성에 대한 몇몇 개념들에 토대를 두어야 한다."[27] 구조주의는 언어학이 한 요소를 구성하게 되는 인지심리학으로 관점을 재설정하고, 그렇게 하여 인지주의와 뉴런적 인간의 미래적 패러다임을 예고한다. 촘스키는 행동주의심리학에 대립하여 생득설과 그것의 유전적 뿌리 내림을 강조한다. "일반적 원칙들을 언어 습득을 가능하게 해주는 생물학적 여건의 속성들로 간주하는 것이 문제였다."[28] 그러나 촘스키의 탐구 영역은 여전히 엄격하게 언어학적이고 통사론적이며, 그가 생물학에서 얻은 영감은 본질적으로 방법론적인 유사한 역할을 할 뿐이다. 이 영감이 보편적 문법을 구성하는 장치의 확립을 목표로 하고 있다는 점에서 말이다.

니콜라 뤼베가 볼 때 촘스키가 제시하는 관점은 그에게 자신의 길을 발견하게 해주었고, 구조주의가 그를 묶어 놓았던 어둠으로부터 벗어나게 했지만, 많은 언어학자들은 구조주의와 생성주의 사이의 주요한 의미 있는 단절을 보지 못했다. "내가 볼 때, 촘스키는 심층적으로 구조주의자이다. 그는 소쉬르의 계승자이다"[29]라고 루이 장 칼베는 말했다. 칼베에게 소쉬르의 유산은 사회적인 것, 구체적 상황들, 사회학적·심리학적인 방향들과 단절된 과학적 대상으로서의 언어에 대한 연구 속에 자리잡고 있다. 그러나 발견에 도움이 되는 관점에서, 칼베는 촘스키가 통사론을 위한 모델의 개념이라는 수준에서 진보를 이룩했다는 점을 인정한다. 오스발트 뒤크로가 볼 때도 촘스키는 소쉬르를 잇고 있다. "나는 촘스키가 구조주의와 대립한다고 결코 느끼지 못했다. 언술의 총체를 설명하는 형식적 체계를 추구한다는 사실이 어떤 면에서 반구조주의적인지 모르겠다. 다만 그가 역사적인 이유들로 인해 프랑스에서 구조주의자로 불리었던 사람들에게 많은 위협이 되었다는 점은 사실이다."[30] 촘스키는 주체의 개념과 문맥의 개념에 낯설며, 데카르트를 참조하면서 대륙의 모델에 의지해 자신의 입장을 드러낸다. 그런 만큼 사실 그는 자신의 생성문법을 유럽 구조주의의 문제 제기로부터 구축하고 있는 것 같다. 이런 관점에서 발화 행위의 언어학은 두 흐름의 어느쪽에도 손을 들어 주지 않는다.

촘스키 이론: 반구조주의인가?

그러나 긴장은 한편으로 촘스키 및 그의 제자들과, 다른 한편으로 유럽에서 특히 앙드레 마르티네와 더불어 구조주의를 대표하는 상당수의 저명한 자들 사이에 즉각적으로 강렬했다. 그러나 앙드레 마르티네는 미국에서 1946년부터 1955년 7월까지 10여 년을 보낸 바 있으며, 2개의 큰 언어학 잡지 가운데 하나인 《워드 *Word*》를 이끌었다. 이 잡지의 문제들은 지배적인 주변의 블룸필드 이론과 철저하게 단절하고 있었다. 따라서 바로 앙드레 마르티네에게 촘스키는 50년대 중반에 통사론에 대한 자신의 최초 논문을 맡긴다. "촘스키는 《워드》지에 싣기 위해 자신의 논문을 나에게 보내왔다. 나는 그것을 읽고 나서 즉시 말했다. 불가능해! 이런 방향을 잡으면 어려운 궁지에 빠지게 된다. 그리하여 나는 촘스키 이론의 커다란 적으로 분류되었다."[31] 논쟁은 즉각적으로 격렬했다. 그러자 앙드레 마르티네는 단절에 탐닉하는 새로운 세대에 의해 살아생전에 '고물'로 밀려나는 처지를 참아내기가 어렵게 된다. 반작용으로 그는 자신의 벙커 속에 갇힐 위험을 무릅쓰고 구조적 방법들의 어떠한 확대도 그만큼 더 강력하게 거부하는 경향을 보이게 된다. 그러나 특히 그는 촘스키 이론의 유행에 대해 못마땅해하면서 자신이 물려받았다고 느낀 유산을 온전히 간직하는 데 고심했다. "촘스키가 모든 언어들이 본질적으로 동일하고, 따라서 하나의 심층적인 구조가 있다고 주장했을 때, 그는 **선험적** 주장의 절정을 이루었다."[32]

그래서 앙드레 마르티네는 자신을 아무것도 존중하지 않는 위험한 구조주의자로 생각하는 인본주의적 전통과 촘스키 이론의 전개 사이에 옴짝달싹 못하고 있는 처지가 되었다. 그는 언어에 대한 순전히 형식적인 개념에 저항하는 인본주의적 입장을 내세워 촘스키 이론은 엔지니어의 언어학이라 규정했다. 프라하학파의 업적과 문헌학의 대(大)계승자로서 마르티네는 "수학과 정보학에서 수련을 쌓기 위해 학창 시절로 되돌아가야 한다는 생각을 할 수 없었다. 그는 마음에 들지도 않고, 자신을 불안정한 상황에 빠뜨린다고 느껴지는 그런 길에 들어서기보다는 미국을 떠나는 것을 택했다. 물론 그가 이런 일에 대해 그만큼 더 어떤 쓰라린 감정을 간직한 것은 이중의 도전을 받았기 때문이다. 즉 한편으로 외연을 확대하고자 하는 자들, 즉 구조적 방법을 확장하고 싶었던 자들에 의해서, 다른 한편으로 이 방법을 형식화시키고자 한 자들에 의해서 말이다."[33]

클로드 아제주에게 생성문법은 분명히 하나의 단절을 나타내지만, 그는 그것을 부정적으로 간주한다. 생성문법이 '사회적이고 역사적인 모든 기식 상태'[34]로부터 벗어난 형식적인 방법을 구축하기 위해 사회적인 것과의 단절을 급진화시켰다는 점 때문이다. 랑그/파롤이라는 소쉬르의 이분법 역시 반사회학적이었지만, 소쉬르는 여전히 뒤르켐의 사상으로부터 자양을 얻었다. 그래서 우리는 랑그/파롤의 이분법을 뒤르켐이 사회 관계에 의해 정의된 체계와 개인의 창의성으로부터 비롯되는 체계 사이에 확립한 구분을 언어학적인 차원에서 중복시킨 것으로 읽을 수 있다. 그런데 "촘스키는 프랑스와 독일에서 오랜 선구자들을 지녔던 이러한 사회학적 전통을 완전히 저버렸다."[35]

사실 촘스키는 하나의 전통, 특히 비교주의 전통과 단절한다. 그는 생성주의가 본질적으로 부정적 결과를 낳았다고 생각하는 앙드레 조르주 오드리쿠르도, 야콥슨과 벤베니스트의 엄격한 계보 속에 남아 있던 츠베탕 토도로프도 설득시키지 못하게 된다. "최초의 구조주의자들은 산스크리트 · 중국어 · 페르시아어 · 독일어 혹은 러시아어를 예로 인용할 수 있는 능력을 지니고 언어의 다원성에 잠겼던 자들이다. 그런데 촘스키는 이 모든 것의 총체적이고 철저한 부정이었다. 왜냐하면 그는 언제나 영어, 다시 말해 모국어에 대해 작업을 했기 때문이다. 비록 촘스키가 그가 작업했던 것에 대해서는 훌륭한 전문가였다 할지라도, 그의 영향은 언어학 영역을 아주 충격적으로 빈약하게 만들어 버림으로써 재앙적이 되었다."[36]

사실 촘스키는 모국어에 제한한 이와 같은 한계 설정을 이론화했고, 그것을 방법론적 요구 사항으로 만들었다. 그리하여 연구되는 언어를 태생적으로 말하는 화자만이 하나의 문장이든 아니든 문법성을 알아볼 수 있다는 것이다. 게다가 통사론에 기울어진 관심은 진보임과 동시에 당시까지 방치되었던 새로운 분석 영역에 대한 개방으로 느껴졌을 뿐 아니라, 이 연구가 음성학이나 의미론과 같은 가능한 다른 접근들을 배제하는 것으로 제시될 때는 폐쇄로 느껴지기도 했다.

생득설에 대해서, 다시 말해 표층 구조와 심층 구조 사이의 구분에 관해서 말하자면 그것 또한 일부 사람들에 의해서 후퇴로 인식되었다. 과연 그것은 포르루아얄의 논리로의 명백한 회귀를 함축했던 것이다. 이 논리에 따르면 사고는 언어와 독립적으로 형성되고, 언어는 사고를 전달하는 데에만 사용된다. 이는 본질적으로 언어에 대한 도구적 개념으로서 소쉬르 이후로 구조주의에 의해 반박되었다. "나에게는 분명하다. 그것은 하나의 이데올로기, 구조주의가 비판한 이데올로기이며 사유하는 인간성, 인간적인 본질, 어떤 선험성이 존재한다는 발상이다. 구조주의는 이런 발상을 강하게 거부했다."[37] 사실 촘스키가 심층적 구조, 즉 인간성에 대한 개념을 통해 가정하는 이론적 토대는 구조주의 일반, 예를 들면 벤베니스트에 의해 표명된 기본 원리와 거리를 두고 있다. 이 원리에 따르면 "언어학자는 언어가 없는 사고는 존재할 수 없다고 판단한다."[38]

촘스키 이론: 구조주의의 두번째 바람인가?

촘스키의 생성주의에 대한 구조주의자들이나 기능주의자들의 편견이 어떠하든, 이 생성주의가 60년대말에 프랑스에서 언어학에 대한 두번째 바람을 나타낸다는 점은 부인할 수 없다. 프랑스 땅에 그것의 유입은 변형이라는 개념에 부여된 우위를 거쳐 이루어진다. 게다가 생성주의는 변형문법의 용어로 먼저 알려졌던 것이다.

이 이론 모델의 주요 선포자들 가운데 하나는 프랑스어에 그것을 적용하는 데 매진한 장 뒤부아이다. 그는 1965년부터 해리스의 분포주의의 몇몇 측면들을 적용했었다.[39] 매우 일찍이 장 뒤부아는 프랑스어 문법학자로서 전통적 인문학의 죽은 언어들에 대한 고찰과 단절하고 미국에서 사용중인 모델들로 방향을 바꾼다. "블룸필드는 내가 좋아하는 독서 대상이었다. 미국인들 역시 그들이 말하지 않았던 언어들, 즉 아메리카 인디언 언어들에 대해 연구하고 있었다."[40] 장 뒤부아의 지지는 또한 몬트리올의 한 병원에서, 그리고 프랑스에서 여러 해 동안 신경학 분야에서 앙리 에카엥 박사와의 작업을 통해 이루어진다. 게다가 그는 기능주의적인 구조주의·분포주의, 그리고 생성주의의 방법들 사이에 합병을 실현시키는 절충적 입장을 지지한다. "현대 프랑스어 사전을 만들어야 한다는 사실은 나로 하여금 반은 구조적이고, 반은 변형적인 방법을 사용하게 만들었다."[41] 이론적인 차원에서 장 뒤부아는 그를 다양한 흐름의 합류점에 위치시키는 자신의 제도권적 상황을 표현한다. 그는 낭테르대학교의 교수였고, 라루스사에서 《언어들》지와 같은 이름의 총서를 담당하는 책임자였으며, 마르크시즘연구센터(CERM) 내 프랑스 공산당 언어학자들 가운데 적극적인 멤버였던 것이다.

뒤부아가 생성주의에 대해 가진 관심은 마르티네와 결정적인 불화를 야기한다. 마르티네는 점점 더 많이 촘스키를 참조하는 상황을 견디지 못하고, 이에 대한 이의를 제기하기 위한 과격한 활동을 상상한다. 뒤부아는 그들 사이의 분쟁을 라루스사와의 관계까지 거슬러 올라간다. "마르티네는 자신의 잡지와 총서를 만들기 위한 교섭을 벌였다. 그리고 이어서 그는 말도 없이 PUF[1]사와도 유사한 협상을 벌였는데, 이는 서투른 솜씨였다. 왜냐하면 그는 매우 정직한 사람이었기 때문이다. 마르티네는 출판사 이름에 '대학'이라는 낱말이 들어 있다는 이유로 PUF사를 선호했기 때문에 이 협상은 라루스사의 경영진을 더욱 불쾌하게 만들었다. 마르티네는 라루스사

---

1) 프랑스대학출판사(Press Universitaire de France).

가 자신을 빼고 계획을 실현시키는 것에 매우 못마땅해했다. 사실 나는《언어들》이라는 잡지를 (1966년에) 창간시킬 수 있는 입장에 있었지만, 나 자신을 마르티네와 같은 높이에 있다고 결코 간주하지 않았다."[42]

촘스키 이론의 이와 같은 유행에서 특히 주의를 끌게 되는 것은 구조들의 가능한 활성화이고, 발생과 구조 사이의 가능한 화해이다. 설사 그런 것들이 촘스키의 의도는 아니었다 할지라도 말이다. 줄리아 크리스테바를 포함한 젊은 세대의 언어학자들 전체의 경우도 마찬가지이다. "나는 많은 흥미를 느끼며 촘스키를 받아들였다. 왜냐하면 그의 모델이 음운론보다 더 역동적인 모델이었기 때문이다. 나는 그것이 내가 구상했던 과정에서 의미 작용에 대한 그 비전에 합치한다는 생각이 들었다."[43] 게다가 줄리아 크리스테바는 이와 같은 활성화를 강화시키기 위해 생물학 쪽으로 유전자형과 표현형 사이의 대립들을 탐색하게 된다. 그녀는 유전자 텍스트(génotexte)와 표현 텍스트(phénotexte) 사이의 분절 방식을 토대로 언어학에서 이 대립들을 이용하게 된다. 이 두 텍스트의 구분은 텍스트가 거의 충동적인 어떤 과정들에 따라 하나의 유전자형을 중심으로 정돈되는 표현형이다라는 점을 설명하게 해준다——이 점이 분석의 영역을 정신분석학적 관점에 개방시켜 준다. 그러나 촘스키 이론에 대한 줄리아 크리스테바의 관심은 그것의 주장들에 대한 지지로까지는 가지 않는다. 왜냐하면 그녀는 생득적인 전제들, 즉 언어의 개념들이 언제나 이미 있다는 것(le toujour déjà-là)을 받아들이지 않기 때문이다. 그녀가 보기에 이것은 어떤 현상학과 프로이트 이론에 비해 후퇴인 것이다. "나는 그와 나눈 대화에서 그가 문체적이고 시적인 모든 것에 대해 무관심을 나타냈기 때문에 매우 실망했다. 이 모든 현상들은 그에게는 장식에 지나지 않았다."[44]

인지주의의 시작

결정적인 진보로 인식된 생성주의의 또 다른 측면은 그것의 가정들을 시험할 수 있고, 이 가정들의 유효성을 확인하면서 그것들을 형식화시킬 수 있는 능력이다. 비록 그 이후로 전문적인 체계들과 정보과학의 발전에 힘입어 형식화가 더욱 진전되게 되었다 할지라도 말이다. 이러한 관점에서 촘스키는 매우 중요한 단계로 간주된다. "언어 이론의 구조가 규정될 수 있었고, 이 이론이 제안한 다양한 설명 가능성들이 평가될 수 있었던 것은 처음이었다."[45] 촘스키 이론이 언어학을 끊임없이 보다 진전된 형식화로 끌고 가지만, 그것은 결국 언어학을 다른 인문과학들과 단절시키고 말았다. 반면에 60년대에 최초 파장은 다른 사회과학들의 선도과학으로 간주된 언어학에 새로운 역동성을 불어넣는 것이었다. 엄격성의 요구에 대한 기여에서, 설명을 우선시하는 고찰에서, 그리고 언어의 이해와 기능에 대한 소쉬르의 충격과의 어떤 연속성에서 볼 때 생성문법이 들어옴으로써 분명 풍요로움이 있었다. 그러나 프랑수아즈 가데와 같은 노련한 언어학자들이 오늘날 생성문법은 "전적으로 이해할 수 없는 무언가가 되었다"[46]라고 인정하는 것을 보면, 생성문법학자들 자신이 자신들의 무덤을 팠던 것은 아니었다.

그럼에도 생성주의는 자연/문화의 자르기를 뛰어넘으려 함과 동시에, 인지적 패러다임을 가지고 자연과학에서 모델을 취하려는 야심을 보임으로써 구조주의의 근본적인 추진과 합류하면서 과학적 패러다임 쪽으로 향하게 된다. 조엘 프루스트는 60년대 중반에 촘스키 이론을 발견하지만, 단절은 보다 후인 70년대에 이루어진다. 이때 그녀는 버클리대학에서 그 대단했던 몇 년 동안 인지과학의 개발에 빠졌들었던 것이다. "나는 내가 배웠던 많은 것들을 잊어야 했고, 다르게 다시 동화시켜야 했다는 점을 이해한다."[47] 따라서 조엘 프루스트는 문화들의 관측 가능한 다양성에 잠재된 유기적이고 논리적이며 산정 가능한 구조에 대한 연구를 토대로 촘스키 이론을 지지한다. 그러니까 그녀는 인간성에 대한 촘스키의 개념을 수용한다. 그러나 이 개념은 그녀가 이론적으로 가장 많이 참조했던 알튀세에 의해 이데올로기적 개념으로 규정된 것이다. "우리가 오늘날 인정하지 않을 수 없는 것은 과학적으로 볼 때 인지(cognition)에는 보편적 토대가 있고, 우리 인류의 모든 구성원들이 공유하는 것들이 있다는 점이다. 게다가 이 공유물들은 원칙적으로 기계로 복제될 수 있는 것들이다. 이성이 인간에서 멈춘다고 생각해야 할 이유가 없다."[48] 이와 같은 작업상의 가정이 전제하는 것은 인간의 이성적 성격이 우리를 구성하는 유기적 물질에 특수한 것이 아닐 터이고, 기억체계로 하여금 사유하게 해주는 것이 상징을 토대로 계산하는 현상이라는 점이다. 이로부터 오직 중요한 것은 계산의 관계적 속성들이고, 이것들이 형식적 측면이다. 그리고 유기적 측면은 상이한 컴퓨터들이 동일한 프로그램의 매체가 될 수 있듯이 다를 수 있다. "그렇기 때문에 인간과 기계 장치 사이에는 기능적인 등가 형태가 있을지도 모른다는 말이 나온다."[49]

일시적인 성공을 보장하게 해주는 촘스키 이론의 또 다른 연장은 인류학에서 나타난다. 특히 단 스페르버가 레비 스트로스의 구조주의와 촘스키 이론에 이중적으로 지지를 보낸 것이다. 그는 레비 스트로스의 패러다임을 촘스키 이론의 주장에 비추어 탐구하면서 둘을 종합하려고 한다. 1968년 쇠이유사에서 프랑수아 발이 책임 편집한 공저 《구조주의란 무엇인가?》 속에 구조주의에 관한 논문을 쓴 사람이 단 스페르버이다. 친족의 체계와 신화라는 구조 분석의 두 선별적 영역의 복원에 입각해 그는 구조언어학의 귀납적이고 기술적(記述的)인 방향에 이의를 제기한 촘스키와 동일한 관점에서 구조주의를 탐구한다. 그는 레비 스트로스가 말하는 것과는 반대로, 구조주의가 과학적 방법이 아니라 이론으로 제시되고 포퍼의 경우처럼 있는 그대로 시험되어야 한다는 원칙으로부터 출발한다. "촘스키가 언어학에서 구조주의는 특별한 이론이었지——게다가 그는 이 이론을 허위라고 간주한다——과학적 방법이 아니었다는 점을 보여 준 이상, 인류학에서도 역시 우리가 하나의 이론——허구이든 아니든——과 관계되고 있는지 자문하는 것은 바람직하다."[50]

바로 이와 같은 촘스키적인 문제 제기로부터 출발해 단 스페르버는 레비 스트로스의 담론에 내재하는 내적 긴장을 강조하는데, 이 긴장은 정신적 울타리에 접근하려는 이 담론의 과학적 야심과 신화들의 의미론적 공간에 대한 기술적(記述的) 지식 사이에서 발생한다. 레비 스트로스가 신화들의 연구에서 그것들의 소통 조건들을 끌어냈고 이 조건들을 코드들로 구상해 냈다는 점을 단 스페르버가 인정하기는 하지만, 그는 레비 스트로스가 이것들의 체계 이론을 구축해야 될 필요성 앞에서 중도에 멈춤으로써 인류학적 전통으로부터 완전히 벗어나지는 못했다고 비난한다. 그는 구조주의가 신화들을 상징주의적 체계에 속하는 것으로 계속해서 간주하고 있다고 비난한다. 물론 레비 스트로스가 인간 정신의 내적 제약 요소들을 환기할 때, 그는 경험주의와 단절한다. 그러나 스페르버에 따르면, 그는 작용중인 2개의 수준——레비 스트로스는 신화들의 접근에서 이것들을 식별하기는 했다——을 구축하는 데까지는 이르지 못한다. 그것들 가운데 하나는 문법이 낳은 언어이고, 다른 하나는 변형을 통한 다른 신화들의 생산이다. 단 스페르버는 여기서 언어 능력으로서 신화적 사유의 구조와 언어 수행으로서 이 사유의 발휘 사이에 촘스키적인 구분을 재도입한다. "따라서 나는 레비 스트로스가 생각한다고 보여지는 것과는 반대로, 신화들 사이의 변형이 어떤 문법을 규정하지 않는다는 것을 알았다."[51] 그러므로 레비 스트로스가 수행하는 혁명은 그의 작업을 기호학적인 야망보다는 인지주의 쪽으로 향하게 함으로써만 실현될 수 있다. "레비 스트로스의 작업은 인류학을 그것의 최초 목표, 즉 인간성의 연구로 되돌아가게 만든다."[52]

따라서 진정한 인류학을 구축하는 열쇠는 인간 정신의 장치들 속에 있다 할 것이다. 그래서 단 스페르버가 볼 때, 촘스키 이론은 스페르버를 발랑디에로부터 레비 스트로스로 가게 했던 전환에 이은 두번째 전환의 도구였다. "생성문법은 구조주의적 모델을 너무도 단순한 부적절한 모델로 귀결시키는 진정한 과학적 혁명이다. 그런데 생성문법은 다른 학문들에 확대되는 데 전혀 적합하지 않다. 역설적이지만 구조언어학의 모델이 언어라는 원래 영역에서조차 작동하지 않았으면서도, 이 언어학은 보다 폭넓은 학문을 성립시키려는 야망을 품었다. 나머지 세계에서도 통용되겠다는 그것의 열망은 전적으로 의심스러웠다."[53] 단 스페르버가 보기에 촘스키의 과학적 요구는 레비 스트로스의 지식 속에서, 문학적 장르에 속하는 특수한 것의 해석으로서 기술(記述)인류학과 일반적인 것의 가능한 과학으로서 인류학 사이에 가능하고 필요한 분리를 하자는 것이다. 이러한 관점에서 레비 스트로스는 단하나의 학문 속에 두 영역을 결합시키려고 시도함으로써 인류학적 전통과 그렇게 급진적으로 단절하지는 않았다 할 것이다.

따라서 1966년 구조주의 패러다임이 절정에 오른 직후 프랑스에 도입된 촘스키 이론은, 1967-1968학년도부터 구조주의의 두번째 바람이자 동시에 그것의 위기로 모순적으로 나타난다. 이로 인해 기호학적 영역의 지형은 뒤죽박죽이 되고, 1964년에 라캉이 자신의 세미나에서 촘스키의 이론적 가설들을 비판하기 위해 강연을 했던 그 순간을 과거로 돌려보내는 단절이 이루어진다. 그때 라캉은 야콥슨이 1959년부터 가한 비판을 되풀이했고, 촘스키가 존재와 존재의 균열을 망각하면서 문법적 구조 속에 주체를 가두었다고 비난했다. 그는 문법적 모델에 기표에 관한 자신의 형식적 이론을 대립시켰다.[54]

1964년에 구조주의적 모델이 여전히 온갖 표현의 소통에 관한 연구 영역의 가능한 통합으로 제시되었다면, 1967-1968년에는 촘스키 이론과 더불어 결정적인 균열이 당시까지 선도과학으로 제시되었던 언어학 내부에서 나타난다.

2

데리다 혹은 초(超)구조주의

1967년에 구조주의는 철학의 영역으로부터 동일한 작가가 출간한 두 저서에 의해 부름을 받는다. 자크 데리다의 《그라마톨로지에 대하여》와 《글쓰기와 차이》가 그것이다. 이 두 저서는 동시에 나오고, 구조에 있어서 이동을 야기한다. 따라서 미국인들이 후기구조주의라 부르는 것이 구조적 패러다임이 후퇴하기 전부터 이미 존재하는 것이다. 이 후퇴는 승리와 동시대적이다. 왜냐하면 자크 데리다는 이 두 저서 속에 1963년까지 거슬러 올라가는 텍스트들, 예컨대 장 루세에 관한 텍스트를 재수록하기 때문이다.

자크 데리다는 그가 고전적 철학 텍스트들과 관련해 느끼고 있는 시간적-공간적 괴리를 끊임없이 문제삼게 된다.

그는 1930년 7월 15일 엘비아르의 유대인 세계에서 태어났지만, 진정한 유대 문화를 체험하지 못했다. ("나는 불행하게도 히브리어를 모른다. 알제리에서 보낸 내 어린 시절의 환경은 너무 식민지화되어 있었고, 너무 뿌리 뽑혀 있었다.")[1] 그는 서구 사상의 전통에 대한 어떤 낯섦을 끊임없이 느끼게 되고, 또 그것을 가꾸게 된다. 그렇다고 이와 같은 외재성이 어떤 타자로부터, 다른 장소로부터 체험되는 것은 아니다. 그것은 결핍으로부터, 19세에 떠난 아무 데도 없는 장소로부터, 어떠한 윤곽의 기반도 불안정하게 만드는 데 소용되는 탈(脫)장소로부터 체험된다. "되찾고자 하는 행동은 이 행동 자체로부터 멀어지고, 그것은 더욱 멀어진다. 우리는 이와 같은 넘을 수 없는 간격의 법칙을 형식화할 수 있어야 한다. 이것이 다소간 내가 언제나 하는 일이다. 동일화는 자신에 대한 차이이고, 자신과의 차이이다. 따라서 그것은 자기 자신과의, 자기 자신이 없는, 자기 자신을 제외한 차이이다."[2] 이처럼 데리다는 시간과 기억의 상실, 죽음의 그 경험으로부터 재만 남은 것의 상실에 대한 경험을 글쓰기의 차원에서 다시 체험한다. "그것은 망각의 경험, 아무것도 남지 않은 망각의 망각의, 경험이다."[3] 이러한 개인적 여정은 데리다를 그의 세대에 속하는 많은 철학자들처럼 하이데거를 본받도록 인도한다. 그래서 그의 모든 방식을 작동하게 하는 원리 자체, 즉 해체의 원리는 하이데거의 **Destruktion**이라는 용어를 약간 이동시켜 표현한 것에 다름 아니다.

현상학자 데리다

그러나 구조주의가 나타내는 비판적 사고의 해체자로 자처하기 전에, 데리다는 현상학에 관심을 기울인다. 그가 출간한 최초의 연구는 후설의 《기하학의 기원》에 관한 서설이다.[4] 당시에 현상학이 철학의 영역을 거의 배타적으로 지배하면서 유행하고 있었다 할지라도, 그것은 프랑스에서 특히 체험된 것과 지각적 의식에 관심을 기울였던 사르트르 · 메를로 퐁티와 더불어 특별한 관심사를 표현했다. 데리다의 개입이 지닌 독창성은 우선 이와 같은 방향으로부터 출발하지 않고 있다는 점이다. 그는 후설의 제자들이 이루는 독일 계보에 더 가까이 위치하면서 내적 관찰의 수준을 피함으로써, 이미 중심에서 벗어난 방식으로 특히 객관성과 과학의 문제들에 관심을 기울인다. 기하학적 대상이 제기하는 수수께끼에 입각해 현상학의 궁극적 토대를 탐구하면서 그가 도출해 내는 것은 주체의 죽음이 아니라, 보다 제한된 영역에의 주체의 한계 설정이다. 그는 '나타나는 현상 자체에 필요한'[5] 토대 원리의 후퇴에 대해 언급한다. 데리다는 후설의 텍스트에 입각해 역사주의와 객관주의라는 이중적 암초를 공격한다. 그는 이미 《기하학의 기원》에서 글을 목소리에 종속시키는 통상적 계층화의 내적 전복을 식별하는데, 이는 후에 데리다의 모든 해체 작업에서 전개되는 테마이다. '선험적'이라는 개념은 끊임없이 앞으로 다가올 최초의 차이에서 포착되는 기원을 향한 그 전진에 대한 절대적 확신이라 할 것이다. "바로 이 점에서 이처럼 글로 씌어진 것은 후설이 말하듯이 범례적 의미를 간직한다."[6]

이어서 데리다는 언제나 후설의 공리 체계, 즉 《논리적 연구》[7]에 나타난 공리 체계에 입각해 자신의 고찰을 기호와 언어로 방향을 잡는데, 이는 후설이 의식의 상태들에서 전표현적(pré-expressive) 층위(지시적 기호)와 표현적 층위(표현적 기호) 사이에 확립한 구분을 부각시키기 위한 것이다. 따라서 기호의 통일적 개념이 아니라 기호의 양분이 있다 할 것이다. 그러므로 후설에게 표현은 전적인 외재화이고, 지시는 무의지적인 것의 장소로 귀결된다. "그처럼 규정된 표현성을 벗어나 있는 지시적 영역은 그 **텔로스**[목적]의 실패를 규정한다."[8] 따라서 우리는 기호의 어떤 진리나 본질로 귀결될 수 없고, 철학적 임무는 그것이 나타날 가능성들을 기술하는 것이다. 우리는 이미 데리다에게서 텍스트적 무제한의 테마를 만난다. 이 테마는 결코 존재한 적이 없었던 어떤 과거의 숨어 있는 진정한 세계로서, 심연으로서 글쓰기를 말한다. "후설이 특별하고 우발적이며, 종속적이고 부차적인 경험으로서 분리시킬 수 있다고 믿었던 것을 기원 이전의 정상적 상태로 생각해야 한다. 이 경험은 방황으로서 기호의 무한한 파생에 대한 경험을 말한다."[9]

구조주의의 급진화

구조주의가 프랑스에서 현상학에 제기하는 시점에서, 데리다는 전통 쪽에 위치하는 위험을 감수한다. 그런 까닭에 그는 "구조주의의 반박을 분쇄하고 더욱더 멀리 위치하기 위해 현상학의 급진화"[10]를 실현시킨다. 그는 방어 태세에 있다가 신속하게 공격적 입장이 되며, 각각의 구조주의적 작품에서 초월되어야 할 로고스 중심주의의 흔적들을 식별해 냄으로써 작품에 대한 체계적인 해체 작업을 시작하게 된다. 이와 비판적 작업을 위해 데리다는 현상학적 관점을 버리고, 하이데거의 사상 내에 위치한다. 이 사상은 그에게 구조주의를 비판하는 진정한 무기 역할을 한다. 따라서 그는 구조주의 패러다임의 안팎에 동시에 처하는 역설적인 위치를 차지한다. 그러니까 "데리다는 프랑스에서 구조주의에 대한 상당수의 유보적 의견들을 개진하는 최초의 인물이었고, 데리다의 해체는 계속해서 이루어질 수도 있었을 구조주의의 발전에 타격을 입혔던 운동이었다."[11] 그러나 그는 또한 구조주의의 논리를 모든 실체화와 모든 기본적 본질을 보다 근본적으로 문제삼는 방향으로, 기의를 비워내는 방향으로 극단적으로 밀어붙인 자로 간주될 수 있다. 이러한 이유로 그는 단번에 구조주의적 고찰의 영역 내부에 위치한다. 비록 그가 받아들인 위치가 비판적인 거리가 있는 위치라 할지라도 말이다. "우리는 구조주의의 풍요로움을 체험하고 있었기 때문에 우리의 꿈을 후려치기에는 너무 일렀다."[12] 물론 우리는 1963년에 있을 뿐이다. 당시는 미래를 약속하는 프로그램을 매우 찬양하는 시기였다. 따라서 데리다도 그가 새로운 사고의 단순한 방법보다 훨씬 더 중요한 것으로 인식했던 구조주의를 찬양했다. 구조주의는 '시선의 새로운 모험'의 역할을 했고, "모든 대상 앞에서 질문을 던지는 방식을 전환시키는"[13] 역할을 했다.

　동시에 어떤 면에서 데리다는 구조주의가 단순한 유행 현상에 속할 수도 없고, 사상의 시점으로서의 어떠한 역사적 환원으로도 미래에 포기될 수 없다고 간주하는데, 이런 데리다가 참조하는 것은 우리 시대의 넘어설 수 없는 지평으로서의 진정한 인식론적 혁명이다. "그러니까 구조주의는 고전적 사상사를 벗어난다."[14] 비록 그것이 힘에 내재하는 열기가 형태에 대한 염려로 다시 떨어지는 역사적 해체의 시기에 개화하고 있다 할지라도 말이다. 그렇기 때문에 "구조주의적 의식은 간단히 말해 과거에 대한 사상, 말하자면 사실 일반에 대한 사상으로서의 의식이다. 그것은 이룩된 것, 구성된 것, 구축된 것에 대한 고찰이다."[15] 비록 데리다가 푸코와 같이 어떤 특별한 분파에 속하는 어떤 형태의 소속도 일률적으로 피하고는 있다 할지라도, 우리는 그가 구조주의적 패러다임의 지반을 구성하는 것을 지지하기 위해 현상학적인 지평을 분명히 단념하고 있음을 간파해 낼 수 있다. 게다가 60년대와 70년대의 많은 구조주의 기호학자들이 그의 작업으로부터 영감을 얻게 된다. "방법으로서 해체는 구조주의적 유형의 하나의 방식을 지칭하기 위한 또 다른 이름이었다. 다시 말해 그것은 복잡한 텍스트를 변형시키고 탈복잡화시켜, 그것을 독해 가능성들·대립들·기능 장애들로 단순화하기 위한 것이었다."[16] 비록 고전적 구조주의자들과는 반대로, 데리다의 의도는 정신분석학자들처럼 구조의 규칙성이나 불변 요소들보다는 작동 이상들이나 기능 장애들 쪽으로 향하게 된다 할지라도 말이다. 게다가 한계에 대한 이와 같은 사유는 동일 유형을 지닌 일단의 문학에서 활기를 띤다. 따라서 그것은 더 이상 구조 외적 질서가 없도록 하고, 그리하여 "모든 것이 구조이고 모든 구조성은 차이의 무한한 놀이"[17]가 되도록 지속적인 탈중심화를, 다시 말해 중심 밖으로의 이탈을 도입함으로써 구조의 구조성이라는 관념을 급진화시킨다. 그리하여 구조는 차이의 끊임없는 놀이로 귀결되며, 사유는 둑을 허물어 버리고, 학제간의 경계를 무너뜨려 작가의 창조인 순수한 창조에 다다르는 글쓰기의 심오한 도취 속으로 진입한다. 이 글쓰기는 특히 시인의 문체에서 실현된다.

말라르메의 프로그램에서 영감을 얻고 있는 미학에 대한 이러한 개방성은 철학과 문학 사이에 계단-경계의 설정을 흐리게 만들어 버린다. 그리하여 문학은 문학사의 감추어진 면에 대한 고찰에 입각할 때 결정할 수 없는 것들의 영역에 자리잡는 철학적 문제 제기를 통과한다. 앙토냉 아르토와 조르주 바타유·에드몽 자베스 등의 경우에서 보이듯이 말이다. 이러한 인접성은 또한 장르들 사이의 단절을 넘어서, 전통적인 분류들을 넘어서 언어에 대한 탐구에서 구조주의적 방향과 합류하면서 이것을 급진화시킨다. 따라서 그것은 텍스트성에 고유한 법칙들에 입각한 텍스트에의 접근과 합류한다. "나의 최초 욕망은 아마 문학적 사건이 철학을 통과하고, 심지어 철학을 벗어나는 쪽으로 갔다 할 것이다."[18]

데리다의 도정이 《조종 Glas》의 훌륭한 예에서 보이듯이, 순수한 창조를 위해 인식론적 관심사를 버리면서 그를 끊임없이 더욱더 문학의 영역으로 이끌어 가게 되지만, 그는 1965년부터 고등사범학교의 철학 교수로서 교육자이자 훌륭한 철학 교수법 전문가이다. 이런 차원에 볼 때 그는 언어학·정신분석학·민족학 그리고 인문과학의 모든 첨단 분야들로부터 온 새로운 해석 방법들에 입각해 최초로 철학적 텍스트들의 독서를 가장 급진적으로 변모시킨 자이다. "근본적으로 그는 철학적 텍스트들의 독서를 근본적으로 쇄신시켰지만, 자신의 해석을 열심히 추구하는 철학자이다. 하나의 실천 방법을 확립하기 위한 그의 노력은 약간은 맹목적인 측면이 있다. 그의 독서는 그것을 지탱하는 것의 문제를 제기한다."[19] 따라서 내적 구조를 따라가기 위해 해체해야 할 텍스트의 내부에 자리잡는 능력을 통해서, 그는 한 세대의 철학자들에게 '흡수를 통해 총합화시키는 비상한 효율성'을 보여 주게 된다. 이런 효율성은 "우선 먼저 수사학을 마스터해야 하는 철학과 학생들로 하여금 교수의 잘 알고 있는 듯한 기대된 모습을 대면하게 해주었다."[20]

해 체

데리다가 채택한 전략은 파괴적/구축적이라는 이중의 의미에서 해체의 전략이다. 그것은 새로운 글쓰기 방식을 도입함으로써 타자에 대한 사유 속에서 서구 형이상학의 자취를 알아보게 해준다. 따라서 그것은 철학과 문학 사이의 속성적 차이들을 넘어서 텍스트성 일반에 속하는 자율적 영역으로서 글쓰기의 영역을 우선시한다. 그러니까 데리다는 구조주의적 문학 비평과 합류하지만 새로운 개념들, 결정 불가능한 것들의 창조를 나아갈 지평으로 삼고, 그리하여 '창조적 활동의 경지로'[21] 상승하면서 과학주의적인 범주들로부터 벗어난다. 그렇게 하여 데리다는 창조적 작품, 문학적 작품을 만들기 위해 사회과학의 언어를 빌렸던 대다수 구조주의자들의 야심을 실현시킨다. 또한 그는 20세기초의 형식주의자들, 시학과 철학적 고찰 사이의 공생을 실현시키고자 이미 노력했던 프라하학파의 작업과 합류한다. 따라서 그는 전적으로 구조주의적인 하나의 계보 속에 있는 것이다.

데리다가 영감을 얻은 또 하나의 원천은 이번엔 철학적 영역에 고유한 것인데, 하이데거의 작품이다. "내가 시도하는 어떠한 것도 하이데거적 문제들의 제기가 없었다면, (…) 하이데거가 존재와 무 사이의 차이, 존재적-존재론적 차이라 부르는 것에 대한 관심이 없었다면 가능하지 않았을 것이다."[22] 이런 의미에서 볼 때 존재자에게 돌려진, 의미의 모든 해체적 작업은 직접적으로 하이데거를 본받고 있다. 이 작업에서 각각의 개념은 그 적절성의 한계까지, 그것이 기진맥진하여 기절할 때까지 다루어져, 이로 인해 서구 형이상학이 사라지지 않을 수 없게 되어 버린다. 해체적 행위는 전적인 모호성을 드러내면서 나타났고, 1967-1968년의 그 상황에서 그만큼 매력적이었다. 왜냐하면 그것은 '구조주의적 태도이자 동시에 반구조주의적 태도'[23]로 인식되었기 때문이다. 이와 같은 이중적 의미에서 그는 체계의 울타리를 부수면서, 구조의 개방성을 가능하게 하면서 구조주의의 유산을 받아들였기 때문에 일단의 한 세대의 지지를 끌어낸다. 《텔켈》지는 이러한 지지의 예시 자체를 나타냈다. 해체는 감추어진 영역, 무의식에 부여된 가치화에 충실하지만 구조적 중심에 대한, 혹은 구조화시키는 어떤 원리의 단일성에 대한 준거를 파괴시켜 버림으로써 특히 다원화와 확산을 가능하게 한다. 이것이 데리다가 서구 이성과 관련해 전개하게 되는 진정한 전략이다. "해체의 전략은 결국 아무것도 말할 게 없는 바로 그 순간에 말하게 해주는 계략이다."[24]

이와 같은 해체적 주제들의 성공은 1967-1968년에 또한 소르본의 틀에 박힌 지식과의 단절에 기인한다. 언어학자들이 고전적 문학사와 관계에서 그렇게 했듯이, 데리다는 소르본에서 교육되는 형이상학의 토대를 철저하게 파괴하는 데 목적이 있는 투쟁 전략을 철학자들에게 제공한다. 그는 철학적 전통 안에다 일련의 결정 불가능한 개념들을 접종시키는데, 이 개념들을 노리는 것은 이 전통의 토대를 전복시키고 그것의 오류를 고발하는 것이다. 따라서 이러한 전략의 전복적 측면은 기존 제도의 토대를 무너뜨리게 해주고, 구조주의적 흐름이 벌여 온 투쟁을 급진화시키게 해주며, 라캉·푸코·촘스키·알튀세의 모든 비판적 고찰을 철학의 영역 속에 수용하여 접합시킴으로써 이 투쟁의 토대를 확장시키게 해준다.

이러한 차원에서 볼 때, 또한 데리다는 철학의 문제 제기 유형과 담론을 풍요롭게 하기 위해 새로운 사회과학의 도전을 진지하게 받아들이게 된 인물이다. 이러한 전략은 철학의 종말을 예고하고, 동시에 유일한 철학을 위해 인문과학이 획득한 지식을 수용하면서 바르트의 책이 나오기 전에 그가 이미 텍스트의 즐거움이라 부르는 것과 합류한다. "대단한 즐거움을 주는 어떤 텍스트적 작업이 이루어진다."[25] 기표/기의, 자연/문화, 목소리/문자, 감각적/예지적과 같은 다양한 이원적 쌍들은 구조주의의 분석 도구 자체를 구성했던 것이다. 그런데 이 이원적 쌍들이 무한한 유희 속에서, 다시 말해 낱말들의 의미를 펼치고, 분리·분산시키고, 지배적인 모든 낱말과 모든 초월을 몰아세우는 그 무한한 유희 속에서 차례차례 문제가 제기되며 분리되고 해부된다. 그리하여 데리다의 모든 언어는 이성의 가면무도회적 새로운 질서의 조직자들이자 모의(模擬)의 진정한 단위들인 결정 불가능한 것들이 작동되게 하면서 전통적인 대립들을 불안정하게 만든다.

데리다가 전통에서 자신의 양면적인 개념들을 추출해 내고, 힘이 없어진 적에게 최후의 일격을 가하려는 것처럼 이 전통이 부메랑이 되어 되돌아오게 한다. 그는 플라톤으로부터는 약도, 독도, 선도, 악도 아닌 **파르마콘**(pharmakon)이라는 용어를 차용한다. 루소로부터는 **대리 보충**(supplément)이라는 용어를 빌린다. 그것은 플러스 요인도 마이너스 요인도 아니다. 말라르메로부터는 그는 혼동도 구별도 아닌 **결합**(hymen)이라는 용어를 차용한다. 이 모든 개념들은 모두 해체의 도구들로서 다음과 같은 하나의 공통점이 있다. 즉 "모두가 안과 밖의 대립을 말소한다"[26]라는 점이다. 따라서 글쓰기는 개념을 공격하여 이 개념을 무한으로 열려지는 정자의 분출로 대체하러 떠나는 것이다. 이와 같은 해체는 철학적 영역에서 주체를 탈중심화시키면서 현상학을 공격한다. 뿐만 아니라 그것은 헤겔의 변증법을 공격해 그것이 지닌 통일성과 동일성의 개념들을 해체시킨다. "부정은 지식의 질서 유지라는 2차적 역할로 귀결되었다. (…) 개념은 신학적 지휘의 훈련으로 귀결되었다."[27] 데리다는 학문들의 여왕으로서 철학의 지위를 보존한다. 그것은 모든 지식들의 규범이 결정되는 장소인 것이다. 동시에 데리다는 순전히 문학적인 창조성 속에 가능한 도피 노선을 준비한다. 이 창조성은 하이데거의 경우와는 달리 구원적 사건으로 인식되지는 않는다. 이러한 개봉(開封) 작업은 되찾아야 할 어떤 토대의 관념을 비워냄으로써 하이데거적인 관점을 급진화시킨다. 그것은 '존재의 묵상적 휴지마저도 갖지 않는'[28] 단순한 방황을 이 관념에 대체시킨다. 그것은 이 관념보다는 말라르메적인 여백을 더 좋아한다. 소쉬르적인 자르기는 언어적 지평으로부터 지시 대상을 이미 떼어냈고, 라캉은 기의를 기표 아래로 미끄러져 들어가게 했다. 데리다와 더불어 고정점(point de capiton) 없는 무한한 의미 작용적 연쇄를 위해서 비워진 것은 기의이다. 그렇게 하여 그는 글쓰기의 유형성(有形性)을 추구하게 해주는 기반인 놀라운 전복으로 향한다.

푸코의 해체

데리다의 시도가 노리는 것은 모든 것을 해체하는 것이다. 그리하여 그는 그와 가장 가까이 있는 자들, 그가 그들의 의지와는 상관없이 로고스 중심주의에 여전히 사로잡혀 있다고 판단하는 자들, 즉 구조주의자들로부터 해체 작업을 시작한다. 데리다의 공격이 노리는 첫번째 표적은 아버지의 살인에 속한다. 왜냐하면 이 표적의 속죄적 희생자가 되는 인물은 울름 가(街)의 옛 스승이었던 미셸 푸코에 다름 아니기 때문이다. 소르본에서 장 발의 조교가 되었던 데리다는 철학학교에서 강연을 하는 자신의 모습을 상상하고, 푸코의 《광기와 비이성》에 대한 해설을 선택한다. 강연은 1963년 3월 4일에 이루어지고, 푸코는 강연실에서 자신의 옛 제자의 활약에 참석하지만 놀라움을 느끼며 자신의 주장에 대한 사실상의 공격을 받고 만다. 데리다의 강연 내용은 곧바로 장 발이 주도하는 《형이상학 및 도덕 잡지》에 수록되고,[29] 1967년에 출간된 논문집 《글쓰기와 차이》에 재수록된다.

데리다는 그가 연구하는 텍스트의 내적 경제에 자신의 접근 방법을 한정하면서 해체 작업을 수행한다. 그는 분석실에서 하듯이, 그가 전체를 드러내 준다고 판단하는 극히 작은 부분을 텍스트에서 추출해 내 해부용 칼을 들이댄다. 따라서 국가 박사학위 논문인 푸코의 엄청난 양의 작업은 저자가 광기에 관한 데카르트의 입장에 대해 전해 주는 독서, 즉 6백73페이지 가운데 3페이지로부터 오로지 이해된다! "데카르트와 데카르트적 코기토에 대해서 제시된 독서는 이 《광기의 역사》 전체를 이 독서가 제기하는 문제 제기로 끌어들이고 있다."[30] 푸코가 데카르트의 첫번째 《성찰》에서 끌어내는 가르침의 유효성에 대한 반박이 작품 전체를 걸고 넘어가기 때문에, 우리는 '그토록 많은 점에서 훌륭한 책'[31]에 대해 가해진 비판의 급진성을 헤아릴 수 있는 것이다.

급진적 구조주의자로서 데리다는 우선 푸코가 주체의 관념을 간직했다고 비판한다. 비록 선택된 주체가 역사의 감추어진 면, 즉 역사의 이면을 구성하고 있다 할지라도 푸코가 역사를 가로지르는 하나의 주체, 즉 광기의 관념을 간직한 것은 잘못이다라는 것이다. "이것이 그의 계획에서 가장 광적인 것이다."[32] 게다가 푸코는 이런 비판에 민감하게 반응하고, 그의 미래의 고고학적 계획은 어떤 것이든 주체——이 주체가 억제된 것이라 할지라도——로부터 출발하는 모든 관점을 지워 버리게 된다. 다음으로 데리다는 광기라는 다른 곳, 유배의 장소로부터 이성의 바깥에 머물 수 있다는 관념을 환상의 범주로 돌려보낸다. "이성의 범주가 지닌 뛰어넘을 수 없고, 대체할 수 없는 최고의 위대함은 우리가 이성에 대항하기 위해 이성에 호소할 수밖에 없다는 점이고, 이성 안에서만 이성에 항의할 수 있다는 점이다."[33] 푸코가 혁명을 실현시켰다고 생각하지만, 사실은 그가 표면적인 수수한 동요만을 성공시킨 것에 불과하다는 것이다. 푸코의 논증은 최초의 폭력으로부터, 역사의 조건 자체로 제시되는 주요한 결정, 즉 광기를 감금하기 전에 이성의 세계로부터 배제하도록 만든 그런 결정으로부터 출발한다. 고전 시대의 토대가 되는 이와 같은 행위는 《형이상학적 성찰》의 첫번째 성찰에서 데카르트에게 돌려진다. 이 성찰을 통해서 데카르트는 영원히 서로가 낯선 두 독백 사이에 분할선을 설정했다는 것이다. 이것이 바로 푸코와 데리다 사이의 커다란 쟁점이다. 데리다는 데카르트의 텍스트에서 광기에 반대하는 어떠한 추방도 보지 못하고 있다. 전혀 그 반대이다. 데카르트에게 "잠자는 자, 즉 꿈꾸는 자는 광인보다 더 미쳐 있다."[34] 악령의 가정이 총체적 광기를 부른다 할지라도, 코기토의 행위는 이성과 광기 사이의 결정적 분할 장소가 아니다. 왜냐하면 '나의 사유가 철저히 광기라 할지라도'[35] 그것은 유효하기 때문이다. 그렇게 데리다는 코기토를 설정하는 행위가 데카르트의 사상에서 광기를 배제해야 하는 선결 조건을 따르고 있지 않다는 점을 보여 줌으로써, 이성/광기라는 이원적 쌍(이 분할은 푸코로 하여금 서구 역사의 저주받은 부분을 발굴하게 해주는 것이다)의 유효성을 반박한다.

따라서 데리다는 푸코가 데카르트를 읽는 데 있어서 큰 곡해를 했다고 간주한다. 하지만 그의 비판은 푸코의 모든 방법을 문제삼는다는 점에서 보다 먼 곳을 표적으로 삼는다. "여기서 구조주의적 전체주의가 고전 시대의 폭력의 유형과 동일한 유형에 속하는 코기토의 감금 행위를 수행하고 있는 것 같다."[36] 이렇게 푸코는 그물 속에 갇히고, 그가 고발하고자 하는 폭력과 유사한 폭력을 저질렀다고 비난을 받았다. 우리는 푸코가 그의 '제자'가 퍼붓는 독설을 특별하게 평가하지 않았다고 생각한다. 그러나 그는 이러한 혹평에 당장 즉각적으로 응대하지 않는다. 왜냐하면 그는 강연실에서 주의 깊게 조용히 있었기 때문이다. 그리고 1967년에 텍스트가 《글쓰기와 차이》 속에 수록되어 나올 때도 역시 응대하지 않는다.

푸코가 《파이데이아》[37]라는 잡지에 우선적으로 실린 글에서 반응을 나타내기 위해서는 1971년을 기다려야 한다. 이 글은 1972년에 갈리마르사에서 신판으로 나온 《광기의 역사》에 재수록된다. 푸코는 데리다의 논증을 '탁월하다' 라고 규정하지만 데카르트의 텍스트에 대한 자신의 해석을 유지하고, 데리다의 가정이 그가 '데카르트의 배제를 포함으로 전복시키기'[38] 위해 텍스트의 모든 차이들을 일소하게 해주는 생략을 대가로 해서만 유효하다고 생각한다. 그리고 푸코는 데카르트에 대한 데리다의 독서에서 어떤 순진함이 아니라 전통적 해석 방법의 적용을 비난한다. 이 방법의 특징은 그것을 곤란하게 만드는 것을 지우는 것인데, 데리다는 이 방법의 최후의 대표라는 것이다. 이번에는 푸코가 방어적 응대에 한정하지 않고, 스승으로서 제자의 작업을 교수법적 성격의 문체를 훌륭하게 연습한 것으로 격하하면서 평가한다. "나는 그것이 형이상학이라고 말하지 않겠다. 나의 담론적 방법들에 대한 그 텍스트화 속에 감추어진 형이상학이나 이것의 울타리라고 말이다. 나는 그보다 훨씬 멀리 나아가겠다. 나는 그것이 매우 현저하게 나타나고 역사적으로 분명하게 결정된 작은 교육학이라고 말하겠다. 텍스트를 벗어나면 아무것도 없지만 텍스트 안에, 그것의 의도 속에, 그것의 여백과 말하지 않은 것 속에 기원의 유보가 지배하고 있다는 점을 학생에게 가르쳐 주는 교육학 말이다."[39]

그라마톨로지

1965년 《비평》지에 데리다는 당시의 효과론(effet-logie)에 참여하는 새로운 접근 방법의 토대, 즉 그라마톨로지를 발표한다. 그의 주장은 미뉘사에서 《그라마톨로지에 대하여》가 출간됨으로써 보다 광범위한 독자층을 얻게 된다. 데리다는 언어의 문제가 더할나위없이 다양한 분야에서 연구를 이처럼 지배한 적이 없었다는 점에 대한 확인으로부터 출발하고, 이에 대한 반응을 나타내기 위해 이와 같은 인플레이션의 확산에 근거한다. 그러면서 그는 철학자로서 서구 문명이 소리(phonè)를 위해 문자를 억제한 현상을 역사화하는 작업을 권장한다. 그라마톨로지는 형이상학에 의해 속박을 받으면서도 "결정적인 노력에 힘입어 세계적으로 자기 해방의 표시들을 나타내는"[40] 문자의 '과학'이다. 따라서 제사(題辭)는 과학적 야심으로 귀결되지만, 이 야심은 제기되면서 취소된다. 왜냐하면 모든 장애물들이 일단 극복되면 "그와 같은 문자과학은 문자과학으로서는, 또 그런 이름으로는 결코 빛을 보지 못할 위험이 있기"[41] 때문이다. 따라서 그라마톨로지는 다른 것처럼, 또 다른 것들 곁에 실증과학으로 규정되지 않는다. "문자소론(graphématique)이나 문자표기론(grammatographie)[1]은 과학으로 나타나는 것을 멈추어야 할 것이다."[42] "데리다는 이미 이런 중간에, 문자와 과학 사이의 그 내적 긴장 속에, 결핍의 그 장소 내부에, 그 텍스트적 여백의 내부에, 영원히 현전을 벗어나는 대리 보충의 모습을 띠는 그 도달할 수 없는 시간적 간격 속에 들어가 있다. "하나의 문자과학 혹은 문자철학의 성립은 필연적이면서도 어려운 과제이다. 그러나 이러한 한계에 이르러, 그리고 이 한계를 쉬지 않고 되풀이하면서 흔적·차연·저장에 관한 하나의 사상이 에피스테메의 영역을 넘어서 솟아나지 않을 수 없다."[43]

고유한 것과 가까운 것, 인접성을 끊임없이 추구해 온 서양은 플라톤 이후로 문자를 희생시키고 의미와 기의를 지닌 진정한 본질로 간주된 목소리를 우선시한다. 서양의 역사적 모든 짜임새는 이와 같은 문자 철거의 역사에 불과하다는 것이다. 음운론주의로부터 벗어날 수 있는 이 새로운 과학의 대상으로서 변별적 단위는 그람(gramme)[2] 혹은 문자소(graphème)라는 것이다. 데리다는 가장 형식적인 언어학인 옐름슬레우의 언리학을 이용한다. "데리다에게 옐름슬레우는 기표를 기의로부터 해방시키고 음성적 기표에 대체되는 문자(글쓰기)를 가능하게 해준다."[44] 따라서 음성적 기표는 문자적 기표로

---

1) 원문에는 grammatographie로 되어 있으나 grammatologie로 잘못 인용되어 바로잡는다.

2) '그람(gramme)'은 글자를 의미하는 gramma라는 그리스어로부터 유래하는데, 여기서는 단순한 문자를 의미하는 것이 아니라 에크리튀르를 통한 차이의 유희가 시작되는 흔적으로 귀결되는 지점에 위치하는 '원종합적 요소'를 지칭하기 때문에 그대로 번역했다.

대체될 수 있다.

옐름슬레우의 《일반문법의 원리》에서 영감을 얻은 데리다는 음운론주의적 원리와 차이의 원리를 분리시키고, 언리학에서 언어의 형식과학의 토대를 찾아낸다. 의미의 배격은 곧 소리의 배격이다. 따라서 데리다는 분명히 옐름슬레우적인 계보 속에서 언어학에 입각해 자신의 새로운 과학을 뒷받침한다. "옐름슬레우는 음성적 표현의 실체에 당연하게 연결된 언어의 관념을 비판한다."[45] 따라서 문자에 우선권을 부여하게 해주는 단절은 언리학으로 거슬러 올라간다 할 것이다. 이 언리학만이 기본이 되는 문학적 요소인 그람으로의 개방을 가능하게 해준 것이라고 보기 때문이다.

그러나 데리다는 언어학적인 고찰의 더할나위없는 형식적 구성 요소의 유산을 수용하는 데 만족하지 않는다. 그는 구조주의를 넘어서는 그 이상을 목표로 하고, "언리학은 여기서 다시 한 번 문자의 통상적 개념과 더불어 작용한다"[46]라고 간주한다. 그리하여 그는 시간성, 존재의 결핍, 글쓰기가 기원의 관념에 연결되지 않은 흔적으로 포착되게 하는 부재를 도입한다. 흔적은 기호의 존재에 선행하는 가능성의 조건들의 이해와 관련된다. 그것은 어떤 현재적 존재자(étant-présent)로도 환언되지 않으면서 기호의 존재 조건이다. 따라서 데리다의 지평이 사유 내용의 복원 속에 설정되는 것이 아니라 이 사유를 가능하게 만드는 것 속에 설정된다는 점에서, 그는 언리학과 고고학적 접근 사이의 공생을 시도하고 있다. 철학자로서 그는 서구적 사유에 대해 외재적이고 탈중심적인 상황에 위치한다. 이와 같은 그라마톨로지는 글쓰기가 그것의 생성적 문맥과 관련해 최대한의 자율성이 있음을 전제하고, 그런 의미에서 지시적 범주와의 그 단절에 토대한 구조주의적 패러다임에 전적으로 참여하고 있다. 글쓰기는 화자와 청자를 벗어나고, 읽기의 반복적 성격을 통해서 모든 과학적 대상과 같은 가치를 지닌다. "모든 문자소는 유언적 본질의 성격을 띤다."[47]

그는 음운론적 구조가 한계에 도달했다고 간주하면서 생성문법을 회피하고, 그것을 특유하게 철학적인 초월의 길로 대체한다. "그는 구조주의의 근본적 직관을 급진화시키려고 노력했다. (…) 그는 초기 후설의 의식철학으로 부터 말기 하이데거의 언어철학으로 인도하는 길을 빌릴 수 있었다."[48] 하이 데거적 관점에서 데리다는 모든 존재론을 단념한다. 그가 탐지해 내는 흔적 은 의미 형성을 고정시키게 해주지 않는 지속적인 뒤틀림의 운동을 통해 언 제나 그 자체에 스스로를 숨긴다. 따라서 그는 언어학의 기여를 이용하고, 그것을 철학의 영역 속에 옮겨 놓는다. 그러나 그는 여기에다 과학의 주장에 언제나 적대적이었던 하이데거에 낯선 과학적 야심을 도입한다.

그라마톨로지는 통용중인 과학적 규범들의 가능한 해체이자, 동시에 전 통적 과학성의 영역의 울타리를 넘어서서 로고스 중심주의적이고 음운론적 인 전제들로부터 벗어난 새로운 과학적 엄격성으로 가는 가능한 초월로서 제시된다. 이러한 그라마톨로지는 특히 그것의 비평적 측면에서 생산적 활 동을 가능하게 만들어 준다. 반면에 그것은 새로운 과학의 서론으로서는 신 속하게 망각된다. 따라서 합리성의 전개는 푸코가 생각했던 것과는 달리 그 것의 감추어진 측면, 즉 광기의 측면에 의해서가 아니라 하나의 진정한 외 재적 지점으로부터 불안정하게 되지 않을 수 없게 된다. "우리는 로고스 중 심적 시대의 총체성과 관련해 어떤 외재성의 지점에 다다르고자 한다."[49]

구조주의를 넘어서

구조주의를 넘어서는 그 이상의 구축은 소쉬르와 레비 스트로스라는 두 창시자에 대한 비판을 거친다. 이것이 데리다가 《그라마톨로지에 대하여》 에서 초기 구조주의의 음운론적이고 로고스 중심적인 한계를 탐지해 낼 때 전념하는 작업이다. 그는 소쉬르의 이론에서 파롤을 통해 자기 자신에 현전 하는 주체에 근본적으로 사로잡혀 있는 방식을 간파해 낸다. 그러나 그는 소 쉬르가 기의의 내용과 그 표현을 탈실체화함으로써 형이상학적 전통과 단 절하는 업적을 남겼다고 인정한다. 그렇지만 그는 소쉬르가 '기호의 시대가 본질적으로 신학적임' [50]에도 불구하고, 언어학의 기본 개념으로서 기호의 개념을 재도입함으로써 윤곽을 그린 전복을 끝까지 밀고 가지 않았다고 평가한다. 의미와 소리의 단위로서 낱말에 집중된 소쉬르의 고찰은 문자에 대한 분석으로 열려질 수도 있었지만, 소쉬르는 이런 관점을 거의 불길한 외재성의 상황 속에 위치시킴으로써 그것을 봉쇄해 버렸다는 것이다. "문자의 해악은 바깥쪽으로부터 온다라고《파이드로스》(275 a)에서 플라톤은 이미 말했다."[51] 플라톤은 문자를 기억의 파괴에 책임이 있는 것으로 억제했다. 그리고《일반언어학 강의》에서 언어에 고유한 기능 작용 방식에 대한 자각의 중요성을 보여 주는 소쉬르는 문자를 파롤의 단순한 재현으로 제시함으로써 그것의 가치를 평가절하하면서 시작한다. "문자는 언어의 시각을 흐리게 한다. 그것은 옷이 아니라 위장이다."[52] 따라서 문자를 파롤에 종속시키고 파롤에 비해 평가절하하는 관계가 존재하며, 이 관계가 소쉬르의 경우 자신의 기호학적 계획을 하나의 심리학 내에 통합함으로써 강화되고 있다는 것이다.

데리다가 볼 때, 소쉬르가 언어학적 기호와 문자적 기호 사이에 수행하는 그 차별을 어떤 것도 정당화시키지 못한다. 소쉬르가 기호의 자의성에 대한 주장을 제기하면서 동시에 문자를 언어의 외재성 속으로, 언어의 나병원은 아니라 할지라도 그것의 대기실 속으로 쫓아낼 때, 그의 논지에 내재하는 모순조차 있다는 것이다. "따라서 우리는 기호의 자의성 자체를 내세워 문자를 언어의 '이미지'로——따라서 자연적 상징으로——규정한 소쉬르의 정의를 거부해야 한다."[53] 데리다가 볼 때, 그 반대로 문자는 언제나 그 자체에게 숨겨진 흔적으로서 현실을 벗어난다. 그것은 지시 대상과 주체의 청각적 이미지와 마찬가지로 낯설다. "현전의 이 해체는 의식의 해체를 거친다."[54]

따라서 데리다가 생각할 때 구조주의적 고찰의 중심에 위치한 소쉬르적 기호의 개념을 해체하고, 이 개념을 그라마톨로지가 추천하는 문자의 문제화로 대체하는 것이 바람직하다. 인간을 대상으로 하는 모든 학문들 사이의 경계가 무너지는 상황에서 그라마톨로지는 온갖 분야에 걸치는 이 연구들의 가능한 연맹체로서 제시된다. 그것은 근원적 하나(l'Un)의 해체와 인간의 사라짐에 개방된 구조주의적 야심을 전적으로 받아들이고 끝까지 논리를 밀고 나가 그것을 실현하고자 한다. "그라마톨로지는 (…) 인간의 과학들 가운데 하나가 되어서는 안 된다. 왜냐하면 그것은 우선적으로 그것의 고유한 문제, 인간이라는 이름의 문제를 제기하기 때문이다."[55] 따라서 이 과학은 인문과학들의 지엽적 분야들의 프로그램을 탈취하지 않음과 동시에, 그것들로부터 오는 개념들의 도입을 더 이상 추구하지 않음으로써 이 인문과학들을 초월하겠다는 것이다. 데리다의 이와 같은 헤게모니적 목표는 인간에 관한 고찰의 영역에서 철학의 지배적 위치를 사실상 재현한다. 그래서 그가 하나의 철학보다는 하나의 과학을 추천하지만, 이 과학은 이미 존재하는 다른 과학들에 첨가되어서는 안 된다. 그것은 모든 한계와 경계 설정을 넘어서는 것으로 주장되는 것이다.

레비 스트로스의 해체

데리다의 해체가 공격하게 되는 구조주의의 또 다른 대가는 당연히 레비 스트로스이다. 레비 스트로스는 야콥슨의 음운론적 모델에서 인문과학 전체 영역에 유효한 과학적 모델을 발견했던 것이다. "음운론은 예컨대 핵물리학이 정밀과학 전체에 대해 수행한 것과 같은 혁신적 역할을 사회과학에 대해 틀림없이 수행할 수 있다."[56] 이러한 의미에서 음운론주의의 흔적을 추적하는 데리다는 푸코를 대상으로 이미 실험한 방법에 따라 당연히 레비 스트로스를 표적으로 삼는다. 그는 방대한 레비 스트로스의 작품에서 아주 작은 부분, 이 경우 《슬픈 열대》에 나오는 〈문자의 가르침〉을 떼어내 문자의 억제를 고발한다. 레비 스트로스는 그 속에서 남비콰라족에의 문자의 도래를 기술하는데, 이 도래 자체가 착취 · 배신 그리고 다양한 형태의 예속을 가져온다는 것이다. 레비 스트로스의 이와 같은 고찰은, 데리다가 볼 때 이 민족학자가 소쉬르와 마찬가지로 서구적 인종 중심주의의 탈중심화를 전적으로 수행하지 않았다는 증거이다. 물론 레비 스트로스는 의식적 모델들로부터 벗어나기 위해 중심적 기의가 아니라 의미 작용적 연쇄를 우선시하는 유희의 논리로 대체하고, 자연/문화라는 전통적인 이분법으로부터 벗어나려고 시도한다. 이 모든 방향을 통해서 데리다의 계획은 "레비 스트로스의 계획과 분명히 합류한다. 비록 그가 후자의 경우처럼 철학 훈련의 엄숙한 공공연한 포기를 통해 시작하고 있지는 않지만 말이다."[57] 우리는 두 사람 모두에게서 신화들 사이에, 혹은 텍스트들 사이에 존재하는 차이들에 대한 동일한 탐구를 만난다. 레비 스트로스의 경우 신화들은 그것들끼리 사유되고, 데리다의 경우 텍스트들은 상호 텍스트성의 조직 속에 들어간다. 《분석을 위한 연구》지 제4호에서[58] 데리다는 레비 스트로스의 사회인류학이 사실상 18세기의 사상, 즉 루소의 사상을 부활시키고 있으며, 따라서 그것의 로고스 중심주의를 드러내 주는 일련의 범주들, 즉 생성·자연·기호와 같은 범주들을 그 안에 지니고 있다고 간주한다. "구조주의는 어떤 자연철학에 종속 상태로 남아 있는 것 같다."[59] 이 논문은 《그라마톨로지에 대하여》 속에 재수록된다. 데리다는 레비 스트로스가 서구적인 대항 인종 중심주의(contre-ethnocentrisme)라는 역시 왜곡적인 거울에 입각해 제시된 이상적 현실에 침입하는 서구 문화에 선함과 아름다움으로 충만한 순진무구한 자연을 대립시키면서, 서양인으로서 지닌 이 대립쌍을 부수고 있다고 간주한다. "이러한 고고학은 또한 하나의 목적론이자 종말론이다. 역사를 폐쇄시키는 충만하고 직접적인 현전에 대한 꿈을 나타낸다."[60]

레비 스트로스가 떠났던 철학 영역의 방어자로서 데리다는 인류학의 경험주의를 비난한다. 의식철학자들에 대항해 레비 스트로스가 표명한 비판에 대해 그는 그들 가운데 어느 누구도, 데카르트도, 후설도 레비 스트로스처럼 남비콰라족이 본래적으로 그토록 순진무구하고 선하다는 결론에 성급하게 다다를 정도로 순진하지 않았을 것이라고 응대한다. 데리다가 볼 때 레비 스트로스가 인종 중심주의로부터 해방시켰다고 믿는 그 시선은, 사실 서양이 문자를 통해 순진무구한 파롤을 파괴한 주범이라고 비난하는 윤리-정치적인 입장에 의해 뒷받침된 반대 방향의 인종 중심주의이다.

그렇게 하여 레비 스트로스는 문자에 대해 경계를 나타냈던 그의 스승 루소와 합류한다는 것이다. "책들의 남용은 과학을 죽인다. (…) 읽어서는 안 되고 보아야 한다. (…) 독서는 어린 시절의 재앙이다."[61] 따라서 데리다는 레비 스트로스의 구조주의를 초월한다는 전망 속에 위치한다. 그는 그라마톨로지를 위해서 이 구조주의 가운데 여전히 유효한 몇몇 방향들을 받아들인다. 그러나 레비 스트로스의 단절 의지가 기대게 되는 루소적인 낡은 유산을 뽑아 버린다는 조건이 붙는다. 이 유산이 그로 하여금 모든 낡은 개념적 도구들, 낡은 형이상학적 이분법들을 다시 채택하게 만들고 있으며, 그는 그것들을 초월했다고 믿지만 그것들은 도망가는 그를 쫓아다니고 있다는 것이다.

데리다는 이와 같은 루소적 전제들을 분석하면서 《언어기원론》의 위치, 쟁점, 그리고 구성을 복원시키고 있다.[62] 그는 루소의 이 텍스트에서 현전과 부재, 자유와 예속의 대립을 재현하는 것으로서 목소리와 문자의 전통적 대립을 탐지해 낸다. 루소는 다음과 같은 판단으로 《기원론》의 결론을 내린다. "그런데 내가 말하고자 하는 바는 모인 민중이 알아들을 수 없는 모든 언어는 노예적 언어라는 것이다. 민중이 자유로운 상태에 있으면서 이런 언어를 말한다는 것은 불가능하다."[63] 모성적인 부드러운 목소리에 냉혹한 문자의 가차없는 목소리가 대립한다. 악 쪽으로 사회성이 이처럼 뒤흔들리는 것은 어떤 재앙의 순간으로부터, 거의 인지할 수 없는 최초의 이동으로부터 비롯된다. "인간이 사회적이기를 원했던 자는 손가락으로 지구의 축을 만져 그것을 우주의 축 쪽으로 기울게 했다. 이 가벼운 움직임으로 인해 나는 지구의 표면이 변화하고 인류의 사명이 결정되는 것을 본다."[64] 이 가벼운 움직임, 이 작은 표시는 신의 손, 신의 흔적에 다름 아니다. 바로 이 흔적이 사교적인 시대, 그리고 이와 더불어 근친상간 금지의 시대를 개막시킨다. "축제가 있기 이전에는 근친상간은 없었다. 왜냐하면 근친상간의 금지도, 사회도 없었기 때문이다. 축제 이후에는 근친상간이 없다. 왜냐하면 그것은 금지되기 때문이다."[65] 이 금지는 법들을 조건짓는 최고의 율법(la Loi)이고, 훗날에 레비 스트로스의 경우에서 보듯이 자연과 문화의 봉합점이다. 데리다에 따르면, 루소는 표현·파롤(음성 언어)·현전에 대한 문자(문자 언어)라는 이 대체물을 매우 잘 기술하고 있다. 그러나 형이상학에 사로잡힌 나머지 루소는 이 문자를 파롤에 내생적이고 파롤보다 선행하는 것으로 생각할 수가 없었다. "루소의 꿈은 형이상학 속에 대리 보충을 강제로 들어가게 하는 데 있었다."[66] 따라서 그는 삶과 죽음, 선과 악, 기표와 기의 사이의 관계를 외재성의 관계 속에 유지했다. 그런데 데리다는 이 모든 경계선을 이동시키고자 한다.

3

데리다의 역사화와 그 말소

1966년 자크 데리다는 볼티모어에 있는 존스홉킨스대학교에서 열리는 학회에 참석하기 위해 미국을 여행한다. 이때 롤랑 바르트 · 자크 라캉 · 제라르 주네트 · 장 피에르 베르낭 · 뤼시앵 골드만 · 츠베탕 토도로프 · 니콜라뤼베 등이 함께한다. 당시에 구조주의라는 깃발 아래 결집된 프랑스의 비평적 사고는 절정에 이르렀고, 이 오래된 프랑스 땅에서 무슨 일이 벌어지고 있는지 궁금했던 미국인들을 매혹시켰다. 자크 데리다는 패러다임을 뛰어넘는 길을 찾고 있는 구조주의자라는 자신의 이중적 입장을 시사하는 발표를 한다. 그는 비평이 충분히 멀리 내다보지 못한다고 생각한다는 점에서, 비평적 사고의 옹호자이면서도 동시에 비평의 비판자였다. 그는 자신이 발표한 논문 〈인문과학의 담론에서 구조, 기호, 그리고 유희〉를 레비 스트로스의 작업 내에 위치시켜 이 작업의 해체를 실현한다. 그는 구조주의가 주요한 단절의 사건을 가동시켰다고 인정한다. 그러나 그는 가능성들의 유희를 봉쇄한다고 보여지는 중심에의 어떠한 준거도 부정함으로써 차이의 유희를 열고자 한다. 그런데 "어떠한 중심도 없는 구조는 사유할 수 없는 것 자체를 나타낸다."[1] 따라서 그는 구조적 사고의 핵심을 공격하고, 그리하여 미국인들에 의해 후기구조주의자로 인식되게 된다. 그러나 데리다는 레비 스트로스가 《신화학》에서 중심에의 어떠한 준거로부터도 벗어나려는 매우 적극적인 시도를 하고 있음을 인정한다. "신화-논리적인 담론은 그 자체가 신화-형태소가 되어야 한다. 그것은 그것이 말하는 것의 형태를 지녀야 한다."[2] 따라서 그가 레비 스트로스의 사유 궤적을 해체 작업과 합류하는 어떤 개시로 간주하긴 하지만 반면에 그는 레비 스트로스의 정지 상태, 그의 구조적 테마들에 고유한 역사성의 중화를 비난한다.

구조들의 역사화: '차연'

물론 레비 스트로스가 서구 형이상학과의 공모적 개념으로서 역사와 단절한 것은 옳았다. 그러나 그는 마찬가지로 전통적인 반역사주의와 합류할 위험성이 있다. 왜냐하면 그는 역사에 대한 루소적 이해로 귀결되고 있기 때문이다. 이것이 바로 데리다의 비판이 지닌 주요한 측면이다. 그의 비판은 60년대 후반에 구조들의 질서를 역동화시키고, 그것들을 역사화시켜야 한다고 느꼈던 그 필요성과 일치하고 있다. 이것이 그가 1968년 1월 27일 프랑스철학회 강연에서 언급하면서 도입한 개념, 즉 '차연(la différance)'의 의미이다. a가 들어간 차연은 différer라는 동사가 시간을 끈다라는 의미와 동일성의 부정으로 귀결되는 보다 일반적인 의미, 즉 차이가 난다라는 이중적 의미를 지님으로써 가장 효율적인 해체 수단이 된다. "이 시간 끌기는 또한 시간화이자 공간화이고, 공간의 시간화이자 시간의 공간화이다."[3] 데리다는 différer라는 동사의 두 의미를 차연의 a를 가지고 결합하여 차이(différence)라는 고전적 용어에 부재하는 시간 끌기의 개념을 도입한다. 차연의 개념은 이중의 어가(語假)를 통해서 데리다로 하여금 결정 불가능자의 역할을 이상적으로 수행하게 해준다. 이 결정 불가능자는 존재의 사유가 지닌 모든 환상을 철저하게 들추어 내면서 이 환상에 현재의 현전 속에 결코 스스로를 나타내지 않는 것을 대립시키게 된다. 차연의 개념은 또한 구조에 결핍했던 운동의 재도입에도 작용하게 된다. 그것은 구조를 무한정한 활성화 속에 끌어들임으로써 그것을 내부로부터 역동화시킨다. 뿐만 아니라 그것은 새로움을 귀로는 인지할 수 없는 개념의 예를 제시하고 있다. 이 새로움은 e가 들어 있는 차이(différence)와 비교해 표기적 특이성을 통해서만 인지될 수 있다.

그리하여 이 개념은 구조주의에 대한 음운론주의적 전제들을 과소평가하게 해준다. "엄청난 편견과는 반대로 표음문자는 존재하지 않는다."[4]

이처럼 주요한 해체 개념은 현실 자체가 아니라, 우리가 현실이라 부르는 것을 가능하게 하는 조건들을 설명하게 해준다. 따라서 현실은 어떠한 본질이나 존재에 속할 수 없고, **로고스**를 해체하는 유희에 최대한의 가능 영역을 열어 준다. 게다가 차연이라는 용어는 구조주의와의 관계에서 데리다의 애매한 입장을 훌륭하게 표현해 준다. 그가 볼 때 레비 스트로스가 원시 사회들에서 발견한 것은 분명 차이에 관한 하나의 사상이다. 그러나 동시에 차연의 a를 가지고, 데리다는 이 사상을 하나의 경험적 현실의 둑 위에 고정시키지 않으면서 그것을 급진화시키고자 한다. 그리하여 그는 모든 서구적 형이상학을 태워 버리길 기대한다. 차연, 혹은 현전의——시뮬라크르(모방)로서——흔적이라는 개념은 또한 문학적 글쓰기, 특히 모리스 블랑쇼의 글쓰기를 표현한다. 블랑쇼는 모든 동일성이 같은 운동 속에서 그 자체의 소멸을 포함하게 하는 모순어법의 문체에 우선적 가치를 부여한다.

하이데거의 경우에서 존재가 끊임없이 존재자로부터 벗어나듯이 차연은 실증적인 것들의 실존 조건이지만, 결코 그것들 속에서 이해될 수는 없다. 데리다는 "차연의 주제가 구조라는 개념의 정적·통시적·분류적·비역사적 등의 동기와 양립할 수 없다"[5]라고 주장하지만, 동시에 차연의 개념을 구조주의적 방향과의 연속성 속에 위치시킨다. "차연의 개념은 구조주의의 더할나위없이 합당한 원리적 요구들을 발전시킨다." 데리다는 기의의 내부에까지 기능하는 의미 작용을 가치화시키기 위해 기호에 관한 고찰, 기표/기의에 대한 구분으로부터 출발한다. 따라서 그는 기표의 영역에서 기의의 뒤흔들기에 나선다. 그리하여 그는 언어를 어떤 형태로도 코드화할 수 없게 만들어 버림으로써, 그 반대로 언어를 문학적 창조의 영역으로 광범위하게 개방시킨다. "위험을 무릅쓰고 아무것도 의미하지 않고자 하는 것은 유희를 시작하는 것이고, 무엇보다도 차연의 유희를 시작하는 것이다."[6] 더 이상 아무것도 말할 게 없다고 말하는 것, 이것이 해체주의의 의미가 지니는 그 정지/불안의 지평이다.

따라서 데리다가 역사성, 즉 운동의 가능한 재도입을 제시하고 있지만 역사의 전통적 개념에 동의하는 것은 아니다. 이 수준에서 그는 알튀세의 반역사주의적 고발에, 헤겔주의에 대한 그의 비판에 의거하고 있다. 따라서 역사 또한 해체되어야 한다. 그래서 총체적 역사는 신화·미끼의 환상적 역할로 귀결되지만, 그것은 다원적·부분적 역사들로서 이해될 수 있다. "단 하나의 역사, 총체적 역사가 있는 것이 아니라 유형·리듬·기록 방식이 다른 상이한 역사들, 차이가 나는 차별화된 역사들이 존재한다."[7] 이와 같은 다차원적 역사는 글쓰기에 대한 하나의 사유를 만들어 내게 해주고, 구조를 운동에 개방시키게 해준다. 그러나 이러한 지식을 전개하는 시간의 굴곡들은 사실상 구조를 사라지게, 다시 말해 점진적으로 소멸하게 이끈다. 시효를 상실한 생성 변전으로 인도하는 것은 해체된 역사이다. 이 해체된 역사는 포착할 수 없으면서 동시에 움직이지 않는 현재의 시뮬라크르를 전개한 것에 불과하다. 이와 같은 시간의 카니발에서 정거장은 없으며, 하나의 지점에서 다른 하나의 지점으로 이동하는 길들은 더더욱 없다. 결코 멈추지 않는 운동들을 분명히 하려는 이 성향을 통해서, 데리다는 당시에 통용중인 형태론 중심주의에 부분적인 생명론을 재도입한다. 그리하여 그는 모든 철학적 개념들의 중요성을 상대화시킨다.

이와 같은 절대적 해체주의는 모든 해석학적 읽기를 진부한 것으로 만든다. 이것은 이 해석학적 읽기가 해석에 제한이 가해질 때에만 가능하다는 점 때문이다. "일반화된 해석 태도는 더 이상 불가능하다. 그것이 니체적 관점에서 인식되는 경우를 제외하곤 말이다."[8] 데리다는 그가 해석들 사이의 갈등이 종결될 수 없다고 간주하는 순간부터 텍스트 자체의 자율적인 존재론적 존재를 문제삼는다. 니체처럼 데리다는 경험적 영역을 구성하는 원문과 그것의 내용을 상상력이 발휘되는 영역으로 이동시킨다. 이와 같은 방식은 모호한 상태로부터 벗어나자 곧바로 해체되는 텍스트의 최초 말소를 전제한다. "일반화된 상호 텍스트성, 그리고 텍스트의 울타리에 대한 비판은 니체적인 역설을 반복시킬 뿐이다: 그것은 하이퍼비판주의(hypercriticisme)이다."[9] 세상 질서의 무한정한 흐름은 이해하려는 모든 기도를 납득하기 어렵게, 그리고 헛되게 만든다. 따라서 그것은 최초의 무력감에 무게를 실어 준다. 데리다가 서두에 제시하는 모든 문어적·구어적 표명들은 "거북을 되찾을 수 없는 아킬레스의 불안을 분명히 표현하고 있다. 강물을 파악하기 위해 물을 멈추게 할 수 없는 이상 현실의 붕괴가 있다."[10] 이런 의미에서 해석학과 구조주의 사이에 일어난 60년대의 논쟁에서, 데리다는 구조주의의 편에 서면서 주체와 지시 대상을 비워내는 입장을 강화시키고, 그것들에 결여된 운동성과 불안정성을 부여한다.

프로이트의 해체

데리다의 개념들은 프로이트의 작업, 즉 분석적 방법과 대단한 인접성을 지니고 있다. 그렇지만 그것들이 정신분석학적 이론으로 선회하는 것은 아니다. 그리하여 흔적의 개념은 무의식의 무의지적 발현을 생각하게 한다. 비록 그것이 어떠한 정체성으로도——억압된 것이라 할지라도——귀결되지 않지만 말이다. 정신분석가의 모호한 청취와 데리다의 결정 불가능자들의 다의성 사이에는 해체로부터 정신분석학적 담론의 인정된 과학성까지 일치, 협력, 그리고 가능한 봉합의 영역이 존재한다. "데리다는 프로이트가 억압을 통해 설명하는 것을 텍스트의 일반적 경제 속에 재편입시킨다."[11] 이러한 문맥에서 차연의 개념은 프로이트가 생각한 소통(疏通)의 힘들을 설명하며, 끊임없이 옮겨지고 사후(事後)에 속하는 순간들 속에 이 힘들이 새겨지는 양태들을 설명하는 수단으로 이해된다.

따라서 해체주의는 데리다가 정신분석학연구소에서 앙드레 그린의 세미나를 통해 한 강연을 기회로, 자신의 해체적 독서에 종속시키는 프로이트와 이웃하면서 자신의 길을 개척하지는 않는다 할지라도 스스로를 지탱하지 않으면 안 된다. 이 강연 내용은 1966년 《텔켈》지에 실리게 된다.[12] 데리다는 정상과 병적 상태 사이의 전통적 균열을 문제삼는 프로이트의 단절에 의거하고, 의식의 환상들을 고발한다. 프로이트에게서 그는 특히 사후(事後)의 개념을 통해서 자신의 차연이라는 개념이 지배적이 되게 해주는 시간성에 대한 새로운 이해를 발견한다. 이 사후라는 개념은 기원을 대리 보충으로, 후에 오는 것으로 귀결시키는 개념이다. 프로이트의 무의식은 데리다가 몰아세우는 현재의 그 현전성을 벗어난다. 그것은 언제나 이미 옮겨져 있고, 연기되어 있으며, 차이들로 짜여져 있고, 의식과 관련해 영원히 이타성의 상황 속에 있다.

따라서 데리다는 프로이트에게 특별한 경의를 표한다. "이러한 사유는 아마 형이상학이나 과학에서 고갈되지 않는 유일한 사상일 것이다."[13] 그는 특히 프로이트가 글쓰기를 억제하지 않고, 그 반대로 그것의 무한한 전개 무대를 문제화시킨 유일한 사람이라고 감사를 표한다. 이 무한한 전개는 그것에 대립되는 저항들 사이로, 소통의 침입에 의해 열려진 그 길을 통해 이루어진다는 것이다.

그러나 데리다는 프로이트 이론이 수행한 단절이 너무 소심하다고 간주하고, 이 이론을 뛰어넘는 것을 목표로 한다. 따라서 프로이트의 개념들은 해체를 통해 재해석되어야 한다. 왜냐하면 그것들은 "모두가 하나도 예외 없이 형이상학의 역사에, 다시 말해 씌어진 흔적의 실체를 배제시키거나 깎아내리기 위해 조직된 로고스 중심적인 억압 체계에 속하기"[14] 때문이다. 따라서 데리다는 전위(déplacement)의 정신분석학적 개념에서 멈추지 않는다. 그가 이 개념에 대체시키는 것은 텍스트의 모든 부차적 부분, 작품의 모든 부차적 부분, 여백을 텍스트 조직의 내부 자체 속에 보다 총체적으로 다시 끼워넣는 재삽입이다. 이때 그는 이 재삽입을, 설명의 어떤 계층 체계를 재구성하기 위해 흔적의 어떤 요소들은 희생시키고 어떤 요소들은 전위를 통해 가치화시키는 그런 해석을 제한하지 않는다. 따라서 정신분석학은 포괄적 과학으로 성립되어서는 안 된다. 그것은 어떠한 해석적 특권도 주장할 수 없다. 그러나 정신분석학이 분석의 주요 대상으로 삼는 것이 글쓰기의 비음성적 공간과의 확실한 경계를 제시하지 않는 특이한 공간의 꿈이지만, 그것은 그것이 글쓰기에 부여하는 관심과 위상으로 인해 고려되지 않을 수 없다. "프로이트가 (…) 끊임없이 호소하는 것은 글쓰기이고, 그림문자·그림수수께끼·상형문자·비표음문자 일반의 공간적 개요이다."[15] 프로이트에 대한 이와 같은 관심은 데리다로 하여금 정신분석학에 매혹된 일단의 세대와 화합하게 해줌과 동시에, 발전의 원동력이 되는 이 분야로의 많은 잠재적 전환들로부터 철학을 지키게 해준다.

데리다의 이 함축적인 프로이트 이론은 그를 라캉에 대한 관심과 대화로 이끌지 않을 수 없었다. 그들의 이론적 인접성이 **언뜻 보기에는** 좋은 관계를 예상하게 했는데도 이 대화는 최소한 거칠었다. 아마 그들 사이의 너무도 약한 거리가 그들이 벌인 형제 살해 싸움을 우발시켰을 것이다. "나는 라캉이 한때 데리다와 부성적 관계를 유지했다는 것을 안다. 그는 한 번은 이렇게 말했다. '나는 그를 주시하고 있다.' 이것이 의미했던 것은 그가 데리다의 작업에 흥미를 느꼈다는 것이지만, 그것은 아버지가 아들을 바라보는 관계 속에서 느껴진 것이었다."[16] 순전히 일화적인 개인적 사건이 두 사람 사이의 불화를 폭발시키는 데 일조한 것으로 보이지만, 이 불화는 특히 두 패권주의적 야심의 대립이 낳은 산물이다. 그들 각자는 이중적 목표를 지닌 학문적 논리를 암묵적으로 따르고 있었다. 즉 한편으로 데리다는 철학 영역에서, 라캉은 정신분석학 영역에서 각자 기성 권력을 쳐부수고, 다른 한편으로 각자 자신의 혁신된 학문을 위해 제왕적 위치를 보다 폭넓게 정복하는 것이었다. 따라서 정신분석적 담론을 4개의 가능한 담론의 지배적 담론으로 제시하는 라캉은 제왕적이고 병합주의적인 야심을 드러내며 데리다를 엄중히 감시한다. 역으로 철학자 데리다는 라캉에게 충성할 의도가 전혀 없다.

따라서 대면은 격렬할 수밖에 없었다. 왜냐하면 해체 작업을 무의식의 문에서 멈출 생각이 없는 데리다는 프로이트와 마르크스의 경우를 서구 형이상학의 순간들 가운데 하나로밖에 보지 않기 때문이다. 물론 특권을 누리는 순간이지만 말이다. "이 두 대단한 의지들 사이에는 분명한 양립 불가능성이 있었다. 둘 다 마찬가지로 그들은 가공할 힘에의 의지를 지니고 있었다."[17]

우선 조용했던 적대감은 데리다가 1971년에 《프로메스 *Promesse*》라는 잡지를 위해 장 루이 우브댕 및 기 스카르페타와 나눈 대담에서 백일하에 드러나기 시작했다.[18] 긴 노트를 통해서 데리다는 자신의 이전 저서들에서 라캉을 참조하지 않았음을 상기시키면서, 정신분석학 쪽이 자신을 대상으로 해 다양한 공격과 재전유(남의 것을 가져다 자기 것으로 삼는 것)를 시도했다고 불평했다. 뿐만 아니라 그는 자신이 《그라마톨로지에 대하여》를 집필하던 시기였던 1965년부터 라캉의 입장이 지닌 한계를 인식했다고 하면서 이 입장을 정식으로 비판했다. "정신분석학 영역에서 이와 같은 문제 제기의 중요성을 확신한 나는 내가 공식화하는 중이었던 비판적 문제들에 미치지 못하도록 정신분석학을 붙잡고 있는 상당수의 주요한 동기들을 식별해 냈다."[19] 라캉의 기여를 지식의 단순한 지엽적 부분으로 격하시킨 사실 이외에도, 그는 라캉의 계승을 해체해야 할 가식으로 제시하려는 목적하에 상당수의 급진적 비판을 라캉에게 가한다.

데리다는 자신이 가한 비난을 4개의 문제들을 중심으로 정리한다. 우선 라캉은 진리와 동일화된 충만한 **음성 언어**의 목적에 사로잡혀 있다는 것이다. 다음으로 그는 이론적인 문제 제기 없이 헤겔과 하이데거의 모든 개념들을 도입했다는 것이다. 세번째로 그는 조심하지 않고 소쉬르 언어학의 음운론을 수용함으로써 이 언어학에 너무 가볍게 의존했다는 것이다. 마지막으로 그가 프로이트로 회귀한 것이 긍정적으로 판단된다 할지라도, 그는 프로이트가 제기한 글쓰기 문제에 무심한 상태로 있었다는 것이다. 뿐만 아니라 라캉 이론에서 기표에 부여된 우선적 가치는 데리다에 의하면 감히 자백을 못하는 새로운 형이상학의 표시라는 것이다. 더 나아가 라캉의 문체는 '(펜싱 같은 운동에서) 상대의 공격을 살짝 피하는 기술'[20] 같은 것으로 매수되었다는 것이다.

데리다는 여기서 멈추지 않는다. 6개월이 지난 후, 그는 존스홉킨스대학교 강연에서 〈도둑맞은 편지에 관한 세미나〉를 라캉의 작품에서 떼어내 자신의 비판들을 반복한다. 이 강연 내용은 1975년 《시학》지에 실리게 된다.[21] 데리다는 이 강연에서 라캉이 에드거 포의 중편에 대해 제안하는 읽기를 수용하고, 의미론에 반대한 라캉의 비판 덕분에 이 세미나가 이룩한 중요한 진전을 인정한다. 편지는 그 자체로 아무런 의미가 없다. 그것의 저자는 유희 밖에 있고, 오직 그것의 궤적만이 중요하다. "따라서 라캉은 편지에, 다시 말해 기표의 물질성에 관심을 기울이고 있다."[22] 그러나 라캉이 우리를 지시 대상 및 주체 밖으로 강제 이주시키기는 하지만, 그는 그가 가동시키는 운동의 끝까지 가지 않는다. 왜냐하면 그는 우리를 '소멸하지 않는 진실 쪽으로' 데리고 가기 때문이다. "그는 편지를 도로 가져다 놓고, 편지가 그것의 고유한 궤도를 통해서 그것의 고유한 장소 쪽으로 되돌아오는 것을 보여 준다."[23] 따라서 편지를 제자리로 인도하는 보이지 않는 운명이 존재한다는 것이다. 그러니까 라캉은 그가 무슨 말을 하든 여성성 및 진실의 장소들이 궁극적 기의라는 해석을 방어한다는 것이다. 그런데 도둑맞은 편지에 관한 이 이야기에서 표적으로 정해진 것은, 다시 말해 목적지에 도착해야 하는 편지가 이처럼 돌아다니는 순환 속에 숨겨진 진실은 프로이트의 작업과 그 뜻을 수탁하고 있는 자로서 마리 보나파르트에 다름 아니다라는 것이다. 라캉은 마리 보나파르트가 프로이트의 권위를 물려받은 수혜자로서 그의 가르침의 뜻을 배신했다고 보았다는 것이다.[1] "픽션은 진실을 드러낸다. 피하면서 스스로를 드러내는 나타남 말이다."[24]

진실의 폭로에 대해 말하자면 그것은 음성 언어의 힘과 연결되어 있고, 따라서 데리다가 볼 때 라캉은 고발된 음운론주의에 사로잡혀 있는 것이다. 그에게는 '장막의 모티프와 목소리의 모티프 사이에, 진실과 음운론주의 사이에, 남근 중심주의와 로고스 중심주의 사이에 구조적인 공모 관계'가 존

---

1) 마리 보나파르트는 라캉과 대립 관계에 있었으며, 포의 두 작품 《도둑맞은 편지》와 《모르그 가의 살인 사건》을 분석한 《에드거 포, 생애와 작품—정신분석적 연구 I-III》을 내놓았다. 일설에 의하면 라캉은 이 저서에 자극을 받아 《도둑맞은 편지》를 연구하기 시작했다 한다.

재한다. 이와 같은 이론적인 비난 뒤에서 사실 데리다가 표적으로 노리는 것은 철학에 종지부를 찍는 담론을 표현하려는 라캉의 의도이다. 따라서 어떠한 혁신의 시도도 해체를 벗어나지 못하게 되고, 당시에 언어학적 모델에 의지한 가장 주도적인 두 학문인 민족학과 정신분석학도 둘 다 해체주의 비평을 받게 된다. 그리하여 이 해체주의 비평은 유리구슬 놀이의 지배자로 남게 된다.

주체의 해체

데리다에게 있어서 글쓰기가 문맥적 틀을 벗어나지만, 그것은 또한 주관성을 벗어난다. 그것이 남기는 흔적들은 순수하게 익명적이고, 어떠한 패러다임적 분석도 이를 설명할 수 없다. 푸코와 라캉처럼 데리다는 자신의 이니셜 이름에 수정을 가하게 된다. 그래서 자키(Jackie)는 그의 태생적 환경, 즉 알제리의 유대인 집단으로부터 비롯되는 상당수의 함축적 의미들을 없애는 대가를 치르며 자크(Jacques)로 바뀐 것이다. 그러나 데리다에게 의식적 모델인 나(le je)는 의미 작용이 없다. 그리하여 이러한 탈중심화는 이 영역에서 구조주의의 입장들을 급진화시킨다. 이와 같은 관점은 데리다를 앵글로 색슨계의 분석철학의 흐름과 논쟁을 벌이게 만든다.

1971년 8월 몬트리올에서 소통을 주제로 열린 국제프랑스어철학회에서 데리다는 '서명(Signature), 사건(événement), 맥락(contexte)'이라는 주제의 강연을 한다. 후에 이 강연 내용은 이니셜을 따 SEC로 언급되고, 《여백 *Marges*》 속에 수록되어 출간된다.[25] 발표를 하고 난 후, 데리다는 수행적 발화(하나의 언술은 그것이 발화자의 행동을 기술하고, 언술 행위가 이 행동을 수행할 때에만 수행적이 된다)에 대해 오스틴의 입장과 토론을 벌인다. 이때 데리다는 소통에서 발화되지 않은 실착 행위, 비이해를 복원시킬 수 없는 언어적 행위에 관한 이론의 한계를 강조한다. 그는 글쓰기의 실천에서 타자의 부재를 원용한다. "하나의 씌어진 기호는 수신자가 없는 가운데 전진한다."[26] 그것의 해독 가능성의 조건은 타자의 존재도, 어떤 특수한 소통도 아니고, 씌어진 글의 반복성이다. 글쓰기는 어떤 맥락의 표현이 결코 아니라 단절의 행위로서 규정된다. "이러한 단절의 힘은 씌어진 기호를 구성하는 공간적 거리에, 다시 말해 내적인 문맥적 연쇄의 다른 요소들로부터 이 기호를 분리시키는 공간적 거리에 기인한다."[27] 데리다는 분석철학의 반박에, 그리고 수행적 발화의 경우에 흥미를 느낀다. 수행적 발화는 오스틴에 따르면 서술적(constatif) 언술과는 달리 그것의 지시 대상과 분리될 수 없다. 데리다는 언술이 하나의 코드에 대응할 때, 그것이 반복될 수 있을 때에만 이해될 수 있다고 반박한다. 따라서 그는 일상적 담론의 명시적 참조 범주에 대해 언술의 자율성을 지지한다. 따라서 데리다에 의하면, 의미의 투명성은 수행적 발화와 확인적 발화에서 모두가 환상이다.

모든 반복성의 특징은 차연시키고 차별화시키는 것이기 때문에, 이로부터 데리다가 '비현재적 잔존(restance)'[28]이라 부르는 것이 비롯된다. 왜냐하면 그 어떤 것도 언어 행위의 의미가 두번째 사용에서 독자와 발화자에게 동일하다는 것을 입증하지 못하기 때문이다. 발화자의 의도가 언술에 결코 완전히는 합치하지 않는다. 미국인 존 R. 설이 볼 때 그 반대로 개념들의 유연성은 그것들의 내재적 속성들에 속하며, 일상 언어의 특이한 상황들에서 그것들의 운동성을 포착하게 해준다. 설은 데리다의 텍스트가 《글리프 *Glyph*》지에 영어로 게재된 1977년에야 그것을 알게 된다. 그때 그는 오스틴 이론의 원칙들과 발화 내적 행위에 대한 자신의 이론을 방어하려 한다. 그는 "언어의 '진지한' 사용과 '픽션적' 사용 사이에 근본적 차이의 적절성과 이점을 특히 방어할 뿐 아니라 지향성 · 반복성 · 의미, 발화 내적 행위의 성공이나 비성공과 같은 개념들의 정확한 의미와 중요성을 확립하려"[29] 한다. 데리다에 보내는 답변에서 《담화 행위》[30]의 저자는 반복성이 분명히 커뮤니케이션의 조건이라는 점에 이의를 제기하지 않지만, 그렇다고 그것이 지향성과 충돌하는 것은 아니라는 것이다. 그것은 지향성의 전제이다. 우리는 데리다의 관점에서, 어떤 주관성이나 지향성에 의미 작용의 유희를 결코 멈추지 않고 반복의 무한한 연쇄가 전개되도록 하려는 논쟁의 쟁점을 이해한다. 이 연쇄에서 "개인은 물러나 체계의 보편성에 자리를 내준다."[31] 따라서 데리다에 따르면 반복성은 관찰될 수 있는 수준, 즉 일상적 담론의 수준에서 작용하는 것이 아니다. 그것은 자동 구성 경험(empirie)[2]을 벗어나고, 담론을 가능하게 하는 조건을 구성하는 메타 수준에 위치한다.

우두머리들을 잘라 버리는 자신의 아비투스에 충실한 데리다는 소쉬르·푸코·레비 스트로스·라캉 등이 논증한 것들의 무용성을 끊임없이 보여 주려고 시도하면서도 자신의 주장들에 반박하는 것은 거의 평가절하한다. 그리고 1977년에 그는 언어 행위에 관한 특별히 신랄한 논쟁에서 설의 **답변**에 반박한다. 이 논쟁에서 그는 자신의 적인 설을 유한책임회사(SARL)로 규정한다. "가련한 설은 망연자실했다. 그는 이 **SARL**이라는 칭호에 매우 모욕을 느꼈다. 데리다의 이와 같은 빈정거림이 미국에서의 이념 논쟁에서 평상시와는 다른 무엇이라는 점을 말해야 한다."[32] 이와 같은 측면은 부차적인 것으로 나타날 수 있지만, 사실은 데리다가 그 자신이 대표하는 제왕적 학문과 자신을 동일시하는 징후를 나타낸다. 이 동일화에 입각해 그는 레드 카드를 받을 위험을 겪지 않고도 모든 타격을, 심지어 로블로까지도 가할 수 있다고 믿는다. 그러나 설은 논의 대상이 될 만하다고 생각되는 상당수의 반박들을 데리다에게 제시한다. 그는 비판을 통해서 여러 논지들을 개진한다. 우선 반복성이 문어의 특권이 아니고, 다음으로 글쓰기의 속성으로 나타나는 발화 행위와 수신자 사이의 단절이 인용성(citationnalité)과 관계가 없다는 것이다. 세번째로 작가로부터 단절될 수 있는 능력, 즉 글[작품]의 능력이 지향성의 어떤 것도 배제하지 않는다는 것이다. 이 논쟁에서 조엘 프루스트는 어떤 합의가 도출될 수 없었다고 지적한다. 설의 전제들은 대조를 조장하는 반면에, 데리다의 전제들은 대조를 철저히 피하는 경향이 있다는 점 때문

---

2) 인식 주체의 활동과 독립적으로 자동 구성되는 영역으로 간주되는 경험을 말한다.

이다. "두번째 유형의 방법은 해체주의적 접근을 특징짓는데, 교환에서 목표가 되는 것 자체의 성격을 문제삼는 것과 관계가 있다……. 우리가 논리의 독립성을 보존하지 못하면, 우리는 가능한 합의의 영역 자체를 상실하지 않는가?"[33]

형태를 넘어서, 이와 같은 논쟁의 토대는 역사적으로 뿌리가 있다. 분석적 전통과 대륙의 전통 사이의 관점의 차이는 한쪽을 대변했던 소쉬르와 다른 한쪽을 대변했던 프레게의 두 상이한 원천으로 거슬러 올라간다. 분석철학의 기원은 오스트리아-독일이고, 일반적으로 프레게로부터 비롯되는 것으로 간주된다. 한쪽에서는 소쉬르가 언어학의 과학성을 정립하기 위해 지시의 차원을 단념했다. 다른 한쪽에서는 프레게가 의미와 지시 대상 사이의, 다시 말해 지시 대상을 설명하는 어떤 방법인 표현의 의미 작용과 문제의 지시 대상이 귀결되는 사물 사이의 구분을 대중화시켰다. 이와 같은 프레게의 관점에서 분석철학은 이러한 두 차원을 구분하고 지시 대상의 문제들을 간과하지 않으려고 항상 고심했다. 반대로 구조주의는 소쉬르의 입장에 근거하고 언어학을 넘어서 자신의 입장을 확대함으로써, 언어는 그 자체 이외의 다른 것을 지시할 수 있다는 점에 이의를 제기하면서 이러한 문제들을 비워내는 작업을 토대로 구축되었다. 언어에 대한 프레게의 분석은 언어 및 언어적 명제들에 대한 하나의 사상의 차원에 위치한다. 그것이 전제하는 것은 다만 구체적 명제로부터 우리가 언어의 유희에서 솜씨를 발휘할 수 있다는 것이다. 이러한 의미에서 "데리다가 소쉬르를 통해서 상황에 대해 지녔던 비전은 프레게 이전에 속한다. 그에게 있어서는 결국 낱말들과 그것들의 의미 작용만이 문제이다. 그는 명제에 대한 어떠한 진정한 이론도 없다."[34] 따라서 데리다의 소쉬르 이론은 그를 그가 해체하고자 했던 계보, 즉 구조주의 속에 위치시킨다. 비록 그가 특히 구조들에 시간성을 도입함으로써 구조주의의 관점을 수정하게 된다 할지라도 말이다.

4

벤베니스트: 프랑스의 예외

　1966년에 구조주의 패러다임이 절정에 오른 후 그것이 점차적으로 위기를 드러낸 것은 생성주의가 확실히 한 계승 때문이고, 데리다의 해체주의적 주장의 성공 때문이다. 뿐만 아니라 그것은 그 당시까지 억압되었던 발화 행위 언어학의 전진에 기인한다. 이 영역에서 벤베니스트는 1968년까지 주요하면서도 은밀한 역할을 하게 된다. 그는 구조주의 영역 내에서도 선구자가 되게 되었다. 그러나 모두가 인정하는 그의 명성에도 불구하고 그는 1차적으로 사막에서 설교를 하게 된다. 왜냐하면 당시는 주체를 제외하고 언어를 생각하던 시기였기 때문이다. 지중해 연안에 사는 유대인의 후손으로 할라브(시리아)에서 태어난 에밀 벤베니스트는 그의 아버지에 의해 마르세유의 유대교 사제 양성학교에 보내졌고, 종교적 직업을 갖도록 예정되어 있었다. 그런데 콜레주 드 프랑스의 저명한 인도어학자인 실뱅 레비가 그의 재능이 남다르다는 것을 알아차리고, 그를 소쉬르의 제자인 앙투안 메이예에게 데리고 간다. 그는 우여곡절을 겪고 공식적인 제도들의 변방에 있다가 1937년 콜레주 드 프랑스의 교수가 된다. 그와 함께 구조언어학이 학문적인 정당성의 정상에 침투한다. 그리고 레비 스트로스가 자신의 인류학적 계획을 지탱하기 위해 언어학적 구조주의에 의존할 때, 그는 1960년에 《인간》이라는 잡지를 함께 이끌어 가자고 벤베니스트에게 도움을 청한다.

　그러나 콜레주 드 프랑스의 교수직은 벤베니스트로 하여금 그의 주장이 광범위하게 영향을 미치게 해주지 않는다. 대가들을 배출하는 영역에서 콜레주 드 프랑스가 차지하는 주변적 위치와 언어학적 지식의 기술적 성격이 복합적으로 작용하여 벤베니스트는 화려한 고립 속에 갇힌다. "그의 강의를 듣는 사람은 아주 적었다. 12명 내외였다. 1966년에 《일반언어학의 제문제》가 출간되고 나서야 25명 가량의 수강생이 있었다. 벤베니스트는 매우 근시였기 때문에 교실에 들어올 때 아무도 보지를 못했다. 그는 곧바로 자신의 의자로 간 뒤, 노트를 참조로 즉석에서 이야기를 꾸며내면서 대단한 미학적 재능을 발휘하며 강의를 했다"[1]라고 츠베탕 토도로프는 말한다. 토도로프는 스승의 내밀한 이야기를 들을 만한 자격이 있었으며, 스승이 반신불수의 위기를 겪은 후 그를 돌본 경험이 있었다.

이와 같은 고립에도 불구하고 벤베니스트는 명성이 대단했기 때문에 자신의 강의에 더할나위없이 위대한 언어학자들을 끌어들인다. 오스발트 뒤크로 · 클로드 아제주 · 장 클로드 코케 · 마리나 야겔로 등이 그의 강의를 수강한다. 그러나 그는 기질 때문에 타자와의 관계에서 여전히 폐쇄적으로 머문다. "벤베니스트는 서재에 묻혀 있는 사람이었다. 그는 교제를 잘 못했다. 나는 3년 동안 콜레주 드 프랑스에서 그의 강의를 수강했다. 그는 과도하게 소심했고 쌀쌀했다."[2] 앙드레 마르티네는 그를 프랑스에서 다시 만나기 전에 미국에서 만난 적이 있는데, 같은 느낌을 확인해 주었다. "그는 뉴욕에 있는 나의 집에 왔다. 우리는 친구로 사귀었다. 나는 벤베니스트가 사귈 수 있는 유일한 프랑스인 언어학자였다. 왜냐하면 거북해했기 때문이다."[3]

언어학의 영역을 넘어선 인정

인도유럽어의 전문가이자 고대와 현대의 매우 많은 언어들의 비교학자로서의 자질들 이외에도 벤베니스트의 중요성은 특히 언어학의 관심 속에 주체라는 억압된 것을 언술적 접근을 통해 재도입했다는 점이다. 그는 영미의 화용론과 논쟁을 시작하면서 이 화용론과 거리가 있는 길을 걸었다. "개인적으로 말해서 분명 그는 내가 가장 많이 빚지고 있는 언어학자이다. 그는 언어적 체계가 하나의 체계로 남아 있으면서 언술 행위 현상들을 고려해야 한다는 점을 보여 줌으로써 나에게는 전적으로 중요했다."⁴⁾ 이와 같은 구상은 호전적이다. 그리하여 1946년에 벤베니스트는 한국어에 대한 람스테트의 것과 같은 일부 연구들과는 달리, 그가 보편적이라고 간주하는 하나의 여건을 분명히 한다. 그것은 어떤 언어가 되었든 인칭의 개념과 동사의 개념이 지닌 불가분의 성격이다. "우리가 알고 있는 언어들 가운데 인칭의 구분이 어떤 식으로든 동사의 형태에 표시되지 않는 동사를 지닌 언어는 없는 것 같다."⁵⁾

구조주의가 논리주의와 분석철학의 영역들을 은폐시켰다면, 반대로 벤베니스트는 이 흐름과 매우 시기상조적인 대화를 시작했다. 그리하여 동사에 관한 이 논문이 나온 지 10년 후, 벤베니스트는 자신의 분석을 찰스 모리스의 실용주의적 계획과 연결시킨다. "(나(je)를) 포함하는 언술은 찰스 모리스가 화용론이라 부르는 언어 수준 혹은 유형에 속한다. 이 유형은 기호들과 더불어 기호들을 사용하는 자들을 포함한다."⁶⁾ 그런데 찰스 모리스는 카르나프와 함께 연구했고, 연구의 목표는 기호의 일반과학에 없는 고리 같은 요소를 화용론을 통해 메우는 것이었다. 이 일반과학은 이미 논리학과 의미론에서 통사법을 고려했지만, 기호와 해석항(interprétant)의 관계가 결여되어 있었다. "전쟁 직후 찰스 모리스가 제기한 문제는 매우 분명하다. 요는 기호들을 통해 군중을 조작하고, 이로부터 행동의 철학적 이론을 구축하는 것이다."⁷⁾ 주체의 문제에 대한 관심 때문에 1956년에 벤베니스트는 훌륭한 언어학자 한 사람의 지원을 받고자 고심하는 라캉으로부터 그의 《정신분석학》지의 창간호에 논문을 써달라는 요청을 받는다. 그는 프로이트의 발견에서 언어의 기능에 관한 논문을 이 잡지에 기고한다. 라캉의 관점에서 볼 때 이론적인 차원에서 이 발견은 무의식이 언어처럼 구조화되어 있다는 그의 주장을 뒷받침해 주는 역할을 한다. "정신분석학은 주로 다음과 같은 점에서 모든 다른 학문과 구별되는 것 같다. 즉 분석자는 주체가 그에게 말하는 것에 대해 작용한다는 점에서 말이다."⁸⁾ 물론 벤베니스트는 프로이트가 모순에 무심한 꿈의 기능 작용 방식과, 카를 아벨에 따른 가장 오래된 랑그들이 작용하는 방식 사이의 유사성을 확립하는 방법에 대해 비판적이다. 카를 아벨의 어원적인 탐구는 벤베니스트가 보기에 근거가 없다. 벤베니스트에게 체계인 모든 랑그는 모순의 이 근본적 원리가 없이는 기능할 수 없다. 그러나 프로이트가 사용하는 원천에 대한 이와 같은 반박의 목적은 사실 라캉의 비역사적인 입장이 지닌 이점을 보다 잘 부각시키는 것이다. 이 입장은 그 것이 수사학적 문체들, 비유들에 부여하는 우위에 토대를 두고 있다. "무의식은 문체처럼 그 나름의 수식들을 지닌 진정한 수사학을 사용하고, 비유들의 오랜 목록은 표현의 두 영역에 적합한 일람표를 제공할 수 있을 것이다."[9] 정신분석학과의 대화가 벤베니스트에게 언술 행위의 고려와 관련해 그의 입장을 가치 있게 해주는 수단을 제공한다는 점은 이론의 여지가 없다. 그리하여 1958년에 그는 다시 한 번 라캉의 주장을 지지하기 위해 《심리학 저널》에 논문을 기고한다. "인간이 주체로서 성립되는 것은 언어에서이다. 왜냐하면 사실 언어만이 존재의 현실인 그것의 현실 속에 자아의 개념을 성립시키기 때문이다."[10]

구조주의가 비워낸 말하는 주체의 일상적 사용에 벤베니스트가 대립시키는 것은 언술의 주체와 언술 행위의 주체 사이의 구분이다. 그러나 매우 뒤늦게서야 언어학자들이 이 구분을 받아들이게 된다. "벤베니스트를 참조해야 하는 이론적 전체로서 언술 행위는 1970년 이전에는 프랑스 언어학자들에게 거의 알려지지 않았거나 알려지지 않았다고 말할 수 있다."[11] 라캉의 주장과 벤베니스트 사이의 이와 같은 만남은 우발적인 것이 아니다. 그것은 그들의 담론들의 과학성을 확고히 다지려는 상호 이해 관계를 넘어서, 그들 각자의 지식 영역을 역사에의 의존으로부터 벗어나게 하려는 공통적인 의지에 기인한다. 이 역사가 라캉의 경우 프로이트의 철학경험론(philogéné-tisme)이든, 벤베니스트의 경우 역사적 문헌학이든 말이다. 벤베니스트가 언어학의 발전사를 제시할 때, 그는 세 시대 사이의 연속성을 확립한다. 우선 철학적 시대로서 그리스 사상가들이 랑그에 대해 고찰했던 시대이다. 다음으로 산스크리트어의 발견과 더불어 19세기부터 역사적 시대이다. 마지막으로 20세기의 구조주의 시대인데, 이 시대부터 "언어적 사실에 대한 실증적 개념이 관계의 개념으로 대체된다."[12] 사회의 복잡화와 동시대적인 이 새로운 시대는 벤베니스트와 라캉에게 상징적 현상이라는 방대한 문화 영역으로 열려진다. 라캉의 RSI(실재계·상징계·영상계)라는 3요소는 상징계의 지배로 귀결되게 된다. 그러나 벤베니스트는 자신의 주장에 대해서 원했던 반향을 언어학계에서 만나지 못한다. 그리하여 그는 그가 정신분석학계와 철학계에서 누리게 되는 인정 덕분에 이 두 학계에 논문들을 발표하면서 주체와 언어의 관계에 대한 자신의 입장을 알리고자 노력한다.

따라서 그는 그가 갇힌 고립에서 벗어나기 위해 자신의 본래적 환경을 벗어나는 전략으로 나아갔던 것이다. 벤베니스트가 《정신분석학》지 창간호에 논문을 발표하고, 1960년 이후로 《인간》지의 공동 편집장이 되지만, 그는 또한 1963년에 《철학 연구》지 창간호에 기고하여 분석철학의 주장들을 소개한다. 당시는 특히 언어학자들이 이 주장들을 표나지 않게 무시하던 때였다. "언어의 철학적 해석은 일반적으로 언어학자에게 어떤 불안을 야기시킨다."[13] 《철학 연구》에 실린 이 논문은 1962년에 로요몽에서 분석철학을 주제로 열렸지만 언어학자들의 관심을 별로 끌지 못했던 하나의 학회 다음에 발표된 것이다. 벤베니스트는 여기서 서술사(le constatif)와 구분되는 수행사(le performatif)에 관한 존 L. 오스틴의 주장을 설명하고 검토한다. 그는 오스틴의 화용론 입장을 지지하고 그것이 지닌 이점을 강조한다. 그러면서 그가 환기시키는 것은 그 자신이 1958년부터 언어적 언술 행위의 주관적 형태들을 역설했고, 이로부터 비롯되는 구분, 즉 언어 행위와 단순한 정보 사이의 구분을 강조했다는 사실이다.[14]

따라서 벤베니스트가 언어에서 주체에 관해 보여 주는 고찰은 외적인 접목이 아니고 그 자신의 고유한 리듬에 따라 추구되는데, 언어학 분야에서 반향이 없기 때문에 철학 영역에 보다 치중되어 있다. 1965년에 다시 철학 잡지 《디오젠》에 벤베니스트는 시간성과 주관성 사이의 관계에 대해 논문을 발표한다. "주관적 경험을 드러내 주는 언어적 형태들 가운데 어떤 것도 시간을 표현하는 것들만큼 풍요롭지 않다."[15] 벤베니스트는 이 논문에서 시간에 대한 2개의 개념을 구분한다. 하나는 물리적 시간, 즉 세계의 무한하고 일직선적인 시간이다. 다른 하나는 사건들로 짜여진 연대기적(chronique) 시간이다. 그런데 이 두 시간성 자체가 객관적인 것과 주관적인 것으로 나뉘어진다. 연대기적 시간이 체험된 것으로 벗어난다면 언어적 시간은 어떤가? "언어적 시간이 지닌 특이한 점은 그것이 파롤의 실행과 유기적으로 연결된다는 점이다."[16] 따라서 그것은 매번 새로운 순간이자 개인적 행위로서 새롭게 가치가 부여되는 현재 속에 위치한다. 그것은 필연적으로 화자의 주관성과 상호 주관성으로 귀결된다. 이는 언어적 시간성이 대화 상대자가 이해할 수 있게 하는 조건들에 부합해야 하기 때문이다. 따라서 언어적 시간성은 주체 상호간의 교환으로 귀결된다. "담화의 시간은 (…) 상호 주관성의 요소로서 기능한다."[17]

1970년에 가서야 벤베니스트는 자신의 입장이 언어학자들 사이에서 승리를 거두는 것을 보게 된다. 1970년 언어학의 큰 잡지 《언어들》에 언술 행위에 대해 발표한 논문은 이를 나타내는 의미 있는 징후이다.[18] 그러나 게임은 거의 이겼다고 할 수 있을 뿐이다. 왜냐하면 주체가 되돌아온 이유는 언어학에 고유한 시간성에 진정으로 기인한 것이 아니라 언어학에 대한 1968년 5월 운동이 미친 파장 때문이고, 인문과학에 갑자기 나타난 새로운 탐구 때문이다. 이 탐구는 특히 주체로 하여금 문을 통해 추방된 후 창문을 통해 다시 나타나게 해주었다.

억압된 주체

그러나 1966년에 《일반언어학의 제 문제》가 갈리마르사에서 출간되었음에도 불구하고, 그 당시까지 벤베니스트는 다른 프랑스 언어학자들에 의해 조심스럽게 무시되었다. 클로딘 노르망은 1966-1967학년도에 있었던 폴 리쾨르 강의 때 한 노트를 그야말로 우연히 발견함으로써 이루어진 비교 연구를 통해 이 현상에 대해 증언하고 있다. 그녀는 이 노트를 같은 해 장 뒤부아의 강의 때 한 노트와 비교한다. 그리하여 그녀는 한편으로 철학자 폴 리쾨르가 벤베니스트에게 부여한 몫을, 다른 한편으로 언어학자 장 뒤부아가 그에게 부여한 몫을 측정하는데, 두 사람 모두 낭테르대학교 교수이다.[19] 이와 같은 대조가 귀결되는 역설은 낭테르대학교 학생들이 언어학자 뒤부아가 아니라 철학자 리쾨르를 통해 벤베니스트가 제기한 문제들에 대해 알게 되었다는 점이다. 클로딘 노르망이 이로부터 끌어내는 결론은 "철학자가 몇몇 새로운 언어학적 이론들의 중요성을 보다 잘, 그리고 보다 신속하게 이해할 수 있을 만큼 무장되어 있는 것 같다는 것이고, 언어학자들 자신들은 그들의 전통적 혹은 최근 방법들을 재전환시키는 데 너무 열중한 나머지 아직은 이것들을 전복시키겠다는 욕망을 가질 수 없었다는 점이다."[20]

이와 같은 사례 연구를 넘어서 클로딘 노르망이 《언어들》지의 같은 호에서 보여 주는 것은, 언어학자들의 다양한 저술 활동이 60년대에 언술 행위의 분야에서 선구자로서 벤베니스트에 대한 참조를 침묵으로 일관하고 있다는 점이다. 오스발트 뒤크로는 그가 벤베니스트의 작업에 대해 느끼는 모든 흥미에도 불구하고, 그의 저서 《구조주의란 무엇인가? 언어학에서 구조주의란 무엇인가?》[21]에서 벤베니스트를 인용하지 않는다. 줄리아 크리스테바(당시에는 줄리아 주아요(보석)로 불렸다)는 1969년에 나온 그녀의 저서 《언어, 그 미지의 세계》에서 벤베니스트를 인용하는데, 그 이유는 오직 구조주의의 주장들을 뒷받침하기 위해서이다. 하지만 그녀는 언술 행위의 개념에 대해 아무런 참조도 하지 않는다. 또한 장 뒤부아와 뤼스 이리가레가 1966년에 공동 집필해 《언어들》(3호)지에 게재한 〈동사와 문장〉이라는 논문에서, 말하는 주체라는 용어에 접근할 때도 벤베니스트는 기막히게 무시된다.

벤베니스트는 몰인식 때문에 무시된 것이 아니다. 구조언어학이 당시에 주체에 접근하는 길을 차단한 것은 의도적이었다. 심리주의·현상학 혹은 해석학과의 단절은 구조주의 패러다임의 모든 지지자들에게는 이와 같은 대가를 치르고 이루어져야만 했다. 뒤부아와 마찬가지로 그레마스에게 중요한 것은 구축해야 할 과학적 대상에 기식하러 오는 요소로 간주된 주체를 표준화하는 것이다. 이 과학적 대상은 '객관화된 랑그, 표준화된 랑그'에 부합해야 했으며, "이 랑그의 분석에 장애가 될 수 있는 모든 요소들은 배격되었다."[22] 이러한 분석은 바로 분석철학이나 벤베니스트 혹은 리쾨르의 관심을 끄는 모든 것, 다시 말해 주체의 다양한 표현 양태들과 모든 대화 형태들에 무심을 드러낸다. 옐름슬레우의 형식화 모델에 입각해 랑그의 표준화는 3인칭으로 된 규범적 언술의 구축을 가능하게 해주고, '그때(alors)'라는 용어를 위해 시간적 기준을 물리치게 해준다. 이 용어는 규정할 수 없는 먼 과거로 귀결되는 막연한 낱말이다. "이는 벤베니스트의 입장과는 정확히 반대되는 것이었다. 그에게 중요한 것은 주체의 입장을 나타내는 영역을 탐지하고, 즉 모든 파롤 행위의 기준점을 형성하는 나/여기/지금이라는 3요소를 판별해 내는 것이다."[23] 이러한 길은 구조주의에 의해 오랫동안 막혀진 후, 1970년부터 비로소 트이게 된다. 이와 같은 부정에는 또한 20세기초의 논리철학자들과 분석철학의 모든 사조가 가져온 기여에 대한 몰인식이 작용했다. 그들 가운데는 고틀로프 프레게 · 버트런드 러셀 · 루돌프 카르나프 · 루트비히 비트겐슈타인이 있는데, 이들은 프랑스에서 니체-하이데거 철학의 독일 계보라는 철학적 계보가 부각됨으로써 무시되었다. 물론 비트겐슈타인의 《논리-철학 논고》는 1961년에 갈리마르사에서 나오나, 이 저서는 질 가스통 그랑제의 작은 소개 책자와 특히 그보다 자크 부베레스의 작업을 제외하면 매우 빈약한 반향만을 불러일으킨다. 부베레스는 이 작업에서 루이 알튀세가 프랑스 철학이 분석철학의 영향에 접근하는 것을 불허했다고 혹독하게 비난한다. "어느 날 우리는 알튀세와 함께 점심을 먹으러 가다가 부베레스를 만났다. 알튀세는 나에게 이렇게 말했다. '자네도 보다시피, 부베레스가 나에게 더 이상 인사를 건네지 않네. 왜냐하면 그는 내가 프랑스인들이 분석철학을 알지 못하도록 막았다고 비난하고 있기 때문이지.' 우리가 분석철학을 오랫동안 알지 못했던 것은 사실이다."[24]

당시에 빈학파와 그 주변 사람들은 '앵글로-색슨학파'로 잘못 불리어졌는데, 신실증주의로 명명되었다. 이것은 이 사조의 신망을 떨어뜨리기에 충분했다. 20세기초에 언어철학에 대한 관심은 심리학자들에게 남겨졌고, 이들의 지식은 곧바로 구조주의 주창자들에 의해 결정적으로 초월된 것으로 간주된다.

이어서 구조주의의 열기가 한창이던 60년대 중반에 이 사조에 대해 관심을 가져 그것을 자신의 해석학에 통합시킨 자는 폴 리쾨르이다. 그리하여 그는 특히 알튀세-라캉 추종자들 쪽으로부터 쳐부수어야 할 적으로 지목된다. 이들 추종자들은 프로이트에 관한 폴 리쾨르의 저서 출간에 즈음하여 《현대 Les Temps modernes》지에 미셀 토르의 필치를 빌려 매우 신랄하게 반격을 가한다. 미셀 토르는 폴 리쾨르의 시도가 대수롭지 않은 프로이트주의자의 단순한 교육학적 분책(分冊)이나 교과서의 모습을 지녔으나, 해석학적 문제들에서 빌린 외적인 범주들의 암묵적인 취급을 프로이트에게 은밀히 적용하는 특징이 있다고 간주한다. 바로 이 철학이 당시의 비판적이고 인식론적인 관심에 반대되는 것으로 반박된다. "폴 리쾨르의 현상학적 인식론은 윤리-종교적인 거리낌을 합리화한 것에 지나지 않는다."[25] 해석학은 반과학으로 제시되고, '프로이트 이론의 교활한 부정' 이외에 다른 목표가 없는 상징의 골상학으로 제시된다. 그리고 미셀 토르는 주체에 대한 고고학의 어떤 시도도 인정하지 않는다. 그런 시도는 '주체에 대한 몰인식의 심연을 탐사'하는 데 그치는 상상적 동굴학으로 귀결될 수밖에 없다는 것이다. 왜냐하면 프로이트가 시도하는 주체의 탈중심화는 주체를 조직하는 모든 중심을 제거하는 결과를 낳았기 때문이다. 그런데 벤베니스트가 무의식의 상징체계를 하부 언어학과 상부 언어학으로 구상할 때, 그는 알튀세-라캉의 추종자들보다는 리쾨르 편에 선다.

여러 가지 다른 이유들이 프랑스에서 분석철학의 문제 제기들에 대한 폐쇄적 입장을 설명하기 위해 원용될 수 있다. 우선적으로 주체에 대해 통용되는 모든 고찰들과 거리를 둠으로써 정체성을 확립했던 구조주의적 단절의 급진성이 있다. 현상학과 단절한 철학의 영역이 되었든, 통용중인 모호한 심리주의와 단절한 문학사가 되었든 말이다. 나아가 독일 철학에 대한 매료가 있는데, 이 철학은 프랑스에서 사후에 성공을 얻는다. 또한 고려해야 할 것은 프랑스 대학에서 논리학적 작업의 위상이다. 이 작업은 언제나 매우 소외되어 있었는데, 이는 아마 우발적인 역사적 이유들 때문이라 할 것이다. 왜냐하면 캉길렘이 언급했듯이 프랑스 논리학자들의 비극적 운명이 있었기 때문이다. 장 카바예스는 제2차 세계대전 동안 레지스탕스 운동을 하다가 독일군에 의해 총살당했고, 자크 에르브랑은 1931년 7월 27일 산악사고로 죽었다.

하나의 프랑스 논리학파를 가능하게 할 수 있었던 잠재적 스승들이 사라진 것 이외에도, 또한 철학적 뿌리는 앵글로색슨 국가들에서 차용되어 갈라져 나온 길을 설명할 수 있다. "그것은 상징계의 위상과 관련해 영국 수학자들의 입장으로 거슬러 올라간다. 왜 분석철학이 영국에서 발전되었는지를 이해하게 해주는 지위가 있다. 그것은 수학적 대상들의 성격에 관한, 이 수학적 대상들의 존재에 관한 입장과 관련된다. 이 입장은 거의 존재론적 입장이다."[26] 따라서 영국 수학자들의 형이상학적 전제들이 그 자체로서 존재하는 주체, 언어와 단순한 사용의 준도구적 관계를 지닌 그런 주체에 대한 관념론적인 발상의 출현에 유리한 토양을 구성했다 할 것이다. 서구 형이상학의 목을 비틀고자 했던 프랑스 철학자들은 따라서 그러한 방식을 호의적으로 받아들일 마음의 준비가 되어 있지 않았다.

벤베니스트의 후계자들

이러한 조건들 속에서 벤베니스트는 언어학자들의 이론적 지평 내부로 주체를 들어오게 하는 데 다소 어려움을 겪었다. 그럼에도 그는 그의 뒤를 이었던 제자들이 있었다. 이들은 보다 유리한 상황 속에서 분석철학의 보다 행복한 대화 상대자들이 되었다. 특히 1968년에 쇠이유사에서 나온 《구조주의란 무엇인가?》라는 공저의 언어학 파트를 집필한 오스발트 뒤크로가 그런 경우이다. 그가 분석철학을 알게 되는 방식은 당시에 사람들이 이 분야에 대해 지녔던 무지와 멸시가 어떠했는지를 나타내고 있다. 정식 수련을 받은 철학자로서 오스발트 뒤크로는 고등상업학교에서 예비 강좌를 맡는 기회에 구조주의를 발견한다. 그가 준비해야 했던 이 강좌는 이와 같은 문제와 관계되어 있다. "나는 다른 한편으로 수학에 많은 관심이 있었다. 그래서 수학철학에 대한 무언가를 하려고 시도했다. 이 때문에 나는 수학의 부분 쪽으로 표류했다. 이 부분은 한 사람의 철학자에게는 가장 단순한 것으로 논리학이다."[27] 그리하여 오스발트 뒤크로는 촘스키의 문법에서 매우 많이 사용되는 형식문법에 관심을 집중한다.

1963년에 데카르트와 관련된 철학사 논문을 쓰기 위해 국립과학연구센터에 들어갔던 뒤크로는 이 연구센터의 모든 연구자들처럼 잡지들을 면밀히 검토해야 했다. 그가 결정적인 발견을 한 것은 이처럼 연구에 대한 준비 작업, 즉 단순히 자료를 편집하는 작업에서이다. "마지막 도착자들은 흥미가 가장 덜한 잡지들, 즉 프랑스 철학자들이 거부했던 것들을 갖게 되었다. 그리하여 나는 언어철학에 관한 영국 잡지들을 차지하게 되었다. 그런데 나를 구조주의 방향이 아니라 언어철학의 방향으로 이끌어 주었던 이 잡지들은 나를 열광시켰다."[28] 그렇게 하여 뒤크로는 상당히 훗날에, 70년대초에 프랑스에 화용론을 도입하는 자가 되었다. 그는 화용론이 버려야 할 것이 아니라 구조주의에 부여된 새로운 차원이라고 간주했던 것이다. 이를 증언하는 것이 그가 1972년에 존 R. 설의 저서 《언어 행위》가 프랑스어로 출간될 때 쓴 서설이다.

이 머리말에서 뒤크로는 소쉬르가 직접적으로 연구될 수 없는 언어학의 질료로부터 언어학의 대상을 분리시킨 점에 경의를 표한다. 다시 말해 그는 언어 능력과 파롤에 동시에 대립되는 랑그를 분리시킨 것이다. 그러나 그는 소쉬르가 과학적 분석 영역에서 파롤을 배제할 때 소쉬르와 차별화된다. 소쉬르로부터 오스틴으로 이어지는 도정이 새로운 영역, 즉 수행적 언술의 영역으로 개방되고 있지만, 다만 그것은 뒤크로에 따르면 기본적인 구조주의적 토대에 제한된 보충적 분야를 덧붙이게 해주는 어떤 계속성 속에서 인식될 수 있다는 것이다. 이 보충적 분야는 랑그에서 어쨌거나 변방적 지위만을 차지한다. "언술 행위의 가치가 언어적 활동과 개인적 주도성을 동일시하는 소쉬르의 주장에 문제를 제기하지만, 이 주장의 상당 부분이 유지되는 것을 막지 못한다."[29]

뿐만 아니라 뒤크로가 언어적 질서를 하나의 환원 불가능한 성격을 지닌 것으로 간주할 때, 그는 매우 소쉬르적인 계보 속에 머물고 있다. 이 성격은 언어적 질서를 다른 현실 수준을 토대로 하여 확립시키는 것을 금지시키며, 따라서 **고유한** 해설 논리를 찾아야 한다는 것이다. 뒤크로의 분석은 여전히 근본적으로 구조적이다. 그 이유는 그것이 경험적 소여로부터 출발하는 것이 아니라 구축된 것으로부터, 다시 말해 그가 언술의 의미 작용이라 부르는 의미론적 단위로부터 출발한다는 점 때문이다.[30] 따라서 언어가 그 자체에 폐쇄되어 있다는 발상은 구조주의에 고유한 것인데, 뒤크로에 의해 받아들여진다. 그는 언어철학의 매력이 플라톤 철학의 부활이라고 생각한다. "다시 말해 철학적 문제들을 논의하기 전에 우리가 사용하는 단어들의 의미에 대해 합의하는 것이 중요하다는 발상 말이다. 이것이 내가 오스틴에게서 발견한 전적으로 플라톤적인 매우 흥미진진한 점이다."[31]

이런 관점에서 우리는 언어철학 내에 존재하는 두 사조를 구분할 수 있다. 한편으로 카르나프로부터 비롯되는 논리학파가 있다. 카르나프가 《세계의 논리적 구조》(1928)에서 추구하는 것은 언어에 대한 단순한 비평을 넘어서 보다 완벽한 논리에 도달하는 것이고, 근본적인 과학적 자료체를 구성하기 위해 분할될 수 있는 전범적 언술들의 체계를 분명히 드러내는 것이다. 이와 같은 전범적 언술 체계의 구성 법칙에 일치하지 않는 모든 것은 비(非)의미로 추방된다. 형이상학적 명제들 전체도 마찬가지이다. 따라서 형이상학을 순수하게 의미론적으로, 그리고 형식주의적으로 배제할 때 현실의 만족스러운 묘사를 설명하게 해주는 가능한 유기적 분절, 요소들의 구성적이고 결합적인 그 분절이 보장된다는 것이다. 오스발트 뒤크로에게 영향을 미친 것은 언어철학의 이 분파가 아니라 언어의 내부에 남아 있었던 분파, 즉 오스틴과 설이 대표하는 분파이다. "이어서 나를 그들로부터 멀어지게 만든 것은 그들이 볼 때 언어의 연구가 철학적 문제들에 진정으로 어떤 해법을 준다는 점이었다. 그런데 나는 그것을 점점 덜 믿고 있다. 뿐만 아니라 그들에 따르면 낱말들의 의미 연구는 일상 언어를 묘사하는 데 만족할 만한 개념들을 발견하게 해주었다는 것이다. 나의 관점에서 볼 때 이것은 합당하지 않다. 왜냐하면 나는 왜 언어가 그것 자체의 기술(記述)을 위해 가장 훌륭한 메타 언어인지 이해가 되지 않기 때문이다."[32] 오스발트 뒤크로가 오스틴 및 설과 관련해 느끼는 또 다른 차이는 주체의 개념에 대해 이들이 지닌 이해에 기인한다. 그는 이 이해가 너무 단순주의적이라고 간주하는 것이다. 그가 볼 때 주체는 언어철학자들이 생각하는 것보다 훨씬 더 복잡한 다원적 실체이다.

따라서 분명 뒤크로가 프랑스에 화용론을 도입한 가장 훌륭한 학자이긴 하지만, 그는 화용론에 대한 특별한 관점을 제시한다. 이 관점은 여전히 구조주의의 시기로부터 자양을 얻고 있으며, 따라서 외국 사조의 단순한 도입이 전혀 아니다. 그것은 벤베니스트로 거슬러 올라가는 프랑스의 계보를 보다 많이 따르고 있다. 그리하여 벤베니스트는 70년대부터 점점 더 많은 연구자들이 작업하는 언술 행위에 대한 하나의 사조 전체에 영감을 주게 된 것이다. 바로 이러한 관점 속에 카트린 케르브라 오레치오니의 연구가 편입된다. 이 연구는 벤베니스트의 직접적인 계보 속에 위치한다. 그녀는 특히 지시소들을 넘어서 언어에서 주관성을 나타내는 모든 표시들에, 다시 말해 주체성이 취하는 주체적 동사들과 어휘적 형태들에 대한 연구서를 출간했다.[33] 하나의 온전한 프랑스 화용론학파가 언어에서 주체의 위치와 담화 행위에 대한 이와 같은 문제 제기로부터 탄생한다. 프랑시 자크 · 장 클로드 파리앙트·프랑수아 레카나티 등이 여기에 속한다.[34] 이 학파는 화용론의 목표를 "담화에서 언어의 사용에 대해, 그리고 랑그에서 그것이 지닌 담화적 특성을 증거하는 특수한 표시들에 대해 연구하는 것"[35]으로 정하고 있다.

이 흐름에 앙투안 퀼리올리와 그의 학파를 덧붙여야 한다. 이들의 관심 역시 근본적으로 보편성을 지닌 도식들에 토대를 둔 언술 행위 이론을 구축하는 것이다. '생산의 메커니즘들,' 벤베니스트의 유산인 언술 행위의 온전한 형식적 장치 같은 것 말이다. 파리 7대학의 언어연구학과 교수인 퀼리올리는 혼자서 마리나 야젤로가 속한 하나의 학파 전체에 영향을 미쳤다. 그러나 그의 연구는 너무 정교한 수준에 도달해 초심자는 읽기가 어려우며, 전문가도 힘이 들게 되어 있다. 촘스키식의 이와 같은 심층 연구는 퀼리올리가 예측적인 관계로 귀결되는 가상 판단(lexis; 진위를 고려하지 않은 언술)이라 명명하는 것의 존재를 전제한다. "언술 작용이 이른바 문법화라는 것을 받는 주어진 언어들에서 심층적인 도식들로부터 표층적인 도식들로의 이동을 가능하게 해주는 언술 작용이 있다."[36] 문장들에 입각하는 것이 아니라, 문법성에 대한 모국어 화자의 직관——이 문법성은 그에게 가능의 영역과 불가능의 영역의 경계를 결정하게 해준다——에 입각해 표층 구조들로부터 심층 구조들로 이동하는 생성문법적인 방법과는 반대로 퀼리올리는 전적으로 추상적인 깊이의 수준으로부터 출발한다. 이 수준은 언술자로 하여금 예측적 관계를 조직하게 해주고, 표층에서 이 관계가 언술된 것으로 귀결되도록 해주는 일정 수의 언술 작용들(양태 부여, 상(相), 명사적·동사적 한정 등)을 전제한다. "퀼리올리의 경우 언술은 자료체의 일부가 아니다. 그것은 담화에서 추상적으로 전제되는 그 작용들의 증거이다. (…) 매우 상이한 형태들을 지닐 수 있지만 동일한 언술 작용들에 귀결되지 않는 언술들이 있다."[37]

따라서 앙투안 퀼리올리를 통해서 우리는 구조주의의 최초 야심들과 다시 만난다. 형태적 표현, 규칙성의 탐구, 불변소들에 입각한 보편성의 추구, 단순히 언술 행위의 영역이라는 새로운 영역에서 개별적인 것을 뛰어넘으려는 고심 같은 것들 말이다. 이 언술 행위의 영역은 소쉬르가 파롤을 제외하고 랑그를 유일한 과학적 대상으로 엄격하게 규정했기 때문에 처음에는 방치되었던 것이다. "고립된 언술은 존재하지 않는다. 모든 언술은 가능한 등가적인 언술들의 꾸러미 속에서 언술자가 끄집어 낸 하나에 불과하다. 요컨대 모든 언술은 환언적인 변형들의 어족(語族)에 속한다. (다른 한편으로) 변조되지 않은 언술, 다시 말해 유일한 현상이 아닌 언술은 존재하지 않는다."[38] 콜레주 드 프랑스에서 벤베니스트의 후임자가 된 클로드 아제주 역시 보다 덜 형식화되었지만, 벤베니스트의 정신과 보다 가까운 관점에서 구조주의가 찬란했던 시대에 침묵을 강요받았던 이 인물, 파롤을 중시한 이 인물을 복권시켰다.

랑그에서 주체에 대한 문제화의 점진적 성공은 구조적 패러다임의 쇠퇴에 기여했는가, 아니면 이 패러다임에 보충적 탐구 영역을 제공함으로써 새로운 바람을 불어넣었는가? 마리나 야겔로에 따르면, 화용론을 보조적 혹은 관련적 분야로 간주하는 것 역시 타당하다. "우리는 언어학도 하나의 화용론으로 생각할 수 있다. 언어 행위들에 관한 이론과 동시에 랑그의 이론이 있으며, 두 이론은 연결되기 때문이다. 그러나 마찬가지로 우리는 언술들이 어떻게 만들어지는가를 알려고 하지 않고, (말하자면 언술 작용이 그 자체로서 하나의 행위를 구성할 때) 언어 행위들을, 따라서 언술들의 발화 내적 가치를 다룰 수 있다고 생각할 수 있다."[39]

5

제2의 바르트를 낳은 크리스테바

파리에 도착한 지 얼마 되지 않아 줄리아 크리스테바는 구조주의의 기호학적 관점들을 뒤흔들게 된다. 우리가 이미 본 바와 같이 1965년 크리스마스 이후가 되어서야 프랑스에서 그녀는 롤랑 바르트의 세미나를 수강하는데, 이 세미나에서 그녀는 60년대 그 후반기의 구조주의 패러다임을 대대적으로 변화시키는 데 있어서 결정적인 발표를 한다. 크리스테바는 새로운 비전, 즉 당시까지 프랑스에서 알려지지 않은 미하일 바흐친의 저서에 입각해 러시아의 후기형식주의의 비전을 바르트의 강의에 도입한다. 그녀는 이 책을 프랑스어로 번역 소개하면서 서문을 써 쇠이유사를 통해 내놓는다.[1] 1966년, 그 해 크리스테바가 바흐친을 선택한 것은 우연이 아니다. 그것은 구조주의적 방법에 돌파구를 열고자 하는 그녀의 욕망에 부합한다. 그리하여 그녀는 이 방법에 역사적 역동성을 도입하고, 텍스트의 울타리로부터 빠져 나오고, 문학 텍스트의 명료성을 확장시키고자 했던 것이다. 그녀의 개입은 절정에 다다른 구조주의를 1967년부터 극복하고, 뛰어넘으며, 다원화시키려는 상당수의 시도들이 나타나게 되는 시점과 일치한다. 그런데 줄리아 크리스테바의 발표는 우선적으로 《비평》지에 게재되었는데, 1969년에 《세미오티케. 세마날리즈를 위한 연구 *Sémiotiké. Recherches pour un sémanalyse*》[1] 속에 수록됨으로써 보다 방대한 반향을 얻게 된다. 이때는 데리다의 해체주

---

1) Sémanalyse는 크리스테바의 기호학적 용어로 '텍스트로 생산되는 기표에 대한 고찰'이며, 그것의 실천은 주어진 텍스트에서 '의미 작용적 체계를 생성하는 과정'이 어떻게 나타나는가를 보여 주는 작업이다.

의적 주장, 촘스키의 생성문법, 벤베니스트의 언술 행위 이론이 초창기 구조주의의 최초 야심을 심각하게 뒤흔들기 시작했던 시점이다. 크리스테바의 이 발표는 매우 주의력 깊은 한 방청자를 특별히 매혹시켰는데, 그는 다름 아닌 롤랑 바르트 자신이었다. 바르트는 그가 보기에 새로운 이 주장에 근거해 자신의 작업에서 근본적 전환을 단행하게 된다. "바흐친의 방법은 흥미로웠다. 왜냐하면 그는 라블레의 것이 되었든 도스토예프스키의 것이 되었든, 문학 텍스트 속에서 텍스트 자체 내에 존재하는 목소리의 다음성 현상 같은 것을 우선적으로 보았기 때문이다."[2]

미하일 바흐친

미하일 바흐친은 문학 텍스트들 사이의 대화를 본질적인 것으로 간주한다. 그에 따르면 그것들에는 그것들 이전의 텍스트들이 들어가 있으며, 그것들은 그것들의 최초 구조를 탈중심화시키는 다음성 현상을 이 텍스트들과 함께 연출해 낸다. 그리하여 바흐친은 그것들이 위치하는 역사적 골격에 비평적 연구를 개방시킨다. 따라서 이와 같은 접근 방법은 텍스트가 그 자체로 닫혀 있다는 폐쇄성의 전제, 다시 말해 그것의 울타리만이 그것의 구조를 설명하게 해준다는 전제를 반박한다. 그리하여 라블레의 작품과 관련해 미하일 바흐친은 그것을 중세와 르네상스 시대의 대중 문화와 관련짓는다. 이미 뤼시앵 페브르가 라블레를 그의 시대가 지녔던 정신적 도구들과 관련시킴으로써 그가 급진적인 새로움을 지녔었다는 주장에 반박하고, 그렇게 하여 그가 무신론자일 수 없다는 점을 보여 주었듯이, 바흐친은 라블레의 작품을 라블레가 지녔던 민중적 원천 안에, 따라서 그가 사용한 범주들 안에 위치시키면서 라블레라는 수수께끼를 해독해 낸다. 바흐친이 라블레의 그로테스크한 희극성을 불러일으킨 주요한 영감, 즉 거꾸로 된 삶과 일상 생활의 패러디를 낳은 영감을 이해하는 것은 본질적으로 사육제적 표현을 통해서이다. "라블레가 사용한 것은 바로 이 언어이다."[3] 바흐친은 라블레를 육욕과 식욕의 시인으로 간주한 잘못된 해석(빅토르 위고)을 비난하고, 라블레가 경제적 개인에 관한 관심의 부르주아적 원칙을 표현했다고 생각한 사람들을 비판한다. 라블레가 사용하는 문체의 이해는 바흐친이 '그로테스크한 사실주의'라고 명명하는 민중적인 희극적 문화의 표현으로서만 가능하다. 희극적 효과를 넘어서면, 라블레의 작품 속에 움직이고 있는 것은 하나의 온전한 우주생성론이다. 구멍들·융기들·돌기들에 대한 강조는 개인을 외부 세계로 개방시키는 육체적 부위들에 부합한다.

따라서 역사적 측면에서 구조주의의 한계를 즉각적으로 의식한 줄리아 크리스테바는 '구조주의의 역동화'[4] 방향으로 나아가기 위해 바흐친을 활용하고자 한다. 그녀가 기본적인 것으로 생각하는 텍스트들 사이의 대화는 구조주의에서 두번째로 크게 억압된 것, 즉 주체를 고려하도록 해줄 수 있고, 벤베니스트처럼 상호 주관성의 테마들을 재도입하게 해줄 수 있다는 것이다. 그러나 1966년의 상황은 이런 단계에 와 있지 않았다. 그리하여 크리스테바는 주체를 피하고 주체를 새로운 개념, 즉 상호 텍스트성의 개념으로 대체하게 되며, 이 개념은 엄청난 성공을 거둔다. "바로 그때 나는 상호 텍스트성이라 불리는 신기한 용어를 창조했다."[5] 오늘날도 미국 쪽에서 줄리아 크리스테바는 이 개념을 심화시키고 연장시키기 위해 학회나 논문을 통해 활동해 달라는 요청을 받고 있다. 미하일 바흐친이 열고자 하는 것은 하나의 소통언어학(translinguistique)이다. 그리하여 이와 같은 다음성적 골격을 설명하기 위해 그는 라블레·스위프트, 그리고 도스토예프스키에 의지한다. 발표에서 크리스테바는 이들 작가들에다 그와 같은 유사한 접근에 적절하다고 간주된 조이스·프루스트·카프카 같은 20세기 현대 소설가들의 이름을 덧붙인다. 물론 이 두 그룹의 작가들 사이에는 재현적이고 허구적인 대화로부터 내적 대화로 이동한다는 차이점이 있다.

따라서 크리스테바가 열어 놓은 상호 텍스트적 관점에 추가되는 것은 그녀가 당시에 생각했던 것 이상으로 구조주의를 심층적으로 불안정하게 만들게 되는 방향, 즉 대화 비평(두 목소리 사이의 만남, 대화로서의 비평)의 방향이다. 비록 이 대화 비평이 아직은 구조에 내재하는 것으로 제시되지만 말이다. "대화주의는 담화의 심층적 구조들과 동일한 외연을 갖는다."[6] 따라서 여기서 고전적 주체, 즉 작가라는 개념의 회귀를 본다면 잘못일 것이다. 크리스테바는 이 개념을 서술의 체계 자체 내에 해체시키려고 세심한 주의를 기울이며, 작가는 "구조가 있는 그대로 존재하도록 해주기 위해 익명·부재·여백이 된다"[7]라고 간주한다. 이 점에서 그녀는 구조주의적 관점에 충실하고 있다. 그러니까 작가는 상호 텍스트적 대화에 자리를 내주기 위한 비어 있음의 표현에 다름 아니고, 이 상호 텍스트적 대화 속에 나타나면서 해체된다. 크리스테바는 발표에서 두 유형의 이야기를 구분한다. 하나는 묘사적·재현적·역사적·과학적 방식을 포함하는 독백적 이야기이다. 이 이야기에서 "주체는 1(신)의 역할을 맡으며, 동일한 방식을 통해 이 역할에 종속된다."[8] 다른 하나는 대화적 이야기인데, 이것은 특히 카니발, 메니페(mé-nippée),[2] 그리고 현대의 다음성적 소설의 형태로 표현된다. 크리스테바는 대화 비평의 현대성을 보다 잘 이해시키기 위해 이 개념을 이원주의보다 더 풍요로운 새로운 분석 방법으로 간주할 뿐 아니라, '우리 시대가 지닌 지적 구조의 토대"[9]로 생각한다. 이 지적 구조는 헤겔적인 변증법적 원리를 비모순적 관계의 개념 속에 흡수하면서, 또 변형 작업을 하게 해주는 단순한 분열에 입각한 조화——초월이 아니라 조화——를 함축하면서 이 원리를 수용하여 다른 방향으로 나아가게 해준다. "대화주의는 철학적 문제들을 언어 속에, 보다 정확히 말하면 텍스트들의 상관 관계로서, 글쓰기-읽기로서의 언어 속에 위치시킨다."[10] 따라서 이와 같은 개념은 문학도에게 철학을 포함하는 분석 영역을 제공하면서 헤게모니적 입장에 서게 해준다. 텍스트를 그것의 지시적·문맥적 환경이 아니라 그것을 둘러싸고 있는 세계, 다시

---

2) 그리스 견유학파의 시인이자 철학자인 메니포스(Menippos, 기원전 4-3세기)의 풍자에서 비롯된 메니포스적 풍자를 말한다.

말해 이 텍스트보다 앞서거나 동시대적이거나, 혹은 나중에 온 텍스트들에 의해 구성된 세계로 개방시킴으로써, 특히 현대 작가의 경우 새로운 분석의 관점들이 제시된다. 그렇게 하여 현대 작가는 자신의 읽기를 자신의 글쓰기 내부 자체에 포함함으로써 작가-독자라는 자신의 입장을 다르게 변증법적으로 전개시킬 수 있다.

롤랑 바르트의 전환점

바로 줄리아 크리스테바가 열어 놓은 이러한 틈새 내부에 롤랑 바르트는 자신의 연구 방향을 순간적으로 재설정하게 된다. 바르트는 모든 형태의 새로움·젊음 일반에 매혹되어 있다. 이 젊은 불가리아 여인이 그의 세미나에 나타남으로써 그가 《기호학의 요소들》과 《비평과 진실》에서 표현했던 과학주의적인 야심들은 조종을 울리게 된다. 그가 자신의 세미나에 참석하는 학생들과 확립하는 것은 진정한 교환 관계이다. 그는 자신이 독점하고 있는 것을 그가 기울이는 강도 높은 관심을 통해서 상대방의 담론에, 그리고 그가 그에게 베푸는 격려에 돌려 준다. "롤랑은 나에게 매우 중요한 역할을 했다. 내가 아는 한 그는 다른 사람들의 글을 읽을 줄 아는 유일한 인물이다. 교수로서 이런 측면은 엄청난 것이다. 왜냐하면 일반적으로 교수들은 그들의 글만을 읽기 때문이다."

동시에 바르트는 1968-1969학년도에 고등연구원에서 열었던 세미나의 자취인 《S/Z》를 1970년에 출간함으로써 상호 텍스트성의 주제에 대한 동화를 개인적으로 연장한다. 이 작품을 구상하게 된 충동은 사실 1966년으로 거슬러 올라가는 줄리아 크리스테바의 발표로부터 비롯된 것이다. 《S/Z》가 나온 시점은 바르트가 자신의 개념적 틀을 해체하여 문학적 직관에 더 많은 자유를 부여하는 시기로 주요한 전환점이다. 바르트는 기대하지 않은 곳에서 나타난다.

방법에 관한 담론 이후로 바르트는 글쓰기로, 감성적 자질의 표현으로, 의미가 지닌, 윤곽을 그릴 수 없는 무한한 특징으로 개방된다. "롤랑 바르트는 솔레르스처럼 우선적으로 문학인이다. 그는 붓다가 다음과 같이 말했듯이 방법들을 이용했다고 말할 수 있을 것이다. '네가 강을 건너고 싶다면, 많은 나뭇조각들을 모아 뗏목을 만들고 그것을 강물 위에 띄워라.'"[11] 《S/Z》의 도입부부터 바르트는 그가 이제 환상이라고 간주하는 것, 즉 세계의 모든 이야기들이 '단 하나의 구조'[12]로 환원된다는 점과 거리를 둔다. 구조주의의 이와 같은 야망은 도가 지나칠 뿐 아니라, 그것은 이론의 여지가 있는 관점으로 얼룩졌다. 왜냐하면 시시포스의 이런 작업은 텍스트들 사이에 차이를 부정하는 결과로 귀결되었기 때문이다.

이제부터 차이를 문헌학에서 통용되는 이원주의에서처럼 분석의 수단으로 삼는 것이 아니라 궁극 목적으로 삼는다는 이와 같은 새로운 고심 속에서, 우리가 감지하는 것은 바르트에 대한 크리스테바의 영향뿐 아니라 《텔켈》지의 그룹과 특히 데리다의 영향이다. 바르트는 크리스테바로부터 상호 텍스트성을 받아들여 《S/Z》가 출간되기 전부터 레이몽 벨루르에게 이렇게 표명한다. "우리는 문학을 말할 때 더 이상 상호 주관성이 아니라 상호 텍스트성에 대해 이야기할 수 있다."[13] 이는 줄리아 크리스테바가 사용한 표현과 똑같다. 얼마 후인 1970년 바르트는 자신이 빚지고 있는 사람들의 이름을 예의 레이몽 벨루르에게 토로한다. 이들은 《S/Z》에서 의도적으로 언급되지 않았는데, 그 이유는 인용과 관련된 부분이 작품 전체라는 점을 보다잘 나타내기 위해서였다. "나는 내가 빚지고 있는 사람들(그 중에서도 라캉 · 크리스테바 · 솔레르스 · 데리다 · 들뢰즈 · 세르)의 이름을 제거했다."[14]

《S/Z》로부터 바르트의 작품 속에 작용하는 것은 모든 데리다적 해체주의의 문제들이다. 그의 관심은 차이들을 다원화시키고, 심화시키며, 기의 밖에서 무한 속에서 그것들이 놀게 하는 것이다. 그러면서 이 무한 속에서 차이들은 '글쓰기의 여백'에 자리를 내주기 위해 해체되게 된다. 따라서 우리는 이러한 전환의 시점에서 바르트의 새로운 담론 내부에서 모든 데리다적 골격을 알아보게 된다. 바르트는 소쉬르적 기호에 대한 비판을 재개한다. "이제 싸움을 보다 멀리 끌고 가야 하고 기호들, 즉 한편으로 기표들, 다른 한편으로 기의들에 균열을 만드는 것이 아니라 기호의 개념 자체에 균열을 만들려고 해야 한다. 이 작업을 우리는 기호 파괴(sémioclastie)라고 부를 수 있을 것이다."[15] 서구 담론에 균열을 만들고, 그것의 토대들 자체에 충격을 가하겠다는 이러한 의지 뒤에서, 물론 우리는 서구 로고스 중심주의에 대한 데리다의 해체적 관점과 다시 만난다. 그러나 전망은 같지 않다. 왜냐하면 두 경우에서 우리가 글쓰기에 대해 말한다 할지라도, 바르트의 경우 우리는 전적으로 문학의 영역 속에 있다. 반면에 데리다는 철학적 영역 속에 자리 잡고 있다. 그러나 바르트가 "작가의 글쓰기는 본질적으로 불확정성의 기준에 집착한다"[16]라고 말할 때, 우리는 서구 형이상학의 해체를 실현시켜야 하는 데리다의 결정 불가능자들에 대해 생각지 않을 수 없다. 60년대 말기에 바르트는 그가 수용한 대담들에서 전환, 단절이 있다는 점을 아주 명료하게 인정한다. 1970-1971년에 그는 자신의 재전환을 설명하기 위해 이런 대담들의 횟수를 증가시킨다.

그가 이러한 전환에 대해 제시하는 이유들은, 바르트가 자신을 둘러싸고 있는 것에 대해 극도로 예민하다는 점을 확인시켜 준다. "이와 같은 변화(왜냐하면 진전보다는 변화가 문제이기 때문이다)의 원인들은 프랑스의 최근 역사에서 찾아야 할 것이고——왜 안 된단 말인가?——또한 상호 텍스트적인 측면에서, 다시 말해 나를 둘러싸고, 나를 동반하며, 나보다 앞서고, 나를 뒤따라오는 텍스트들, 당연히 내가 소통하고 있는 텍스트들 속에서 찾아야 할 것이다."[17] 1968년 5월 사건들에 대한 암시는 분명하다. 그리고 데리다의 해체가 주는 철학적 보증은 바르트로 하여금 문학적 글쓰기에 대한 자신의 욕망을 더 이상 숨기지 않게 해주고, 결국 형식적인 코드와 체계들부터 해방되어 자신의 주관성, 자신의 차이를 마음껏 펼치게 해준다. 그는 70년대 자신의 욕망을 표명하면서 기표 내에서 작업하고 싶다는 소망, 다시 말해 그가 '소설이 없는 소설적인 것'[18]이라 부르는 것 속에서 글을 쓰고 싶다는 소망을 피력한다. 이것이 그가 자신의 개인적 여정에서 매우 중요하게 생각하는 《S/Z》를 통해 실현시키기 시작하는 것이다. 그는 자신이 이런 일을 할 수 있었던 것이 그를 둘러싸고 있었던 '표명자들(formulateurs),' 즉 "나에게 많은 것들을 가르쳐 주었고, 나로 하여금 세상 물정에 밝아지게 해주었으며, 나를 설복시켰던"[19] 연구자들 덕택이라고 말한다. 바르트가 보여 주는 전환점의 또 다른 이유는 분석의 대상 자체로부터 비롯된다.

《S/Z》를 통해 처음으로 바르트는 1830년에 발자크가 쓴 《사라진 *Sarasine*》이라는 작은 중편 소설을 분석의 대상으로 삼으면서 미세한 분석을 시도한다. 이 기본적인 작은 텍스트로부터 그는 하나의 작품을 쓰는데, 그는 이 작품 속에서 발자크의 글쓰기에 존재하는 내적 다양성 내에서 보다 멀리 나아가기 위해 5개의 코드를 작동시킨다. 바르트는 글쓰기와 읽기의 끊임없는 대조 속에서 텍스트를 조금씩 조금씩 따라가면서 자신의 지각 수준을 변화시키고, 이에 따라 지각의 대상 자체를 변화시킨다. 더구나 상호 텍스트성이라는 개념의 결과물일 수밖에 없는 글쓰기/읽기의 새로운 형태를 실현하는 것은 《S/Z》에서 바르트의 주요한 야심이다. 따라서 이 시점에서 우리는 줄리아 크리스테바의 영향, 즉 전개되고 있는 어떤 과정에 대한 그녀의 개방성, 구조를 구조화로 바꾼 그녀의 대체가 미친 영향과 다시 만난다. "줄리아 크리스테바가 생산성이라 부르는 것을 다시 만나는 것이다."[20] 바르트는 글쓰기/읽기의 전개, 영원히 열려진 무한한 성격을 지닌 그 전개 속에서 이와 같은 생산적 지평을 포착한다. 그러므로 발자크의 텍스트를 이처럼 방사상의 별 모양으로 확산시키고, 그것을 현재의 언어들과 코드들 속에 해체시키는 것은 바르트가 동경하는 무한한 글쓰기의 의지를 분명하게 표현한다. 이 의지는 텍스트에 대한 폐쇄적 설명과 결정적 해석을 낳는 유일한 혹은 다원적 인과 관계 체계의 연구와는 아무 관계가 없다. "텍스트의 멈춤은 결코 없다. 상호 텍스트성은 저자들을 익명화시키고, 텍스트를 무한하게 구상해 낸다."[21]

바르트에 따르면 능동적/저자, 수동적/독자라는 관계는 다시 씌어질 수 있는 텍스트, 다시 말해 가능한 여러 목소리들/길들을 열어 주는 다원적 텍스트의 독서를 통해 재글쓰기(ré-écriture) 작업 덕분에 수정되지 않을 수 없다. 따라서《사라진》을 위해 바르트는 텍스트에 그것의 다음성 현상을 복원시키는 5개의 코드를 동시에 사용한다. 이들 가운데 3개, 즉 의소적·문화적 그리고 상징적 코드는 시간의 제약을 벗어난다. 나머지 2개, 즉 해석학적 그리고 행위적 코드는 시간의 불가역성을 함축한다. 비록 방법이 긴밀한 코드화 체계에서 취해지고 엄격하다 할지라도, 초창기 야심들과의 단절은 역시 철저하다. "다원적 텍스트의 경우 서술적 구조도, 이야기의 문법이나 논리도 있을 수 없다."[22]

따라서 바르트는《코뮈니카시옹》지 1996년호에서 이야기의 서술적 구조들에 대해 표현한 야심들을 분명하게 단념했다. 그에 따르면 해석은 의미의 다원화의 수준에서만, 그리고 텍스트의 폐쇄적 총체성으로부터 탈출의 수준에서만 존재한다. 이는 코드들의 엄격함 아래 숨어 있는 감성적 직관의 승리이다. 그래서 이 코드들이 여전히 통용되고 있긴 하지만, 사실 그것들은 더 이상 과학성을 주장하지 않는 원칙, 즉 취향의 원칙에 따라 철저하게 계층화되어 있다. "좋은 코드들이 있고, 나쁜 코드들이 있다."[23] 바르트는 행위적 코드를 무가치 쪽에 위치시킨다. 반대로 긍정성을 띤 상징적 코드는 그에게 직관적으로 흥미있다고 보여진 모든 것을 포함한다. 그러나 코드들의 이와 같은 계층화는 명료한 것은 아니다. 바르트가 언급하듯이 "이러한 계층 체계는 마치 그것 스스로 확립되는 것 같다."[24] 그것은 바르트가 열망하는 순수 기표에, 비논리에, 혹은 텍스트의 다원화 능력에 속하는 상징적 코드를 정상에 위치시킨다. 따라서 발자크의 텍스트 분석에서 이 상징적 코드에 우선적 지위가 부여됨으로써, 레이몽 벨루르는 이 코드를 생산의 숨겨진 모태를 사용하는 기호로 간주한다. 이 생산의 모태가 텍스트를 구조화로 지탱해 준다는 것이다.

발자크의 중편 소설의 경우 텍스트의 역동적 움직임을 가동시키는 것은 ──부(富), 의미, 그리고 섹스에 관한── 세 상징 체계의 유희인데, 이 유희는 차례로 마르크스·아리스토텔레스 그리고 프로이트로 귀결된다. 발자크 소설은 왕정복고 시대에 위치하고, 작가는 이 시대에서 부 덕분에 새롭게 권력에 다다른 계급인 부르주아 계급의 새로운 정신을 강력하게 비판한다. 이 계급의 모호한 기원은 진정한 뿌리, 즉 지주적 뿌리가 없기 때문에 귀족의 기원이 지닌 존엄성이 없다. 두번째 단계에서 이야기는 거세된 남자인 잠비넬라라는 인물에 집중된다. 그리고 사라진이라는 조각가가 여자로 생각한 잠비넬라를 사랑했기 때문에 암살당했다는 것이 알려진다. 바르트가 상징적 코드의 수준에서 실행하는 이동은 이야기의 두 부분 사이에, 즉 한편으로 무(無)에서 나온 부(富)를 소유한 자들인 졸부들에 대한 풍자와 다른 한편으로 거세된 남자의 주제 사이에 대조를 확립한다. 이 거세된 남자 역시 여자가 아닌 한 여자의 무(無)로 귀결된다.

이러한 해석은 바르트가 그보다 앞서 라신에 대해 제시한 해석처럼, 특히 라캉의 정신분석학적 담론으로부터 많은 것을 빌리고 있다. "정신분석학적 언어에 대한 나의 의존은 다른 모든 특별 언어에 대한 의존과 마찬가지로 유희적이고 인용적 성격을 지닌다."[25] 그러나 라캉은 크리스테바 및 데리다와 더불어 바르트의 분석에 영감을 준 큰 인물 가운데 하나이다. 그리고 제목을 통해 저서의 제사로 씌어진 글자 S/Z에 대한 작업은 SarraZine과 Zambinella 사이의 불가능한 관계 속에서 전개되는 의미 형성의 유희를 통해 설명된다. 바르트가 먼저 주목하는 것은 프랑스어의 고유명사에 따라 독자가 Sarrazine을 예상한다는 것이다. 그런데 Z는 숨어 버린다. "Z는 절단의 글자이다. (…) 그것은 자르고, 차단하며, 줄을 넣는다. 발자크의 관점에서 볼 때, 이 z는(발자크(Balzac)의 이름 속에 이 z가 있다) 탈선의 글자이다."[26] 더욱이 Z는 우리가 알다시피 거세당한 잠비넬라의 첫 글자이다. "그리하여 그의 이름 내에, 그의 육체의 중심에 자리잡은 이와 같은 철자상 오류를 통해 Sarrasine은 결핍의 상처인 자신의 진정한 본성에 따라 Zambinella의 Z를 받아들인다. 뿐만 아니라 S와 Z는 표기적인 전복의 관계 속에 있다. 그것들은 거울의 뒤쪽에서 보면 같은 글자이기 때문이다. 사라진(Sarrasine)은 잠비넬라 안에서 자신의 거세된 모습을 응시한다."[27] 우리는 바르트가 자신의 해석을 구축하면서 느낄 수 있었던 즐거움을 이해한다. 이 해석이 《S/Z》라는 제목의 유일한 설명에서 진지하게 받아들이게 해주는 것은 우선 무의식에서 라캉의 이론에 따라 기능하는 글자의 심급(instance)이 지닌 중요성이고, 다음으로 데리다가 생각한 바와 같이 문자적 글쓰기의 우위와, 음운론주의를 통한 이 글쓰기의 억압이다. 이 해석은 또한 라캉이 재해석한 소쉬르의 횡선을 S와 Z 사이에 재도입하게 해준다. 이 횡선은 환각의 칸막이, 진정한 검열, 벽을 형성한다.

비어 있는 기호: 일본

1970년 같은 해, 바르트는 《기호의 제국》[28]을 출간한다. 이 저서는 이전 시기과 관련해 취해진 전환을 확인시켜 준다. 바르트가 그 자신의 일본을 이야기하는 이 책은 그로 하여금 완전한 자유를 얻게 해주고, 단상(斷想)의 글쓰기라는 특별한 글쓰기 형태를 선택하게 해준다. 《기호의 제국》은 이론주의 이전의 《신화론》과 반대편에 있는 이론주의 이후의 대척점이다. 바르트는 개념적인 모험으로부터 벗어나고 있다. 그가 서구적 일상 생활의 기호들에 대해 매우 신랄하고 비판적인 시선을 지녔었다면, 동양의 기호들에 대해서는 시멘(Chimène)[3]의 시선을 지닌다. 우리는 여기서 두 시기 사이의 계속성을 재발견하지만, 무엇보다도 그를 매혹시키는 것은 그가 발견하고 그가 글로 쓰는 일본이 모든 충만한 의미로부터 벗어난 일본이라는 점이다.

이 책에서 바르트는 모든 기의로부터 마침내 벗어난 기표 속에, 의미가 비워진 빈 기호의 세계에 처음으로 충만하게 진입하는 강렬한 즐거움을 맛본다. 이 비어 있는 기호는 서양이 경험하고 온갖 중독 형태들, 《신화론》에

---

3) 코르네유의 《르 시드》에 나오는 여주인공.

서 고발된 그 형태들이 비워진 기호이다. 그렇다고 바르트가 비판적 관점을 상실하는 것은 아니다. 사실 그는 서양의 가치들을 은연중에 반박하기 위해 동양을 이용한다. "우리들 가운데 많은 사람들이 그렇듯이, 나는 구역질이 날 정도까지 나의 문명을 심층적으로 거부한다. 이 책은 나에게 필요하게 되었던 총체적 이타성에 대한 절대적 요구를 표현하고 있다."[29] 따라서 서구적 현실의 내적 모순들에 입각해 이 현실을 극복할 수 있는 가능성이 없기 때문에 바르트는 서구 세계를 확립하는 모든 것을 통째로 배척하고, 이원적 도식에 따른 다른 곳, 즉 하나의 유토피아를 내세운다. 우리는 여기서 지시 대상 및 기의의 점진적 비우기와 역사의 울타리라는 구조주의의 테마들과 다시 만난다. "우리 서양에서, 우리의 문화에서, 우리의 랑그와 랑가주들에서 필사적인 투쟁, 기의와의 역사적인 투쟁을 벌여야 한다."[30] 따라서 바르트가 1970년에 초대하는 일본으로의 내적 여행은 기표들의 무한한 유희를 마음껏 펼치기 위한 의미 상실의 추구를 재현한다. 이 추구를 젠(zen)은 **사토리**(satori)라 부른다. 그러니까 일상 생활의 극히 세밀한 것에 이르기까지 모든 것은 기호들에 대한 그 후퇴의 예시로서 인식된다. 파롤은 그 속에서 비어 있고, 지각은 본질적으로 표기적이다. 예를 들면 음식은 그 속에서 탈중심화된다. 일본인은 음식을 먹게 될 사람 앞에서 요리를 할 정도로 날 것을 숭배하며 진정으로 예찬하는데, 이는 "그가 숭배하는 것의 죽음을 광경을 통해 신성하게 만들기[31] 위한 것이다. 전적으로 시각에 호소하는 일본 음식은 중심이 없으며, 다양한 조각들로 구성된다. 그것은 섭취 순서가 없으며, 젓가락 가는 대로 자유롭게 들면 된다.

바르트가 제시하는 일본에서 모든 것은 파편화이고, 다원화이다. 이것은 모든 것이 질서가 잡히고, 구조화되며, 중심이 있는 서양과 반대된다. 예술도 마찬가지이다. 바르트는 충만한 주제에 입각해서 인상을 묘사로 변모시키는 서구적 성향에 **하이쿠**(俳句)를 대립시킨다. **하이쿠**는 전혀 묘사하지 않고, 주제가 없으며, 무언가를 입증하려는 목표가 없는 기표들의 단순한 연쇄이고, 글 쓰는 즐거움의 단순한 흔적이다. **하이쿠**는 아무런 용도가 없고, 어떠한 해설에도 적합하지 않다. **하이쿠**는 이렇게 말한다. "바로 그거야, 그런 거야, 그런 식이야……. 그러나 **하이쿠**의 플래시는 아무것도 밝혀내지 않고, 아무것도 드러내지 않는다."[32] 바르트를 매혹시키는 것은 그가 오랫동안 억압했던 것이지만 그의 진정한 존재를 구성하는 것, 즉 글쓰기 앞에서 작가의 자유이고, 직관에 자신을 충만하게 표현할 수 있는 가능성을 부여하기 위해 교육적이고 지시적인 모든 담론으로부터 벗어나는 능력이다. 따라서 1970년에 바르트는 언어학을 통한 우회를 거친 후 문학으로의 회귀를 표현하고 있다. 이러한 경로는 작가의 억눌린 소명을 단념하지 않은 채 사회과학의 담론을 사용했던 그 구조주의자들의 세대 전체를 시사하고 있다. 그러나 이와 같은 선택은 60년대에 현대의 위대한 소설들 가운데 일부를 '과학적 작품들'로 만들도록 해주게 된다.

패러다임들, 혹은 주체의 위장된 회귀

줄리아 크리스테바가 상호 텍스트성의 개념을 통해서 구조주의의 울타리를 뛰어넘는 길들을 추구했지만, 그녀는 또한 연구의 새로운 두번째 방향을 열었다. 이 방향은 주체의 역동적 운동의 방향이다. 고전적 주체가 아니라 라캉이 의미하는 주체, 즉 욕망의 주체 말이다. 여전히 1966년에 크리스테바는 이른바 제2기의 소쉬르, 즉 아나그람의 소쉬르를 발견한다. 마침 장 스타로빈스키는 제2기의 소쉬르에 속하는 몇몇 텍스트들을 출간한 참이었다. 크리스테바는 소쉬르의 드러난 텍스트[4] 아래서 이루어지는 고유명사의 탐구와 라캉이 공식화하는 정신분석적 방법 사이에 직접적인 상관 관계를 확립한다. "나에게 나타난 것은 음소들과 음절들의 유희가 글을 쓰고 있는 사

---

4) 드러난 텍스트(le texte apparent)라 함은 소쉬르의 텍스트가 사후 제자들에 의해 엮어졌음을 함축하는 것으로 보여진다.

람에 대해 일종의 영향력을 행사한다는 점이었다. 이 영향력은 일종의 자음적 · 음성적 규칙성을 제공한다. 그래서 개인이 성적인 혹은 치명적 이유들로 인해 무의식적으로 연결된 강박적인 고유명사로 보이는 고유명사 속에 안정화될 수 있는 반복들과 자음운들이 나타난다."[33] 이와 같은 탐구는 명료한 구조가 아니라 무의식적인 구조의 또 다른 역동적 움직임으로 귀결된다.

크리스테바는 이러한 새로운 연구의 중심축을 하나의 프로그램적 텍스트 속에서, 즉 '파라그람(paragrammes; 글자 하나가 틀리는 철자 오류)의 기호학을 위하여'에서 전개한다. 여기서 그녀는 1965년의 그라마톨로지(grammatologie; 문자학), 1966년의 파라그라마티크(paragrammatique; 철자오류학) 등이 개화하는 그 시기에 하나의 새로운 학문 윤곽을 규정한다. 소쉬르에게 나타난 아나그람 연구에 의거하여 크리스테바가 평가하는 바에 따르면, 소쉬르는 드러난 텍스트 아래로 미끄러져 들어가는 테마들의 숨겨진 연쇄가 있는데도 매번 단 하나의 단어, 하나의 특별한 아나그람을 찾으려 함으로써 오류를 범했다는 것이다. "명료한 의미와는 다른 의미와 관련된 유사 논리(paralogiques)의 그 집요함이 있다."[34] 이러한 전제로부터 출발해 그녀는 말라르메와 로트레아몽을 새롭게 읽을 것을 제안한다. 파라그람은 여기서 타자의 글쓰기를 파괴하고, 응고된 의미를 해체시키는 형태로 규정된다. "인간 다음에 파라그람이 파괴하는 것은 이름이다."[35] 이와 같은 새로운 연구의 중심축에 대한 개괄적 윤곽은 당시의 과학주의를 드러낸다. 크리스테바는 의미론과 수학 사이의 단단한 결합을 바탕으로 파라그람적 공간에서 무의지적 차용(réminiscences)을 고찰한다. "추상적인 수준에서 파라그람들의 논리를 이해하려는 노력은 심리주의나 통속적인 사회학주의를 넘어서는 유일한 방법이다."[36]

그러나 과학주의적인 탈을 넘어서 크리스테바는 당시까지 말소되었던 주체를 향해 탐구의 방향을 현명하게 이동시킨다. 파라그람적 탐구는 무의식이 기표들로 축적하고 '엔그람화시키는(engramme)' 모든 것을 포함한 무의식의 논리에 영향을 받고 있다. 그것은 추억과 독서, 다양한 흡수들로 이루어진 개인적 역사로 귀결된다. 따라서 이 개인사는 정의상 사용되는 코드들의 수를 제한하고 한계짓는 소통 언어의 수준과는 다른 언어의 수준에 위치한다.

언어학의 영역과 정신분석학의 영역 사이에 있는 이와 같은 샛길을 크리스테바는 세마날리즈(sémanalyse)라 부르게 된다. 언어학의 특수한 영역에 남아 있던 그녀는 바로 이와 같은 샛길을 통해서 정신분석학의 방향으로 접어들게 된다. 이와 같은 글읽기의 유형은 이미 중립성(neutralité)으로부터 벗어나는 이점을 제공한다. 그것은 주관성으로 향하고, 문학비평가의 무의식과 공명하게 된다. 주관성의 이러한 새로운 우위는 문학적 글쓰기로 길을 열어 주고, 그리하여 바르트에게 창조적 욕망을 개화시키는 데 필요한 과학적 보증을 제공한다. 크리스테바는 과학적 영역에 머물면서 주체를 보다 깊이 탐구하고, 주체의 존재 방식을 보다 심층적으로 드러내기 위해 필요한 개념적 틀을 정신분석학에서 찾아낸다. "나는 이와 같은 개인적 주관성을 주장할 수 있음으로써, 특히 프랑스어가 나에게는 외국어이기 때문에 약간은 구박받는다는 느낌이 들었다."[37] 따라서 크리스테바는 오랫동안 이론주의적 담론 내에 머물게 된다.

그녀는 훗날에 교대적인 두 분석 방법을 설명하기 위해 세미오티크(la sémiotique)와 생볼리크(la symbolique)의 구분을 제안한다. 생볼리크라는 용어는 코드화된 교환의 단순한 외시, 그것의 단순한 의미를 지시하는 반면에 세미오티크는 '언어의 은밀한 대륙으로' 열려지며, "이 대륙에서 향기·색깔·소리가 상호 응답하고, 어린애의 경험과 무의식으로 귀결된다."[38] 이렇게 규정된 세미오티크는 사실상 1969년 기호의 개념에 대한 비평으로 이미 제시된 세마날리즈를 통해 규정된 계획을 다시 수용하는 것이다. 이 비평은 그것의 대상을 탈객관화시킬 수 있고, 대상의 개념화에 "기원으로도 종말로도 한계가 없는 수직적 자르기"[39]를 제시하는 균열에 입각해 이 대상을 생각할 수 있는 비평이다.

크리스테바에 따르면 기호학이 진행중인 2개의 커다란 쇄신, 즉 알튀세에 의한 마르크시즘의 쇄신과 라캉에 의한 프로이트의 쇄신에 의해 뒷받침되고 있기는 하지만, 그것의 고귀한 품격은 서구 문화의 뿌리 자체에서 비롯된다. 이 뿌리로부터 우리는 기호학의 시간적 두께를 탐지해 낼 수 있는 것이다. "나는 플라톤의 한 텍스트, 즉《티마이오스》의 대화를 참조한다. 그는 여기서 그가 코라(chora)라고 부르는 것, 즉 집합소(réceptacle)와 관련시키는 의미 양태에 대해 말한다."[40] 플라톤은 이 의미 양태를 하나(l'Un)와 명사 이전에 있는 것으로 간주하고, 그것에 풍요롭고 유동적인 집합소의 자연적 내포 의미들을 부여한다. 크리스테바는 언어적 기호 이전의 전(前)언어(pré-langage), 다시 말해 장차 말하게 될 존재와 이 존재의 어머니 사이의 관계에 보다 많이 연결된 그런 전언어를 고려하기 위해 이 대화에 의거한다. "나는 보다 오래된, 의미의 초언어적 양태로 귀결되는 기호학적 **코라**라는 이 개념을 제안하려고 시도했다."[41] 그리하여 크리스테바는 데리다의 절대적인 해체주의와 결별한다. 비록 이 해체주의가 기호에 대한 그녀의 비평에 있어서 결정적이었다 할지라도 말이다. 정신분석학의 담론에 대한 그녀의 지지는 반대로 그녀를 해석적 작업을 실행하게 만들고, 따라서 정신분석학적 청취에 의해 드러난 의미, 하나의 진실에 머물게 만든다. 이 진실이 일시적이라 할지라도 말이다.

정신분석학적 영역과 주관성에 이처럼 개방됨으로써 바르트는 상당수의 제약들로부터 해방되게 된다. 이것을 그는 1971년에 이렇게 토로한다. "어쨌든 나에게 큰 문제는 기의를 좌절시키고, 법칙을 좌절시키며, 아버지를 좌절시키고, 억압된 것을 좌절시키는 것이다……. 파라그람적 작업의 가능성, 나 자신의 텍스트에서 어떤 파라그람적 줄긋기의 가능성이 있는 곳이라면 어디서나 나는 편안함을 느낀다. 진정으로 내가 언젠가 나 자신의 작업에 대한 비판을 해야 한다면, 나는 모든 것을 '파라그라마티즘(paragra-mmatisme)'에 집중할 것이다."[42] 따라서 구조주의의 감성판이었고, 자기 시대의 전위대가 지닌 감성과 야심의 진정한 집합소였던 바르트는 크리스테바가 1966년에 지시한 상호 텍스트성과 파라그람이라는 이중적 작업 방향에 입각해 새로운 도약을 하게 된다. 물론 이러한 전환은 크리스테바의 유일한 영향 때문은 아니다. 그것은 언술 행위에 대한 벤베니스트의 다양한 문제 제기들을 문학적 차원에서 수용한 것으로만 이해될 수 있다. "이론적인 사상을 지닌 언어학자들(야콥슨·촘스키 그리고 벤베니스트)은 언술의 문제만이 아니라 언술 행위〔작용〕의 문제를 제기하는 사람들이다."[43] 언어학이 언술 행위의 문제를 제기하는 때부터 그것은 정신분석학의 담론과 만나고, 따라서 우리가 벤베니스트를 고찰하면서 보았듯이 라캉의 작업과 만난다.

그러므로 이러한 전환은 다양한 표현의 양태로 나타나는, 욕망의 주체에 대한 탐구의 우위를 확실히 하는 새로운 지적 풍토의 성격을 전적으로 띠고 있다. 문학적 현실의 차원에서는 동일한 탐구가 1965년에 출간된 필리프 솔레르스의 소설과 더불어 이루어진다. 이 소설의 주제는 대명사들의 사용에 대한, 다시 말해 언술 행위의 기호들에 대한 고찰이다. 그러나 제2기의 바르트 탄생에 유리한 상황을 넘어서, 특히 이와 같은 주체성의 회귀가 그에게 야기하는 내적 울림이 있다. 그리하여 그의 억제된 열망은 개화될 수 있고, 직관으로 하여금 해방된 글쓰기의 새로운 지배자로 점점 더 군림하게 만든다. 그리고 글쓰기는 그것이 얻게 해주는 즐거움을 점점 덜 감추게 된다.

6

뒤르켐 추종자들의 두번째 바람: 피에르 부르디외

철학의 장으로부터 겨우 벗어난 뒤르켐 추종자들은 20세기초에 자신들을 해방시키는 데 반밖에 성공하지 못했고, 사회형태론이라는 개념을 중심으로 사회학자들이 통합시킨 사회과학을 실현시키려는 기도에서 실패했다. 그렇지만 그들은 전후에 사회과학의 도약에 힘입어 그들의 학문을 제도화시킬 수 있었고, 점점 더 대학 내에 단단히 뿌리 내리게 할 수 있었다. 그러나 이러한 제도적 성공은 학문적 정당성의 차원에서 실패를 감출 수 없었다. 그들은 전공 학업 과정을 자리잡게 할 수 있었으나, 그들의 학문은 철학자들 및 역사학자들뿐 아니라 인류학과 같은 보다 참신한 학문들에 의해서 멸시당하지는 않았다 할지라도 부차적 학문으로 간주되었다. 인류학의 야심과 엄격함은 사회학을 본질적으로 도구적이고 제한적인 목표들에 한정된 경험주의의 피난처라는 2차적 역할로 쫓아 버리는 것 같았다.

철학자들에 대한 도전

사회학의 영역에 피에르 부르디외가 도착함으로써 그의 이론적인 목표, 그의 헤게모니적 의지, 그리고 사회학 제도에 대해 그가 제기한 문제 제기 자체를 통해서 뒤르켐적 야심은 다시 빛을 받게 된다. 뒤르켐 이론의 이와 같은 두번째 바람이 가능했던 것은 피에르 부르디외가 구조주의 프로그램을 동화시켰기 때문이다. 어쨌든 1차 시기에는 그랬다. 왜냐하면 많은 사람들처럼 그도 역시 그 이후 구조적 패러다임과 관련해 거리를 두게 되기 때문이다. 60년대가 지속되는 동안 피에르 부르디외는 뒤르켐적-구조적 방법을 제안한다. 이 방법은 다분히 뒤르켐의 입장을 강화하는 경향을 보여 주고 있다. 이는 이 입장에 역동적 활력을 부여하고, 다양한 이데올로기적 분파로 갈라져 완전히 원자화된 사회학의 장을 재통합시키기 위한 것이었다. "그의 구조주의는 비상한 풍요로움을 가져왔다. 그것은 현대의 위대한 사회학 작품이다."[1]

뒤르켐처럼 피에르 부르디외는 철학자들에게 도전장을 던진다. 그렇다고 그가 철학적 문제 제기를 결코 진정으로 단념하는 것은 아니고, 사회학과 민족학 사이의 단절을 인정하지 않는다. "조금이라도 상대적인 측면으로부터 벗어나기 위해서는 절대적인 지식에의 욕망을 절대적으로 버려야 하고, 철학자-왕의 왕관을 내려놓아야 한다."[2] 그렇지만 부르디외는 철학적 논쟁을 포기하지 않고, 하나의 작업 내에서 칸트·하이데거·비트겐슈타인·오스틴과 대화를 계속한다. 이 작업은 철학적 담론과의 진정한 단절을 하지 않음으로써 사회학 영역에서 특별한 위상을 드러낸다. "내가 생각할 때, 부르디외는 철학과 사랑에 빠진 단절의 태도를 언제나 견지해 왔다."[3] 따라서 그는 사회학자의 모든 통계적 도구·방법들·개념들·검증 절차들을 갖추고 자신의 영역에서 철학에 도전한다. 이것들은 그로 하여금 철학적이면서 동시에 과학적인 입장의 이점들을 축적하게 해준다. "사회학이 사회철학의 큰 이론들의 시대로부터 벗어난 지가 오래되었다. (…) 따라서 그것이 하나의 과학이라면, 무엇 때문에 과학이라고 말하지 않아야 된단 말인가?"[4]

부르디외와 더불어 사회학적 분석은 학문의 장에서 차지된 제도적 입장과 담론의 내용 사이에 확립된 상관 관계를 통해서 철학자의 입장을 탐구한다. 여기에는 철학적 담론을 객관화시키는 작업이 들어 있다. 이 작업의 방법은 철학적 담론을 유효하게 만드는 것에 대해 고찰하고, 그것의 언술 행위 조건들 자체에서 그것을 정당화시키는 것에 대해 연구하는 것이다. 부르디외에 따르면, 사회학자는 가능성들의 장을 탐구하고 평가하는 데 있어서 특별한 입장에 있기 때문에 인문과학이 내놓는 담론들 전체를 다루는 데 피할 수 없는 지위를 차지한다. 그럼으로써 사회학은 해방적 지평으로 제시된다. "사회학은 자유의 환상으로부터 벗어나게 함으로써 해방시킨다."[5] 그것은 뒤르켐이 원했던 인문과학 전체의 통일성을 뒤르켐적-구조적 패러다임을 중심으로 실현시키겠다는 더할나위없이 기상천외한 야심을 표명하게 해준다. 이를 위해 부르디외는 사회학의 영역에 구조주의를 도입하는 자가 된다. 그는 감추어지고, 엄폐되며, 말해지지 않은 것을 드러내는 데 목표를 둔 패러다임을 사회학이라는 학문 속에 신중하게 도입하는데, 이 학문은 그것의 연구 대상 자체를 통해서, 그것의 방법들을 통해서 진술·증언·대담·통계, 다시 말해 가시적인 것의 영역을 가치화시킨다.

기적이 일어난 자

피에르 부르디외와 그의 연구 대상과의 관계는 부정의 급진적 관계와 유사하다. 그의 방대한 계통학은 재생적 도식들의 힘, 운동성의 취약함, 사건의 무용성, 동작주가 그것의 뿌리와 관련해 지배받는 성격을 보여 주는 데 사용된다. 그런데 부르디외의 개인적 여정은 제도의 전능한 힘과 모순되고, 그가 그 피할 수 없는 힘을 드러내는 결정론들과 어긋난다. 그는 그가 내세우는 주장들의 생생한 부정이다. 사실 이와 같은 모순은 부르디외와 그 자신 사이에 벌어지는 매우 개인적인 게임을 드러낸다. 다시 말해 그것은 한편으로 학문적 정당화가 최고조로 달한 개인-부르디외와, 다른 한편으로 자신의 사회적 태생을 부인하지 않았고 학구적·세속적 성공에서 점증하는 불편함을 느끼는 인간-부르디외 사이의 거의 치료적인 대면을 드러낸다. "이상한 일이지만, 사회 세계 속에 나의 편입이 점점 더 수월하게 되어야만 할 텐데도 점점 더 어려워지고 있다."[6]

기적이 일어난 자, 부르디외는 자신을 기적이 일어난 자로 스스로 인정하는데, 이것은 그에게 '부르신적인(bourdivin)'[1]이라는 수식어가 붙게 만든다. 이 수식어는 에드거 모랭에 의해 논쟁적으로 사용된다. 부르디외의 모든 업적은 통계적 차원에서 볼 때 일어날 법하지 않은 만큼이나 화려한 그 성공을 합리화시키기 위해 종교적인 측면(기적들)으로부터 과학적인 측면(사회학)으로 이동할 때 밝혀진다. "나는 내가 있어서는 안 될 것 같은 세계 속에 존재하고 있다. 나는 마흔 번이나 제거되었어야 했는데도 그렇지 않았다. (…) 콜레주 드 프랑스, 이곳에서 내가 속한 범주의 사람들 가운데 2백 년 동안 그런 사람이 1퍼센트는 있었을 것이다."[7] 이는 중심에서 벗어난 시골의 지배받는 서민 계층에서 태어난 부르디외 쪽에서 보면 전혀 허풍이 아니다.

베아른의 작은 마을에서 태어난 그의 아버지는 말단 공무원이었다. 그는 보잘것없는 소작인의 아들로서 30년 세월을 보낸 후 뒤늦게 가서야, 대단한 승진이라도 한 것처럼 이 공직을 얻을 수 있었다. "나의 어린 시절은 사회적 불평등과 지배의 경험에 의해 특징지어진다."[8] 학구적 성공을 넘어서 그의 첫번째 특이함은 그가 서민 계층의 비범한 아이들의 대다수가 걷는 여정과는 반대로, 자신의 근본적 반항에 충실하게 남아 있다는 점이다. 이들 아이들은 자신들의 태생적 조건으로부터 벗어나 통합되고, 그들을 그들의 환경으로부터 빠져 나오게 만든 기준의 유효성과 자연성을 인정하는 경향을 보이기 때문이다. 부르디외는 1950–1951학년도에 고등사범학교 입시준비생으로 루이르그랑고등학교에 들어가고, 이어서 울름 가(街)의 고등사범학교에 입학한다. 철학자로서의 이와 같은 도정이 그로 하여금 최고로 인정받도록 만들지만, 이 시기가 행복하지는 않다. "나는 일종의 치욕감에 마비됨을 느꼈다. (…) 나는 근본적으로 좋지 않은 느낌이 들었다."[9] 그는 자신의 연구 환경과도 단절된다. 그는 이 환경의 관심사가 쓸데없는 것이라고

---

1) Bourdieu를 Bour와 dieu(신)로 나눌 수 있고, 이로부터 부르(bour)와 신적인(divin)을 결합하여 '부르신적인'이라는 수식어가 비롯될 수 있음을 암시한다.

생각해 공감하지 않기 때문이다. 뿐만 아니라 그는 자신의 태생적 환경과도
단절된다. 그는 매번 몽드마르상에 돌아올 때마다 견딜 수 없고 점점 더 멀
어진 것을 느끼는 것이다.

이러한 이타성을 설명하기 위해 부르디외는 민중주의적인 감성이 아니라
개념적인 길을 선택하게 된다. 그는 지배의 메커니즘들을 기술하고자 노력
하게 되는데, 이것은 그로 하여금 연구 대상을 사회 자체에서 선택하도록 유
도한다. 그런데 당시에 고등사범학교 입시준비생들에게 철학적 이상은 실
존주의의 후견인인 장 폴 사르트르에 의해 구현되고 있었다. 사르트르는 모
든 분야에 걸쳐, 다시 말해 문학뿐 아니라 비평 활동 혹은 철학 사상의 분야
에서도 역시 재능 있는 창조적 활동을 한 덕분에 모든 지적 영역을 포용하는
능력을 보여 주었은 바 모델로 부각되었다. 그 50년대 초반에 철학을 하는
고등사범학교생들이 보기에 철학자라는 이름에 걸맞는 철학자라면 당연한
것이지만 "일부 대상들, 특히 인간과학의 전문가들이 다루는 모든 대상들에
집착함으로써 벗어나는 행동을 하는 것은 금지되어"[10] 있었다. 이와 같은 이
상적 도식, 총체적 지식인의 이러한 이미지——이 이미지는 "매혹적이면서
도 동시에 혐오스러운 것으로 규정되었다"[11]——에 직면하여 부르디외는
단절감을 느끼고 고등사범학교의 사교성에 공감하지 않는다. 아주 일찍이
그는 보다 인식론적 고찰 쪽으로, 철학 및 학문의 역사 쪽으로 방향을 틀었
던 철학자들(마르시알 게루 · 쥘 비유맹 등)의 사조에 관심을 갖는다. 그는 이
러한 흐름을 가능한 방책으로 생각했던 것이다. 그는 이들 철학자들이 지방
서민 출신이라는 점과, 당시의 지적 · 철학적 영역에서 지배받는 입장에 있
다는 점 때문에 그들과 인접한 상황에 있다고 느꼈다. 그리하여 부르디외는
정서 생활의 현상학에 관한 첫 연구 작업을 생각한다. 그는 이 작업이 철학
적 고찰을 하나의 구체적 분야, 즉 생물학에 적용시키게 해줄 거라고 보았
던 것이다. 그러나 그가 궁극적으로 방향을 잡게 되는 분야는 민족학이다.
그리하여 그는 분명한 탐구 영역과 과학적이라고 자처하는 방법을 선택한
다. "물론 레비 스트로스가 이 과학(민족학)에 가져다 준 새로운 권위는 이

분야에서 나에게 많은 도움을 주었다."[12]

　고등사범학교를 나온 지 얼마 되지 않은 1957년 부르디외는 알제리에 있게 된다. 당시 알제리는 전쟁이 한창이고, 혼란의 한가운데 있었다. 그는 알제대학교의 조교로 있으면서 알제리 국민을 통해서 연구 주제뿐 아니라, 그로 하여금 자신의 연구 작업을 둘로 나누도록 만들게 되는 실존적 인접성을 발견한다. 한편으로 부르디외는 알제리 사회의 식민지적 현실을 설명하기 위해 사회학자가 된다. 이것은 그의 첫 저서인 《알제리의 사회학》[13]을 낳게 만든다. 동일한 관점에서 그는 자신의 연구를 알제리 노동자들의 상황에 집중한다. 뿐만 아니라 부르디외는 알제리에서 민족학자가 되어 카빌리아 원주민 사회, 결혼의 실상, 친족 관계의 법칙, 상징 체계 등에 관심을 갖는다. 따라서 처음에는 부르디외에게 사회학과 민족학 사이에 아무런 단절적 휴지가 없다. 그는 이 두 차원에서 동시에 연구를 진행하는 것이다. "뒤르켐의 시대에 사회학/민족학의 구분은 존재하지 않는다."[14] 게다가 당시에 부르디외는 탐구 영역과 이에 따른 방법론을 철학에 대한 일시적 일탈로만 생각한다. 그는 제도적 차원에서를 제외하면 철학과 진정으로 단절된 적이 결코 없었던 것이다. "나는 내가 매우 늦게 민족학자가 되었음을 인정했다. 나는 일시적으로 민족학을 하다가 철학으로 되돌아올 생각이었다."[15]

부르디외의 구조주의

　70년대 초반까지 부르디외의 작업이 지닌 이론적 지평은 구조주의이다. 그는 1963년이라는 시점을 '행복한 구조주의자로서'[16] 자신이 마지막 작업을 한 시점으로 매우 명시적으로 위치시킨다. 그렇다고 그가 구조주의적 관점을 단념하는 것은 아니다. 1969년에 그는 하나의 논문을 게재하는데,[17] 여기서 그는 구조주의적 방법을 사회학에 확대시킬 수 있는 방식들과 조건들을 고찰한다. 훨씬 홋날에 가서 구조주의적 패러다임에 대한 비판적 거리를 두게 되지만, 부르디외는 관계적 사고 방식을 사회과학 안으로 도입하게 해주고, 그리하여 실체론적 사고 방식과 일시적으로 단절토록 해주는 방법에 경의를 표하게 된다.[18] 1988년 레비 스트로스에 관한 한 방송 프로그램에서, 부르디외는 《디스탱숑》의 많은 측면들이 구조주의적 방법에 속한다는 점을 다시 한 번 인정한다. 특히 상징적으로 존재한다는 것은 다르다는 것을 입증하려는 모든 분석의 토대 자체가 이 방법에 속한다는 것이다. "《디스탱숑》에는 의미, 그것은 차이이다라고 말하는 데 있는 전형적으로 구조주의적인 의도가 있었다."[19] 따라서 부르디외는 1988년에 다시 한 번 레비 스트로스와 동일한 사유 방식을 지니고 있음을 단언한다. 그러니까 그들의 작업이 드러내는 차이점은 그들에게 공통적인 이론적 틀에 기인하는 것이 아니라 한 사람은 민족학 영역, 다른 한 사람은 사회학 영역에서 작업한다는 데 기인한다는 것이다. 부르디외는 하나의 분화된 사회에 대해 작업을 해야 하고, 다양한 차원——상징적 · 경제적 · 사회적 등——을 고려해야 하기 때문에 동일한 구조적 방법을 사용한다 해도 결과는 다르다. 따라서 부르디외는 오랫동안 구조적 패러다임 내에서 자신의 활동을 구축한다. "내가 구조주의의 근본적인 일부 전제들과 단절하기 위해서는 매우 오랜 시간이 필요했다. (…) 생각할 수 없는 일부 문제 제기들이 가능하기 위해서는 내가 사회 세계로서의 민족학으로부터 벗어나 사회학자가 되어야 했다."[20]

이러한 전제들은 부르디외가 분석의 대상들을 본질적으로 정적인 결정 체계 속에 가두는 데 기여했다. 이 체계에서 사건 · 역사성은 무의미한 것으로 격하된다. "전형적으로 그것은 사건이 없는 체계이다."[21] 어떤 성립된 현재 속에 들어간 연관 관계를 통해 대립성을 부각시키려는 의도는 다른 고찰들을 희생시키고 공간적인 위상학적 결정들을 가치화시키게 유도한다. 이와 같은 방법은 일부 논리들을 드러내게 해주지만, 또한 그것은 분석되는 대조들과 이것들의 계보를 탈실체화하고 내용을 비워냄으로써 어떤 환원주의로 귀결될 수 있다.

바로 이와 같은 탈실체화의 논리 속에서 부르디외는 《호모 아카데미쿠스》[22]에서, 라신의 작품을 중심으로 일어난 1965년의 바르트 대(對) 피카르의 싸움을 소개한다. 그에 따르면 신구 논쟁은 두 주역들간의 사실상 공모로, 적들이 상호 전개하는 논지들의 순환성으로, 이론적 투쟁의 시뮬레이션으로 환원될 수 있다. '대(大)사제직에 있는 인정된 성직자들과 대단치 않은 현대주의적인 이교도들'이 이루는 단순한 인식론적 커플이 사실상 구조주의의 공모를 통해 결합되어 있다는 것이다. 따라서 그들의 개별적 논지들이나 그들이 지닌 방법의 대조, 혹은 '각자가 취하는 입장의 내용'에서 찾을 게 아무것도 없다는 것이다. 그들의 입장은 한편으로 소르본이 문학 연구에서 차지하는 위치와, 다른 한편으로 고등연구원의 사회과학이 차지하는 위치의 대립을 동일하게 재현한 것에 불과하다는 것이다. 한쪽에는 바르트와 대학으로부터 소외된 자들이 있고, 다른 한쪽에는 이들에 직면하여 합법성을 방어하는 자들, 다시 말해 1968년의 들로프르처럼 악착같이 전통을 옹호하고 모범으로 간주되는 자들이 있다. 이들 양편은 19세기말에 에밀 뒤르켐·귀스타브 랑송·에르네스트 라비스가 있는 누벨소르본과 속된 비평가들이 자리잡은 오래된 소르본 사이에 전개되었던 싸움을 희극적 측면을 드러내며 반복했을 뿐이라는 것이다. 쟁점의 대상이 되어 인질로 잡혀 있는 라신 뒤에서는 단순히 권력의 요구가 작용한다. 그런 만큼 구조주의의 사회적 성공은 점점 더 숫자가 많아지고 있는 한 세대 전체, 다시 말해 새로운 학문들에 들어선 교수와 학생들 전체에게 제도적인 돌파구를 찾게 해줌으로써 "이들에게 '과학'의 영역에서 제자리를 잡게 해주는"[23] 묘약으로서만 설명될 수 있다는 것이다.

부르디외가 밝혀내는 이와 같은 차원은 틀린 것이 아니다. 분명 두 진영간의 싸움에는 제도적인 성격의 쟁점이 있다. 그러나 어떤 사회적인 위상학을 내세워 이 대결의 성격을 그처럼 경망스럽게 사회적 측면으로 한정시키고, 대결의 주역들이 내세우는 논지들을 무의미한 것으로 연구 영역에서 배제시키는 것은 매우 단순 발상적이다. 그렇게 될 때 결과는 자리의 차이들이 이루어 내는 단순한 구조적 게임으로 귀결되고, 이 게임 속에 게임 법칙의 모든 변화, 모든 돌이킬 수 없는 역사적 의도는 해체될 뿐이다. 우리는 여기서 사회학적 영역에 적용된 구조주의의 특징들이 부르디외의 작업에서 작용하고 있음을 다시 보게 된다. 여기에는 어떠한 타당성도 부정하고, 구조주의에 힘입어 결정적인 인식론적 단절을 이루고자 했던 60년대 기호학자들의 논지들의 내용을 비워내려는 목적이 포함되어 있다. 부르디외에 따르면 사회적인 행위자들, 자신들이 사회적 결정들로부터 가장 자유롭다고 믿는 사람들조차도 그들이 의식하지 못하는 가운데 그들에게 영향을 미치고 그들을 사물화하는 힘들에 의해 선동된다. 따라서 사회학자가 어떤 인과적 수준에 도달하기 위해 복원시켜야 할 일은 담론적 행위들의 이와 같은 객관적 조건들이다. 이 객관적 조건들에는 주체들이 부재하거나 환상에 의해서만 존재한다. 레이몽 부동에 따르면 "그런 주장에는 제약 요소들의 과장이 있다. 또 이 제약 요소들이 사회적 총체로부터, 그리고 이 총체가 스스로를 재생산하려는 욕망으로부터 비롯된다는 터무니없는 발상이 있다."[24]

이와 같은 입장을 통해 부르디외는 대다수 구조주의자들의 역설을 받아들인다. 왜 역설인가? 왜냐하면 이들 좌파 지식인들은 변화를 위해 일하고, 진보주의적 전망에서 비판의 무기를 이론적 측면에서 개발하면서도 동시에 변화의 모든 의도를 폐쇄시키고, 따라서 역사의 종말을 예고하는 패러다임에 유혹을 받기 때문이다. 그러나 이 패러다임은 그 대가로 과학성을 보장하고, 사물화된 사회적 세계를 총체로서 이해하겠다는 야심을 드러내며 그것을 이해 가능한 것으로 제시한다. "이와 같은 단계는 절망의 단계이다. 그것은 아름답기까지 하다. 그러나 이 절망은 이성의 진정한 비관론보다는 의지의 낙관론이 결핍된 데 더 기인한다."[25]

따라서 우리는 구조주의를 사회학에 도입하는 초기 부르디외에게서 주체의 부재에 관한 테마들을 재발견한다. 주체는 타율적으로 행동하고, 자신의 사회적 운명에 예속되어 있으며, 이 운명을 넘어서 그가 할 수 있는 것은 자신의 실패를 감추기 위해 언어를 통해 착각하는 것뿐이다. 체계의 이해 가능한 유일한 메커니즘은 객관화의 과정에 속하는 실제적인 물질적 이해 관계의 메커니즘이며, 이 과정을 통해 주체는 그에게 속하지 않는 어떤 진실 속에 자신을 드러낸다.

재생산 도식들

부르디외가 즉각적으로 큰 영향을 미치게 해주는 작업은 사회학적 성격을 띠고 있다. 비록 그가 그것을 했을 때 부차적 업적으로 간주했다 할지라도 말이다. 사실 그의 보다 근본적인 관심사는 친족 체계들과 의식(儀式) 체계들, 즉 민족학의 영역으로 방향을 잡고 있었던 것이다. 그러나 그는 자신이 매우 환상적인 것으로 간주했던 떠오르는 이데올로기, 즉 대학생 세계를 완전한 권리를 지닌 하나의 사회 계급으로 만드는 이데올로기에 대해 반응을 나타내고자 하면서, 사회학자로서 이에 대한 보다 과학적인 비전을 제시하기로 결심하고 1964년에 장 클로드 파스롱과 《상속자들》을 출간한다. 부르디외와 파스롱은 모두를 위한 학교에 대한 쥘 페리의 평등주의적 담론, 즉 각자에게 균등한 기회를 주어 자신의 잠재적 가능성을 실현시키게 해준다는 그 담론의 기만적 측면을 공격한다. 이러한 의미에서 이 작업은 체계의 냉혹한 재생산 논리로부터 벗어나기가 불가능하다는 점을 보여 줌으로써 구조적 관점에 속하기는 하지만, 1968년 5월 운동의 중심에서 학교 교육체계를 비판하는 본질적 무기의 역할을 하게 된다. 사실 부르디외와 파스롱은 제도가 그것의 가짜 중립성 뒤에 감추고 있는 것, 다시 말해 존재하는 사회적 관계를 재생산하는 그것의 기능, 그리고 이에 따라 그것이 선별 기계처럼 수행하는 주요한 역할을 분명하게 드러낸다. 그러나 이와 같은 선별은 순전히 학업적 기준을 내세워 이루어지지만 사회적인 진짜 선별을 포함하고 은폐한다. "가장 빈곤한 계급들에게는 오로지 탈락인 것이다."[26] 대학의 단계에 이르는 혜택을 받는 자들에 관해서 두 저자는 지식과의 두 관계 방식을 구분한다. 하나는 문화를 향유하는 상속자들의 방식이며, 이들은 학교 지식에 대해 거리가 있는 관계를 유지한다. 반면에 서민의 아이들은 "교과서적 가치들에 가장 강력하게 집착한다."[27]

구조주의적 패러다임이 학교 세계에 대한 어떤 비전을 각인시킨다면, 그것은 이 학교 세계가 감추고 있는 측면의 진실을 밝혀내고, 학교 세계의 논리를 벗어날 수 있는 어떠한 가능성도 부정하는 데 있다. 부르디외와 파스롱은 교육학적인 노력이나 사유를 아무것도 아닌 것으로 무화시켜 버린다. 그런 일은 교육자의 재생산적 기능을 감추는 데 소용될 뿐이라는 것이다. "아무리 판에 박힌 교육자라 할지라도 자신의 의지와는 상관없이 객관적 기능을 수행한다."[28] 따라서 체계의 작동자들에게 어떠한 행동의 자유도 가능성도 없다. 그래서 배제된 자들은 치료자인 사회학자에게 호소하는 것 이외에 다른 방안이 없다는 것이다. 사회학자는 그들을 낫게 해주지는 못한다 할지라도 최소한 그들의 상황을 그들에게 설명할 수 있다는 것이다. "그가 낙오자들의 등급을 바꿀 수는 없지만, 그들에게 죄의식도 고통도 없이 자신들의 아비투스를 받아들일 수 있는 가능성을 부여할 수 있을 것이다."[29] 교육자나 피교육자의 담론 내용, 그들의 행동이 지닌 특이성, 지배적 지식에의 동의 혹의 반박 관계가 어떠하든, 그들은 각자 자신의 위치에서 재생산 조직에 의해 냉혹하게 보충된다. 그리고 이와 같은 상황은 어떠한 빠져 나갈 구멍도 금지한다. 왜냐하면 아무리 급진적 이의 제기라 할지라도 그것은 제도의 분류 능력을 강화시키기 때문이다. "학교 제도에 대한 반항, 그리고 이단적 열정으로의 도피가 우회적 길들을 통해서 대학이 추구하는 궁극적 목적들을 실현한다는 점을 어떻게 깨닫지 않을 수 있단 말인가?"[30] 따라서 모든 출구들이 봉쇄되어 있다.

이와 같은 작업은 그것이 극단으로 밀고 가는 역설 때문에 주목할 만하며, 이 역설은 60년대 구조주의 패러다임의 전반적 상황을 잘 표현해 주고 있다. 왜냐하면 한편으로 이 작업은 비판적 사고를 전진시키고 무장시켜 주지만, 다른 한편으로 가능한 모든 변화를 원칙적으로 부정함으로써 이 사고의 뇌관을 제거해 버리기 때문이다. 그리하여 법칙의 구속에 대한 반항은 이 법칙을 내면화시키는 왕도들 가운데 하나로 제시된다. 따라서 1964년에 학교와 대학 세계에 대한 이와 같은 구조주의적 X선 투시는 장차 일어날 1968년 5월 운동에 논지들을 제공한다. 그러나 그것은 이 운동의 가능성은 아니라 할지라도 최소한 그것의 의미와 중요성을 미리 부정한다. 우리는 정태적인 분류 체계들에 부여된 이와 같은 우위성 속에서 사건, 즉 역사의 부정을 재발견한다.

이론적인 차원에서 중요한 전진만이 남아 있다. 그것은 상징의 영역에 대한 진지한 고려를 했다는 점이고, 마르크스주의적 경제주체론을 주장하는 사회학자로서 부르디외가 기계주의적인 통상적 해석으로부터 벗어났다는 점이다. 이러한 의미에서 그의 기여는 상부 구조들에 부여한 새로운 중요성에 있어서 알튀세 추종자들의 작업과 유사하다. "릴에서 나는 처음에 이 문제에 대해 부르디외와 약간 다투었다. 나는 그가 상징적 자본에 대해 지나치게 중요성을 부여한다고 비난했다. 나는 그가 옳았다고 인정하지 않을 수 없다."[31] 그러나 알튀세 추종자들처럼 초기 부르디외의 경우에 있어서, 우리는 어떻게 개인적 혹은 집단적 주체의 행위가 그 냉혹한 결정 법칙의 망 속에 들어가는지 이해하지 못한다. 알튀세 추종자들이 생산 방식 기구들의 자율성을 환기한다면, 부르디외 역시 문화적 생산 영역의 자율성에 대해 말한다. 이 영역에 속하는 개별적 부분 집합들은 각각의 장에서 내적인 등급 투쟁을 유발하면서 그 자체의 작용 법칙들에 의해 통제된다. 이와 같은 개념은 상징적 장과 이것의 논리가 자율성이 있다고 가정함으로써, 부르디외로 하여금 사회 전체에서 차지하는 계급적 위치에 모든 담론 형태를 연결시키는 메커니즘으로부터 벗어나게 해준다. 그러나 이와 같은 자율화는 제한적이다. 그런 만큼 알튀세 추종자들의 경우 경제적 측면이 결국 결정적이라면, 부르디외의 경우 역시 알랭 카이예에 따르면 경제적인 측면으로의 환원이 그의 이론의 진정한 모태인 물질적 이익의 개념과 더불어 유사한 방식으로 이루어진다. "그리하여 더 이상 실체론적인 경제주체론이 아닌 일반화된 경제주체론이 드러난다."[32]

부르디외는 조잡한 인과적 경제주체론을 거부하고, 경제적인 면과 비경제적인 면의 이분법을 초월하는 전체적 체계의 관념으로 대체한다. 그리하여 물질적 이익에 토대를 둔 동기들은 외관상 가장 무상하고 경제적인 면으로부터 가장 해방된 활동의 근거가 되는 동기들과 똑같이 이해될 수 있다. 따라서 기본적으로 유추적인 추론을 통해서 부르디외는 경제적 자본, 사회적 자본, 그리고 상징적 자본에 토대한 '일반화된 정치경제'[33]의 단계적 층위를 구축한다. 이 자본들은 각기 보완성 및 자율성의 관계 속에 포함된다. 따라서 부르디외는 마르크스가 역사의 동력이라 생각한 계급 투쟁을 사회적 공간 논리의 동력인 계층 분류(classements) 투쟁으로 대체하게 되는 것이다. 역사의 변증법은 상이한 장들이 물질적 이해 관계의 유사 논리에 따라 가능하게 만드는 배치의 놀이 및 이 상이한 장들이 지닌 성층 구조들의 공시성과 불변성 속에 해체된다. "동일한 것이 언제나 동일한 것을 낳는다."[34]

문체에 대한 고심

부르디외의 작업이 지닌 또 다른 특징은 문체적 고심이다. 이와 같은 고심은 그가 문학을 단념하지 않았다는 것을 드러내 준다. 그가 자신을 표현하기 위해 인문과학을 선택했다 할지라도, 그는 자신을 작가로 생각하면서 다른 구조주의자들이 자신을 체험하는 방식에 전적으로 공감한다. "부르디외에게서 나를 가장 흥미롭게 하는 것은 텍스트의 작업이며, 그가 조금씩 숨기면서 드러내거나 드러내면서 숨기는 그 방식이다. (…) 그는 우선적으로 소설가처럼 작업한다."[35] 작가에게 그렇듯이 부르디외의 사상을 확립하는 것, 다시 말해 그의 본질적 조작자는 아날로지이다. 소설가처럼 사회에 대한 그의 시선은 해설을 덧붙임으로써 사회학적 조사에 의해 있는 그대로 전달되는 것보다 더 많은 것을 끌어들인다. 이런 이유로 과학적 담론은 그에게 타자를 이야기하면서 자신을 이야기하기 위한 매개체 역할을 한다. 그런 만큼 그의 작품은 그것이 말하지 않은 것, 여백 · 주(註) · 제사(題辭) 속에서 스스로를 드러낸다. "그의 글들은 어쩔 수 없이 발자크를 환기시킨다. 강력한 사회적 · 문화적 자본이 어떻게 최초의 경제적 자본의 결핍에 적절하게 일시적으로 대처할 수 있는지 보여 주는 분석들을 따라가다 보면, 라스티냐크 혹은 뤼시앵 드 뤼방프레를 생각지 않을 수 없다."[36]

부르디외는 사회에 대한 또 다른 주관적인 분석가를 자주 환기시킨다. 이 대(大)작가의 엄청난 작품과 그것의 완벽성은 그것과 경쟁하려는 어떠한 문학적 사명도 단념시키는 경향이 있으며, 따라서 샛길을 택하지 않을 수 없게 만든다. 그는 다름 아닌 마르셀 프루스트이다. 부르디외가 마찬가지로 자주 그의 글들의 제사에 올려 놓는 작가는 소부르주아의 격렬한 비판자인 플로베르이다. 피에르 앙크르베는 부르디외가 참여철학자의 입장에 있고, 사람들을 그들의 족쇄로부터 해방시키고자 하는 의지를 보여 준다는 점에서 루소와 접근시키고 있다.

경제학 · 사회학 · 민족학 그리고 철학 사이의 경계를 이동시키는 작가이자 사회학자로서 부르디외는, 특히 구조주의적 사유의 깃발과 방법을 중심으로 재편된 분류 불가능한 비판적 사고, 그 프랑스적 사고에 속한다. 우리가 앞으로 보겠지만, 비록 그가 70년대와 80년대에 구조주의적 사유 방법의 일부 방향들에 대해 점점 더 비판적인 거리를 두게 되지만 말이다.

7

1967-1968년: 출판계의 격동

1966년이 일련의 문제 제기들이 즉각적으로 뒤따른 구조주의의 등불 같은 해였긴 하지만, 그것의 쇠퇴가 감지되지는 않았으며 오히려 그 반대였다. 바로 1967-1968년에 그 충격파가 이번에는 미디어 영역에 불꽃을 지폈으며, 미디어 영역은 광범위한 독자층에 구조적 방법들을 만병통치약의 발견처럼 제시했다. 그리하여 파리 전체가 구조주의적이 되었고, 하나의 현상, 즉 현대적 사유와 동일시되는 것처럼 보이고, 당시의 사상적 대가들 거의 전체가 아름다운 통일성을 이루도록 만드는 것 같은 현상을 탐욕스럽게 발견했다. 재즈곡의 분위기 속에서 실존주의 시대를 특징지었던 카바레들이 이 현상에 유희적인 차원을 부여하며 가관을 연출했다. 왜냐하면 예예족〔춤과 노래로 소일하는 60년대 젊은 남녀들〕과 **친구들 안녕**이라는 말은 진정으로 구조주의적 축제의 성격을 띠었기 때문이다.

우리가 당시까지 레비 스트로스·푸코·라캉·바르트·알튀세와 같은 인물들의 성공을 경험했다면, 이번에는 구조주의가 이러한 개별적 업적의 특이성과 재능을 넘어서면서 이 모든 저자들을 서로 관련시키지 않은 것에 깜짝 놀란 독자층의 눈에 뚜렷하게 부각된다.

따라서 구조주의는 그것의 구축물을 받치는 기반에 균열이 생기는 그런 시기에 승리를 거두고 있다. 이 시기에는 구조주의 현상이 드러내는 넘침·초월·급진화의 의지가 이미 확고하게 자리잡고 있다. 이와 같은 괴리는 한편으로 연구·학회, 전문화된 잡지들의 내용과, 다른 한편으로 언론을 통해 나타나는 반향 사이의 상이한 시간성들을 단순하게 나타낸다. 이는 영웅적인 시대가 마감하고 새로운 시대, 즉 수확이 감소하는 시대가 시작되고 있다는 징표이다. 구조주의 현상의 동향을 알아보기 위해 그것에 초점을 맞추는 다양한 간행물들이 나오고, 더 이상 이론적인 관심이 아니라 교육·보급·공표의 관심 속에서 구조주의란 무엇인가를 소개하기 위한 많은 글들이 편집되어 출간된다. 이런 저작물들이 구조주의의 성공에 기여했음은 물론이다. 그러나 동시에 그것들은 이 흐름을 타고 있는 저자들로 하여금 일시적 유행으로 변모될 위험이 있는 현상 앞에서 점증하는 불신을 나타내게 만든다. 그들은 이제부터 어떠한 형태의 구조주의 꼬리표도 거부하게 되는데, 이는 구조주의 물결의 퇴각에 따른 희생자가 되는 것을 피하기 위한 것이다. 이 퇴각은 이중적으로 예상되고 있었다. 하나는 이런 종류의 집단적 열광이 일시적 성격을 지닌다는 점 때문이고, 다른 하나는 점점 더 급진적이고 많은 수의 비평가들이 구조주의 영역의 중심 자체에 나타났기 때문이다.

구조주의 나라에 온 알리스

출판계 쪽에서는 움직임이 한창이었다. 세계르사에서는 장 마리 오지아스의 《구조주의를 위한 열쇠》가 1967년에 나온다. 이 저서는 구조주의 운동의 다양한 구성 요소들에 초점을 맞추고 있는데, 교육적("이 책은 교사들용이다"[1])이면서도 단호("구조주의는 제국주의가 아니다! 그것은 과학적이고자 한다. 그것은 과학적이다"[2])하다. 책은 날개 돋친 듯 팔렸다. 그것은 나오자마자 품절되었다. 비록 토라진 프랑수아 샤틀레가 출판사 '일을 팽개치고 떠나고'[3] 싶었다 할지라도 말이다.

프리바사에서는 장 바티스트 파제스가 1967년에 《구조주의의 이해》를, 1968년에 《구조주의 비판》을 내놓는다. 퓌프(PUF)사는 탁월한 인식론자이자 심리학자인 장 피아제에게 구조주의에 대한 '크세주' 문고판을 집필해 줄 것을 요구한다. 장 피아제는 그가 포함시키는 학문적 범주들에 따라 구조주의 현상을 재단하고, 구조의 개념이 오래되었다는 점과 수학·물리학·생물학·언어학·사회학 등과 같이 다양한 분야들에서 사용되고 있음을 환기시킨다. 구조의 개념이 다양하게 사용되고 있음을 검토함으로써 나타나는 것은 일련의 개념적인 제안들이다. 이러한 검토는 과학성의 분명한 도구이지만, 피아제에 따르면 다른 방법들을 배제하지 않고 몇몇 인간적이고 역사적인 차원들을 없애지 않는다는 조건이 따른다. 이러한 이유로 피아제는 뤼시앵 골드만의 입장과 유사한 발생적 구조주의의 편을 든다. 유아 심리학에 대한 그의 연구는 역사와 구조 사이의 이와 같은 화해가 가능하다는 것을 예시해 준다. 대학 강의용인 이 소책자는 매우 신속하게 구조주의에 대한 참고서가 되며, 오늘날 많은 사람들이 아직도 이 사조와 장 피아제를 일치시킬 정도이다. 그러나 사실 그는 비판적 입장에 있었다.

바로 1967년에 페이요사는 소쉬르의 문제작 《일반언어학 강의》를 내놓는데, 이 책은 튈리오 드 모로가 준비한 비평서판으로 루이 장 칼베에 의해 번역 출간된다. 다분히 건조한 이 두터운 책은 단지 언어학자들에 의해서만 빛을 보게 되는 것은 아니다. 소쉬르로의 회귀, 그리고 인문과학의 영역에서 초석을 발견했다는 소문은 1967-1968학년도에 소르본의 앙드레 마르티네에게 엄청난 수강생을 확보해 준다. "데카르트 강당에는 온갖 분야의 사람들이 모여들었다. 새로움에 대한 유혹이 있었다. 당시 나의 강의에는 미셸 코타, 영화인들 등이 참석했었다."[4]

그러나 1968년에 커다란 출판 시도는 구조주의의 개념들을 보급하는 명소, 즉 쇠이유사와 철학자 발행인인 프랑수아 발로부터 비롯된다. 이 시도의 기획은 구조주의로서는 기적의 해인 1966년으로 거슬러 올라간다. 그 당시 프랑수아 발은 라캉의 《에크리》, 바르트, 그리고 조금 후에 데리다 저서의 편집책임자였는데, 편집의 일관성을 고심하고 있었고 인문과학의 영역에서 일어나는 일에 열광하고 있었다. 그는 "레비 스트로스의 저작들을 출간할 기회를 갖지 못한 데"[5] 대해 아쉬움까지 나타내면서, 현대화 현상에 휩쓸리고 있는 인문과학과 철학에서 《구조주의란 무엇인가?》라는 질문에 대답하기 위한 공저 출간을 주도하기로 결심한다. 따라서 프랑수아 발은 이와 같은 시도를 위해 언어학에서는 오스발트 뒤크로, 인류학에서는 단 스페르버, 시학에서는 츠베탕 토도로프, 정신분석학에서는 무스타파 사푸앙이 쓴 글들을 묶고, 철학 부분은 그 자신이 집필한다. 이 저서는 매우 큰 성공을 거둠으로써 1973년부터 푸앵-쇠이유 포켓판 총서를 통해 작은 책들로 분할되어 재출간된다.[6]

따라서 구조주의 현상이라는 지칭은 일부 사람들이 말할 수 있었던 것과는 달리 순전히 매체적 혹은 환상적 수준에 속하는 것이 아니다. 분명히 그것은 이 현상을 생산하는 중심에 위치한다. 프랑수아 발은 전체적 서설에서 이와 같은 포괄적 비전을 잘 표현하고 있다. "구조주의라는 이름 아래 기호와 기호 체계들의 과학들이 재편되고 있다."[7] 그러니까 구조주의 현상은 폭이 넓으며, 높은 곳을 겨냥하게 해준다. 왜냐하면 그것은 프랑수아 발이 볼 때 모델들 가운데 모델, 즉 과학성에 도달한 모델을 구성하기 때문이다. "어쨌든 구조주의는 진지한 것이라는 점이 이해될 것이다. 그것은 기호로부터 무언가 얻고 있는 모든 것에 과학이 될 권리를 부여한다."[8] 분명 이 저서는 그 당시의 행복감, 그 정복적인 기호학이 나타냈던 과학주의적인 분위기를 표현한다. 오늘날 프랑수아 발은 그 속에는 '어떤 인식론적 순진함'이 있었다는 점을 인정한다. "이 순진함은 점차적으로 평가되었다. (…) 열쇠가 발견되고 있다는 확신에 따른 어떤 현혹이 있었다."[9]

구조주의의 이쪽과 저쪽

프랑수아 발이 이 저서에 기고한 글은 철학 영역과 관련된다. 그는 여기서 푸코를 통해서는 구조주의의 이쪽을, 라캉과 데리다를 통해서는 그것의 저쪽을 간파해 내고,[1] 이 양자 사이에 알튀세-라캉 추종자들의 입장을 위치시킨다. 이와 같은 선택을 통해서 프랑수아 발은 다소 유행에 굴복하고 있다. 왜냐하면 마르시알 게루와 빅토르 골슈미트의 작업에 대해서는 한마디 말도 하지 않기 때문이다. 그러나 오늘날 그는 이렇게 생각하고 있다. 즉 플라톤의 《대화》와 데카르트에 대한 그들의 독서는 "역사적으로 뛰어넘을 수 없다. 이 점에 대해 나는 절대적으로 확신한다."[10] 그러나 그들은 철학이라는 유일한 영역에 한정되어 있고, 사회과학에 폐쇄되어 있으며, 일반 독자로부터 알려지지 않았기 때문에 철학적 구조주의에 공헌한 그들의 기여는 프랑수아 발의 글에서 환기되지 않고 있다. 반면에 프랑수아 발은 푸코의 에피스테메 개념에 대해 탐구하면서 그에게 커다란 자리를 부여하고 있다. 발이 이 개념에서 구조주의적 관심의 흔적을 보고 있긴 하지만, 그는 푸코가 명목론 철학에 더 속하는 것으로 판단한다. 그가 보기에 푸코는 현상학과 단절했다고 주장하지만 이 단절을 마감한 것이 아니다. 푸코는 여전히 현상학에 갇혀 있다는 것이다. 그가 특수한 속성들로 인해 본질로 규정된 기호의 존재를 탐구할 때, 그가 이 존재를 최초의 현존 속에서 포착하려고 시도할 때 그는 메를로 퐁티의 계보 속에 있다. "구조주의에 의해 정의된 언어의 존재를 현상학자로서 탐구하는 것, 다시 말해 구조주의 이쪽에서 탐구하는 것은 모순적 계획이며, 이런 계획이 이 존재에 부여할 수 있는 것은 남아 있는 위상뿐이다."[11] 물론 발은 푸코가 본다는 행위(le voir)의 조직화를 탐구하고 있다고 인정하지만, 본다는 행위 가까이에서 푸코는 현상학적 모델과 구조주의적 모델이라는 양립할 수 없는 두 모델을 화해시키려는 불가능한 계획을 지닌 명목론자로 작업한다는 것이다. "여기서 우리는 기호의 이쪽에, 담론의 이쪽에, 구조의 이쪽에 있다."[12] 푸코는 독자를 루비콘 강가로 데려가 강을 건너지 않고 낚시를 하도록 했다는 것이다. "구조주의의 에피스테메가 존재하는가? 이에 관해서 《말과 사물》이 견해 표명을 주저하는 것은 어찌된 일인가?"[13] 그런 만큼 발은 이 에피스테메가 존재하기 위해서 필요한

---

1) 구조주의의 이쪽과 저쪽은 구조주의에 미치지 못한다는 점과 구조주의를 넘어선다는 점을 함축한다.

단절을 간청한다. 그래서 그는 이와 같은 결정적 단절을 알튀세의 작품 내에, 다시 말해 명료하게 과학적인 그의 계획 속에 위치시킨다. "구조주의에 대한 하나의 고찰은 과학에 대한 하나의 고찰과 불가분의 관계에 있다."[14]

푸코는 훗날에 구조주의라는 꼬리표를 단호히 거부하게 되지만, 당시에는 구조주의의 영향권 안에 전적으로 위치했다. 그리하여 그는 그의 저서 《말과 사물》이 출간된 이래로 에피스테메의 초석을 통해 저 거대한 단절의 철학자로 나타나게 되었던 것이다. 따라서 그는 구조주의의 기획과 관련해 자신의 철학적 기획이 거리가 있다는 점을 전혀 존중하지 않았다. "그는 그런 거리를 두는 것에 매우 화를 냈다. 심지어 나는 그가 즉석에서 격분했다고 말할 수 있다."[15] 발은 철학적 구조주의에 대한 그의 소개에서 다분히 라캉-알튀세적 구축물들, 특히 알랭 바듀와 자크 알랭 밀러의 구축물들을 우선시했다.[16]

나아가 그는 구조주의의 저쪽에 두 자크(데리다와 라캉)를 모아 놓는다. 이 두 사람은 1968년 그 해에 그야말로 서로를 싫어하는 적대적 형제였으며, 두 사람 저서의 편집책임자였던 발은 그들을 혼동하지 않기 위해 하나는 자크, 다른 하나는 자코라 불렀다. 한쪽에서 라캉은 당시까지 중화되어 있었던 주체에 대한 고찰을 재도입하게 해주었다. 그러나 주체가 완전함을 되찾은 것은 아니었다. 문제가 된 것은 언제나 자기 자신과 어긋나 있으며, 토대로서 제자리를 잡을 수 없는 예속된 주체이다. 이중의 운동이 자기 자신을 지배하는 주체의 회귀를 봉쇄한다. 하나는 주체의 구조화를 언어(langage)의 구조들에 종속시키는 것이고, 다른 하나는 언어의 구조화를 기표의 구조들 내에 종속시키는 것이다. "문자는 주체를 앞서고, (…) 문자는 의미를 앞선다."[17] 데리다의 경우 구조주의를 넘어서는 그의 저쪽은 철학적 담론의 한계를 벗어나는 데 기인하며, 이와 같은 벗어남을 그는 대문자 타자(Autre)를 통해, 한계와 기원의 개념들에 대한 반박을 통해, 또 흔적이라는 개념의 도움을 받아 실현한다. 그런데 발이 보기에 구조주의는 이러한 단절, 이러한 한계 설정 자체를 통해 규정된다. "구조주의는 기호의 체계가 우리를 다른 곳으로 돌려보낼 때 시작된다."[18]

구조주의의 중심과 다양성

위에서 언급한 공저가 나오는 데 대비한 몇몇 모임에서 진정으로 공통적인 이론 개발은 없었다. 그만큼 관점들이 자주 상이했던 것이다. 단 스페르버는 로스앤젤레스에서 촘스키의 강의를 듣고 돌아왔는데, 촘스키의 저서들을 번역하기 위해 친구 피에르 스미스를 통해 프랑수아 발과 관계를 맺고 있었다. 그는 인류학에서 구조주의에 대한 부분을 담당했다. 준비 모임들에서 "내가 뒤크로에게 그가 다룰 의도가 없었던 생성문법에 대해 이야기해 달라고 강조한 것 이외는 별다른 논의는 없었다."[19] 사실 오스발트 뒤크로는 언어학 부분을 담당했는데, 구조언어학의 다른 흐름들과 나란히 촘스키 이론의 큰 줄기를 소개했다. 그렇지만 자신의 학문에 주도적 입장이나 선도 과학의 지위를 부여하고자 하지는 않았다. 이 공저가 언어학 부분을 먼저 다루고 있지만, 그것은 구조주의 패러다임의 전개에 있어서 언어학이 수행한 추진적 역할을 분명하게 표현하는 프랑수아 발의 선택이다. "나는 언어학이 먼저 소개되어야 할 이유가 전혀 없다는 점을 발에게 말했던 것으로 기억한다. 그가 보기에 그것은 명백한 일이었다. 그는 다른 선택을 한다면 빈축을 살 것으로 생각했던 것이다."[20]

따라서 단 스페르버는 인류학 분야에서 구조주의를 소개하게 되어 있었는데, 레비 스트로스의 업적을 설명해야 했으므로 특별한 부분을 맡은 것이다. 그러나 그는 촘스키적인 자신의 입장에 입각해 레비 스트로스의 업적과 비판적 관계를 유지하고 있었다. 우리가 앞서 본 바와 같이 그는 인간 정신의 구조들, 정신적 울타리들, 그리고 촘스키의 언어 능력 모델로 귀결되는 그 심층적 구조들에 속하는 모든 것을 우선시하면서 레비 스트로스 읽기를 제시하고 있다. 그가 레비 스트로스에게 비난하는 것은 후자가 이와 같은 방향으로 충분히 멀리 나아가지 않았다는 것이다. 또 다른 비난은 레비 스트로스가 한편으로 문화적 변이체들의 목록을 만들겠다는 민족학적 야심과, 다른 한편으로 이와 같은 변이체들에 방향을 주는, 인류에 특수한 견습 능력을 결정하겠다는 인류학적 야심 사이의 모순적 긴장 속에 남아 있었다는 것이다. "개인적으로 볼 때, 나는 생성문법을 통해 단번에 언어학적 구조주의에 대한 유보적 태도를 지녔다. 그래서 내가 인류학에서 구조주의에 대한 장(章)을 집필해 달라고 요청받았을 때, 나는 그것을 구조주의를 위한 선언문으로 생각한 게 아니라 부분적으로 비판적 입장이 되고자 한 장(章)으로 생각했다."[21]

무스타파 사푸앙에게 맡겨진 정신분석학 부분은 라캉의 엄격한 계보에 들어간다. 라캉 덕분에 정신분석학으로 전환한 이집트 철학자인 사푸앙은 10년 이상 동안 라캉의 분석을 받았다. 프로이트를 아랍어로 번역한 그는, 그가 담당한 부분에서 라캉이 1958년과 1963년 사이에 생트안의 세미나에서 접근한 일련의 테마들을 다시 다루고 있다. 그 결과 무의식이 평소보다 덜 발생적이고 덜 역사적이며, 더 공간적이고 구조적인 방법으로 접근된다. "무의식이 하나의 장소라고 말함으로써, 우리는 다만 프로이트가 이 주제에 관한 자신의 학설을 '일반 공리적' 학설로 제시하고 있다는 사실을 인준할 뿐이다. 물론 그것은 하나의 메타포이지만, 그것이 의미하는 바는 우리와 세계와의 관계를 구성하는 모든 것을 넘어서 다른 장소(un Autre Lieu)가 존재한다는 것이다."[22] 정신분석학이 발견하는 구조는 감춰지고 묻혀진 어떤 의미 속에, 다시 말해 그것의 현전을 통해서 그것 자체에 드러내야 할 그런 의미 속에 있는 것이 아니다. 그것은 주체가 알지 못하는 곳에, 즉 "오직 율법(la Loi)만이 인간으로 하여금——헛되이——자신의 최초 폐쇄를 재발견하도록 이끄는 유혹에 대항해(그리고 유혹으로부터 보호해) 간직하는"[23] 그런 자르기(단절) 속에 있다.

위에서 다룬 네 편의 글은 각기 제도적으로 인정되고 뿌리 내린 지식의 특별한 영역을 나타내면서 학문간의 분할을 수용하고 있다. 그것들에 하나의 긴 글이 추가되는데, 이 글은 새로운 영역을 나타냄과 동시에 구조주의의 역사적 기원, 즉 시학과 다시 관계를 맺는다. 그것은 프랑스에 러시아 형식주의자들을 소개한 츠베탕 토도로프가 집필한 것이다. 따라서 그의 목표는 어떤 면에서 문학 영역이 구조주의적 방법의 도움을 받아 심층적으로 쇄신될 수 있는지를 보여 주는 것이다. 그는 시학의 관점을 문학 영역에 내재하면서도 추상적인 접근 방법으로 규정하는데, 이 방법의 목적은 각각의 작품에 숨겨진 일반 법칙들을 복원하는 것이다. 제라르 주네트처럼 츠베탕 토도로프는 시학을 설명적 혹은 해석학적 태도의 배타적인 활동으로 제시하지 않는다. 시학은 이 태도의 필요한 보완물인 것이다. "시학과 해석의 관계는 특히 보완 관계이다."[24] 그러나 오직 시학만이 기호를 정착점으로 삼는 기호학적 기획의 성격을 띤다. 그러나 그것은 엄밀하게 언어학적인 분석과 차별화된다. 언어학적 분석에서 의미 작용 과정의 복원은 토도로프에 따르면, 2개의 한계로 어려움을 겪는다. 그것은 언어의 유희적 성격, 내포와 은유화의 문제들을 방치하고, "근본적인 언어 단위인 문장의 한계를 거의 벗어나지 못한다."[25] 이와 같은 두 차원에서 토도로프는 학문으로서의 언어학뿐 아니라 초창기의 구조주의를 표적으로 삼는다. 그는 이 구조주의에 다원성과 다면성(多面性)을 대립시킨다.

우리는 불가리아 여성인 줄리아 크리스테바에게서와 마찬가지로 그녀의 동포인 츠베탕 토도로프에게서도 미하일 바흐친이라는 동일한 원천을 다시 만난다. 바흐친의 영향은 구조주의적 모델과 관련한 토도로프의 개인적 여정에서 역시 결정적이 된다. "최초로 상호 텍스트적 다면성의 진정한 이론을 표명한 사람은 바흐친이다."[26] 이로부터 대화주의에 토대를 둔 작동적 분석 방식이 비롯된다. 대화주의는 문학적 기원의 개념으로서, 야콥슨이 1919년에 다음과 같이 표명할 때의 그의 최초 충동과 다시 관련을 맺게 해준다. "문학과학의 대상은 문학이 아니라 문학성, 주어진 작품을 문학 작품으로 만들어 주는 것이다."[27]

비록 이 공저를 지은 각각의 저자가 자신의 개별적 연구 분야에 고유한 고찰에 의해 이끌리고 있다 할지라도, 우리는 구조적 패러다임을 중심으로 한 전반적 지식을 확실히 드러내게 해주는 다리들, 다시 말해 저자들 사이를 연결해 주는 가능한 다리들을 분명하게 포착할 수 있다. 공저의 기획 전체에 활기를 불어넣고 구조주의적 열쇠에 대한 당시의 열광을 유발했던 이론적 야심이 있었음은 명백하다. 동시에 이 책은 하나의 전환점에 다다르고, 개방 및 단절의 다양한 시도들을 겪는 일반기호학의 상황을 잘 표현해 주고 있다. 이 시도들은 구조주의 패러다임의 가까운 청산을 확실히 하면서 패러다임 내에서 작용하게 된다. 그러나 그때까지는 지적인 독자층의 눈에 나타나는 것은 아무것도 없다. 작용중인 내적 모순들은 반대로 모두가 이 새로운 사상의 풍요로움에 기대를 걸 수 있는 이유들처럼 보인다. 프랑수아 발은 부르라렌의 역 플랫폼에서 이런 대화를 듣게 된다. 즉 라카날이라는 고등학교 철학 선생이 자신의 3학년 제자가 프로이트를 읽고 있다는 사실에 놀라워하자, 이 제자는 라캉을 이해하기 위해서라고 대답한다. 발은 이렇게 말하고 있다. "거기서 나는 승리했다고 생각했다."[28] 이 제자는 진정으로 자각하지는 못했지만, 바로 프로이트로의 회귀를 실행하고 있었고, 그럼으로써 라캉과 라캉의 발행인이 바라는 바를 실현하고 있었다. 이러한 조건들 속에서 어떻게 그 당시의 집단적 행복감에 저항할 수 있겠는가?

4총사

1967년과 1968년 두 해에 레비 스트로스는 그의 기념비적 저서인 《신화론》을 계속해서 출간한다.[29] 여전히 그는 구조주의가 뿜어내는 그 열기의 이론의 여지없는 지배자이고 진정한 후원자이다. 비록 그가 자신의 방법이 확장되는 모든 현상에 대해 조심스럽게 거리를 두고 있긴 하지만 말이다. 그가 무겁고 위험하게 될 수 있는 어떤 대부적 역할을 맡는 것을 거부하기는 하지만, 그에 대한 다양한 매체적 반향이 나온다. 그는 심지어 자신의 저서들을 소개하기 위해 언론과의 대담을 증가시킨다. 그러나 그 목적은 자신의 구조인류학이 긋는 엄격한 한계 내에 남아 있기 위한 것이고, 이는 비약하고 있는 사변적 구조주의와 거리를 두기 위한 방법이다. 그리하여 《누벨 옵세르바퇴르》지는 교양 있는 광범위한 독자층에 구조주의의 반향을 확장시키는 데 주요한 역할을 수행한다. 그것은 1967년 1월 25일에 레비 스트로스에 3페이지를 할애한다. 기 뒤뮈르와의 대담을 기회로 레비 스트로스는 구조주의에 대한 정의를 제시하는데, 이 정의는 패러다임의 일부 사용들을 암묵적으로 부정하고 있다. "구조주의는 철학적인 독트린이 아니라 방법이다. 그것은 경험 속에서 사회적 사실들을 추출해 내 연구실로 옮겨 놓는다. 여기서 그것은 항들이 아니라 항들 사이의 관계를 항상 고려하면서 이 사실들을 모델의 형태로 제시하려고 노력한다."[30]

우리는 레비 스트로스가 구조주의 현상을 하나의 방법에 조심스럽게 제한함으로써 그가 순수하게 과학적이라 판단하는 방식에 단호히 만족하고 있다는 점을 이해하게 된 것이다. 이 방식은 그를 사변적이고 이데올로기적인 일부 사용들과 차별화시킨다. 왜냐하면 그는 분명 자신의 인류학을 자연과학과 접근시키고자 하기 때문이다. 레비 스트로스는 대학에 특별한 학업 과정이 없기에 무(無)에서 비롯되는 이 사회인류학을 제도화시키겠다는 자신의 내기에 성공할 수 있는 상황에 있다. 성공은 너무도 컸기 때문에 "우리는 인류학의 선택을 좌절시키지 않을 수 없었다."[31] 비록 레비 스트로스가 신뢰의 결여를 불평하지만, 인류학 교수 자리의 숫자는 20년 동안에 5개의 자리에서 30개의 자리로 늘어나며(이 숫자는 고등연구원을 포함한 것이다), 대학들에 민족학의 진출도 매우 진척된다. 왜냐하면 민족학이 5개 지방 대학교, 즉 리옹·스트라스부르·그르노블·보르도·엑상프로방스대학교에서 교육되기 때문이다.

철학적 측면에서 보면, 1967-1968년 두 해 동안 철학의 영역을 지배하는 자는 1966년에 《말과 사물》을 출간한 미셸 푸코이다. 그는 사르트르와 사르트르 추종자들로부터 격렬한 공격을 받게 된다. 이들은 1967년 《현대》지에 미셸 아미오와 실비 르 봉이 쓴 두 편의 매우 비판적인 글을 게재하기 때문이다. 그렇긴 하지만 푸코는 전투장에 나서는 데 별로 익숙하지 않으면서도 철학자들 가운데 가장 큰 명성을 누리고 있는 한 인물의 개입을 통해 무게 있는 지원과 위로를 기대할 수 있게 된다. 그는 다름 아닌 조르주 캉길렘이다. 이 철학자가 《비평》지에서 푸코를 옹호하기 위해 펜을 든 것이다.[32] 그는 푸코의 주장을 저지하기 위해 형성되고 있는 것 같은 인권옹호연합 결성 움직임을 유머러스하게 공격한다. 이 연합이 내세우는 표어는 "모든 정당의 인본주의자들이여, 단결하라"[33]였다. 캉길렘은 푸코가 가능하게 해주는 주요한 진전을 강조한다. 푸코의 작업은 에피스테메와 고고학이라는 개념의 도움을 받아서, 학문의 역사에서 아주 빈번하게 나타나는 시대 착오의 암초를 피하고 있기 때문이다. 캉길렘은 다루어진 시대의 독특한 텍스트들을 자료체로 하고 있는 이처럼 다른 역사에 경의를 표한다. 이 역사를 이루는 이야기된 사건들은 "인간들이 아니라 개념들에 타격을 준다"[34]라는 것이다. 그는 푸코를 장 카바예스의 계보 속에 위치시키고, 의식의 관점에서 개념의 관점으로 유사하게 이동하고 있다고 간주함으로써 그를 카바예스가 진심으로 기원했던 그 개념철학을 어쩌면 실현하게 될 현대의 위대한 철학자라고 생각한다.

모리스 앙리의 데생에는 레비 스트로스·바르트·라캉·푸코가 인디언 차림으로 쭈그려 앉아서 한담을 나누고 있는 모습이 보인다. 1967년 그 해에 푸코는 이 4총사 가운데 한 사람으로서 행복한 구조주의자이다. 그는 언론이 그를 위치시키는 이와 같은 사유 공동체 속에서 자신의 존재를 완벽하게 알아본다. 이런 측면은 프랑수아 발의 저서가 나올 때 그의 기분 나쁜 움직임을 설명해 준다. 이 저서에서 발은 푸코를 다른 곳에, 다시 말해 구조주의의 이쪽에 위치시키기 때문이다. 푸코가 당시에 자신을 매우 분명하게 구조주의자로 규정하는데도 말이다. 1967년에 튀니지의 한 신문과의 대담에서 그는 구조주의의 두 형태를 구분한다. 하나는 지식의 개별적인 다양한 분야에 적용되는 풍요로운 방법의 구조주의이다. 다른 하나는 "비전문적 이론가들이 우리 문화의 어떤 요소, 어떤 학문, 어떤 실제적 분야, 어떤 이론적 분야 등 사이에 존재할 수 있는 현재적 관계를 규정하려고 애쓰는 활동이라 할 수 있는" 구조주의이다. "달리 말하면 과학적인 분명한 분야에 제한되지 않는 일종의 일반화된 구조주의라 할 것이다."[35] 물론 이 두번째 구조주의는 푸코가 자신을 전적으로 알아보는 구조주의이다. 사실 그것은 이 철학자로 하여금 비약하고 있는 사회과학 영역 전체에 대해 자신의 특수성을 간직하게 해준다. 왜냐하면 유일하게 그만이 다양한 개별적인 분야들에 대해 거리를 두는 입장 덕분에 그것들의 '과학적인' 결론을 확인해 주거나 무효화시킬 수 있기 때문이다.

4총사 가운데 또 한 사람은 문학 쪽으로의 회귀를 통해 자신의 작업에서 전환점에 있는 롤랑 바르트이다. 그래서 그는 주체성과 역사적 역동의 개념에 접근하고 있긴 하지만, 1968년에 구조주의적 방식의 기본 원리들에 깊은 지지를 표명한다. 한편으로 그는 큰 반향을 일으키게 되는 텍스트를 쓴다. 이 텍스트는 '저자의 죽음'을 선언하는데, 이 죽음은 철학적 차원에서 푸코가 말한 '인간의 죽음'에 문학적 차원에서 대응하는 것이다. 저자의 개념은 저자라는 인물을 존엄하게 만든 자본주의 이데올로기가 중세말에 가져온 최근의 개념에 불과하다는 것이다. 그런 만큼 이 신화적 인물은 해체되고 있는 상황에 있다는 것이다. 왜냐하면 "저자가 죽음에 들어갈 때 글쓰기가 시작되기 때문이다."[36]

저자라는 이 신화는 초현실주의에 의해 흔들리기 시작했다 할 것이다. 그러나 "저자의 파괴에 귀중한 분석적 도구를 제공함으로써, 또 언술 행위 전체가 텅 빈 과정이라는 것을 보여 줌으로써"[37] 이 신화를 제거하는 것은 언어학이라 할 것이다. 저자를 계승하는 자는 시간과 공간의 밖에 존재하는 자라 할 집필자(scripteur)이다. 그는 텍스트의 어떠한 해독 시도도 헛되게 만드는 기표의 무한한 전개 속에 들어가 있다. "하나의 텍스트에 하나의 저자를 부여한다는 것은 안전 장치를 강요하는 것이고, 어떤 최종 기의의 힘을 말하고, 글쓰기를 폐쇄해 버리는 것이다."[38] 저자의 시체는 아직 연기가 나지만, 바르트는 이 시체의 잿더미 위에서 독자의 탄생을 즐겁게 찬양한다.

바르트가 정통적인 구조주의적 입장을 반복하는 또 다른 전선은 역사와 관계되는 전선이다. 다시 말해 그는 구조를 역동적으로 만들게 해주는 상호 텍스트성의 개념을 자기 것으로 만들지만, 그렇다고 그가 역사주의에 다시 떨어지는 것을 받아들이는 것은 아니다. 1968년에 그가 '현실의 효과'와 '사건의 글쓰기'에 관해 쓴 두 편의 글은 변모와 역동적 힘이라는 관념과의 접근을 의미함과 동시에, 역사적인 것을 되풀이해서 거부한다는 것을 의미한다.[39] 그는 문학적 실증주의와 이른바 객관적인 역사의 지배 사이의 공모를 환기시키고, 하나의 '현실'을 정당한 것으로 인정하려는 그것들의 공통적 고심을 상기시킨다. 그런데 역사가의 담론은 '지시적 환상'으로 규정된 하나의 환상, 하나의 신화에 토대를 둔다는 것이다. 이 환상은 외시의 기의로서의 '현실'이 공시의 기의로 변모되는 데서 비롯된다는 것이다.[40] 기호의 해체는 현대성의 과제들 가운데 하나이다. 그런 만큼 그것이 사실주의적 글쓰기에 분명하게 작용한다 할지라도 그것은 이 경우에는 나쁜 측면, 즉 "지시적인 충만함의 이름으로 이루어지는"[41] 퇴행적 측면에 위치한다.

모리스 앙리가 그린 데생의 구조주의의 향연에서 4총사 가운데 마지막 인물은 자크 라캉이다. 라캉은 자신이 그렇게 재미있게 함께 있는 모습에 놀라워한다. "나 자신에게 이른바 구조주의의 향연에 자리가 주어지고 있다."[42] 그러나 이는 1968년에 저자의 죽음이라는 구조주의적 원칙에 토대한 잡지를 내놓기 위한 것이다. 라캉은 이 새로운 잡지 《실리세》에 실린 글들의 비서명 원칙(le non-signature)을 정당화하기 위해 부르바키 그룹의 수학자들까지 원용한다. 그러나 이 잡지의 과학적 글쓰기의 익명성은 아버지의 이름(le Nom-du-Père), 즉 라캉이라는 이름 앞에서 멈춘다. "우리의 고유명사, 즉 라캉이라는 고유명사 그것은 프로그램에서 감출 수가 없다."[43] 지울 수 없는 이름인 라캉만이 잡지에서 글들에 서명할 수 있고, 이 공동 작업에 참여하지 않는 사람들은 "나(라캉)의 제자들로 인정될 수 없을 것이다."[44] 따라서 있을 수 있는 반항자들에 대한 제재는 분명하고, 계획은 확실하게 짜여 있다. 스승의 담론에 대해서는 최대한의 가시성이 나타나며, 나머지에 대해서는 익명성만이 있는 것이다. 이들 나머지는 라캉에 의해 구현된 과학적인 초자아(sur-moi)의 이름으로 서명을 사라지게 함으로써 저자의 죽음을 이론화하지만, 함정에 빠져 장황한 침묵으로 대가를 지불해야 한다. 이 라캉은 물론 라캉의 타자이다…….

보다 진지한 시도는 장 라플랑슈와 장 베르트랑 퐁탈리스가 쓴《정신분석학 용어집》이 1967년 퓌프사에 의해 출간됨으로써 이루어진다. 여기서 정신분석학의 개념적 도구 전체에 대해 이루어지는 분석은 단순히 값진 연장이 되는 것만이 아니다. 또한 그것은 라캉에 의해 이루어진 프로이트로의 회귀를 실현하고 있다.

제7의 예술

정복자의 위치를 차지한 구조주의는 제7의 예술과 더불어 그것의 방대한 제국 속에 새로운 영역까지 통합시킨 참이다. 왜냐하면 1968년 그 해에 기호학에 새로운 흐름을 부화시키게 되는 저서인 크리스티앙 메츠의《영화에서 의미 작용에 관한 시론》[45]이 출간되기 때문이다. 크리스티앙 메츠는 이미 1966년에《코뮈니카시옹》의 프로그램적인 호에 논문을 쓴 바 있다.[46] 그의 책은 그가 1964년과 1968년 사이에 쓴 텍스트를 묶은 것으로 언어학적 개념들을 영화 비평의 측면에 확대 적용하고 있다. "요컨대 나는 '영상 언어'라는 은유를 제거하고 싶었고, 그것이 감추고 있었던 것을 보고자 했다."[47]

청년 시절 이후로 크리스티앙 메츠는 정열적인 영화애호가이지만, 오랫동안 이러한 취향은 시네 클럽을 이끄는 활동을 제외하면 지속되지 못한 채로 있었다. 뿐만 아니라 그는 언어학을 연구한다. 그래서 "영화기호학에 대한 나의 착상은 이와 같은 두 원천의 접촉을 통해서 나왔다."[48] 이와 같은 연결을 통해서 메츠는 영화애호가로부터 영화에 대한 새로운 접근으로 이동한다. 그는 영화에 그가 '대통합체적 측면'에서 설명하는 개념적 틀을 적용한다. "나의 지적인 정열의 대상은 언어학적 기구 장치였다."[49]

메츠가 1964년에 쓴 최초의 기호학적 글은 언어학적인 쇄신을 모르고 있는 영화 비평계에 대한 반작용으로부터 출발한다. 영화 비평계는 특유한 영화 언어를 다양하게 내세우면서 기호학의 제안들과 거리를 두고 있었던 것이다. "나는 이 점에서 랑그에 대한 소쉬르의 개념에서 출발했다. (…) 나는 영화를 랑그가 아니라 랑가주에 비교할 수 있다고 생각했다."[50] 당시에 메츠는 거의 오로지 픽션 영화에만 관심을 기울임으로써 모든 영화 언어에 적용할 수 있는 모델을 찾아낼 수 있다고 믿었다. 그의 '대통합체적 측면'은 큰 통사적 유형들(그는 1966년에 6개, 1968년에는 8개의 유형을 식별해 낸다)을 중심으로 자율적인 분절체들로 영화들을 분할하자고 제안한다. 이 8개의 유형은 자율적 영상(시퀀스에 대응하는 유일한 영상), 병행적 통합체(두 사건을 병행하여 보여 주는 병행 기법), 중괄호에 들어가는 통합체(날짜가 없는 환기들), 묘사적 통합체(동시적인 것들), 교대 통합체, 엄밀한 의미에서 장면(기표의 유일한 연속과의 일치로서 화면에서 진행되는 것, 그리고 기의의 유일한 일치로서 허구의 시간성), 에피소드들을 통한 시퀀스(여기서 불연속성은 구성의 원리로 확립된다), 보통의 시퀀스(생략된 것들의 분산된 질서로의 배치)이다. 이 8개의 시퀀스적 유형은 "상이한 종류의 시간-공간적인 관계들을 표현하는 일을 맡는다."[51] 그리고 실제로 이와 같은 코드의 유효성은 고전적 영화, 즉 30년대로부터 50년대의 누벨바그까지의 영화를 커버한다.

영화 언어의 이와 같은 극단적 형식화는 그 원천을 언어학에서, 주로 옐름슬레우의 업적 안에서 찾아내고 있다. 메츠에 따르면 옐름슬레우의 표현이라는 개념의 정의는 영화 '언어'의 기본 단위를 매우 잘 규정한다는 것이다. 그런데 사실 이와 같은 코드화는 순전히 형식적이고 논리적이며 관계적인 접근에 속한다. "옐름슬레우가 사용하는 의미에서(내용 형식 플러스 표현 형식) 하나의 코드는 대체성, 즉 의미 작용적 차별성들의 영역이다. 따라서 단 하나의 언어에는 여러 개의 코드가 있을 수 있다."[52]

1968년 5월 직전에 구조주의의 프랑스는 답답하지 않다. 파리의 길거리에서는 매순간 새로운 이론이 솟아나 하나의 유토피아가, 아니면 하나의 변증론에 입각해 세계를 다시 만들어 낸다. 구조주의의 열기는 현대성의 커다란 단층을 나타내는 것 같다. 역사적인 또 다른 단층이 침투해 그것의 확신을 흔들러 올 때까지 말이다.

8

구조주의와/혹은 마르크시즘

보편적 사명을 띠면서 포괄적인 철학으로 제시되는 두 커다란 철학, 즉 구조주의와 마르크시즘 사이의 대면이 1967-1968년 그 두 해에 확실하게 일어난다. 마르크시즘의 쇠퇴는 구조주의의 성공에 많은 기여를 했던 것 같다. 그러나 그 반대로 60년대말의 마르크시즘은 구조주의 덕분에 새로운 도약을 만날 수 있었지 않은가? 이 두 철학의 방식 사이에는 화해가 있을 수 있는가, 아니면 반대로 그것들은 공통분모가 없는가?

마르크스주의자들은 더 이상 상대의 공격을 피할 수 없다. 알튀세의 개입, 그리고 그의 영향력은 더 이상 그것을 허용하지 않기 때문이다. 또 구조주의에 대한 눈부신 열광은 구조주의적 입장과 이론적 논쟁을 불가피하게 만들기 때문이다. 1968년 이전에 뤼시앵 세박은 페이요사에서 《마르크시즘과 구조주의》(1964)를 출간함으로써 이 논쟁을 이미 시작했었다. 그의 야심은 같은 시기 알튀세의 야심과 유사하다. 그것은 사회과학이 획득한 지식의 도움을 받아 마르크시즘과 현대의 합리성을 화해시키는 것이다.

화해의 시도: 뤼시앵 세박

국립과학연구센터의 연구원이자 정통 교육을 받은 철학자인 뤼시앵 세박은 그의 친구 알프레드 아들러 · 피에르 클라스트르 · 미셸 카르트리처럼 인류학으로, 따라서 현장을 누비는 탐구로 이동했던 사람들에 속한다. 레비 스트로스의 제자로서 그는 1961년에 9개월 예정으로 파라과이의 에우야키족 인디언들과 볼리비아의 아요레족 인디언들 곁으로 떠난다. 뤼시앵 세박은 당시의 현대주의적인 모든 권유들이 합류하는 지점에 위치한다. 구조주의자인 그는 스승 레비 스트로스처럼 구조의 관념을 사변적이 아니라 순전히 방법론적 개념으로 간주한다. 정신분석학에 관심이 있던 그는 라캉의 분석을 받는다. 라캉은 자신의 주장들을 유포시키는 데 필요한 새로운 다리들의 기초를 닦을 줄 아는 것처럼 보이는 이 젊은 철학자와 특별한 관계를 유지한다. 기호학자로서 그는 그레마스의 세미나에 참석하고, 후자와 함께 무의식의 연구에 구조의미론을 개방시키기 위한 연구 계획을 수립한다. 마르크스주의인 그는 프랑스 공산당 당원이지만 1956년 이후로 점점 더 비판적 입장을 취한다. 인문과학의 엄격성은 그에게 공산당 지도부가 유포시키는 통상적 해석과 비교해 훌륭하게 대비하는 것처럼 보인다. 특히 그는 지배적인 마르크시즘의 경제주체론을 비판하고, 경제 생활을 그 자체로 하나의 현실로 간주하고 그것에 직접적인 인과적 역할을 부여하는 사실을 비난한다.

세박은 마르크시즘이 주변의 관념론을 객관적인 현실, 특히 경제적 현실을 연구하려는 관심으로 대체했다는 공적을 인정한다. 그러나 언어학적 전환점과 구조주의적 주장들에 의거하면서 그는 마르크시즘이 그것의 우선적 대상을 다소 물신화시켰고, 이와 같은 경제적 현실을 조직하는 감추어진 내재적 원리들을 과소평가했다고 비난한다. 그는 특히 사회들 사이의 그 차이들을 초월하게 만드는 모든 것, '문화의 존재 자체를 규정하는 언어의 창조'[1]를 과소평가했다고 비난한다. 구조주의와 관련해 세박은 그로 하여금 구조주의를 하나의 인류학으로 간주하게 만들고, 일부 사변적인 연장을 불신하게 만드는 인본주의적 입장들을 옹호한다. "인간은 인간적인 모든 것의 깊이이다. 이와 같은 동어 반복은 구조주의가 의미의 기원에 관한 초인류학적인 이론으로 만들어지는 것을 거부한다."[2] 뤼시앵 세박은 온갖 형태의 구조주의들과의 관계에 의해 변형된 마르크시즘을 현대화시킬 수 있는 이론가로 그를 간주했던 사람들에게 많은 기대를 야기시켰다. 그러나 마르크시즘과 구조주의 사이의 결합을 예고하는 그의 책은 또한 그와 이 책이 헌정된 여인, 즉 라캉의 딸 주디트와의 또 다른 결합을 인준할 수 있는 책이고자 한다. 그러나 참을 수 없는 만큼 잔인한 비극이 갑자기 발생한다. 1965년 1월, 뤼시앵 세박은 얼굴에 권총 한 발을 쏘아 자살한다. 라캉이 세박의 저서를 출간한 페이요사의 담당 편집자를 위해 측근들에게 자신의 비통한 심정을 토로하기는 하지만, 이 정신분석가는 자신의 임무를 소홀히 했다. "세박에게 그것은 비극적이었다. 왜냐하면 라캉은 모든 것을 뒤섞어 버리고 있었기 때문이다. 사적인 것, 공적인 것, 환자의 침상에서 들은 것을 말이다. (…) 그리고 그는 최악의 우울증 환자들까지 아무나 분석 치료의 대상으로 삼았다."[3] 뤼시앵 세박의 친구인 니콜라 뤼베로 말하면, 그는 당시까지 라캉의 주장에 관심이 있었으나 자신의 친구를 극도의 절망으로부터 구해 낼 수 없었던 사람으로부터 등을 돌린다.

대화를 시작하는 공산당

마르크스주의 패러다임과 구조주의 패러다임 사이의 대면 계획은 프랑스 공산당 지도부에 의해 상당히 신속하게 재추진된다. 1966년 3월 아르장퇴유에서 열린 회의에서 당중앙위원회는 알튀세의 주장들을 채택하지 않지만, 인문과학에서 일고 있는 열기의 중요성을 강조한다. "다양화되는 새로운 문제들 앞에서 우리의 표현 도구들이 낡게 방치한다는 것은 더 이상 불가능하다. 요즘 철학적 논쟁들이 더 이상 원리들의 영역에서뿐 아니라 분명한 지식들(경제학·심리학·사회학·민족학·언어학)의 영역에서도 계속되고 있다."[4] 따라서 프랑스 공산당은 마르크시즘연구센터(CERM) 덕분에, 그리고 당이 발행하는 두 잡지(월간 잡지《신비평》, 그리고 문화 주간지《프랑스 문학》)의 도움으로 지식인들에 대한 영향력을 확고히 하기 위해, 또 1956년 이후로 진행중인 유출을 막기 위해 논쟁에 개방적인 정책을 펴게 된다.

그리하여 공산주의 지식인들은 1968년 4월과 1970년 4월에 클뤼니에서 문학에 제기된 이론적인 문제들에 관해 연속적으로 개최된 두 학회를 주도하게 된다. 두 번의 이와 같은 주도는 '문학과 교수들의'[5] 결합을 확고하게 인준하고 구조주의-마르크시즘을 탄생시키게 되는데, 기획은 《신비평》지, 마르크시즘연구센터, 보지라르 가(街)의 학제간 연구 그룹, 그리고 《텔켈》지가 준비한다.

그래서 《텔켈》지 그룹은 많은 공산주의 지식인들이 발견하는 아방가르드의 표현 자체로 나타난다. "클뤼니의 학회는 대단했다. 크리스테바는 인기 있는 배우였고, 다른 사람들은 엎드려 있었다. 그런 관계를 바라보는 것은 지적으로 견디기조차 어려웠다."[6] 줄리아 크리스테바가 텍스트의 구조적 분석을 다루는 반면에, 필리프 솔레르스는 '현대적 텍스트의 의미론적 층위들'에 대한 발표를 한다. 이 발표에서 그는 텍스트의 유물론적 정착점을 육체 속에 위치시키는데, 이 육체는 저자에 대한 '해부-신체적인' 단순한 묘사에 속하는 육체가 아니다. 그것은 파편화된 육체에, '다양한 의미 작용적 육체'[7]에 속한다. 3개의 일반성으로 된 알튀세의 3부작을 은연중에 다루면서, 필리프 솔레르스는 텍스트 접근의 세 층위를 구분해 낸다. 심층 층위, 중간 층위, 그리고 표층 층위가 그것이다. 이것들은 셋에서 3개의 기능, 즉 소통언어학적(translinguistique) · 인식형이상학적 · 정치학적 기능을 지닌 변형적 모태를 형성한다. 이 학회에서 장 루이 보드리는 글쓰기의 구조화에 관해서 이야기하고, 마르슬랭 플레네는 구조에 대해, 그리고 보르헤스의 작품 속에서 의미 작용에 대해 이야기한다.[8]

따라서 《텔켈》지 그룹은 분명 이와 같은 집단적 고찰의 이론적 주관자이다. 그리하여 학회가 열리고 2개월이 지난 후, 필리프 솔레르스는 '노동자 계급당'을 상대로 하여 자신이 잠재적으로 수행할 수 있는 아방가르드적 역할이 주는 행복감을 느끼면서 하나의 이론적 연구 그룹을 만든다. 이 그룹의 목표는 구조주의-마르크시즘의 전체적 이론을 구축하는 것이다. 이 그룹은 1주일에 한 번씩 렌 가(街)에서 바르트 · 데리다 · 클로소프스키, 그리고 많은 다른 사람들이 참여하는 회합을 갖게 된다. "라캉은 이 회합에 한 번 나타난다."[9]

　인문과학에서 전개되는 이와 같은 열기는 프랑스 공산당이 그 혜택을 누리게 되는 동조들을 야기시킨다. 특히 카트린 클레망이 그런 경우인데, 그녀는 라캉 조직(EFP)의 멤버로서 1968년 프랑스 공산당에 가입한다. 그녀는 《신비평》지에서 '정신분석학과 정치' 라는 주제에 관한 만남들을 다양화시키는 임무를 맡게 된다.

합리주의를 극복하는 구조주의

　1968년초에 마르크시즘의 또 다른 공간, 즉 빅토르 르뒤크가 이끄는《현재의 이성》이라는 잡지의 주도하에, 그리고 합리주의 연합의 후원 아래 '구조와 인간' 이라는 주제에 관한 연구발표회가 기획된다. 이 발표회는 소르본에서 열리며 엄청난 인파가 몰려든다. 그것의 내용은 곧바로《구조주의와 마르크시즘》이라는 제목으로 출간된다.[10] 구조주의는 기획자들의 눈에 마르크시즘과 인본주의에 반대하는 이데올로기로 나타난다. 그러나 논쟁은 또한 이 새로운 사고 방식의 찬미자들뿐 아니라 중상자들도 결집시킨다.[11]

　앙리 르페브르는 언어학적 모델의 남용적인 확장에 경계를 나타내고, 앙드레 마르티네는 유일한 모델은 없으며 반대로 다양한 언어학적 모델들이 있다고 반박한다. 프랑수아 브레송은 생성주의가 자연 언어들 이외에 다른 활동들에 적용될 수 있는 능력이 있다고 옹호한다. 빅토르 르뒤크는 학회의 기획자들이 느끼는 문제, 즉 그들이 단순한 파리의 유행과 관계하고 있는지, 아니면 새로운 유형의 합리성과 관계하고 있는지 알아야 할 문제를 설명한다.

　논쟁의 주요 쟁점은 인간의 주도권과 구조가 지닌 각각의 자리의 수준에 위치한다. "현실의 모든 수준들에 적용될 수 있을 어떤 구조에 입각할 때,

인간들의 역사적 주도를 위한 자리가 아직도 있는가?"[12] 프랑수아 샤틀레는 구조주의의 변호자가 된다. 비록 그가 형용사만을 타당한 것으로 간주하기 위해 명사의 사용을 인정하지 않긴 하지만 말이다. "내가 생각하기에 구조주의를 특징짓는 것은 훨씬 더 공통적 정신 상태이다."[13] 그는 특히 구조주의 현상에서 인문과학의 가능한 해방을 본다. 인문과학은 고전주의 시대 이래로 지배적인 주체 개념의 물신화와 단절하는 데 성공한다면 과학성을 갖출 수 있다는 것이다. 그러므로 구조주의자는 무엇보다도 하나의 거부, 즉 '인본주의의 거부'[14]에 의해 특징지어진다. 그런 만큼 그의 노력은 이론을 해방시키기 위해 이데올로기적 측면으로부터 벗어나는 데 있다. 이와 같은 철저한 단절은 인간의 제거를 전제한다. "이 사회과학을 객관성의 관점에서 접근할 수 있기 위해서 가장 중요한 것은 인간이라는 개념을 철저하게 제거하는 것이다."[15] 사회과학의 실증성은 주체의 사라짐을 토대로 하여 입증되어야 한다. 지각의 환상과 단절함으로써 비로소 형성되었던 물리학처럼 말이다.

미학 전문 철학자인 올리비에 르보 달론은 프랑수아 샤틀레의 절친한 친구이지만 구조주의에 대한 그의 열정에 공감하지 않는다. 물론 달론은 구조의 개념을 뒤르켐적 관점에서 인문과학에 본질적인 것으로 간주한다. 이 관점은 그의 스승 샤를 랄로의 관점이었는데, 샤를 랄로는 소르본에서 1943-1944년에 미학 교수였고 작곡가 에두아르 랄로의 증손이다. 달론은 당시에 랄로의 강의 '미학적 의식의 구조적 분석'을 수강했다. "샤를 랄로가 우리에게 보여 준 것은 예술 작품을 수용하는 주체의 반응들, 다시 말해 순전히 정서적이고 모호하며 자연발생적이라고 알려진 반응들이 사실은 정신적 삶 및 사회 전체와의 항구적이고 구조화된 관계라는 것이다."[16] 따라서 미학에 대한 달론의 작업은 아주 일찍이 이 분야에서 통용중인 파토스에 반발토록 유도했고, 아직 설익은 구조주의를 우위에 두게 만들었다. 그러나 그에 따르면 이와 같은 방향은 정적인 구조들로도, 인간이 없는 구조들로도 귀결되어서는 안 된다. 그는 음악의 구조들을 예로 들면서 이 분야에서 모든 체계는 불균형의 지대들을 포함하고 있다는 것을 보여 준다. 작곡가들은 체계가 새로운 구조를 향해서 불가역적으로 균형을 잃을 때까지 이 지대들을 손질하면서 그것들과 타협한다. 그리하여 자유의 가능한 길들이 위치하는 지점은 구조의 한계를 추구하는 데 있다. "바흐의 작품에서 나를 흥미진진하게 만드는 것은 드뷔시이다. (⋯) 드뷔시의 작품에서 나를 열광시키는 것은 쇤베르크이고, 쇤베르크의 작품에서 나를 흥분시키는 것은 크세나키스이다."[17] 따라서 구조들을 알아야 하는 것이 불가피한 이유는 인간의 능력을 변모시키도록, 그것을 재전개하도록 하기 위해서이다. 창조는 이러한 대가를 지불해야 한다. 그러한 노력이 없다면, 창조는 정적인 구조들에 순응하여 일치해야 하는 사형 판결을 인준하는 꼴이 될 것이다.

장 피에르 베르낭 역시 구조주의에 대한 프랑수아 샤틀레의 열광에 공감하지 않는다. 비록 우리가 보았듯이, 그가 고대 그리스 역사에 레비 스트로스의 모델을 적용시키긴 했지만 말이다. 그러나 그는 때마침 프랑수아 샤틀레에게 자신의 첫 저서 《역사의 탄생》을 상기시킨다. 그가 이 책에서 보여 주는 것은 공동체가 자신의 정치적 운명을 책임지는 것, 즉 데모스(le demos)와 인간이 역사의 능동적 주체가 될 수 있다는 그 발견이 가능하게 해주는 역사적 인식의 탄생 사이에 확립된 상호 보완성의 관계이다. 장 피에르 베르낭은 고요한 입장에서 명철하게 이렇게 알린다. "나는 인간에 대해 불안하지 않다. 왜냐하면 그가 문을 통해서 쫓겨나면 창문을 통해 되돌아오기 때문이다. 이를 깨닫는 데는 언어학이 현대에서 보여 주는 변화를 검토하면 충분하다."[18] 베르낭의 또 다른 탐구는 구조적 문제 제기에 있어서 역사의 위상과 관련된다. 그가 보기에 이러한 문제 제기는 민족학자의 입장에 보다 적합하며, 사건을 비이성적인 우발성으로 귀착시킬 위험이 있다. 레비 스트로스가 '그리스의 기적'을 다른 곳에서도 일어날 수 있다는 이유로 순전히 우연적인 현상으로 설명했듯이 말이다.

일반적으로 역사가들은 구조가 발휘하는 매혹과 거리를 두고 있다. 학회에 참석하여 사건의 골격을 받치는 토대에 관심을 기울이는 사람들조차도 그렇다. 그들은 에르네스트 라브루스가 변화의 과학으로 규정한 역사학을 만들기 위해 구조와 역동적 힘 사이의 필요한 변증법을 강조한다. "운동의 과학으로서 역사학은 또한 운동의 의식이다."[19] 같은 정신 속에서 알베르 소불은 역사학자의 임무를 구조에 내생적인 변모의 힘들이 벌이는 게임의 이해로 규정한다. 따라서 그는 모순들의 연구를 자신의 특별한 대상으로 삼는다. 반면에 다분히 구조주의자는 구조의 재생산에 작용중인 보완성의 체계들을 강조한다는 것이다. "따라서 역사의 영혼 자체가 상실된다."[20]

그러나 고대 스파르타의 경우와 관련해 피에르 비달 나케는 구조주의 방식이 지닐 수 있는 모든 흥미를 보여 준다. 변화의 틀 속에 놓인다는 조건이 전제된 대립쌍들의 조명은 고대 사회를 보다 잘 이해하게 해줄 수 있다. "따라서 레비 스트로스의 언어에서 내가 말하고자 하는 바는 완전무장한 보병은 문화 쪽에, 즉 익힌 것 쪽에 있고, 숨어 있는 지하 심층부는 자연 쪽에, 즉 날것 쪽에 있다는 것이다."[21] 마들렌 레베리우는 구조주의가 역사가들로 하여금 유럽 중심주의로부터 벗어나게 해주었고, 그리하여 중등 교육에서 역사 교육을 변화시켰다는 공적을 인정한다. 이제 중등 교육은 이슬람이나 극동 문명과 같은 문명의 연구를 포함하게 되었다는 것이다. 그러나 마들렌 레베리우가 이와 같은 지식의 획득에 만족하지만, 그렇다고 역사의 불연속주의적 비전에 동의하는 것은 아니다.

사물에 반하는 말

따라서 마르크시즘이 소량의 구조주의를 달게 받아들일 수 있는 것처럼 보이지만, 당시에 구조주의 현상의 사변적 차원을 구현하는 미셸 푸코의 작업은 보다 어려운 시련을 겪는다. 그것은 마르크스주의적 사조로부터 뉘앙스가 담겨지긴 하지만 격렬한 비판의 대상이 되기 때문이다. 자크 미요에게 그의 제명은 전적이다. 푸코는 마르크스를 19세기로 돌려보내는 범죄를 저지르지 않았느냐라는 것이다. "미셸 푸코의 비역사적 편견은 신니체주의적인 이데올로기를 기반으로 해서만 유지된다. 이 이데올로기는 그가 깨달든 깨닫지 못하든, 관심이라고는 미래의 객관적 길들을 감추는 것밖에 없는 한 계급의 의도에 매우 잘 봉사하고 있다."[22] 자네트 콜롱벨은 푸코의 작업에서 사막과 광기 사이에 있는 저자의 눈가림식 선택을 간파해 내는데, 이 선택은 'Made in USA인 절망의 명철성이고, 웃음의 명철성'이라는 것이다. 그러나 푸코의 논증이 지닌 큰 줄기들을 소개하면서 그녀는 또한 무엇이 그것의 풍요로움과 가치를 만들어 주는지 강조한다. 두 편의 보다 긴 연구들은 방법상의 몇몇 문제들을 제기하는 만큼 서평의 차원을 넘어선다.

1967년에 《현재의 이성》이라는 잡지는 올리비에 르보 달론의 글을 게재하는데, 이 글은 1970년에 《구조주의와 마르크시즘》이 출간될 때 재수록된다. 그것의 제목은 '미셸 푸코. 사물에 반하는 말'이다. 르보 달론이 푸코의 저서에서 드러내는 것은 역사가적 방법, 관리적인 테크노크라티즘이 사용하는 표현, 사물을 억압하게 만드는 말에 대한 무절제한 취향, 순간적인 것들에 부여된 우선권에 대항하는 투쟁 기구이고, 철저하게 상대주의적인 견해이며 방식의 불연속주의이다. "《말과 사물》에서 나를 가장 놀라게 하고 거의 어안이 벙벙하게 만든 점은, 내가 호전적이라고 알았던 푸코가 주체가 더 이상 존재하지 않으며, 주체는 물의 표면에 있는 잔주름에 불과하다고 주장하는 것이다. (…) 그가 우리에게 제시하는 것은 주목할 만하지만 고정된 음화들이다. 그는 그 에피스테메적 공간들 내에서 이미 이 공간들을 다시 문제삼고 있는 것에 지체하지 않는 주도면밀함을 보인다."[23]

다른 하나의 깊이 있는 비평은 역사가인 피에르 빌라르로부터 비롯된다. 그것은 1967년 6월 《신비평》지에 실린다.[24] 피에르 빌라르가 볼 때 푸코는 담론적 형성물들을 유일한 분석 대상으로 선택함으로써 지시 대상을 배격하고 있는데, 이 지시 대상은 단순하게 말해서 그가 끌어내는 결론과 모순되는 역사적 현실이다. 여기서도 표적의 대상은 사물이 말에 종속되어 있다는 점이다. 이 종속이 푸코로 하여금 16세기에 정치경제가 없다는 결론을 다소 성급하게 내리도록 만든다는 것이다. 피에르 빌라르가 그에게 대립시키는 점은 국가의 회계를 이루는 거시 경제의 요소들은 반대로 황금의 세기에 있었던 스페인에 이미 정착되어 있다는 것이고, 따라서 생산의 개념이 지닌 중요성이 발견된다는 것이다. 부르고스의 **회계사**(contador)였던 루이스 오르티(1557)는 구체적인 정책적 결정을 통해 무위(無爲)를 비난한다. 이런 결정은 정치경제가 16세기 이전에는 성립되지 않는다고 주장하는 푸코의 에피스테메적 구축물을 반박한다.

그러나 마르크스주의적 지식인들이 푸코의 주장에 대대적으로 적대적인 것은 아니다. 특히 그의 주장은 《프랑스 문학》지에서 환영을 받는다. 이 잡지에서 피에르 덱스는 1971년에 《구조주의와 문화 혁명》[25]의 출간으로 귀결되는 열광적인 구조주의로 전환하고 있다. 피에르 덱스가 이끄는 이 잡지에서 레이몽 벨루르는 1967년 6월 15일 미셸 푸코와의 두번째 대담을 실현한다. 이 대담은 푸코에게 일부 비판들에 대한 자신의 견해를 표명하는 기회가 된다.

그는 반대로 에피스테메들 사이에 절대적인 자르기나 급진적인 불연속성을 추구하지 않았다. "나는 하나의 상태에서 다른 하나의 상태로 이동하는 형태 자체를 드러냈다."[26] 반면에 푸코는 담론들의 자율성, 복원해야 할 언술들의 형식적 조직의 존재를 분명히 방어한다. 이 과제는 당시까지 역사가들이 소홀히 한 것이다. 그러나 푸코는 형식주의로 귀착되지 않는 하나의 지평을 규정하지만, 이 담론적 차원을 실제와 관련시키는 것을 목표로 한다. 이 관계는 감추어진 사회적·정치적 관계이다. "나의 뇌리를 끊임없이 따라다닌 것은 이 관계이다."[27] 비역사주의에 대한 비판들에 답변하면서 레이몽 벨루르는 《말과 사물》의 마지막 장을 환기시킨다. 이 장에서 푸코는 역사에 특별한 위상을 부여하고 있다. 이를 저자는 이렇게 확인한다. "나는 이 담론들의 동시적 기능과, 이 담론들의 가시적 변화를 설명해 주는 변모들을 보여 줌으로써 역사가의 작업을 하려 했던 것이다."[28] 그러나 그는 언어들의 언어, 철학들의 철학으로 제시되는 그런 역사에는 지나친 특권을 부여하지 않는다. 그래서 푸코는《말과 사물》이 역사의 이름으로 야기시켰던 항의에 그의 작품을 전적으로 역사적인 것으로 인정하는 직업 역사가들, 즉 아날학파 역사가들의 실질적 작업을 대립시키면서 '브로델, 퓌레 및 리셰, 르 루아 라뒤리의 책들'[29]이 나타내는 새로운 모험을 인용한다.

구조주의와 마르크시즘

프랑스 공산당이 월간으로 발행하는 큰 이론적 잡지《라 팡세》또한 이와 같은 정상의 대결에 동원된다. 이 잡지의 1967년 10월호가 '구조주의와 마르크시즘'이라는 테마에 할애되기 때문이다. 여기서 당의 공식적 관점을 제시하기 위한 보다 공식적인 목소리로서 뤼시앵 세브의 목소리가 표현된다. 이 관점은 구조적 방법을 그 뿌리가 20세기초에 위치하는 낡은 인식론으로, 다시 말해 변증법적 사고가 프랑스에 진정으로 침투하기 이전인 진화론의 위기 시점으로 귀결시킨다. 이 방법이 함축하는 것은 모델에 대한 하나의 인식론이고, 무의식적 하부 구조로서의 구조에 대한 하나의 존재론이며, 하나의 이론적인 반인본주의이고, 인류의 진보로서 역사를 거부하고 이것을 다양한 인간 현상들로 대체하는 견해이다. 따라서 이 방법은 사실 오래된 것이다. 그것의 이론적 원천은 소쉬르(1906-1911)이고, 독일의 민족학 역사-문화학파(그라브너와 베른하르트 앙케르만, 1905)이며, 형태 이론(1880-1900)이고, 후설의 현상학(《논리적 탐구》, 1900)이다.

그러므로 뤼시앵 세브에 따르면, 우리는 구조적(과학적) 방법과 (배척해야 할) 구조주의적 이데올로기 사이의 분할에 만족할 수 없다. 변증법과 구조를 화해시키기 위해 이와 같은 분할을 하는 자들은 오류를 범한다. 뤼시앵 세브는 공산당 지도부에 의해 자신의 주장을 단죄당한 알튀세보다는 모리스 고들리에를 겨냥하고 있다. "모리스 고들리에의 연구 목적은 (⋯) 이분법의 구조적 과학이다."[30] 고들리에가 이와 같은 화해를 위해 지불해야 하는 대가는 변증법적 변화에 있어서 계급 투쟁이 구조 내에서 수행하는 동력적 역할의 제거이다. 고들리에가 보기에 "구조는 내재적이지만 발전의 동력은 외재적이다."[31] 따라서 뤼시앵 세브에 따르면, 그는 구조적 방법을 채택함으로써 변증법적 사고의 성격 자체를 비켜 가고 있는데, 사실은 이 변증법적 사고가 발전의 논리를 설명한다는 것이다. 뤼시앵 세브가 볼 때, 구조적 방법과 변증법을 종합하는 이론적 구축은 있을 수 없다. 따라서 그가 구조적 방법이 일부 측면에서 분명한 기여를 했다고 인정하기는 하지만("마르크스주의자는 변증법적 방법과 나란히 구조적 방법의 유효성을 인정할 수 있다"[32]) 그는 투쟁으로 간주되는 통합의 좁은 길을 열고 있다.

그러나 그는 하나의 패러다임이 지닌 풍요로움을 부정할 수 없으며, 이 패러다임의 저명한 대표자들이 《라 팡세》의 이와 같은 내용에 기여를 하고 있다. 마르셀 코앙은 대륙의 학파와 마찬가지로 미국에서 구조라는 개념이 언어학에서 사용된 데 대한 연대적 설명을 제시한다. 장 뒤부아는 구조주의가 이전의 방법론이 지닌 더할나위없이 해로운 성격들, 즉 '심리주의와 과도한 정신주의'[33]로부터 해방되게 해주고 언어학을 과학으로 성립시켜 주었다는 점을 보여 주면서 언어학에서 구조주의를 변호한다. 장 뒤부아가 이와 같은 방향이 주체의 연루를 최소화하고 언술 행위가 아니라 언술을 고찰함으로써 창조성과 역사라는 2개의 문제에 부딪쳤다는 점을 인정하지만, 그는 촘스키가 언어 능력과 언어 수행 모델을 통해서 그가 필요하다고 생각하는 '주체의 재도입을 간접적으로 용이하게 해주고 있다'라고 생각한다. 그는 정신분석학에서 구조주의적 주장, 다시 말해 라캉의 주장을 소개한다. 그는 '무의식의 위상에 대한 정연한 이론'[34]을 가능하게 해주는 견해에서 환유적 수식들과 은유적 수식들이 수행하는 각각의 역할을 설명한다. 그러나 장 데샹은 체험의 차원을 무의미한 부대 현상의 역할로 쫓아 버림으로써 이 차원에서 벗어나는 접근에 대해 비판적 입장을 고수한다. 그 결과 이러한 접근은 의식과 무의식을 양립할 수 없는 2개의 언어로 분리시킴으로써 역동적 현상으로서의 억압에 대한 프로이트의 견해마저 포기한다는 것이다.

다른 글들은 레비 스트로스의 주장들과 비판적인 대화를 한다. 잡지에 실린 글들 전체는 얼마나 프랑스 공산당이 구조주의가 마르크시즘에 던진 도전을 진지하게 받아들이고, 그것에 답변하고자 하는지를 보여 주고 있다.

마르크시즘의 위기에 구조주의적 출구

1967년과 1968년 그 두 해에 《신비평》과 《프랑스 문학》은 구조주의 사건을 가능한 한 가장 광범위하게 포용하기 위해 프랑스 공산당 지도부의 중심에서 다소 벗어난 그것들의 입장을 이용하게 된다. 1968년 3월에 크리스틴 부시 글럭스만이 루이 길베르 및 장 뒤부아와 진행하는 논쟁이 '두번째 언어학적 혁명'의 완성이 목격되고 있지 않은지 자문하기 위해 《신비평》에서 시작된다. 촘스키는 "죽은 구조에 하나의 운동, 즉 더 이상 정적이지 않고 역동적인 하나의 접근을 재도입하는 것 같다."[35]

앙투안 카사노바는 《아날》지 프랑스 역사학파의 새로운 방법들에 《신비평》을 개방시킨다. 역사와 사회과학의 관계에 대한 이와 같은 고찰은 많은 역사가들로 하여금 이 잡지에 글을 싣게 해주고, 《오늘의 역사학》[36]이라는 공저의 출간으로 귀결된다. 여기서 아날학파는 구조주의의 채택과 거부 사이의 중도적 길로 분명하게 나타남으로써 역사적 변증법을 보존하게 해주지만, 기반과 구조의 연구를 주요 목표로 삼는다. 따라서 그것은 구조와 운동이 화해하고 결합할 수 있는 지평으로 향하게 해준다.

그러나 구조주의는 특히 《프랑스 문학》의 지지를 얻게 된다. 이 잡지에서 피에르 덱스와 레이몽 벨루르는 사회과학의 다양한 제안들을 알려 주기 위해서 교대적으로 작업한다. 벤베니스트는 매체적 의도에 별 관심이 없었지만 1968년 7월 24일에 피에르 덱스와 대담을 한다. 그는 제대로 이해가 안 되면서도 뒤늦게 이해된 학설에 대한 이와 같은 열광에 놀란다. 왜냐하면 구조주의는 언어학에서 40년이 되었고, 이 분야에서 그것은 "어떤 사람들에게는 이미 낡은 무엇이 되었기"[37] 때문이다. 하지만 피에르 덱스는 구조주의의 가장 단호한 옹호자가 되어 있었다. 미켈 뒤프렌이 구조주의가 비판되는 《인간을 위하여》[38]를 출간했을 때, 피에르 덱스는 구조주의를 방어하기 위한 성벽의 총안에 자리잡고 있었다.

이 책에서 미켈 뒤프렌은 체계를 위해 인간이 제거된 점을 공격한다. 그는 구조주의를 테크노크라티즘과 연결시키고, 이와 같은 사고 방식에서 19세기 과학만능주의의 재출현을 본다. 뒤프렌은 이렇게 쓰고 있다. 푸코에게 "인간은 인간의 개념에 불과하고, 개념들의 일시적인 체계 속에 소멸하는 형상에 불과하다."[39] 피에르 덱스는 이와 같은 탈중심화가 구조주의자들에게는 각성에 다름 아니다라고 반박한다. 뒤프렌은 인간의 해체라는 공통의 의지를 지닌, 구조주의의 모든 구성 요소들을 재결집시킨다. "하이데거의 존재론, 레비 스트로스의 구조주의, 라캉의 정신분석학, 혹은 알튀세의 마르크시즘 사이에는 요컨대 체험된 의미의 배격과 인간의 해체에 관한 공통된 테마들이 분명히 있다."[40] 피에르 덱스에 따르면, 미켈 뒤프렌이 인본주의를 위해 주장하는 것은 학자들이 19세기에 신을 위해 주장했던 것으로 귀결된다. 전혀 그 반대로 구조주의의 작업은 "인간의 특권들을 인간의 조건에 대한 지식으로 대체하는 것이다. 조건이란 낱말이 지닌 모든 의미에서 말이다."[41]

따라서 프랑스 공산당의 공식적인 마르크스주의 사조가 구조주의에 대한 저항의 방파제를 구축하려고 시도할 때, 이 사조의 균열은 마르크시즘을 혁신시키기 위한 구조주의적 방향을 재빨리 수용하기로 선택한 알튀세 추종자들 같은 사람들, 그리고 마르크시즘으로부터 벗어나기 위해 구조주의에 가담하게 되는 사람들 때문에 증폭된다. 이와 같은 대결은 두 방식 사이에 많은 공통점들을 나타나게 만들 뿐 아니라 그것들의 운명을 하나로 엮게 만든다. 이 운명은 1차적으로 1967-1968년 그 두 해에 정복적이 되지만, 구조주의와 마르크시즘에 똑같이 타격을 주는 쇠퇴를 겪으며 신속하게 무너진다.

9

매체적 성공, 비판으로 키워진 불꽃

구조주의가 이론적인 차원에서 균열의 경향을 드러내는 시기에, 매체들에서 그것은 점잖은 추종자들이 전통적인 의상을 입고 풀밭에 앉아 아주 잔치적인 분위기에서 점심을 들고 있는 모습을 드러내며 승리를 구가한다. 그두 해는 진정한 '구조주의의 전염'[1]이 이루어진 시기이다. 그렇지만 사실 구조주의의 점심은 끝이 난다. 대체 "그런 점심이 있기나 했던가? 회식자들은 그런 점심에 참석했다는 것을 부인한다."[2]

이 시기의 두 커다란 주간지 《렉스프레스》와 《누벨 옵세르바퇴르》는 구조주의 현상에 최대한의 영향력을 부여한다. 비록 이 영향력이 《렉스프레스》지에서는 보다 비판적인 눈으로 인식되지만 말이다. 이 잡지에서 장 프랑수아 칸은 구조주의의 치밀한 정복을 유머러스하게 기술하는데, 그것은 《친족의 기본 구조》라는 주의(主義)가 있고, 레비 스트로스라는 마법사가 있으며, (아주 끔찍한) 언어가 있고, 알파벳(언어학의 알파벳)이 있으며, 성공한 책(《말과 사물》)이 있다는 것이다. "구조주의는 지식의 제국주의에서 최고의 단계이다."[3]

프랑수아 샤틀레가 《라 캥잰 리테레르》지에서 가짜 학파에 대해, 파렴치한 적들에 의해 설립된 인위적인 통일성에 대해 언급하고 있지만, "구조주의는 어떤 지경에 와 있는가?"라는 질문에 답하기 위해 모리스 앙리의 그 화제적 데생이 곁들어진 긴 글을 쓴다.[4] 그는 이 글에서 구조주의라 규정된 운동의 다양한 구성 요소들을 검토한 뒤, 이 운동에서 동질적인 학설적 실체를 보기가 어렵다는 결론을 끌어낸다. "우리는 겨우 하나의 방법에 대해 말할 수 있다."[5] 그러나 샤틀레는 경험주의의 거부라는 공통적 특징을 식별한다. 이데올로기의 위기 앞에서 그 모든 저자들은 치유책을 모색했지만, 그 방법은 역사 속에 사라진 대주체(프롤레타리아 계급)를 경험적 사회학에 속하는 작은 사실들로 대체하는 것이 아니라, '우리가 사실로서 실질적으로 받아들일 수 있는 것'[6]이 무엇인지 알기 위한 과학적 탐구 방법들을 규정하는 것이다. 구조주의의 통일성을 부정한 후, 프랑수아 샤틀레는 차이들을 넘어선 구조주의의 존재를 분명하게 인정한다. 왜냐하면 그는 '이론적인 사명의 엄격성'[7]을 부조화적 질서로 재발견하고 있는 '프랑스의 사상'을 찬양하기 때문이다.

《누벨 옵세르바퇴르》지를 보면, 이 잡지는 구조주의의 모험을 지지하는 매우 효율적인 매체적 버팀목이 된다. 레비 스트로스는 기 뒤뮈르의 질문들에 답변하고, 프랑스 국영 라디오 텔레비전이 민족학에 관해 미셸 트레게가 만든 프로그램을 1968년 1월 21일 방영하자, 《누벨 옵세르바퇴르》지는 구조주의에 대해 레비 스트로스가 내리는 정의와 논지를 다시 싣는다. 벤베니스트 또한 1968년말에 기 뒤뮈르와 대담을 한다. 그는 이 대담에서 인문과학 전체의 발전을 확인하면서 낙관론을 피력한다. 이 발전에서 그는 형성되고 있는 일반적 인간과학의 의미에서 큰 인류학의 발단을 감지한다.[8] 푸코가 《누벨 옵세르바퇴르》지에서 어윈 파노프스키의 저서들에 대한 서평을 할 때, 이 잡지의 편집진은 그의 글을 이렇게 소개한다. "그 언어, 그 방법들은 구조주의자 미셸 푸코를 매혹했다."[9]

《마가진 리테레르》지가 1968년에 '걸작, 소쉬르, 구조주의의 아버지'라는 제목으로 미셸 르 브리의 큰 글을 소개할 때, 그는 소쉬르 이론의 큰 방향들에 대해 설명하면서 '소쉬르의 후계자들'로 제시된 구조주의 4총사를 하나로 묶는 일련의 사진들을 곁들인다.

텔레비전은 구조주의 축제를 부차적으로만 다룬다. 그러나 그것은 제라르 슈산과 미셸 트레게가 국영 텔레비전 방송 플로어에 프랑수아 자코브 · 로만 야콥슨 · 클로드 레비 스트로스 그리고 필리프 레리티에를 한자리에 초대해 '산다는 것과 말한다는 것' 이라는 테마에 대해 토론을 벌이게 함으로써 이목을 집중시킨다. 이 프로는 1968년 2월 19일에 방영된다.

구조주의, '테크노크라트의 종교' 인가?

그러나 구조주의의 이와 같은 침투, 이와 같은 승리의 원무(圓舞)는 연구실로부터 출판사 편집실에 이르기까지 사고를 유일한 구조적 표현 형식으로 귀결시키는 것 같다. 그러나 또한 그것은 하나의 담론 앞에서 상당수 사람들의 격분은 아니라 할지라도 망설임을 야기하는데, 이것은 이론적인 거부와 유머적인 동요가 결합된 것이다. 이 담론은 모든 대항적 논지를 단순한 어리석음에 속하는 것으로 간주함으로써 이론주의로부터 어떤 지적 테러리즘으로 망설이지 않고 넘어가기 때문이다.

이와 같은 찬사의 합창 속에서 불협화음적 목소리를 내게 되는 사람들 가운데 철학자 장 프랑수아 르벨이 있다. 그는 《렉스프레스》지의 시평 담당자이자 프랑수아 미테랑의 허수아비 내각에서 문화 당담직에 있었는데, 1957년에 논쟁적인 시론인 《왜 철학자들인가?》를 내놓은 바 있다.[10] 그는 이미 레비 스트로스의 작품에 대해 급진적인 비판을 표현한 바 있다. 그는 그의 형식주의, 지나치게 추상적인 체계를 공격했다. 이 체계는 사회학적 고찰들로부터 민족학적 성격의 담론들로 계속적으로 슬며시 이동하면서 작동하고, '존재하지 않는 정신적 · 감정적 체계'[11]의 존재를 행위들의 묘사 뒤에서 암시한다는 것이다. 1967년 장 프랑수아 르벨이 《신화학》 가운데 제2권(《꿀에서 재까지》)에 대한 서평을 할 때, 그는 레비 스트로스를 사회학 분야의 플라톤주의자로 규정한다. 레비 스트로스의 방법의 열쇠는 감추어진 것이 현실을 구성한다는 전제에 토대를 둔다. 반면에 일반적으로 현실로 의미되는 것은 해체해야 하는 환상을 구성한다. 기능주의적 사조와 대립하는 레비 스트로스는 "형식화하고, 기하학적으로 만들며, 대수학적으로 만든다."[12]

얼마 안 가서 프랑수아 르벨은 구조주의 이데올로기를 테크노크라트 계급이 권력을 장악한 표현이라고 공격하는 마르크스주의 철학자인 앙리 르페브르의 저서에 대한 서평을 한다.[13] 그가 앙리 르페브르의 비판에서 헤겔–마르크스주의적 전제들에 공감하지는 않지만, 그는 구조적 사고와 테크노크라트 계급이 준비하는 사회 사이에 확립된 유사성이 합당하다고 판단하고, 자신의 글을 '테크노크라트들의 종교'라고 제목을 붙인다.[14] 수동적 소비 사회, 현대성의 대화 없는 소통은 권력을 하나의 기구의 손 안에 있는 사회의 작용 법칙들에 집중시킨다. 이 기구는 개인들의 통제에서 벗어나 있으며, 스스로를 재생산해 내는 목적 이외의 다른 목적이 없다. "정치는 투쟁이 아니라 확인된 사실이다."[15] 따라서 구조주의는 이와 같은 기술관료적 사회의 차원에서 연장이고, 간부들의 진정한 마약이라는 것이다. 마찬가지로 구조주의를 통해서 자신의 행위들이 지닌 의미를 포착하지 못하는 개인이 재발견된다. 왜냐하면 그는 존재하기 전에 이미 말해지기 때문이다. 구조주의에서 언어학은 그것이 실현하는 제거, 즉 언어의 지시적 기능의 제거를 통해서 학문 전체의 토대로 기능한다.

훗날에 장 프랑수아 르벨은 '일반 문화의 죽음'[16]을 한탄한다. 그는 소쉬르 덕분에 20세기초에 언어학에 의해 실현된 **도약**, 다시 말해 진정한 '갈릴레오 같은 그 변신'에 경의를 표한다. 그러나 그는 인문과학의 해방이 매번 일반 문화의 개념을 좀더 해체시키고 있음과 과학이 되기 위해 인문과학이 인간적이 되는 것을 멈추어야 한다는 점을 애석해한다. 구조주의에서 과학성을 향한 결정적인 큰 변화를 보는 사람들과는 반대로 가면서, 장 프랑수아 르벨이 구조주의에서 다분히 보는 것은 모든 철학적 독트린의 자연적 경향이고, '어떤 학문도 표현될 수 있는 에스페란토'[17]가 신속하게 되고 있는 특정 언어에 따라 한 시대의 모든 활동 영역들에 영향을 미치는 그 능력이다.

클로드 로이는 《누벨 옵세르바퇴르》지에서 구조주의 4총사를 공격하지 않고 그들의 사상이 왜곡 사용되고 있음을, '구조주의적 혹은 논리적 소스가 이상한 샐러드'[18]에 사용되고 있음을 공격한다. 그는 가짜 레비 스트로스 추종자들과 알튀세의 사생아들을 공격한다. 이들이 라틴 가의 거리에서, 특히 《마르크스-레닌주의 연구》지에서 구조주의가 최소한 이상한 사용으로 치닫게 하고 있다는 것이다. 그들이 구조주의적 교훈으로부터 유념했다고 보여지는 것은 단순히 오직 항들의 관계가 중요하지, 항들 자체는 중요하지 않다는 사실이다. 구조주의를 이와 같은 전제로 제한하는 것은 온갖 망상에 문을 개방시키는 것이고, 무엇보다도 모스크바에 대한 비판을 있는 그대로 규정되지 않고 프롤레타리아 독재라는 항에다 대립시켜야 할 다른 하나의 단순한 항으로 제시하게 해준다. "경이의 나라에 온 알리스는 자신의 대화 상대방들에게 그들이 사용하는 용어들의 의미를 정의하라고 끊임없이 요구한다. 이것은 오늘날 세상 사람들이 가장 공감하는 걱정거리가 아니다. 문학 비평과 정치 이론에서 가짜 구조주의의 망상들이 이를 충분히 보도록 해준다."[19]

1968년 그 해에 또 다른 비판적 목소리를 내는 이는 레이몽 부동이다. 비록 그가 제한적인 영역에서 구조적 방법의 유효성을 인정하고 있지만 말이다. 그는 과학성의 불가결한 기준으로서의 반증 가능성에 관한 포퍼의 이론을 수용한다. 따라서 그는 구조라는 개념을 그것이 확인될 수 있는 능력을 통해 판단하면서 이 개념의 다양한 사용을 검토한다. 그러니까 레이몽 부동에 따르면, 일반적인 구조주의적 방법이 아니라 다만 지엽적인 효율성을 지닌 개별적 방법론들만이 있을 수 있다. 그래서 그는 구조주의를 단순한 조작적 방법이라고 보는 자들(레비 스트로스 · 촘스키)과 구조주의를 바르트의 경우처럼 단순한 유체(流體)라고 보는 자들을 대립시킨다. 그는 '동일한 개념의 다의적 특징'을 강조하는데, 이 특징이 유일한 독트린의 존재를 정당화시키지 못하게 만든다는 것이다. 레이몽 부동에 따르면 동음이의어들의 진정한 집단인 구조의 개념은 매우 모호하다. 확인할 수 있는 가정적-연역적 구축물의 경우에서 그것의 사용은 합당하다. C. 스피어맨의 인자 이론뿐 아니라 야콥슨의 음운론이 그런 경우이다. 간접적인 방식으로 음운론은 음소들이 지닌 복잡성의 순서를 추론해 낼 수 있지만, "이 순서와 예컨대 어린아이에게서 음소들의 출현 순서가 일치하는 필연성은 도출해 낼 수 없다."[20] 따라서 어떤 구조적 방법의 특수성은 존재하지 않고, 다만 다소간 실험적이고 확인할 수 있는 방법이 적용될 수 있는 상이한 대상들이 있다. 레이몽 부동의 공격 시각은 구조의 뒤에 있는 어떤 본질의 탐구나 가시적 세계의 감추어진 측면에 대한 어떤 계시의 탐구를 모두 표적으로 삼는다. 그러나 구조주의 현상을 저지하고 이 현상에 어떤 한계를 부과하려는 목표를 지닌 이와 같은 비판들은 구조주의적 사고의 주창자들에게 부여된 무한한 야심들이 찬양되는 그 행복감의 분위기 속에서 제대로 들려지지 않는다.

II

68년 5월과 구조주의 혹은 오해

10

낭테르의 광기

사람들은 구조주의의 다양한 형태들과 관련해 '68 사상'에 대해 이야기할 수 있었으며, 그렇게 하여 당시의 지배적인 사상인 구조주의와 1968년 5월 운동 사이에 유사 관계가 존재한다는 발상을 도입할 수 있었다. 물론 구조주의가 비평적 사고로 제시되고 있다는 점은 사실이다. 따라서 우리는 구조주의가 대학의 항의, 이어서 68년 5월의 사회적 항의와 보조를 같이했다는 점을 감지할 수 있다. 사실 역설은 명백하다. 한편으로 형식적 논리들이 공시적으로 드러내는 유희와 구조들의 재생산을 우선시하게 만드는 사고와, 다른 한편으로 한창 성장하고 있는 소비 사회 내에서 급진적인 항의와 총체적 단절처럼 침투하는 사건 사이에 어떤 관계가 있을 수 있단 말인가?

이와 같은 질문에 답하기 전에 1968년 5월 운동 직전에 대학의 항의가 일어난 명소, 즉 낭테르대학교에서 구조주의가 어떻게 받아들여졌는지 환기하는 일도 무익하지 않을 것이다. 당시에 낭테르의 이데올로기를 지배했던 두 인물은 모두 구조주의에 적대적 입장을 취한 것으로 알려지고 있다. 게다가 그들의 입장은 상이한 토대를 두고 있다.

구조주의 반대편에 선 투렌과 르페브르

사회학과는 항의가 가장 격렬했고, 불편한 심기가 가장 심했던 학과였다. 바로 이 학과에서 우리는 5월 운동의 역사적 지도자인 다니엘 콘 방디, 그리고 미국의 베트남 전쟁에 반대하여 동원된 극좌파 단체들에 속하는 많은 투사들을 만난다. 베트남 국민의 폭격에 대한 점점 더 단호한 거부에 덧붙여지는 것은, 이 학생들이 기업의 직공장들과 노동자들을 모집하고 지도하는 데 필요한 테스트의 이용자들로서 사회에서 수행하도록 요청된 역할의 거부이다. 다혈증 환자 같고, 학생들 불편의 고정 종양 같은 것이지만 만족할 만한 사회 직능 대표가 되지 못한 이 사회학과에서 사회학 교수 알랭 투렌이란 인물이 지배하고 있었다. "5월 운동의 교수 우두머리는 타고난 군중 감각과 부인할 수 없는 연설적 재능이 있는 투렌이었다."[1]

그런데 투렌이 우선시하는 것은 행동이고, 변화 가능성들이며, 변모의 상황에서 사회적 범주로서 개인들의 역할이다. 그래서 그는 60년대 학생 운동의 역할과 19세기 노동 운동의 역할 사이에 상관 관계를 확립하고, 그렇게 하여 부르디외의 주장과는 반대로 대학 기관을 변화의 결정적 장소로 가치화시킨다. 따라서 그의 사회학은 구조주의와 아무런 관계가 없고, 필연적인 현대화를 내세운 프랑스 사회에 대한 그의 비판은 진정한 사회 운동인 학생 운동의 상당 부분과 생각을 같이한다. 그는 이 학생 운동에 1968년부터 중요한 저서인 《5월 운동 혹은 공상적 공산주의》[2]를 할애하게 된다. 사회학에서 학생권은 레비 스트로스의 《친족의 기본 구조》보다는 상황주의 인터내셔널의 책, 즉 1만 부 판매로 진정한 성공을 거둔 《대학생 사회의 비참에 대해》나, 기 드보르의 《스펙터클의 사회》와 라울 바네장의 《젊은 세대들을 위한 처세론》과 같은 저서들을 더 좋아한다.

68년 5월 운동의 후견인 가운데 하나로서 낭테르 캠퍼스의 두번째 인물은 역시 구조주의에 반항하는 철학자 앙리 르페브르이다. 그는 이 정태적인 사고가 비시간적인 불변 요소들을 탐구함으로써 역사를 부정한다고 간주하고, 그것에 변증법과 운동을 대립시킨다. 우리가 보았듯이, 그는 권력을 장악함으로써 역사의 종말을 긍정하는 것 같은 신흥 기술관료 계급과 이 구조주의 사고 방식의 관계까지 확립하고 있다. 낭테르에서 앙리 르페브르의 교육은 사회의 다양한 측면을 비판하는 데 집중된다. 그의 주요한 기여는 그의 분석에 민중의 일상적 삶의 다양한 측면을 포함시키기 위해 경제주의적인 유일한 차원을 벗어났다는 것이 된다. "모든 것은 비판적인 믹서기를 통과했다."[3]

앙리 르페브르는 자신의 분석에서 형태·기능·구조의 개념들을 작동하게 하지만 그것들 가운데 어떤 것도 우선시하지 않으며, 구조주의자들이 분석의 다른 층위들을 희생시키면서 구조의 개념을 우위에 놓았다고 비난한다. 그는 우선 국립과학연구센터에서, 다음으로 1958년부터 1963년까지 상황주의와 소책자 《대학생 사회의 비참에 대해》가 태어난 곳인 스트라스부르대학교에서 근무했는데, 1964년 낭테르대학교가 설립될 때 이 대학 교수로 임명된다. 앙리 르페브르는 2년 동안 다니엘 콘 방디라는 자를 제자로 받아들였다. "그는 다른 학생들보다 약간 더 나이가 많았고, 매우 총명하였다. 하나의 사회에 대해 정통한 전문가들은 언제나 이 사회의 밖에 있다. 그는 비상한 영향력을 발휘했다. 나는 1967년 11월 10일을 전후로 사회과학에 관심 있는 모든 학생들의 모임이 있었을 때 그가 보여 준 최초의 개입을 기억한다. 학생들은 매우 많았다. 알랭 투렌은 자신이 그들에게 매우 중요한 것들을 가르쳐 줄 것이라는 점을 설명하기 위해 연설을 했다. 콘 방디가 자리에서 일어났다. '투렌 씨, 당신은 기차의 차량들을 제작하고 싶을 뿐 아니라 레일 위에 그것들을 올려 놓고자 하는군요.' 그러자 1천2백 명의 학생들이 미친 듯이 웃음을 터뜨렸다."[4]

언어학에서 출발하는 현행의 사고틀에 무심한 앙리 르페브르는 또한 프랑스 공산당이 견지하는 입장의 범주에도 위치하지 않는다. 그는 1956년에 공산당으로부터 제명되었다. 그러나 비판적인 마르크스주의인 그는 구조주의의 다양한 형태에 대항해 변증법적 사고를 옹호한다. 예컨대 그가 '실증주의적 사회학자'로 간주하는 부르디외의 형태, '사유로부터 비판적 측면들을 제거하는' 푸코의 형태, '마르크시즘을 경직화시키고 변증법에서 모든 유연성을 없애 버리는' 알튀세의 형태 같은 것들 말이다. "(…) 알튀세는 토마스 아퀴나스 추종자들이 아리스토텔레스 철학과 맺는 똑같은 관계를 마르크시즘과 맺고 있다. 명료화·체계화와 같은 것들인데, 이것은 현실과는 아무런 관계가 없다."[5]

실제적 매혹

앙리 르페브르의 비판적 작업은 낭테르에서 그의 두 조교인 장 보드리야르와 르네 루로에 의해 계승된다. 르네 루로는 1966년부터 낭테르에 와 있었다. 그는 구조주의가 많이 이야기된 것은 '그것을 즐겁게 묻어 버리기 위해서'[6]였다고 회고한다. 당시에 그의 관점이기도 했던 마르크스주의적 관점에서뿐 아니라, '우리가 비록 비판하기는 했지만 보다 역동적으로 보였던'[7] 크로지에나 투렌의 모더니즘에 비해서도 구조주의는 그에게 반현대이고, 낙담시키는 것으로 나타났다.

르네 루로는 1964년에 구조주의를 발견한다. 그는 그때 고등학교 교사였는데, 조르주 라파사드가 그를 툴루즈에서 열린 프랑스전국학생연맹의 역사적인 대집회에 데리고 간다. 바로 여기서 그는 《신비평》지에 게재되었던 대학 문제들에 관한 알튀세의 글을 접하게 된다. "우리가 볼 때 완전히 정신 나간 것 같은 무언가가 있었고, 기술적 분할과 노동의 사회적 분할 사이의 그 구분에는 엄한 감시인 같은 측면이 있었다. 사실 그는 우리가 쳐부수기 시작했던 전통적인 전제적 교육법을 재확립했다."[8] 2년 후 나바렝스에 있는 앙리 르페브르의 저택에서 하나의 잡지를 창간한 《유토피아》 그룹이 모임을 갖는다. 2주 동안 작업하면서 머무는 가운데 이 그룹은 마르크스를 19세기의 암흑 속으로 쫓아 버린 데 대해 아연실색한 채 미셸 푸코의 《말과 사물》을 읽고 논평한다. "마르크시즘을 낡은 요술 같은 것으로 내쫓는 그 기막힌 경솔함 앞에서 우리는 아우성을 지르지 않을 수 없었다."[9]

앙리 르페브르와 가까운 사람들의 그룹에서 구조주의에 대한 최초 반응은 다분히 거부 쪽이지만, 그 이후의 현실은 보다 복잡하다. 왜냐하면 각자는 구조주의적 작품들의 이러저러한 측면에 의해 끌리고 있기 때문이다. 비록 그가 하나의 이데올로기로 인식되는 것에 대한 전반적 비판을 개진하지만 말이다. 그리하여 르네 루로는 야콥슨의 언어학적 기여에 강한 인상을 받으며, 바르트의 작품에 매혹되고, 레비 스트로스의 저서들을 매우 흥미있게 읽으며, 소르본에 재학중인 일단의 심리학과 학생들을 대동하고 매주 라캉의 세미나에 참여한다……. 따라서 우리는 낭테르 사람들과 구조주의자들 사이의 진정한 대결("그것은 퐁트네의 전투가 아니다"[10])에 대해서 이야기할 수 없고, 그보다는 때때로 가책을 느끼며 체험된 모순적인 확신들로 이루어진 통합적인 현실에 대해 이야기할 수 있다. "르페브르의 제자였던 나는 막연하지만 그를 속이고 있다는 느낌이 들었다. 그와의 관계는 아버지와의 어떤 관계와 같다."[11]

우리는 이와 같은 통합주의를 장 보드리야르에게서 다시 만난다. 그는 앙리 르페브르의 조교였지만, 1966-1967년도에 피에르 부르디외를 지도교수로 박사과정 논문을 쓰고 있었다. 그의 비평적 작업은 바르트의 작업과 매우 가깝다. 바르트의 미완성 작업, 즉 《신화론》의 작업을 계승하면서 그는 소비 사회의 이데올로기를 감추는 때를 비판적으로 벗겨내는 작업, 그 사회-기호학적인 관점을 수용한다. 그리하여 그는 1968년에 《대상들의 체계》를, 1969년에 《코뮈니카시옹》지에 논문 한 편을 출간하고, 소비의 대상들과 관련해 필요와 사용 가치의 통상적 개념을 비판하며, 이 개념을 그것들의 기호 기능으로 대체한다.[12]

낭테르의 철학과 역시 구조주의에 대해 적대적인 두 인물, 폴 리쾨르와 에마뉘엘 레비나스에 의해 지배되고 있었다. 이들은 현상학적 접근을 추종하고 있었다. 심리학과 역시 사회학과 및 철학과와 마찬가지로 구조주의 패러다임으로부터 멀리 떨어져 있었다. 이 학과에서 가르치고 있던 네 사람 가운데 두 사람, 디디에 앙지외와 장 매조뇌브는 사회심리학 임상 의사였고, 집단역학에서 경험을 쌓은 조교들로 둘러싸여 있었으며, 이들 조교들은 제이콥 레비 모레노 · 커트 레빈 · 칼 로저스 같은 주로 미국 이론가들에 의거하고 있었다.

디디에 앙지외는 당시 에피스테몽이라는 필명으로 집필 활동을 하고 있었는데, 낭테르대학교에서 점차 증가하는 항의 속에서 심지어 이와 같은 집단역학의 확대를 보았다. "이 사회심리학자가 제한적인 집단역학으로 생각한 것은 갑자기 일반화된 집단역학이 되었다."[13]

구조주의는 낭테르대학교의 인문과학 학과들의 지지를 끌어내지 못했지만 실제적인 매혹을 발휘하게 되며, 장 뒤부아와 베르나르 포티에의 존재를 통해 문학에서 보다 결정적인 점수를 따게 된다. 이들은 그들을 중심으로 한 구조언어학의 핵을 이루었다. 1968년 5월 사건이 터졌을 때 장 뒤부아는 프랑스어의 변형문법을 라루스사에서 막 출간했고, 생성문법에 대한 첫번째 학회를 이끌었던 참이었다. 그러나 이것으로는 낭테르 캠퍼스를 둘러싸고 있는 이데올로기를 구조주의에 동화시키는 데 충분하지 않았다. 얼마 안 가서 학교 담장은 '별볼일 없는 알튀세' 라는 낙서로 뒤덮이게 된다.

11

장 폴 사르트르의 복수

    지금 시간은 5시이다. 파리는 보도에 널려 있는 나무들과 바리케이드 가운데서 깨어나고 있다. 드골 장군의 말에 따르면 항의는 이해할 수 없다. 예측 불가능한 상태에서 그것은 권력을 뒤흔들고 있다. 급진적 양상으로 그것은 프랑스 전역으로 확산되어 프랑스가 일찍이 경험하지 못한 가장 큰 사회 운동을 야기시킨다. 파업 가담자가 1천만 명에 다다랐으니 말이다. 사람들은 프랑스가 졸고 있거나 잠들어 있다고 믿고 있었다. 얼마나 기막힌 깨어남인가! 사람들은 즐겁게 역사를 파묻어 버렸고, 어떤 이들은 도시들을 포위하게 되어 있는 제3세계의 시골 외곽 속에서 역사의 마지막 흔적을 찾으러 갔다. 그리하여 역사는 파리의 발상지인 시테 섬 중심을 두드린다. 까다로운 젊은 세대의 실존적 열병이었던 이 운동은 사르트르에게 복수를 나타냈다. 그보다 2년 앞서 구조주의가 절정에 이르렀던 1966년 푸코가 사르트르를 19세기의 훌륭한 철학자로 나타내자, 사람들은 그를 매장할 수 있다고 믿었다. 그런 만큼 사르트르는 이 복수를 더욱 만끽했다. 에피스테몽(디디에 앙지외)이 썼듯이 "5월의 학생 소요는 사르트르를 위해 그의 다음과 같은 표현의 진실을 실험했다. 즉 '집단은 인류의 시작이다.'"[1] 사실 실천-무기력(pratico-inerte)[1]에 사로잡혀 있지만 참여를 통해서 자유를 강제할 수 있는 자신들의 능력에 가치를 두고, 일련의 규격화(sérialisation)와 원자화로부터 벗어나게 해주는 변증법 속에서 융합된 그룹을 구성하는 개인들의 소외

---

1) 실천 무기력의 개념에 관해서는 본서 제2권 p.187, 주 4)를 참조.

에 대한 사르트르의 분석은 구조주의적 개념화보다 1968년 5월의 운동을 보다 잘 이해하게 해준다. 구조주의적 개념화는 구조적 연쇄들의 무게, 예속된 주체, 동일한 것의 자동 조절에 가치를 두기 때문이다.

5월의 운동은 이 점에 있어서 틀리지 않았다. 사건이 한창인 가운데 소르본의 대강당에서 발언이 허용된 유일한 큰 지식인은 장 폴 사르트르이다. 젊은이들과 화해한 사르트르는 라디오로 방영된 연설에서 이렇게 설명했다. 즉 제시된 어른들의 모델을 받아들이지 않는 사람들과 대화를 거부하는 사회에서 젊은이들이 자신을 표현하기 위해 남아 있는 것은 폭력밖에 없다는 것이다. 1968년 5월 10일 전날에, 바리케이드가 쳐지던 그 문제의 밤 바로 직전에 장 폴 사르트르 · 모리스 블랑쇼 · 앙드레 고르즈 · 피에르 클로소프스키 · 자크 라캉 · 앙리 르페브르 · 모리스 나도가 서명한 텍스트 하나가 《르 몽드》지에 발표된다. 이 텍스트는 분명하게 학생 운동을 지지한다. "우리가 여기서 표명하는 세계의 학생 운동——이 운동은 프랑스 사회 속에 완벽하게 구현된 이른바 복지 사회를 빛나는 몇 시간을 통해 갑자기 동요시킨 참이다——과의 연대는 우선적으로 모든 기관들과 정당들(예외를 제외하고), 모든 언론 및 통신 매체들(거의 예외 없이)이 몇 개월 전부터 이 운동을 왜곡하고, 그 의미를 변질시키며, 심지어 그것을 우스꽝스럽게 만들려고 하는 그 거짓에 대한 답변이다."[2]

완벽한 놀라움

구조주의 물결에 휩쓸린 모든 사람들에게 그것은 완벽한 놀라움이었다! 그들은 항의를 하는 젊은이들, 다시 말해 사람들이 역사를 가두고자 했던 정지 상태를 행동을 통해서 부인하고 역사의 현을 울리게 하는 그 젊은이들과 보조를 같이한다. 《논지들》이란 잡지의 옛 그룹 전체가 그런 경우이다. 당시에 투르의 옛 철학연구원에서 가르치고 있던 장 뒤비뇨는 파리로 올라온다. 무엇보다도 축제라는 것을 분명히 보여 주기 위해 그는 조르주 라파사드와 함께 소르본의 교정에 피아노를 갖다 놓는다. 그리고 장 주네와 2주가량을 '해방된' 소르본을 휘젓고 다니며, 깜짝 놀란 화단 앞에서, 대강당에서 단도직입적으로 '구조주의의 종말과 죽음'[3]을 알린다. 장 주네는 그를 우스꽝스러운 눈으로 바라본다. "그는 구조주의를 정신없이 조롱했지만 무척 그러고 싶었던 것이다."[4] 이이서 장 뒤비뇨는 작가들과 함께 마사 관저의 '점령'에 참여한다. "나탈리 사로트는 내 팔짱을 끼면서 이렇게 말했다. '뒤비뇨, 당신은 이게 그것을 닮았다고 생각합니까? 스몰니연구소 점령 말이에요.'"[5] 이어서 상시에에서 미셸 레리스와 함께 뒤비뇨는 1968년 5월에서 가장 잘 알려진 슬로건 가운데 하나를 내놓는다. "현실주의자가 되자. 불가능한 것을 요구하자."

에드거 모랭의 경우, 그는 장 뒤비뇨와 마찬가지로 1968년 5월 운동에서 물에 던진 독약과 같은 모습이 된다. 그는 클로드 르포르 및 장 마리 쿠드레(코르넬리우스 카스토리아디스)와 함께 《68년 5월: 균열》[6]을 집필한다. 이 책은 젊은이들의 이와 같은 코뮌과 침입을 정치-사회적 힘으로, 천의 얼굴이기에 얼굴이 없는 진정한 혁명으로 변호한다. 이 혁명은 부상하는 기술관료 계급이 설치해 놓은 모든 통합 및 조작 기구들에 대항해 동원된 새로운 유형의 계급 투쟁으로 스스로를 초월하고 있다는 것이다.

역사는 부정된 나머지 그것의 부정을 부정했다. 그리하여 에피스테몽은 이렇게 알린다. 1968년 5월은 "단순히 파리에서 일어난 학생 소요가 아니다. (…) 그것은 또한 구조주의의 사망 신고이다."[7] 11월에 《인간을 위하여》를 쓴 철학자 메켈 뒤프렌은 다음과 같이 확인한다. "5월은 '역사가 없기'를 원했던 시대에 일어난 역사의 폭력이다."[8] 에드거 모랭이 1960년에 《논지들》이란 자신의 잡지를 청산했을 때 승리를 식별해 냈던 그 얼어붙은 시기는 봄에 자리를 내준다. 그리고 담장에는 욕망의 다양한 표현 형태, 상상력, 자발성에 자리를 내주는 낙서들이 증가한다. 집단적으로 부는 입김은 라틴 가의 나무들만을 공격하는 것이 아니다. 전복된 자동차들 뒤에서 표적이 되어 분쇄되는 것은 코드들이다. 주체와 체험 같은 억압된 것이 요란스럽게 되돌아왔다. 그리고 랑그를 위해 구조-에피스테메주의(structuralo-épistémisme)에 의해 제거된 그 파롤이 무한한 흐름 속에 전개된다.

구조주의자들의 혼란

구조주의의 새로운 구축물의 입장에서 볼 때 68년 5월이 이루어 내는 그 동요는 또한 이 구축물의 창시자들이 경험하는 혼란에서도 읽혀질 수 있다. 사건이 한창인 가운데 알지르다스 쥘리앵 그레마스는 콜레주 드 프랑스에서 레비 스트로스를 만나는데, 후자는 원통함을 감추지 않는다. "끝장이다! 모든 과학적 계획은 20년은 연기되고 말았다."[9] 뿐만 아니라 레비 스트로스는 이 유독한 분위기 앞에서 매우 드골적인 방식으로 콜레주 드 프랑스로부터 물러나 사건에 그를 다시 불러 줄 것을 기다린다. "내가 삐걱거리는 사태를 알아차렸을 때, 나는 여러 구실을 내세워 나의 집으로 물러났고 이 사태를 방관했다. 1주일 동안의 내적 동요가 있은 후 사람들이 나를 찾으러 왔다."[10] 구조주의의 아버지에게 68년 5월은 지옥으로의 하강으로, 대학계의 상황 악화의 표현으로, 태초 이래로 시작되어 세대에 세대를 거쳐 계속된 쇠퇴의 표현으로 나타난다. 그가 이로부터 끌어내는 것은 결국 궁극적 소멸을 향한 기나긴 쇠퇴의 전진에 지나지 않는 역사에 대한 자신의 비관적 견해의 확인이다.

가장 과학적인 기호학의 대스승인 알지르다스 쥘리앵 그레마스는 어려운 시기를 겪을 준비를 한다. 그는 과학적 계획이 20년은 늦어질 것이라는 레비 스트로스의 평가에 전적으로 공감한다. "1968년부터 1972년까지 모든 것은 다시 문제시되었다. 나는 내가 어떻게 내 세미나를 지탱할 수 있었는지 모르겠다. 왜냐하면 과학적 계획을 만든다는 것은 모든 게 이데올로기적이라고 설명하기 위해 파롤의 테러리즘을 행사하는 사람들 앞에서 우스꽝스럽게 보였기 때문이다."[11] 3년 동안 그레마스는 언어과학에 관한 자신의 세미나에서 침묵을 지킬 수밖에 없게 되고, 자신을 중심으로 1964년부터 1968년까지 형성되었던 그룹이 흩어짐으로써 사막을 건너는 경험을 한다. 따라서 1968년 5월은 그에게 재앙처럼 개입한다.

레비 스트로스는 1973년 암스테르담에서 자신에게 수여된 에라스무스 상의 매우 엄숙한 시상식에서 "구조주의가 다행히도 1968년 이후로 더 이상 유행이 아니다"라고 표명한다. 이때 그는 1968년 5월의 그 시점을 전환점으로 인정한다. 그는 이 점을 자축한다. 왜냐하면 그에게 구조주의는 철학이나 사변이 아니라 과학적 방법으로 남아 있고, 이 방법은 혼란이 한창이었던 때보다 70년대에 보다 나은 조건들에서 추구되기 때문이다. 그런데 그의 후퇴는 특히 구조주의의 이 두번째 요소(철학이나 사변), 그가 진정한 지적 일치를 결코 느끼지 못한 이 요소에 충격을 주었다.

레비 스트로스는 특히 해체주의로의 모든 변화, 그리고 1968년과 동시대적인 코드의 다원화를 비판적인 시선으로 바라본다. 그는 바르트에게 보내는 논증적 편지를 통해 《S/Z》에 반응한다. 이 편지에서 그는 발자크의 이 중편 소설을 읽을 수 있는 또 다른 열쇠, 즉 근친상간을 바르트에게 환기시킨다. 바르트는 이러한 논지를 매우 진지하게 받아들이고 그것을 '눈부시고 설득력 있다'[12]라고 규정한다. 그런데 레비 스트로스의 말에 따르면 그것은 농담에 지나지 않았다. "《S/Z》는 내 마음에 들지 않았다. 바르트의 해설은 뮐러와 르부의 《라신처럼》에 나타나는 리벨륄르 교수의 해설과 너무 유사했다. 그래서 나는 그에게 약간 반어법을 써 과장한 글을 보냈던 것이다."[13]

구조들은 거리에 내려오지 않는다

따라서 '68년의 사상'이 있다면 그것은 진정으로 구조주의의 주창자들에게 있는 것이 아니라, 그보다 구조주의의 적들 쪽에 있다. 장 폴 사르트르 ·

에드거 모랭 · 장 뒤비뇨 · 클로드 르포르 · 앙리 르페브르…… 그리고 당연히 코르넬리우스 카스토리아디스 같은 자들 말이다. 카스토리아디스의 잘나가는 《사회주의 혹은 야만》은 여전히 구조주의가 체계를 합법화시키는 가짜 과학적 이데올로기라고 비난했고, 자본주의가 되었든 기술관료적 사회가 되었든 물려받은 체계의 총체를 수정하게 해주는 사회적 자율성이나 자율적 제도 설립(auto-institution)을 방어했다. "68년 5월과 60년대 다른 운동들이 보여 준 것은 자율의 목표가 지닌 집요함과 힘이었다."[14]

68년 5월이 야기한 구조주의의 위기가 매우 컸기 때문에 《르 몽드》지는 같은 해 11월 이 문제에 관해 "구조주의는 68년 5월에 의해 파괴되었는가?"라는 제목의 커다란 특집란을 내놓는다. 이 특집란에는 에피스테몽(디디에 앙지외) · 미켈 뒤프렌 · 장 푸이용이 참여하고 있는데, 후자는 국제연합군과 같은 역할을 한다. 장 푸이용은 '사르트르와 레비 스트로스의 화해'라는 제목의 글을 통해 각자에게 특수하고 확실하게 경계가 설정된 영역을 부여한다. 한 사람에게는 하나의 민족학적 방법을, 다른 한 사람에게는 하나의 철학을 말이다. 이 두 영역은 동일한 차원에 위치하지만 대조되거나 대립될 수 없다는 것이다.[15] 따라서 68년 5월은 일부 사람들에게는 구조주의의 죽음을 나타내거나, 하여튼 '승리를 구가하는 구조주의의 죽음'[16]을 나타낸다. "68년 모두는 구조적 세계, 구조적 인간을 부인한다."[17]

진정으로 비판을 면제받은 사람은 아무도 없다. 항의가 구조적 이론의 뿌리를 문제삼고 있지만, 그것은 또한 특권적 지식인으로 인식된 이 이론의 대표자들을 공격한다. 이들이 당시까지 주변적 위치만을 정복했는데도 말이다. "나는 언어과학을 대상으로 한 행동위원회의 모임들을 기억하는데, 여기서 교수들은 발언권이 없었다. 그레마스와 바르트의 세미나가 공동으로 이루어지도록 조치되었다. 그들은 자리에 있어야 했지만 질문들에 답하는 것으로 만족해야 했다."[18] 어느 날 카트린 바케스 클레망이 철학총회로부터 도착해 다음과 같이 끝나는 3페이지의 긴 동의안을 읽는다. "분명한 점은 구조들이 거리에 내려오지 않는다는 것이다." 구조주의에 조종처럼 울린 이 확인은 그레마스 앞에서 검은 칠판 위에 씌어졌고, 활기차고 폭넓게 논평되었다. 다음날 아침, 이 표현의 탄생을 목격했던 그레마스는 문에 붙여진 커다란 게시물을 발견한다. 그것은 이렇게 알리고 있었다. "바르트는 구조들이 거리에 내려오지 않는다고 말한다. 우리는 바르트 또한 그렇다고 말한다."[19] 5월 운동은 바르트를 공격하고, 그가 논의에 참여하지 않았는데도 이 말을 그가 했다고 전가하면서 구조주의 일반을 공격했다. 구조주의는 새로운 특권 지식인들, 내일의 특권 지식인들의 과학으로서 느껴지기 시작했던 것이다. 게다가 이것은 그레마스가 구조주의에 대해 행한 분석이다. 그에게 이 경우 "바르트는 여기서 '구조주의자들 전체'라는 행위소의 환유적 요소에 불과하다."[20] 그러나 바르트는 68년 5월의 항의에 강한 충격을 받은 것 같다. 심지어 그는 파리에서 벌어지는 활동의 무대로부터 멀어지기 위해 일시적 피난을 선택하게 된다. 모로코의 대학 교수인 자그로울 모르시가 그에게 라바트에 와서 가르쳐 달라고 제안하자 "그는 지체없이 기회를 잡는다."[21]

알튀세의 경우 우리는 5월 운동이 그를 어떻게 활용했는지 알고 있다. '별볼일 없는 알튀세'였다. 왜냐하면 5월의 폭발은 젊은 마르크스, 즉 인간이 고통을 당하는 소외를 고발하는 마르크스의 주장을 더욱더 설명하는 것 같기 때문이다. 따라서 구조주의적 사고의 방향 자체에 반대하고, 체계의 안정을 확립한다고 보여지는 모든 종류의 결정들에 이 사고가 부여하는 우선권에 반대하는 하나의 5월 운동이 나타난다. 이 운동은 소외의 구조들로부터 해방되어 자유로의 대도약을 실현할 수 있다고 믿는 것이다. "물론 달콤한 환상이지만 필요한 것이었다. 왜냐하면 그런 변화가 이루어져야 했기 때문이다."[22] 비록 당장에는 로제 폴 드루아가 68 사건을 구조주의적 주장들에 대한 항의로 체험하지는 않았지만, 반대로 사건이 지난 후 그는 이 사건이 "개념적 폐쇄였던 것에 대한, 다시 말해 내가 철책치기라고 부르는 것에 대한 일종의 항의·보상의 방향이 될 수도 있다고 생각한다."[23] 물론 68년 5월의 행위자들이 이런 측면을 의식한 것은 아니었다. 그러나 일어났던 일은 구조주의의 이론주의적인 현실 초월(désincarnation)에 전적으로 대립하는 정서의 유형을 동원했고, 그리하여 구조주의 패러다임의 냉혹한 쇠퇴는 68 사건의 결과처럼 나타난 것 같았다.

사건의 분출: 겸허함의 교훈

68 사건의 다양한 파장은 구조주의가 억압했던 것을 되살려 냈다. 먼저 언어학자들 사이에서까지 역사는 새로운 탐구의 주제가 된다. 그리하여 1972년에 나온 《프랑스 문학》지의 15호는 장 클로드 슈발리에와 피에르 쿠엔츠가 기획한 것인데 '언어학과 역사'에 할애된다. 물론 구조들을 역동화시키려는 이와 같은 의지는 우리가 1966년부터 줄리아 크리스테바의 주장을 통해 보았듯이 68 사건보다 앞서 있었다. 이 사건은 그러한 경향을 확인하고, 가속화시키며, 확장시키게 만들었을 뿐이다. 마찬가지로 68년 5월의 사건은 1970년부터 주체에 관한 탐구, 언술 행위의 언어학, 따라서 벤베니스트가 편 주장의 성공을 보장한다. 비록 자아가 정신분석학적 단절 이후로 다소 변하긴 했지만, 사람들은 그것이 분열되고 분할되기를 바란다. 그리하여 만능열쇠적인 표현은 화제의 "그것 때문에 어딘가 좀 아프다"가 될 정도였다. 물론 변모된 것이지만 하나의 자아가 새로운 종교처럼 되돌아왔다. 1972년에 제인 폰다와 이브 몽탕이 주연한 고다르의 영화 《만사형통 *Tout va bien*》은 여명 속에, 다시 말해 그들이 자신들을 역사적으로 생각하기 시작하는 그런 여명 속에 끝난다. 이것은 그 당시의 새로운 추세를 드러내 주고 있다.

언어의 연구는 라보프의 주장에 영향을 받아 역시 폭넓게 사회적 차원으로 향한다. 언어학자의 연구 영역에 지시 대상을 재도입하게 해주는 '사회언어학'의 탄생과 눈부신 발전이 목도된다. 사회학에서는 구조사회학보다는 5월 운동을 표현하는 집단역학에 토대를 둔 대체사회학이 주장된다. 바로 이러한 방향 속에, 사회학자의 연루를 끌어들이는 조르주 라파사드의 제도사회학 연구가 들어간다. 이것은 "한 사회 조직의 요청에 따라 일단의 분석가 그룹이 이 조직에서 자기 분석(auto-analyse)의 집단적 과정을 설립해 주는 방법"[24]이다. '교육자-피교육자의 낡은 관계가 무너졌다' 라는 특권 지식인들에 반대하는 항의 슬로건을 통해 전개되는 것은 학생 중심적 교육법의 방향이다.

사회과학이 주장하는 과학주의는 68년 5월이라는 수수께끼 같은 사건을 통해 모진 시련을 겪는다. 연구 대상을 사회의 작동 방식 분석에 위치시킨 사회학이 이 사건의 소용돌이에 전조적인 어떠한 징후도 간파해 낼 수 없었지만, 그것은 겸허함의 훌륭한 교훈을 얻는다. 소르본의 사회학과에서 프랑신 르 브레는 1967-1968년도에 여학생 신분으로서 정치 생활에 대한 대학생들의 참여도 조사에 동참한다. 이 조사의 결과는 대학생들이 투사이고 참여적이라는 뒤르켐의 선개념(pré-notion)과는 전혀 반대로, 대학생 집단은 다분히 집에서 한가히 지내기를 좋아한다는 것이다. 68년 5월 직전에도 그랬다는 것이다! "분명했던 것은 사회학이 신통치 않았다는 것이고, 좋은 지표들을 놓쳤다는 것이다."[25]

따라서 이와 같은 유형의 괴리로부터 사회과학과 이것의 분류 방법이 기능을 상실했다는 사실이 비롯된다. 그것들은 사건을 예측하는 데 부적합했고, 예측할 수 있는 능력이 없었다는 것이 드러난 것이다. 그러나 68년 5월의 이와 같은 파장은 모순적이다. 왜냐하면 그것이 구조주의 도약을 가능하게 해주었던 사회과학에 충격을 주고 있지만, 구조주의는 이미 오래 전에 사회과학에서 통용중인 방법들에 대해 비판적 입장을 표명했기 때문이다. 이 때문에 구조주의 패러다임은 사회과학을 접수 비판하였던 것이다. 그것은 사회과학의 경험주의를 공격하고, 어떤 조건들로 인문과학에서 과학적 대상이 구축될 수 있는지 아는 문제로 연구 방향을 이동시켰던 것이다.

풍 자

68년 5월의 또 다른 차원은 조롱과 웃음의 차원이다. 철학자 클레망 루세가 1969년에 로제 크레망이라는 필명으로 《구조주의의 아침 나절》[26]을 출간했을 때, 구조주의는 이런 차원에서 면제되지 않았다. 이 책이 나올 때 대학계에서 큰 반향을 일으키는 것은 풍자이다. 구조주의적 문체 혹은 어투는 이 저서에서 2개의 시간이 분리될 수 있는 불꽃처럼 제시된다. 탁탁 튀는 시간과 시드는 시간이 그것이다. 구조주의의 다양한 유형들의 유형학이 개략적으로 그려진다. 벼락출세한 구조주의는 미셀 푸코의 경우이다. 귀중한 구조주의는 롤랑 바르트와 자크 라캉의 경우이다. 거친 구조주의는 미셀 세르의 경우이다. 신실증주의적 구조주의는 고등사범학교와 알튀세의 경우이다.

온갖 변형들을 통해 나타난 구조주의의 개념적 주장들은 몇몇 자명한 이치들로 환원된다. 그렇기 때문에 루이 알튀세의 대발견은 옮기기(décalage)의 발견이라 할 것이다. "베토벤의 교향곡 7번이 19세기초 독일의 경제 구조를 재현하고 있다고 아주 노골적으로 주장한다면 잘못일 것이다. 물론 그것은 이 경제 구조를 재현하지만 전적으로 그런 것은 아니다."[27] 그러나 일련의 평범한 것들밖에 주장하지 않는 것 같은 구조주의의 이런 신실증주의적 변형은 머리를 아프게 하지 않는 장점이 있다는 것이다. 저자에 따르면 피에르 마슈레가 지은 저서의 휴식을 주는 독서의 경우도 그렇다는 것이다. 마슈레는 문학의 관념이 당근처럼 하나의 산물이지만 약간은 특별한 산물이라는 점을 3백 페이지에 걸쳐서 설명한다.

이와 같이 읽기 쉬운 독해 가능성은 데리다의 경우에는 만날 수 없다. 그의 방법은 이렇게 기술된다. "나는 첫 문장을 쓴다. 그러나 사실 나는 미안하지만 그것을 쓰지 말았어야 했을 것이다. 나는 모든 것을 지우고 다시 시작한다. 나는 두번째 문장을 쓴다. 그러나 생각해 보니 그것도 쓰지 말았어야 했을 것이다……."[28] 이와 같은 역진적 담론은 비싸지 않은 오렌지 판매에 대한 페르낭 레이노의 스케치를 생각나게 한다. 이 판매는 생선 판매로 끝나고 만다. 왜냐하면 그것이 냄새나기 때문이다…….

저자는 《웃음거리 재녀들》[2]에 어울리는 하나의 장면을 계속 이어가는데, 이 장면에서 그는 루이 알튀세를 중심으로 한 《분석을 위한 연구》지의 모임을 극화시킨다. 알튀세는 복습교사장인 루이즈에 의해 구현되고, 루이즈는 겨우 변형된 이름을 지닌 충실한 제자들에 의해 열기에 들뜬 듯 둘러싸여 있고, 이들 가운데 두 주인공은 자크 알랭 미네(자크 알랭 밀러)와 장 클로드 미네이(장 클로드 밀네르)이다. 이 두 사람은 전적으로 서로 바꿔치기 할 수 있고, 루이즈의 애제자이다. 그런데 제자들 가운데 한 사람인 미셸 푸트뢰가 비웃음밖에 받지 못하는 발표를 하겠다고 감히 나선다. 그는 차례로 거짓말쟁이·표절자 등으로 취급된다. 반대로 미네이/미네가 그들의 글을 읽자 박수갈채를 받고 전체적인 찬사의 대상이 된다. 그러나 푸트뢰의 텍스트와 미네/미네이의 텍스트가 완전히 똑같다는 것이 드러난다. 루이즈의 반응은 이렇다. "이것은 우연에 지나지 않을 수 있다. 의미 있는 무의미(무기의)가 무의미한 의미(기의)와 만난 것이다. 나는 이미 그런 이상한 만남이 있다는 것에 주목하라는 환기를 받았다."[29] 그러니까 코드화된 언어, 상투적인 구호, 당파 정신이 68 정신의 신랄함을 되찾는 이 작은 저서에서 유머러스하게 꼬집어지고 있는 것이다.

신뢰 상실

68년 5월은 역사적 사건의 예기치 않은 그 침투에 의해 불시에 걸려든 구조주의자들로 하여금 상당히 신속하게 몇몇 방향 설정을 다시 하도록 만들

---

2) 몰리에르의 희곡 작품이다.

었다. 알튀세는 특히 프롤레타리아 좌파의 마오쩌둥주의 신봉자들인 해방된 제자들의 표적이 된다. 1968년이 끝나자 이들은 돌이킬 수 없는 단절의 표명을 되풀이한다. "별볼일 없는 알튀세!" "알튀세는 국민이 없다!" "알튀세는 잠들었지만, 대중 운동은 잘 되어간다!" 등과 같은 표현들이 나온다. 그래서 알튀세 추종자들은 괴로운 한때를 보내고, 모두가 치욕의 대상이 된다. 그들이 비난받는 것은 그들의 이론주의뿐 아니라 그들이 공산당 내에 남아 있다는 사실이고, 따라서 전진하는 국민을 구현한다고 믿는 마오쩌둥 그룹들에 적대적인 수정주의를 지지한다는 사실이다. 68년 5월은 즉각적으로 《자본주의 읽기》의 저자들에게 어려운 시기로 분명하게 느껴진다. "68년은 알튀세에 반대하는 글들이 증대하기 시작하는 시점이다. 나는 알튀세에게 적대적인 저서들과 잡지들에 완전히 할애된 서점 진열대들을 기억한다. 그 시기는 매우 혹독했고, 그 이전 시기와 정확히 반대였다."[30] 피에르 마슈레는 알튀세의 주장이 성공한 덕분에 1966년 소르본의 교수로 임명되어 강의를 계속하지만 어려운 조건이었다. 에티엔 발리바르의 경우 그는 1969년에 뱅센(파리 8대학)에 가게 되지만, 앙드레 글럭스만을 필두로 한 마오쩌둥주의자들의 반복된 공격 앞에서 오랫동안 버틸 수 없어 몇 개월밖에 머물지 못한다. 마오쩌둥주의자들은 특공대 파견을 증대시켜 "발리바르, 당신 차례야"라고 리듬에 맞추어 노래하면서 그의 강의를 방해했다. 이 소망이 곧바로 이루어진 것이다.

따라서 인간적으로 볼 때 68년 이후 시기가 알튀세 추종자들에게는 살아가기 힘들었지만, 그들은 또한 이론적 차원에서 조준점을 재조정해야 했다. "68 사건이 우리에게 가져다 준 것은 철학 이외에 해야 할 다른 일이 있다는 생각이다. 그것은 연구해야 할 텍스트들만이 아니다. 우리는 보다 덜 추상적이고 보다 구체적인 것들을 하려고 시도했다."[31] 알튀세 이론의 양면성은 해결된다. 그리고 그것은 한편으로 프랑스 공산당의 영향권에 남아 있었던 이론주의적이고 과학주의적인 구성 요소와, 다른 한편으로 라캉 이론으로부터 자양을 얻은 단절의 개념, 다시 말해 사건에의 관심을 우선시하는 경향 사이에서 68 사건의 바위에 부딪쳐 파열한다. 이와 같은 구성 요소는 마오쩌둥주의의 형태를 취했던 고삐 풀린 정치적 행동주의에 가담하면서 5월 운동 속에 사라졌다. 《자본론 읽기》의 저자들 가운데 단 한 사람만이 이와 같은 두번째 구성 요소에서 자신을 알아보고 라캉주의와 거리를 유지한다. 그는 바로 자크 랑시에르이다. 그에게는 "대략적으로 지식의 이론이 중요한 사람들과, 진리의 이론이 중요한 사람들이 있었다."[32] 따라서 알튀세 추종자들은 역사 과정에서 실천과 주체에 관해 몇몇 문제들을 안고 있는 것이다.

혼란의 밖에 있는 푸코

미셸 푸코는 68년 5월 사건이 터질 때 튀니지의 시디부사이드에 있다. 그는 그곳에서 《지식의 고고학》을 집필한다. 이 사건에서 빠져 있던 그는 그로부터 며칠이 지난 5월말경에야 파리에 되돌아온다. 그는 학생 대열이 지나가는 것을 보면서 《누벨 옵세르바퇴르》지 편집장 장 다니엘에게 이렇게 털어놓는다. "저들이 혁명을 하는 것이 아니다. 저들이 혁명이다."[33]

1968년 봄 튀니스대학교의 일부 학생들이 당국에 의해 체포되고 고문을 당한다. 푸코는 그들을 옹호하기 위해 당국 쪽에 단호하게 개입하고, 감금된 자들을 석방시키기 위한 동원을 적극적으로 도왔으며, 운동원들이 전단을 인쇄할 수 있도록 자신의 정원을 이용하게 한다. 그는 심지어 사복 경찰에게 괴롭힘을 당하고, 시디부사이드로 가는 길에서 기습을 받는다. 따라서 미셸 푸코 역시 학생들의 열기를 체험하고 진압에 대항한 행동에 전적으로 가담하게 된다. 이것은 프랑스 공산당과 이미 오래 전에 단절한 이래로 당시까지 다분히 개혁적이었던 이 철학자에게 있어 결정적인 변화이다. "튀니지, 그곳에서 나는 학생들에게 구체적인 도움을 가져다 주게 되었다. (…) 나는 이를테면 정치적 논쟁을 벌여야 했다."[34]

그러니까 1968년 그 해 봄에, 68년 5월 세대인 학생 세대의 희망과 투쟁을 구현하게 되는 새로운 미셸 푸코가 태어난다. 이 사건은 푸코로 하여금 당시까지 순전히 담론적이었던 관점에 실천을 도입하게 만든다. 그는 이제부터 다양한 형태의 처벌 행위에 대항한 모든 투쟁, 모든 저항에 참여하게 된다. 따라서 그는 1971년 2월 8일 감옥에 관한 정보 단체(GIP)인 새로운 조직을 만들게 되는데, 장 마리 도므나크와 피에르 비달 나케가 이 조직의 성명서에 공동으로 서명한다. 그는 프랑스 감옥의 감금 조건들에 항의하는 이 투쟁에 전적으로 가담하게 되며(그의 아파트가 이 조직을 위한 장소로 변모될 정도였다), 감금된 자들의 가족들을 맞이하여 민주 제도의 그 감추어진 면이 공개되고 드러나게 만든다. 푸코는 68년 5월 프랑스에서 어떠한 권력의 장소도 차지하고 있지 않음으로써 특권 지식인들에 반대하는 항의를 벗어나게 되며, 그가 파리에 돌아온 후 1968년 가을부터 학생 운동과 함께 체험하게 되는 행복한 상호 영향을 고무시킨다. 그러나 그는 구조주의자들 전체에 대해 동일한 거부 반응을 분명히 나타내는 것 같은 시기 한가운데서 예외였다.

12

라캉: "거리에 내려온 것은 구조들이다"

모순적 결과들을 낳은 진정한 소용돌이였던 68년 5월은 역설적으로 구조주의의 성공을 보장하게 된다. 항의 운동의 표적은 특권 지식인들, 아카데미즘, 그리고 멸시받는 전통의 세력권인 소르본에 집중된다. 따라서 이러한 차원에서 고전적 인문학에 대한 구조주의적 비판과 완전한 교감이 있다.

신구 논쟁에서 항의 운동은 당연히 현대주의자들 쪽에 위치하며, 바로 그 때문에 그것은 이들의 승리를 보장한다. 권력을 열망하는 자들은 산산조각이 난 소르본에 남겨진 빈 자리를 차지하기 위해 익명성과 변방으로부터 빠져 나온다. 대학은 현대화되고, 구조주의는 1968년 5월 역사의 가속화 덕분에 게임에서 이겼던 것이다. 역사를 부정하면서도 역사 덕분에 승리하는 패러다임이 드러낸 최상의 역설이 아닐 수 없다! 이와 같은 모순적 상황은 괴상한 스타일의 언쟁을 야기한다. 예컨대 1969년 2월 22일 뤼시앵 골드만은 프랑스철학회에서 미셸 푸코가 한 강연에서 자크 라캉에게 갑자기 이렇게 덤벼든다. "당신들은 68년에 당신들의 구조들을 보았다. (…) 거리에 있었던 것은 사람들이다!" 그러자 라캉은 이렇게 되받아친다. "5월의 사건을 입증하는 무언가가 있다면, 그것은 분명 거리에 구조들이 내려왔다는 것이다."[1] 강연장에는 르네 루로가 있었다. "우리는 표현의 대담함 때문에 공포에 떨었다. 나는 자동차로 뤼시앵 골드만을 집까지 데려다 주었다. 그는 녹초가 된 권투 선수 같았다."[2]

구조들이 거리에 내려오지는 않았지만, 그것들은 대학이 당면한 상황에서 대량으로 만들어진 교수 자리들을 차지한다. 쇄신의 욕구 때문에 지도받는 연구가 증대되고 교수 직강이라는 위상이 과소평가되는 그런 단계를 거쳐 가야 하는 상황 말이다. 철학·역사·문학·심리학과 같은 전통적인 학문과 고전적 인문학에 부여된 위상에 대한 동일한 항의 속에서 68년 5월과 구조주의의 이와 같은 제휴를 볼 때 구조주의의 사망 선고는 다소 성급한 것이었다. "나는 구조주의 죽음을 예고할 때 잘못 생각했다. 그것은 68년 5월 이후에 가장 맹위를 떨쳤다."[3]

학문들의 계층화에 대한 항의는 반(反)권위적인 투쟁과 보조를 같이했는데, 특히 과학들의 여왕으로 자처했던 학문, 즉 철학을 정면으로 공격했다. 그래서 철학은 폐기 처분된 낡은 것으로 매도된다. 반면에 항의는 인류학·정신분석학·언어학 등의 보다 진지한 작업을 자유롭게 해주게 된다. "나는 테야르주의의 철학자인 트레몽탕이 5월 소르본에서 있었던 철학자들의 모임이 끝나자 뤽상부르 궁을 가로질러 가는 모습을 기억한다. 당시의 시사적 관심은 철학적 고민거리가 있는지 알아보는 질문을 제기하는 것이 합당한 일인지 아는 문제였다."[4] 따라서 쟁점은 나폴레옹적인 중앙집권주의적 국가, 그리고 전통에 갇혀 있는 소르본의 보수주의에 부딪침으로써 완전하게 제 기능을 발휘하지 못했던 인문과학의 그 해방이다. "말 많은 혁명이 철학자들의 수다를 공격했고, 개념의 미덕들로 치장하면서 스스로를 정당화시켰다."[5]

그러나 균열선은 그렇게 선명하지 않다. 왜냐하면 구조주의 철학자들의 모든 작업은 사회과학의 개념적 기여로부터 자양을 얻으면서 이 사회과학의 도래에 대비하는 것이었기 때문이다. 이는 사회과학의 분류 방식에 동조하기 위한 것이 아니라 철학자의 영역을 새롭게 하고 풍요롭게 하기 위한 것이었다. 그렇게 하여 "우리는 인식론적 이성에 기대를 걸었고, 이성의 무기들에 가치를 두었으며, 현대성의 과정과 현대성을 표현하는 이성의 변증법 과정을 병행하여 시작했다."[6] 결국 철학자의 관점은 그가 자신의 목표들을 부인하게 만드는 출발점인 모순적 긴장 속에서 보존된다. 그래서 새로운 목표들은 엄밀함·이론·에피스테메적 토대로 표현되는데, 이것들은 철학적 임무가 진행중인 뉴딜 정책(위기 해결 방안)에 동참하고, 대학 내에서 확립된 지식들의 재분배에 참여할 수 있기 위한 조건들이다. 이와 같은 재조직화를 통해서 철학자는 특별한 탐구 영역에 전념해야 하고, 분석 분야를 엄밀하게 언어학자와 인류학자처럼 떼어내야 하는 것이다. 연구의 지적 분할을 이처럼 이룩함으로써 문학자-철학자의 사르트르적인 이미지는 결정적으로 낡아빠진 것이 되고, 따라서 1968년에 사르트르의 명백한 복수는 60년대 구조주의에 유리하게 구축된 철학 영역의 상황을 근본적으로 전복시키지는 못한다.

그러니까 당시의 수련중인 철학자들에게 68년 5월은 구조적 사고의 소멸을 의미하는 것이 전혀 아니다. 오히려 그 반대이다. 로제 폴 드루아는 1968-1969학년도에 루이르그랑고등학교의 고등사범학교 입시준비반 학생이었는데, "알튀세의 해석에 따라 마르크스 사상에서 사유하는 방법을 배웠다――적어도 그는 그렇게 믿고 있었다. 그는 라캉의 해석에 따라 프로이트 사상에서 탈사유하는 방법을 배웠다."[7] 마오쩌둥주의적인 알튀세-라캉 이론을 벗어나면 1969년에 '정통한' 철학자에게 구원은 없다. 따라서 구조주의 지배는 전적이었고, 이 영향권에 속하지 않는다는 것은 존재하지 않겠다는 것을 스스로 감수하는 것이다. 프랑스판 이론주의는 언어적 테러리즘과 결탁하고 있었다. "개념적인 틀들이 무대의 전면을 장악했다. 마치 이전의 모든 것은 이미 역사의 쓰레기통에서 썩어 버린 것처럼 이론주의가 득세했다. 알튀세-라캉주의자가 되지 않는다는 것은 **하등한 인간**(Untermensch)으로 드러나는 것이었다. 라캉주의자가 되지 않는 것은 굼뜬 조무래기에 지나지 않게 될 위험이 있었다."[8]

담론성의 창시자들

68년 5월 운동은 주체에 관한 문제들을 재도입한다. 그렇다 하더라도 이 운동은 대학의 특권 지식인들과 이들의 심리적 파토스를 표적으로 삼을 때, 구조주의자들이 얼마 전부터 끌고 온 저자의 개념에 대한 항의를 확인한다. 이 파토스는 5월의 항의자들에 따르면 이데올로기적 영역에, 따라서 가장 나쁜 파렴치에 속한다. 그러므로 이러한 차원에서 구조주의와 5월 정신 사이에는 교감이 있을 수 있으며, 자신의 전 작품에서 저자의 이름 소멸에 관한 주제가 일관되게 흐르게 하고 있는 미셸 푸코는 이 점을 잘 이해하고 있었던 것이다. 그는 우리가 앞서 환기한 바와 같이, 1969년 2월 22일 열린 프랑스철학회에서 행한 강연에서 '저자란 무엇인가?' 라는 질문을 제기한다.[9] 푸코의 입장은 엄격한 구조주의적 정통성 속에 위치하며, 심지어 《말과 사물》에서 이루어진 저자 이름의 사용에 관한 자기 비판까지 한다. "글쓰는 주체가 계속해서 사라지는 공간의 개방이 문제이다."[10] 우리는 고유명사가 나타낸다고 생각되는 궁극적 기의에 멈추어서는 안 되는 상호 텍스트성의 주제와 다시 만난다. 훌륭한 수사학적 전복을 통해서 푸코는 글쓰기가 불멸에 이르기 위한 수단이라는 매우 오래된 표현을 재해석하여, 글쓰기를 저자를 죽일 수 있는 힘을 통한 희생적 행위로 변모시킨다. "작가의 표시는 작가의 부재를 나타내는 특성에 지나지 않는다. 그는 글쓰기의 놀이를 통해서 죽은 자의 역할을 유지해야 한다."[11]

미셸 푸코는 문학인 저자의 이름에 대해 서양에서 이루어진 물신화를 상대화시킨다. 18세기 이전에 문학적 담론은 이와 같은 저자의 개념에 가치가 부여되지 않은 채 유포되었다. 반면에 과학적 발견들은 저자의 이름이 따라다녔다. 그 이후로 "우리는 문학적 익명성을 더 이상 견디지 못하고 있다."[12] 그러나 푸코는 저자의 존재가 아니라 담론성을 창시한 자들의 존재를 식별한다. 마르크스나 프로이트는 "담론의 무한한 가능성을 확립했다"[13]라는 것이다. 이와 같은 추론적 기반 조성은 '……로의 회귀' 움직임의 정당성을 함축한다. 그리고 그것은 추론적 형성물들에 대해서 그 어느 때보다 역사학자적인 방식의 길을 열어 주는데, 이는 이 형성물들의 존재 양태들 자체를 식별하기 위한 것이다. 어떤 의미에서 보면 푸코는 주체의 포착을 알리고 있는데, 이렇게 포착된 주체는 본래의 주체가 아니라 개입하는 지점들의 주체이고, 종속된 주체이며, 나타나는 조건들이 있는 주체이다. 우리는 어떤 입장에서 푸코가 구조주의에서 이야기되는 문제의 '회귀들'에 대해 반응하게 해주는지 이해한다. 언어학자들의 경우 소쉬르로의 회귀, 알튀세의 경우 마르크스로의 회귀, 라캉의 경우 프로이트로의 회귀 같은 것들 말이다. 게다가 라캉은 푸코의 강연장에 있고, 이 강연은 그에게 매우 중요한 역할을 하게 된다.

왜냐하면 라캉은 푸코의 논지에서 4개의 담론으로 된 자신의 이론을 확립하는 데 기여하게 되는 것을 발견하기 때문이다. 그는 토론에 참여하고 이렇게 응대한다. "프로이트로의 회귀, 그것은 내가 특정 영역에서 일종의 깃발처럼 잡았던 무엇이다. 여기서 나는 당신에게 감사할 따름이다. 당신은 나의 기대에 전적으로 부응했다."[14] 처음으로 라캉은 프로이트로의 회귀라는 자신의 방식이 옳다는 것이 확인됨을 본다. 그는 저자의 개념을 기능화하는 것과 관련해 푸코의 입장에 의거하게 되고, 철학과 지식을 나누는 분할에 대한 재정의의 일환으로 공격을 재시작한다.

장 알루슈는 푸코의 강연과 4개의 담론을 라캉이 구축하는 시점 사이의 연대적 일치에 주목한다. 푸코의 발표가 있은 바로 직후의 세미나에서, 라캉은 이번에는 자신의 청중 앞에서 그 '……로의 회귀'[15]에 부여된 중요성에 의해 자신이 부름을 받고 있다는 느낌이 들었다고 되풀이해 말한다. 또다른 사건은 담론성 쪽으로의 라캉의 이와 같은 변화를 가속화시킨다. 라캉은 1969년 6월 26일 그가 3월 이후 고등사범학교장 로베르 플라슬리에르로부터 받았던 해임장을 공개했다. 교장은 파리 사람들 전체가 몰려들었던 화제의 세미나가 열렸던 뒤산 강의실을 라캉으로부터 회수한다. 다시 라캉은 추방된 자로 취급된다. 그는 다시 한 번 이번에는 대학 기관으로부터, 그리고 철학자들이란 특권적 청중으로부터 내쫓긴 것이다. 우선 그는 플라슬리에르를 '플라튈랑시에르'(가스가 차는 시에르)·'코르들리에르'(프란체스코수도회 수사의 매듭 달린 허리띠)라고 규정하고, "플라슬리에르를 너무 잡아당기지 말라"고 말하면서 1969년 6월 26일 자신의 세미나('타자에서 타자로') 마지막회에서 신랄하게 반응한다. 세미나 참석자들은 교장실을 점거하기로 결정한다. 그들 가운데는 장 자크 르벨·앙투아네트 푸크·로랑스 바타유·필리프 솔레르스·줄리아 크리스테바 등이 있다.[16] 이들은 두 시간 뒤에 경찰에 의해 쫓겨난다. 결국 라캉은 교육을 계속하기 위해 근처 다른 곳에서, 팡테옹 옆 법과대학 강당에서 피난처를 찾을 수 있게 된다.

수강자들이 이곳에 더 많을 수는 있지만, 장소의 명성은 덜하다. 데리다와 알튀세가 플라슬리에르로 하여금 결정을 철회하도록 진정으로 움직이지 않았다는 생각에 상심한 라캉이 느낀 고립감은, 대학 강단 담론과 철학의 주장들에 대항해 다시 한 번 필요한 이론적인 공격을 해야 한다는 그의 생각을 강화시킨다. 따라서 이러한 관점에서 그는 68년 5월의 아이들과 통하고 있다. 1969년 11월 26일 법과대학에 있은 첫 세미나에서 라캉은 자신의 네 담론이 이루는 독트린이라는 의미에서 '담론'에 대해 첫 언급을 한다. 그는 '교사와 히스테리 환자의 담론'[17]의 입장과 유사한 대학 강단 담론의 존재를 명확히 규정한다. 이 3개의 담론——대학 강단, 교사, 그리고 히스테리 환자의 담론——에 비교할 때, 오직 정신분석적 담론만이 신경증적인 세계로부터 벗어나고, 어떤 진실에 다다르게 해준다. 이러한 측면은 이 담론의 우위를 정당화시켜 준다. 라캉의 이론적 구축은 정신분석학적 담론의 패권 논리 속에 들어가며, 이와 같은 무절제한 야심은 라캉의 정신분석학이 확립되고 제도화되는 데 있어서 겪는 어려움을 잘 표현해 주고 있다. 그러나 매번 라캉은 그가 권력의 지위에서 잃는 것을 독자층이 불어남으로써 얻는다. 이와 같은 항의는 1968년 의과 대학생들이 지닌 정신 상태를 잘 나타냈다. "나에게 그것은 대학에 대항한 운동이었다. 우리는 우리가 다른 지식의 관점에서 볼 때 허약하다고 생각한 교수들을 비방했다."[18]

알튀세-라캉 이론의 유행

푸코는 전통과의 단절 및 항의가 일어났던 그 시기에 유행한 알튀세-라 캉 이론의 입장에 자신의 입장을 1968년의 돌풍을 통해 접합시키려 한다. 그가 구조적 방법의 징후를 나타내는 '……로의 회귀들'을 정당화시키지 만, 그는 그가 1968년 여름에 완성하는 신선한 연구를 《분석을 위한 연구》 지에 제공한다. 그의 '인식론 서클에 대한 답변'[19]은 곧 나오게 될 《지식의 고고학》이란 저서를 예고한다. 푸코는 자신의 입장을 통해 68년 5월 사건 의 도전을 자신의 것으로 수용하여, 큰 에피스테메적 토대들의 문제들을 실 천으로 뒷받침되는 추론적 영역의 구성 쪽으로 이동시킨다. 그렇게 하여 그 는 알튀세 추종자들이 이론주의로부터 벗어나고 철학적 작업을 정치적인 측면 쪽으로, 권력의 출현 지점들 쪽으로 이동시키도록 방대한 연구 영역을 제공한다.

이와 같은 이론/실제의 유기적 구성은 때때로 놀라운 결과들을 낳게 된 다. 그렇기 때문에 지난날 실존주의자였고, 1967년 이후로 알튀세의 입장 에 동조하는 알랭 바듀는 1969년에 이렇게 생각한다. 즉 이론에서 계급 투 쟁은 철학 교수자격시험에 대한 이의 제기로 넘어가고 있고, 교수자격시험 준비자들로 하여금 이 시험을 치르지 말라고 설득시키는 시도를 하게 될 것 이다. 자크 부베레스에 따르면 "그는 하나의 사례이다. 그는 내가 아는 가장 총명한 정신의 소유자일 것이다. 그는 비상한 재능을 타고났고, 논리학·수 학에 대한 실질적인 지식을 지녔으며, 동시에 어딘가에서 탈선하는 왜곡된 담론을 지녔다."[20] 자크 부베레스는 그 당시에 옹호된 일부 주장들에서 비 트겐슈타인이 병리학적으로 분석한 것의 표현을 보다 광범위하게 보고 있 다. 나중에 가서야 다음과 같은 의문을 제기하는 자들이 있었다. "어떻게 사 람들이 그토록 미칠 수가 있었단 말인가? 어떻게 구조주의자가 되면서 프 롤레타리아 혁명을 위해 존재할 수 있었단 말인가?"[21] 그러나 이와 같은 내적 긴장은 당장에는 모순적으로 체험되지 않는다. 반대로 그것은 5월 사건 이후 구조주의-알튀세 이론의 전례 없는 도약을 가능하게 해준다.

마찬가지로 5월 운동은 저자의 개념과 우상들을 공격함으로써 엄청난 모순을 체험한다. 저자의 개념은 온갖 방식으로 예속된 구조주의자들에 의해 만장일치로 거부된다. 사실은 이와 같은 매장의 이론가들 자신이 스스로를 영웅으로 체험하며, 또 영웅으로 인식되고 있는데도 말이다. 그렇게 하여 자신들이 제도적 기반이 없음을 벌충하면서 구조주의자들은 그들을 사상적 스승들, 존재의 모델들, 정신적 지도자들로 점점 더 인식하는 독자층 앞에서 자신들의 개입을 증대시키지 않을 수 없었다. 온전한 우상화가 이 인물들을 둘러싼다. 이들은 저자들을 상실하면서 진정한 스타들이 되었고, 당시의 지적 불안에 대한 반응을 나타내는 확실한 저자들이 된 것이다. 자리잡은 특권 지식인들의 담론이 격렬하게 반박되고 있는 상황에서 그들은 이 불안의 대변자들이다. 특권 지식인들로부터 사무라이들에 이르기까지 그들을 둘러싸고 있는 마법적 후광과 인물의 숭배는 진정으로 물러난 것이 아니다. 그것들은 다만 실존주의적 세대가 지니지 못했던 비극적 차원을 띠고 있는 것이다.

이 비극은 18세기에 볼테르와 함께 태어나 19세기에 드레퓌스 사건에서 부활된 지식인의 모델이 고갈된 데 기인한다. 이 모델은 비합리성 · 권력 · 돈에 대항해야 할 지식인의 개입과 역사적 필요성 사이의 일치에 토대를 두고 있다. 구조주의 세대에게 이와 같은 일치는 스탈린의 경험과 더불어 소멸했다. 이와 같은 소멸은 더할나위없이 호전적인 요소까지 포함해 구조주의적 사고의 바탕에 자리한 철저한 비관론을 밝혀 준다. 결과는 20세기초의 가장 비관적인 유럽 사조와 양립하는 힘, 즉 욕망이 지닌 힘의 해방과 쾌락주의가 이상하게 혼합되게 되었다는 것이다. "그건 물과 기름이어야 했는데 말이다."[22]

대개의 경우 이와 같은 긴장은 구조주의의 비약을 조장하는 이념적 단념의 방식에 의해 나타나게 된다. 많은 사람들이 과거에 주체-스탈린에게 믿음을 걸었고, 모델들 가운데 모델의 구축에 환상을 품었다. 그래서 그들은 구조들 속에 잠기고, 그 결과 이 구조들에 기대어 과장하여 말함으로써 교훈을 주는 자라는 자신들의 입장과 단절하기를 기대한다. 그들은 과학 쪽에서 탈출구를 찾아냈다. "이와 같은 태도 속에는 자기 처벌의 마조히즘적 측면이 존재한다. 나는 함정에 걸려들었다. 따라서 나의 지적인 의무는 이 함정을 고발하는 것이고, 나 자신을 고발하는 것이다."[23] 이러한 변화는 피에르 덱스의 여정에서 징후적이다. 그는 우리가 본 바와 같이 1968년 이후에 구조주의로 전환하고, 1971년에 구조적 과학의 도래를 찬양하는 저서를 출간하기 때문이다. "구조적 연구를 위한 인문과학의 운동이 있다. 이 운동은 우리를 포괄하고, 우리를 넘어서며, 그것의 의미는 우리의 직접적인 표상이나 경험 밖에서 찾아야 한다."[24]

과학의 갈망

따라서 68년과 구조주의를 연결하는 계속성의 본질적 측면들 가운데 하나는 5월 아이들의 과학적 요구 속에 위치하게 된다. 어떤 사람들은 순진한 바보들, 게으른 학생들의 혁명을 믿게 만들었다. 그러나 정반대로 5월 운동의 지도자들은 문화의 가장 높은 곳에 위치했고, 전달되는 지식에 불만이었기 때문에 내용과 내용이 교육되는 방법이 철저하게 변화되기를 갈망했다. 따라서 이런 관점에서 볼 때, 과학주의를 동반한 구조주의 패러다임으로의 전향은 완전하게 실현되었다. 비록 일부 사람들이 아직은 너무 이데올로기에 물들어 있고, 지식과의 현학적인 관계를 재생산하는 데 골몰하는 것으로 간주되는 구조주의적 교육자들의 강의들을 방해하기 위해서 과학을 내세워 과장했다 할지라도 말이다. 그러니까 5월 운동의 쾌락주의 곁에는 68년 이후의 구조주의에 행복한 내일을 보장하게 되는 과학적 엄격함에 대한 욕망의 차원이 전적으로 존재한다.

대학 세계에 내재하는 내분보다 더 광범위한 규모로 쟁점이 된 것은 기술 관료화 과정에 직면하여 문과대학 교수들과 울름의 지식인들이 보인 반응이다. 왜냐하면 이 과정은 그들을 국립행정학교 출신의 고급 관료들과 엔지니어들 뒤로 밀어내며 부차적 역할로 쫓아 버리는 경향을 드러내고 있었기 때문이다. 따라서 문과 교수들의 과학적 갈망에는 절망에서 오는 과감성의 무언가가 있었는데, 이는 이와 같은 테크노크라트들로의 교체를 거부하기 위한 것이었다. "나는 68 사건 이후에 많은 학생들을 논리학 강의로 몰아대는 합리주의 물결에 충격을 받았다."[25] 그래서 사람들은 인식론 · 과학 이론만을 이야기했고, 그것들은 매우 난해한 영역이었기 때문에 그만큼 더 놀라운 성공을 거두었다. 언어학을 보면 그것은 조작적 · 과학적 학문으로 대대적으로 인정되었고, 1968년 5월 운동의 성공 덕분에, 그리고 일반화된 구조주의의 전적으로 부수적인 성공에 힘입어 "문법학자라는 상징적으로 거의 가치가 없는 칭호를 언어학자라는 칭호"[26]와 교환토록 해주었다.

68 사건 직후는 과학주의적인 불꽃이 절정 단계에 다다른 시기였다. 언어학의 가장 형식적인 분과 학문인 기호학은 이러한 불꽃을 일으킨 중요한 매체들 가운데 하나였다. 국제적인 잡지 《세미오티카》가 창간된 것은 1969년이다. 토머스 A. 시벅과 블루밍턴대학교가 이 잡지를 이끌었고, 사무국은 조세트 레이 드보브와 줄리아 크리스테바의 책임하에 파리에 자리잡고 있었다. 언어학은 인문과학들을 엮어내는 중심축이자 다른 학문들에 모델을 제공하는 선도과학으로서 계속해서 선두에서 달렸다. 이러한 측면은 1972년에 오스발트 뒤크로와 츠베탕 토도로프에 의해 실현된 《언어과학 사전》이, 설사 저자들의 의도는 아니었다 할지라도 쇠이유사에서 출간되는 것을 정당화시켰다. 엄밀함에 대한 이와 같은 일반적 욕구는 다양한 학문들을 잇는 가교들의 수와 힘을 강화시켰고, 하나의 모델을 중심으로 한 학제간 연구의 성공을 보장하면서 이 모델에 최대한 흡인력을 확보해 주었다.

그렇기 때문에 클라인 추종자였던 아르헨티나인 정신분석가 장 다비드 나지오는 1969년의 라캉 이론으로 전환했다. 그는 《에크리》를 스페인어로 번역하는 작업에 매진했고, 이를 기회로 자주 라캉을 만났다. 그는 알튀세의 입장에 입각해 라캉의 주장들을 받아들였다. "나는 정치적 투사로서 마르크스-레닌주의자였다. 내가 알튀세 이론에 입각해 멜라니 클라인을 비판하고 싶은 생각을 했던 것은 알튀세를 읽으면서이다."[27] 그래서 인문과학 교육의 사회화 혹은 민주화, 이 학문들의 대량적인 정착과 이데올로기적 힘은 함께 구조주의 패러다임의 성공을 확보해 주었다. 사실 이 패러다임은 대학 영역에서 인정되기 위해서 필요한 과학성의 보장을 가져다 주었다. 학문적인 잡지들, 미디어들, 지적 독자층에서 계속되는 성공을 제도적인 정착으로 변모시키기 위해서는 대학 영역에서 자리들을 점령해야 했다.

따라서 지식의 새로운 구조는 과학에 대한 이와 같은 집단적 열광을 전제한다. 엄밀함에 대한 이와 같은 욕구는 68년 직후 고등학교를 졸업하고, 그랑제콜 입시준비반과 대학에 들어가는 젊은 세대에서 매우 강력하게 느껴졌다. 그리하여 레비 스트로스의 학파에서 공부를 해 인류학자가 되는 마르크 아벨레스는, 모리스 고들리에에게서 엄밀함에 대한 자신의 욕구를 만족시켜 주는 과학적 방식의 개발을 발견했다. 그러나 이것은 자리잡은 정치적 힘과 인간들에 대한 실망으로부터 비롯되는 정치적 고려와 관계가 없지 않았다. "우리는 그들이 얼간이들이라 생각했다. 그와 같은 이론적 작업에서 우리는 단단한 이론적 방파제에서 출발함으로써 작업의 엄밀함 뒤쪽에서 정상배적 정치의 무기력에 반항하려 했다 할 것이다."[28]

또한 새로운 영역들에서 과학적 모험을 시도하기 위해, 전통적 지식의 프랑스식 정원에서 너무도 잘 설계된 화단들을 비워 버리고 싶은 욕구를 느꼈던 사람들이 있다. 비록 이 화단들이 새롭게 단장되었다 할지라도 말이다. 현대 문학을 전공하는 대학생이었던 마르크 베르네가 그런 경우이다. 그는 1968-1969학년도에 기술 교육 고등사범학교에 들어갔다. "나는 영화를 좋아했고, 크리스티앙 메츠를 읽기 시작했다. 나는 과학성을 선택했고, 모든 것을 설명하게 될 것은 기호학이라고 생각했다. 나는 기호학에 달려들었다."[29] 마르크 베르네는 기술 교육 고등사범학교에서 학업 과정을 다 마치지 못한다. 콩쿠르에 학생들을 준비시키면서 언어학의 새로운 지식들을 통합한 우수한 교수들이 있었음에도 불구하고 말이다. 피에르 쿠엔츠 · 앙투안 퀼리올리 같은 인물들이 그들이다. "나는 문학이 완전히 시대에 뒤져 있다고 생각했다. (…) 나는 모든 것을 삼켜 버릴 물결 위에 있다는 느낌이 들었다."[30] 따라서 그는 '40년대 미국 탐정 영화에서 의미의 정지 현상'에 대해, 그러니까 '서스펜스'에 대해 크리스티앙 메츠의 지도를 받아 박사학위 논문을 쓰기 위해 고등연구원에 들어갔다. 이와 같은 선택 때문에 그는 다양한 학문들에서 구조주의적 연구의 모든 영역을 발견했다. 마르크 베르네가 영화기호학을 연구하기로 결정했을 때, 그는 아직 레비 스트로스의 작품을 알지 못했다. 그의 친구인 다니엘 페르슈롱은 이 인류학자의 작품을 열정을 느끼며 발견했지만, 이 작품이 1차적으로 그의 작업에 영향을 주지는 못하고 있었다. 그러던 차에 그는 마르크 베르네에게 이 작품을 읽어보라고 권유했다. 마르크 베르네는 사람들이 구조적 관점에서 습관적으로 화자와 대립시키는 인물이란 무엇인지에 대한 질문을 자신에게 제기할 때까지, 레비 스트로스의 텍스트 〈구조와 형태〉에서 이탈을 발견했다. 이 텍스트에서 레비 스트로스는 인물들을 그들의 기능이 아니라 속성에 입각해 다룰 것을 제안하면서 블라디미르 프로프를 비판한다. "나를 매혹시켰던 것은 레비 스트로스가 다원적인 텍스트들 전체를 구조들로 환원시키는 능력이었다."[31] 이와 같은 방식은 40년대 미국에서 구상된 모든 영화들이 서로 닮아 있다는 순전히 직관적인 느낌을 과학적으로 이해하게 해주었다. 물론 언어학자들의 업적이 마르크 베르네의 관점에 들어갔다. 영화의 이야기에서 인물의 입장에 대한 문제 제기들을 통해서 그는 문학에서 인물들에 대해 필립 아몽이 이미 이루어 낸 고찰[32]을 발견했다. 영화기호학의 도구 상자에서 그는 또한 라캉을 고려해야 했다. 왜냐하면 70년대 당시에 스승인 크리스티앙 메츠가 자신의 작업을 영화/정신분석학의 관계 쪽으로 변화시키고 있었기 때문이다. 그래서 마르크 베르네는 라캉의 작품을 모두 읽었으며, 특히 그의 관심은 '대상 a로서 시선에 대하여'[33]에 집중되었다. "왜냐하면 시각 · 물신 · 엿

보기 취미가 문제였기 때문이다."[34] 그러므로 과학적 엄격성에 대한 염려가
활기를 불어넣었던 일단의 연구가 68년 이후 구조주의의 성공에 토대가 되
었다.

실패의 상처 감싸기

1968년 이후 시기에서 유행하여 라캉에게 지지층의 증가를 보장해 주었
던 정신분석적 담론에 대한, 다시 말해——로베르 카스텔이 비판적으로 규
정했듯이——'정신분석주의(psychanalysme)'의 형태에 대한 열광을 이해하
게 해주는 또 다른 차원이 존재한다. 물론 라캉은 특히 그가 뱅센대학교 캠
퍼스에 나타나게 될 때, 5월 운동에 의해 비판받았다. 그러나 드골처럼 아
버지를 구현하고 부르주아화되었다고 비판받으며 항의를 받았지만, 그는
또한 5월 운동의 퇴각하는 시기에 아버지-의지처이고, 아버지-구제자였
다. 동원이 최저치로 떨어지고, 시간이 흐름에 따라 하상에 넘치는 물이 빠
질 때, 라캉은 옛 세계와의 소망했던 총체적 단절에 대한 잃어버린 환상과
실패의 상처를 감싸 줄 수 있는 자가 되었다. 세계를 변화시킬 수 없는 상황
에서, 사람들은 다시 한 번 자기 자신을 변화시킬 수 있었다. 그런 만큼 3월
22일 운동의 옛 동지였던 롤랑 카스트로처럼 율법의 위반에 따라다니는 어
려움과 혁명이란 관념에 고유한 환상(혁명(révolution)은 어원적 의미에서 보면
동일한 지점, 출발점으로 되돌아오는 것이다)을 이해하기 위해 라캉의 환자용
분석 의자로 줄을 이었던 사람들은 많았다. "68 사건 이후로 분석을 받으러
왔던 사람들, 예컨대 롤랑 카스트로·카트린 클레망·자크 알랭 밀러 같은
자들은 마오쩌둥주의가 쇠퇴하던 시기에 구원의 바퀴처럼 그것을 체험했
다."[35]

따라서 68 사건이 퇴각하고 원상 복구가 이루어졌을 때, 구조는 이 사건을
극복했다. 실패는 구조의 공략할 수 없는 힘을 표현하는 것으로 느껴졌고,

따라서 구조주의의 선택은 적어도 총체적이고 급진적인 단절로서의 5월의 표현과 그 '실패'를 통해 이중적으로 고무되었던 것이다. 그렇기 때문에 라 캉은 의지처를 구현했고, 불가능한 혁명의 시기에 신호를 보냈다. 1970년 5월에 프롤레타리아 좌파의 기독교 신도들은 롤랑 카스트로가 담당하는 금고가 비자 대표단을 라캉에게 파견했다. 대표들은 라캉의 진료실에서 네 시간 동안 설득을 했지만 성공하지 못하고, 라캉으로부터 이런 말을 들어야 했다. "왜 내가 당신들에게 내 돈을 주어야 한단 말인가? 혁명, 그것은 바로 나다."[36]

극단적 구조주의의 승리

따라서 68년 5월이 구조주의에 미친 파장은 모순적이다. 왜냐하면 동일한 작가들의 사상 내에서까지 신(新)과 구(舊)가 뒤섞이고, 과학적 합리주의와 반전통주의가 결합되었기 때문이다. 어쨌든 68년 5월은 이론적인 관점에서 파장이 없지 않았다. 그것이 구조주의의 소멸도 승리도 가동시키지는 않았다 할지라도 사실상 노선들을 이동시켰고, 1966-1967년 이후로 진행 중인 변화들을 가속화시키게 되었다.

특히 5월 사건이 유리하게 조장하게 되는 것은 이른바 극단적 구조주의(ultra-structuralisme)의 성공이다. 이 극단적 구조주의는 구조주의 방향들의 요체를 수용하여 그것들을 다원화 쪽으로, 5월 이후로 지배적인 사고 범주들이 되는 '유랑적(nomades)'인 불확정적 개념들 쪽으로 개방시킨다. 구조주의의 초월을 확실히 하기 위해 구조주의를 내부로부터 괴롭혔던 모든 것, 다시 말해 생성주의, 언술 행위 이론들, 상호 텍스트성, 로고스 중심주의에 대한 비판 등 그 어느것이 되었든 이 모든 것의 승리를 68년 5월은 확실히 해주면서 폭발의 과정을 가속화시켰다. 맨프레드 프랑크는 그 모든 것을 '신구조주의'라 명명했다.

따라서 총합 지향적인 모든 범주들은 해체적 비판을 받지 않을 수 없었고, 일률적으로 다원화되었다. 인과 관계의 관념이 문제시되었고, 그것은 주변과 관계적 도식의 관념으로 대체되었다. 관계적 도식들은 다양한 가지들이 있지만 조직화시키는 중심은 없다. 초창기 구조주의는 이미 인과 관계의 개념을 공격했고, 이미 관계적 측면에 대한 사고를 우선시한 바 있었다. 그런 만큼 극단적 구조주의는 다시 한 번 이러한 단절을 강조하고 추구했다. 그리고 그것은 규범에 반대해 욕망, 하나에 반대에 다양함, 기의에 반대해 기표, 동일자에 반대해 타자, 보편에 반대해 차이들 쪽으로 점점 더 기울어짐으로써 이 단절을 굴절시켰다.

68년 5월은 특히 구조의 울타리라는 개념을 파괴시켰다. 빗장은 떨어져 나갔고, 점은 매듭으로 변모했다. "신구조주의자들의 구조는 지칭할 수 있는 한계를 더 이상 몰랐고, 개방되었으며, 무한한 변모들을 할 수 있었다."[37] 68 이후의 구조주의는 이와 같은 개방/다원화를 특히 역사화의 측면에서 발견했다. 이 역사화의 측면은 역사의 어떤 의미나 역사철학으로의 회귀를 의미하는 것이 아니라, 역사의 니체-하이데거적 해체를 의미한다. 역사에 의해 타격을 입은 구조주의는 역사를 해체하기 위해 재발견했던 것이다.

보다 장기적으로 볼 때, 구조주의 내부에서 작용했고 68 사건이 그 개화를 가능하게 해주었던 모든 싹들은 모두 구조적 패러다임 자체를 불안정하게 만드는 힘들을 나타내게 되었다. 그것들은 70년대에 이 패러다임의 냉혹한 쇠퇴를 확실히 하게 되었다. 생성주의, 언술 행위의 고려, 상호 텍스트성, 해채주의 등은 구조주의의 필요한 조정, 그것의 해체, 그것의 말소를 동시에 확실하게 해주었다.

역설적으로, 보다…… 구조적인 또 다른 요소가 동일한 방향에서 작용하게 된다. 그것은 1968년부터 대학을 대규모로 포위하는 구조주의자들의 제도적 승리이다.

13

제도화: 대학의 정복

구조주의자들의 대부분은 1968년까지 주변에 머물렀던 자들이었다. 5월에 학생들의 항의, 대학의 현대화, 소르본의 분열은 구조주의자들에게 대학 세계에서 원했던 돌파를 가능하게 해주어 대량으로 대학 세계에 진입하게 되었다. 결국 이것은 새로운 세대의 젊은 교육자들을 위해 만들어진 많은 수의 교수직을 통해, 그리고 구조화된 지식에 할애된 많은 학과들의 설립을 통해 수도를 정복한 것이었고 눈부신 진출이었다.

이론적인 측면에서 68 사건의 결과에 대한 애매성이 있었긴 하지만, 제도 적인 측면에서는 그렇지 않았다. 구조주의는 5월 항의 운동의 가장 큰 수혜 자였다. 따라서 중심을 향한 동심원적 활동들을 통한 구조주의적 주장들의 전개는 소르본의 저항 세력을 점진적 개혁을 통해 개혁하는 대신 '혁명'을 틈타서 일거에 무너뜨린 것이다. 가장 눈부신 현상은 물론 당시까지 존재하 지 않았던 일반언어학과를 대학들에 설립한 것이었다. 물론 이미 자리를 잡 은 언어학자들도 있었다. 그러나 언어학과들 내에 갇혀 있었던 그들은 자율 적 존재가 되지 못했다. 수가 별로 많지 않았던 그들은 외국어들이나 프랑 스어 문법을 습득하는 데 보조적 역할을 하고 있었다.

68년 5월 직후, 교육부에서는 문과대학의 새로운 학사과정을 재규정하기 위한 위원회가 설치되었다. 그 모든 것이 48시간 동안에 이루어졌다. 약 12 명의 교수들이 모였으며, 그 가운데는 장 뒤부아·앙드레 마르티네·알지 르다스 쥘리앵 그레마스가 있었다. 앙드레 마르티네는 일반언어학의 이수 단위를 제정하려 했고, 그보다 장 뒤부아는 프랑스 언어학의 이수 단위를 지지했다. "나는 회의록을 작성하는 여비서 옆에 앉아 있었다. 상당히 혼란스러웠다. 제안된 것들이 칠판에 옮겨졌다. (…) 비서는 어떤 상황인지 나에게 물었다. 나는 그에게 '프랑스 언어학'이라고 말했다. 그렇게 교육부에서 출발했고, 결의서는 인준되었다."[1] 소르본에서 앙드레 마르티네는 1968년을 이용해 루이 장 칼베와 같이 1969년에 임명되는 젊은 조교들의 원군을 얻었다.

낭테르에서의 힘의 장악

이미 장 뒤부아와 베르나르 포티에가 있었던 낭테르대학교에서는 언어학과의 설립이 **강제로** 이루어졌다. "68년, 낭테르에서 내 조교들과 함께 우리는 강제로 문학 교수들과 갈라져 나왔다. 그들은 사무국에서 추방되었고, 패배했다."[2] 5월 운동은 젊은 교육자들에게 모든 단계들을 뛰어넘는 경력을 실현하게 해주었다. 교수들을 충원해야 할 필요성은 교수 집단을 놀랍도록 젊어지게 만들었고, 더할나위없이 과감한 현대화의 관점으로 나아갔다. 1968년에 고등학교 교사였던 언어학자 클로딘 노르망은 루이 길베르와의 접촉에서 루앙대학교의 조교 자리를 제안받자, 단 하루 동안의 생각 끝에 수락했다. "그 다음해, 1968년 10월부터 나는 낭테르에서 근무하게 되었다."[3] 이곳에서 언어학과는 프랑스 공산당원들이 이끌고 있었다. 비록 이 학과가 장 뒤부아의 소망에 따라 언어학의 모든 흐름들에 개방되어 있었지만 말이다. 장 뒤부아는 분파주의자가 아니었고, 따라서 교직 충원을 공산주의자들에게만 폐쇄할 수는 없었다. 특히 낭테르의 이 학과를 특징지었던 것은 거대한 규모이다. 1969년에 이미 22명의 전임교수들(후에 27명으로 늘어난다)이 있었다.

낭테르인들의 작업은 특히 담론 분석, 어휘론에 토대한 사회언어학으로 방향을 잡았다. 그리하여 장 뒤부아 · 장 바티스트 마르셀시 · 드니즈 말디디에 · 프랑수아즈 가데 등의 연구는 학제간 연구의 이정표를 세우게 해주었고, 레진 로뱅이나 앙투안 프로스트 같은 낭테르의 일부 역사학자들과 공동 작업을 실현시키게 해주었다. 이와 같은 어휘론적 방향은 지배적인 이데올로기에 대한 비판적 방향을 추구하는 바가 없지 않았다. 따라서 그것의 관점은 이론적이고 동시에 정치적이었다. 그렇지만 구조주의의 계보 속에서 이 언어학자들은 언어와 사회적인 측면이라는 두 층위 사이의 인과 관계를 확립하면서 전통적 소쉬르 이론에는 부재하는 그것들의 결합을 찾으려 했다. 이와 같은 비판적 작업은 역사적 · 정치적 담론에서 작용중인 이데올로기에 적용되었다. 그것은 기본적으로 해리스의 분포 방법뿐 아니라 보다 프랑스적인 전통, 즉 어휘론으로부터 영감을 얻었다. 많은 연구 사례의 모델 역할을 하게 되었던 것은 장 바티스트 마르셀시의《투르 전당대회》에 관한 주장이다. 그는 이 저서에서 공산당 인터내셔널의 21개 조건의 지지에 호의적인 다수파의 담론과 레옹 블룸과 더불어 옛 전통을 보존하려는 소수파의 담론을 대조했었다. 그는 1920년에는 내용의 수준에서가 아니라면 두 흐름 사이에 눈에 띄는 사회언어학적 균열은 아직 없었다고 결론을 내렸다.

1968년 4월, 즉 5월 운동 직전에 생클루에서 정치적 어휘론학회가 열렸는데, 이 학회 동안에 아니 크리에젤은 인민전선에서 공산주의자들이 사용한 '통일적인' 어휘를 분석했다. 드니즈 말디디에는 6개의 일간지에 입각해 알제리 전쟁 동안 사용된 정치적 어휘를 연구했다. 앙투안 프로스트는 19세기말 1881년 선거 때 프랑스의 정치 가문들이 사용한 어휘를 대조했다. 이 모든 어휘론적 작업은 1968년 5월 이후 낭테르를 중심으로 이루어지게 되었고, 1971년 '언어학과 사회'에 할애된《프랑스어》지의 한 호와[4] '정치적 담론'의 연구에 할애된《언어들》지가 출간되도록 했다.[5]

이와 같은 관점은 언술(담론의 내용)과 언술 행위(언어의 코드에 속하고, 의미가 종속되는 요소들) 사이의 구분, 다시 말해 장 뒤부아와 위리엘 바인리히가 4개의 개념들에 입각해 수행한 구분을 중시하게 해주었다. 이 4개의 개념은 주체가 자신의 언술에 대해 지닌 **거리**, **양태 부여**(주체가 자신의 언술에 부여하는 표시), 긴장(주체와 대화 상대자 사이의 관계를 규정함), 그리고 마지막으로 담론의 투명성/불투명성이다. 이와 같은 토대 위에 뤼실 쿠르데스는 1937년에 레옹 블룸과 모리스 토레즈가 발표한 담화들에 대한 비교 분석을 수행했다.[6] 그녀가 그것들 속에서 식별해 낸 것은 언술 행위가 겨우 표시된 교육적이고 거리가 있는 담화(동질적인 그룹의 이름으로 표현되는 모리스 토레즈의 담화, 개인적 정신 상태들이 존재하지 않는 공산주의자들의 담화)와, 행위자들(actants)을 참조하고 구체적인 정치적 목표를 향한 최대한의 긴장을 담고 있는 레옹 블룸의 담화 사이의 대립이다. 또 다른 시기, 즉 프랑스 혁명의 시기에 걸쳐서 여류 역사학자 레진 로뱅과 언어학자 드니 슬라크타는 1789년의 진정서들을 연구 대상으로 삼았다.[7] 한편으로 사회적 역사, 즉 스뮈르앙오스와르의 대법관 재판소에 관한 레진 로뱅의 주장에서 사회적 역사는 언어학과 협력하지 않을 수 없었다. 다른 한편으로 화용론이 언어학적 작업 속에 들어왔다. 왜냐하면 드니 슬라크타는 요구 행위의 발화 내적[8] 잠재성에 대해 탐구했기 때문이다. 프랑수아즈 가데는 언어의 사회적 변화들에 대해 탐구했다.[9]

　이와 같은 담화 분석들은 낱말들의 사용 빈도에 관한 어휘적인 양적 연구에서 멈추지 않았다. 그것들은 행동들과 이것들의 언어적 표명 사이의 관계를 확립하고자 노력했다. 알제리 전쟁의 정치적 담화에 대한 드니즈 말디디에가 수행한 분석도 마찬가지이다.[10] 이와 같은 관점은 구조주의적 방법을 70년대의 보다 높은 수준의 정치적 의식에 적용하게 해주었고, 때로는 몇몇 결과들을 낳게 되었다. 예컨대 앙투안 프로스트는 1880년대 선거에서 후보자들의 연설을 분석함으로써, 좌파의 후보자들이 우파 구역에서 우파 후보자들처럼 말했을 뿐 아니라 때로는 좌파 구역 내에서도 우파 후보자들처럼 말했다는 결론을 끌어냈다.[11] 그러나 이와 같은 어휘론적 연구로부터 도출된 결론들이 실망스럽고, 오랜 질적·양적 검토 끝에 연구자의 최초 직관을 확인해 주는 것에 지나지 않은 경우가 너무도 자주 있었다.

소르본의 분열

구조언어학은 또한 1968년 5월로부터 생긴 새로운 대학에 대대적으로 들어왔다. 이 대학은 파리7대학(쥐시외)으로서 과학적·학제간의 연구를 사명으로 1970년에 설립되었다. 소르본의 특권 지식인들과 싸웠지만 뱅센대학의 경험에 참여하지 못한 문과 교수들의 대부분이 파리7대학에 왔고, 랑송적인 비평을 구조적 비평으로 대체했다. 그들은 특히 30대의 젊은 조교들이었지만, 또한 앙투안 퀼리올리처럼 보다 검증된 전문가들이었다. 퀼리올리는 언어학과를 설립하기 위해 정밀과학에 개방된 이 대학을 선택했다.

파리7대학의 학제간 방향은 '역사학, 지리학, 사회의 과학'이라는 이름이 붙여진 학과에서도 나타난다. "이것은 구조주의로부터 비롯된 것인가? 그렇다. 왜냐하면 구조주의와 레비 스트로스의 업적에서 많은 사람들을 매혹시킨 것은 밤바라족으로부터 촘스키·수학·민족학 등으로 갈 수 있다는 그 환상적인 가능성이었다."[12] 상이한 학문들의 전문가들, 특히 피에르 앙사르나 앙리 모니오 같은 사회학자들, 그리고 미셸 페로나 장 셰스노 같은 역사학자들이 동일한 교육 계획 속에 나란히 할 수 있도록 하기 위해서 학제간의 경계를 문제삼고자 하는 욕망이 있었다. 그러나 이러한 팀의 정신 상태는 구조주의의 이론적 방향들을 채택하고자 하는 것이 아니다. 구조주의가 학문들 사이의 전통적 분리를 뛰어넘고자 하는 의지로서 야기시킨 것을 제외하고는 말이다.

뿐만 아니라 68년 5월은 정신분석학이 다른 사회과학과 연계하여 대학에 침투하게 해주었다. 비록 아직은 파리의 경계를 벗어나지 못했고, 오직 몇 군데에 한정되었지만 말이다. 이것은 학파들 사이의 싸움을 넘어서 라캉학파가 60년대에 문학자들·인류학자들·철학자들과 함께 구조주의에 적극적으로 참여한 결과였다. 당시까지 정신분석학은 1955년 소르본에 심리학 교수직이 만들어져 자리를 잡았던 다니엘 라가슈가 닦아 놓은 길을 따라서 심리학을 가르친다는 명분하에 문과대학에서 교육되었다.[13] 낭테르에 디디에 앙지외, 상시에에 줄리에트 파베 부토니에 같은 유격대가 있었다. 파베부토니에는 여기서 1966년에 심리학임상연구소를 설치했다. 그러나 그녀의 상황은 어떠한 자율적 교육 과정도 확보해 주지 못했으므로 매우 불안정했다. "임상연구소가 심리학적이 됨으로써 그녀가 사라지던가, 아니면 그것이 의학적이 되어 그녀가 의학에 매달려야 했다."[14] 그러나 그녀는 그녀의 주변에 4명의 조교, 즉 클로드 프레보·자크 가제·피에르 페디다 그리고 안마리 로슈블라브를 규합하면서 독립된 분야를 만들어 내는 데 성공했다. 그녀는 이 임상심리학 과정에 어떠한 보장도 제공되지 않았지만 학생들의 등록을 받기 시작했다. 5월의 항의 덕분에 이 핵심 그룹과 또 다른 그룹에 입각해 파리7대학에 소속된 임상인문과학부가 상시에에 설립되었다.

다른 계획들도 있었는데 그 가운데는 수학과 인문과학을 중심으로 한 '실험대학'의 계획이 들어 있었으며, 이에 대한 발상은 언어학자 앙투안 퀼리올리와 정신분석학자 장 라플랑슈로부터 비롯되었다. "구상은 근본적 과학으로 회귀하자는 것이었다. (…) 불변하는 심리학 속에 정착점들을 찾아내는 것보다는 하나의 실험적 학부에서 이 회귀가 추구되었다."[15] 이와 같은 계획은 결실을 보지 못하게 된다. 장 라플랑슈는 수백 명의 학생들이 등록하는 임상인문과학부에 참여하게 된다. 그는 조금 후 1969-1970학년도에 정신분석 및 정신병리학연구소를 설치했는데, 이번에는 오로지 그 방향을 프로이트 작품의 해설로 잡았다.

상시에의 문과대학 중심으로 이처럼 진출이 가능했던 것은 라캉이 실현시킨 정신분석학의 위치 이동, 정신분석학의 탈의학화, 그리고 언어학 쪽에서 찾아진 접합점들 때문이었다. 이어서 5월 운동은 이와 같은 이동의 제도적 완성을 이룩하게 해주었고, 이 점을 두드러지게 예시하는 것이 뱅센대학교의 정신분석학과 설립이다. 우리는 다음장에서 이 점을 보다 자세히 분석할 것이다.

콜레주 드 프랑스…… 그리고 미국의 정복

구조주의의 제도화를 나타내는 또 다른 표시는 미셸 푸코와 폴 리쾨르가 1969년말에 콜레주 드 프랑스에 들어가기 위해 겨룬 싸움에서 전자가 승리한 것이다. 이 대학에 지원하겠다는 푸코의 계획은 《말과 사물》의 성공으로 거슬러 올라간다. 그리고 조르주 뒤메질 · 쥘 비유맹 · 페르낭 브로델 같은 푸코의 지지자들을 규합하기 시작한 장 이폴리트가 그것을 적극적으로 실천에 옮겼다. 그러나 1968년 10월 27일 장 이폴리트가 죽음으로써 계획이 연기되었다가 쥘 비유맹에 의해 재개되었다. 왜냐하면 이제 비어 있는 정교수 자리를 채워야 하기 때문이었다.[16] 철학 교수직에 세 명의 지원자, 즉 폴 리쾨르 · 이봉 블라발 그리고 미셸 푸코가 나타났다. 푸코는 그가 차지할지 모를 교수직 강좌를 '사유 체계의 역사'로 정할 것을 제안하고, 그것의 프로그램을 이렇게 제시했다. "(역사학을 포함해) 이미 설립된 과학들과 (역사학자들이 다룰 줄 아는) 여론 현상들 사이에서 사유 체계의 역사를 시도해야 할 것이다." 이는 "인식, 인식의 조건, 그리고 인식하는 주체의 위상을 재탐구하기 위한 것이다."[17]

이 계획을 무시하고 콜레주 드 프랑스의 교수들은 폴 리쾨르에게 돌아갈 행동철학 교수직이나, 혹은 이봉 블라발에 돌아갈 합리적 사고의 역사 교수직을 선택할 가능성도 있었다. 46명의 투표자들 가운데 푸코의 계획은 2차 투표에서 25표를 획득함으로써 10표를 얻은 리쾨르와 9표를 얻은 블라발의 계획에 승리했다.[18] 뱅센대학교 캠퍼스에서 받은 최루탄 가스 냄새를 아직도 풍기고 있는 그런 푸코가 1970년 12월 2일 신성한 의식(儀式)을 갖춘 이 전범적 교육 기관에 입성한 것은, 우리가 푸코의 작업을 구조주의 운동 내에서 재복원할 때에만 이해될 수 있다. 그것은 구조적 사유의 정당화와 공식적 인정을 통해 그로 하여금 조르주 뒤메질과 클로드 레비 스트로스와 합류하게 해주었기 때문이다.

뿐만 아니라 구조주의 4총사의 향연은 몇 년 후 라캉을 제외하고 콜레주 드 프랑스에서 열릴 수 있게 되었다. 1975년에 롤랑 바르트가 이 훌륭한 대학에서——푸코 덕분에——선출됨으로써 푸코와 합류했다. 바르트의 후보 지원을 옹호하게 된 것은 푸코였다. 그것은 지원자의 지나친 세속적 성격에 대한 몇몇 사람들의 망설임을 야기시켰다. "대학을 넘어서 현재 우리에게 들리고 있고, 우리가 귀담아 듣고 있는 이 음성들, 이 몇몇 목소리들이 오늘날의 우리 역사에 속하면서도, 우리의 목소리에 속하지 않아야 한다고 여러분은 생각합니까?"[19] 미셸 푸코는 결정을 밀어붙였고, 롤랑 바르트는 푸코·클로드 레비 스트로스·조르주 뒤메질·에밀 벤베니스트, 그리고 이윽고 피에르 부르디외와 함께 같은 대학에 속하게 되었다. 그렇게 하여 콜레주 드 프랑스는 구조주의를 프랑스 사유의 강렬하고 풍요로운 계기로 인정했다.

60년대말에 구조주의자들이 거둔 이와 같은 성공들은 매우 컸기 때문에 미국을 매혹시켰다. 프랑스를 매우 좋아했던 버클리대학교 교수인 버트런드 오그스트는 미국인들이 이와 같은 지적 열기를 이용하게 하고 싶었다. 그는 파리의 중심인 오데옹 극장에 선발된 미국 대학생들을 위한 교육센터를 설립해 그들로 하여금 파리에서 한 학년을 수학하도록 했다. 70년대초부터 이 센터는 캘리포니아와 미국 전역에서 선발된 대학생 20여 명이 구조기호학과 친숙해지기 위해 왔다. 처음에는 영화기호학을 전문으로 삼았던 오데옹 극장의 이 센터는 사회과학 전체에 개방됨으로써 활동을 다양화시키게 된다. 미셸 마리는 이 미국 대학생들이 미국에 새로운 방법들의 대사들이 될 수 있도록 파리에서 중계자 역할을 했다.

미국 대륙에서 푸코의 작품은 특히 서부와 캘리포니아에서 매우 광범위하게 유포되었다. 데리다의 경우, 그는 이미 1966년에 볼티모어 존스홉킨스대학교가 주최한 학술대회에서 〈인문과학의 담론에서 구조, 기호, 그리고 놀이〉라는 논문을 발표해 미국인들을 정복했다. 그래서 그의 작품은 1973년부터 매년 그가 예일대학교에서 극히 많은 청중을 대상으로 세미나를 이끌 정도로 유포되었다.

성공의 역효과

제도권에 정착한 구조주의는 또한 미디어의 정복을 계속 추구했다. 그것은 로제 폴 드루아가 1972년에 《르 몽드》지의 부록판 《책의 세계》에서 '인문과학' 란의 책임자가 됨으로써 이 영역에도 공식적인 인정을 얻게 되었다. 알튀세-라캉 이론의 추종자인 그는, 70년대에 점점 더 분열되고 있었지만 여전히 당시의 강력한 사상이었던 구조주의의 다양한 주장들을 보급시켰다. "나는 구조주의의 지배가 완전한 힘을 발휘하고 있었을 때 도착했다."[20] 그는 구조주의 물결이 도처에서 퇴각하는 1977년에 이 책임자직을 내놓았다가 80년대말에 다시 맡게 된다. "그 모든 것은 고갈된 하나의 세계를 성직화시키고 풍자화하는 가운데 1975년을 전후로 마감되었다."[21]

사실 1968년 이후 구조주의의 제도적 힘은, 알랭 투렌에 따르면 대학 세계와 사회 세계 사이의 단절을 부각시킴으로써 68 사건을 그것의 내용과 체험으로부터 비워내는 좋지 못한 결과를 가져왔다. "68의 담론은 대학을 점령했는데, 68의 체험은 대학으로부터 추방당해 사회를 변화시키는 여자들·이민노동자들·호모들 속에 자리잡았다."[22]

한편으로 보면 체험의 이와 같은 비우기와 이와 같은 폐쇄성은 구조주의 원칙들에 잘 부합했다. 왜냐하면 이 원칙들은 연구 대상과의 인식론적·이론적·과학적 단절을 권유하고, 그렇게 하여 일어나고 있는 일의 이론화를 가능하게 하기 때문이다. 이로부터 대학 세계가 사회 세계를 결합시키려는 시도에 실패한 후 자기 세계에 파묻히는 결과가 초래되었다.

그러나 사회적 정복들은 정신분석학자(프로이트적) 제라르 망델이 강조하고 있듯이 정신분석학적 측면에서 구조주의의 공적으로 인정되어야 했다. "라캉의 성공은 일단의 지적인 프롤레타리아들(사회복지요원들·교육자들 등)이 있었던 때와 일치했다. 이들에게 정신분석학자의 고상한 길은 닫혀 있었던 참이었다."[23] 라캉이 추구한 길은 전통적인 의학 교육 과정 밖에서 정신분석자의 직업을 광범위하게 개방시켜 주었고, 새로운 사회 계층들이 특히 교육적 의학 기관들의 증가 덕분에 이 틈새로 몰려들 수 있었다. 이와 같은 확장은 정신분석학의 보다 광범위한 사회화를 가능하게 해주었고, 이러한 민주화가 68 사건에 의해 가속화되었다는 점은 논의의 여지가 없다.

그러나 구조주의가 68년의 항의 덕분에 권력을 정복하고 제도화됨과 동시에 그것은 평범해졌고, 날카로운 비판적 힘을 상실했다. 따라서 우리는 이와 같은 승리 뒤에서 장차 다가올 분열의 징후를 엿볼 수 있다. 이 분열 동안에 각자는 자신의 학문 분야에서 특수한 논리를 다시 그리게 된다. 왜냐하면 함께 이끌어야 할 투쟁도, 지목된 적도, 눈에 띄는 표적도 더 이상 없기 때문이다. 전투적인 문장은 제도적 승리와 함께 마감되었다. 그것은 우리가 계속해서 자세히 분석하게 될 분열과 해체의 시기를 열었다.

이와 같은 변화에서 뱅센대학교의 번쩍이는 역사만큼 보다 잘 증언하는 것은 아무것도 없다.

14

구조주의의 뱅센대학교

국방부는 뱅센 숲 한가운데 있는 사격장 옆에 한시적으로 파리 시에 일정한 땅을 반환해 주었고, 시는 1968-1969학년도 개학 때부터 대학생을 받아들일 수 있도록 서둘러 실험대학을 신축했다. 이 새로운 대학, 즉 파리8대학은 반(反)소르본이 되고, 현대성의 진정한 응축물이 되도록 되어 있었다. 이 대학의 사명은 연구의 독창적 관점들을 여는 것이었고, 다져진 길들로부터 벗어나는 것이었다. 뱅센대학교는 학제간 다전공성을 종교로 삼았고, 처음에는 연구 능력이 개화될 수 있도록 하기 위해 국가선발시험에 대비한 전통적 준비 과정을 거부했다. 교수의 직접 강의는 몇몇 예외를 제외하면 금지되었고, 말은 조그만 강의실들에서 작업을 하는 '이수 단위별' 작은 그룹들을 통해 유통되어야 했다. 아카데미즘과 소르본식 전통은 이 대학에 들어와서는 안 되었다. 왜냐하면 이 대학은 옛 인문학의 혁신을 확실히 하기 위해 단호하게 동시대적이며 현대적이고자 했고, 인간과학의 가장 과학적인 방법들과 가장 정교한 기술공학에 개방되어 있고자 했기 때문이다.

현대화가 구조주의와 동일시된 이상 뱅센대학교는 구조주의적이 된다. 심지어 그것은 당시까지 주변적이었던 구조적 사조의 제도적 승리를 상징했다. 이 사조는 파리의 한 대학의 대문을 통해 들어왔던 것이다. 대학의 내부 공사는 믿기 어려울 정도였다. 그것은 애용품이나 진열품으로 제시되는 낡아빠진 드골주의 체제의 진정한 패물 같았다. 어디에나 양탄자가 깔렸고, 조그만 강의실 모두가 중앙 통제 장치와 연결된 텔레비전이 구비되었고, 장식은 크놀(Knoll)이 맡았다. 모든 것은 녹색의 환경 속에 있었고, 도시의 소음이 차단된 가운데 멀리서 신병들이 훈련하면서 사격하는 소리만이 정적을 깨뜨렸다.

5월 운동에서 가장 격렬하게 항의한 자들은 뱅센에서 피난처를 찾아냈다. 이 대학에는 홍위병이 없어 고심하는 많은 마오쩌둥주의 추종자들이 있었고, 이들은 이 작은 대학 세계를 세계의 중심으로 간주하거나 세계를 이 대학의 영역으로 제한하는 경향을 보였다. 68년의 항의를 주도했던 활기찬 세력들은 닫혀진 포근한 이 대학 세계에서 함정에 빠진 채 서로 만났다. 이 세계에서 동요는 사회로부터 안전하게 벗어나 완전한 자유 속에서 무르익을 수 있었다. 왜냐하면 그것의 울림은 병을 숲 속 한가운데로 한정한 것에 대해 너무도 행복한 수신자들에게 무디어져 도달했기 때문이다. 이 숲은 이 병의 방역선을 구성하고 있었다. 그러나 한 세대가 비판의 무기들을 얻기 위해 이 대학을 거쳐 가게 되었고, 권력은 모든 것을 불도저로 밀어 버리면서 이 화염 덩어리의 위험을 쫓아내고 생드니 벌판에 파리8대학을 옮겨 놓고 말았다. 한편으로 현대화와 모델대학의 계획은 매우 신속하게 버려지게 되었다. 왜냐하면 권력은 뱅센대학교를 궁핍으로 마비되게 만들었고, 극빈화를 겨우 면하게 만들었기 때문이다. 뱅센대학교는 충분한 물질적 수단이 없었고, 일상적인 훼손의 대상이 되었으며, 수용 능력을 훨씬 초과하는 등록의 물결에 휩싸였고, 중심 건물의 천장은 경찰이 마이크로 송신기를 설치해 놓지 않았는지 알아보려는 학생들에 의해 곧바로 망가졌다. 그리하여 뱅센의 중심은 신속하게 모호한 곳이 되었다. 그러나 그곳은 경험을 계속하려는 모든 멤버들의 욕망에 의해 여전히 활기를 띤다. 이들은 모두가 정복된 자유로운 것들, 교환의 질, 그리고 5월의 근본적인 획득물인 해방된 말을 보존하려고 조심스럽게 집착했다. 한편으로 겉으로 보이는 진열창 뒤에는, 분주한 투사들의 동요 뒤에는, 그리고 다른 사람들의 공개적인 쾌락주의 뒤에는 작업과 세월이 있었고, 프랑스의 문과대학들 가운데 가장 현대적이고 가장 과학적이 되고자 하며 국제적 명성을 얻고자 하는 은밀한 노동이 있었다. 파리가 프랑스는 아니지만, 뱅센은 세계가 될 수도 있다는 것이다.

파리의 하버드?

현대성, 인식론적 혹은 구조적 사고를 표현하는 3명의 대머리 교수가 학생들의 놀란 시선을 받으며 중앙 분수대 주위를 함께 산책하는 짓궂은 즐거움을 누리면서 뱅센의 캠퍼스에서 한담을 나눈다. 철학자 미셸 푸코, 언어학자 장 클로드 슈발리에, 그리고 문학자 피에르 쿠엔츠가 그들이다. 이들은 완전히 대머리라는 공통점이 있었다. 뿐만 아니라 그들은 다른 사람들과 함께 구조주의의 승리, 하나의 긴 싸움이 거둔 성과를 구현하고 있었다. 이 싸움은 바리케이드 덕분에 구조적 사고가 중요한 몫을 차지하는 과학과 화해한 문과대학이라는 불가능한 꿈을 마침내 실현한 것이다.

교육부 장관 에드거 포르가 뱅센대학장 자리를 위해 접촉한 교수는 장 뒤부아였다. 장 뒤부아는 낭테르에서 중심 인물이었고, 라루스사에서 언어학의 구조주의적 프로그램을 책임지고 있었으며, 프랑스 공산당 당원이었고, 분파주의가 없는 것으로 알려져 있었다. 그는 언어학과의 설립 문제는 책임지겠다고 받아들였지만, 나머지에 대해서는 움츠러들었다. "나는 1주일 동안 망설였다. 불가능한 임무였다. 나는 무엇보다도 질서를 옹호하는 사람이었다. (…) 나는 눈부신 건물들을 둘러보았다. 그러나 이미 초기부터 낙엽들을 트럭들에 가득 채워 옮겼다는 것이다……."[1] 따라서 이 새로운 대학의 정착을 책임지게 된 자는 소르본의 학장이었던 영어학자 레이몽 라 베르냐스였다. 1968년 10월에 20여 명으로 구성된 진로위원회가 그의 주재로 열렸는데, 그 가운데는 롤랑 바르트 · 자크 데리다 · 장 피에르 베르낭 · 조르주 캉길렘 · 에마뉘엘 르 루아 라뒤리 등이 있었다. 매우 신속하게 약 12명의 인물이 신임교원인사위원회를 형성하기 위해 지명되었고, 이 핵심부는 대학의 교수 · 전임강사 · 조교로 구성되는 교수단 전체의 임명을 책임지게 되었다.

교수단을 임명하는 데 있어서 일정한 일관성이 가능한 한 존중되었다. 그리하여 대학은 구조주의 사조를 우선시하게 된다. 사회학에서는 신임교원인사위원회의 두 위원, 즉 장 클로드 파스롱과 로베르 카스텔이 임명되었는데, 이들은 사회학적 구조주의 두 분파를 나타냈다. 파스롱은 부르디외파였고, 카스텔은 푸코파였다. 사회학자 조르주 라파사드가 1968년 11월에 소르본에서 열린 총회에서 로베르 카스텔을 만났을 때, 그는 뱅센에서 가르치고 싶다는 욕망을 알리지만 사회학자들이 인식론적 일관성을 유지할 필요가 있는 팀을 이루어야 한다는 대답을 들었다. "후에 둘 다 사회학자인 장 마리 뱅상과 세르주 말레 역시 같은 학과의 '거부권' 같은 것에 부딪쳤다"[2]

철학과에서는 푸코가 임명을 책임졌다. 프랑스 문학에서는 장 피에르 리샤르가, 언어학에서는 장 뒤부아·장 클로드 슈발리에·모리스 그로스가 임명을 책임졌다. 본격적인 큰 대학교인 뱅센은 정신분석학과를 두게 되었고, 라캉 조직의 2인자인 세르주 르클레르가 이 학과를 책임지게 되었다.

큰 계획은 뱅센을 조그만 MIT로, 미국식 대학으로, 현대성의 모델로 만들고, 학제간 연구를 공개적 야심으로 드러낸 국제적 명성의 독립적 영역으로 만드는 것이었다. 물론 물질적인 수단이 없었고, 특히 대학 내 교원들에 대한 투자가 프랑스와 미국이 전혀 같지 않았기 때문이지만 사실 계획의 실현은 모델과 거리가 멀었다. "미국 대학들에서 교수들은 항상 학교에 있다. 그들은 학생들과 함께 작업한다. 그들은 서로 끊임없이 접촉하고, 행정적으로 관리되는 공동의 연구 프로그램이 있다."[3] 뱅센에서 이런 것은 전혀 없었다. 설사 교수들이 다른 대학에서보다 더 많은 시간을 보냈다 할지라도 말이다. 왜냐하면 집회를 좋아하는 것이 이 대학의 유치한 병이었기 때문이다. 그러나 가장 활동적인 교수들이 참석하는 것은 특히 행동위원회인 총회였다. 결국은 학문들·전문가들 사이의 횡적 접촉은 일부 시도들에도 불구하고 별로 없게 된다. 학생들과의 교류는 물론 학부에서 주의 깊게 이루어지지만 이것 자체가 이미 예외적이었다. 그것은 특히 카페테리아에서 이루어졌다. "매우 신속하게 나온 질문은 뱅센에서 미국식 모델로부터 남은 것은 무엇인가였다. 속물적인 사교적 측면이었고, 청강생들, 다시 말해 거의 유대를 느끼지 못하며 학부에서 어슬렁대는 사람들의 증가였다. 미국식 모델이 진정으로 적용되지는 못했다."[4]

우리는 자신들에게 교육되는 지식에 불만족을 품고 원래 다니던 대학을 떠나 뱅센으로 왔던 학생들의 수를 통해 이와 같은 도락가적 측면을 헤아릴 수 있다. 그들은 헛헛증에 걸려 이 꿈의 대학에 도착해 건너야 할 장벽 없이 하나의 학과에서 다른 하나의 학과로 이동할 수 있었다. "68 이후에 나는 뱅센대학교에 등록했다. 유리한 점은 우리가 원했던 것을 수강할 수 있다는 것이었다. 나는 3개월 동안 뤼베의 강의를 듣고 나왔다. 그런 다음 나는 들뢰즈·토도로프 등의 강의를 들었다. 나는 피에르 쿠엔츠 같은 훌륭한 교수들이 있었으며, 구조주의 모험에 깊이 영향을 받은 문학에 남아 있었다. 한 줄기 신선한 바람 같았다. 들뢰즈의 강의는 천국 같았다. 나는 또한 정신분석학과에서도 수강했다. 그건 여명이었다."[5]

다른 사람들에게, 즉 직장에 다니는 학생들이나 대학입학자격을 취득하지 못한 자들에게는 보다 평범한 것이지만, 이 대학은 밤에 대학 교육과정을 밟을 수 있다는 생각을 하게 해주었다. 왜냐하면 대학은 그들이 강의를 들을 수 있도록 22시까지 움직였기 때문이다. 그들에게는 밤이었다. 그들은 이 비범한 대학의 전설이자 긍지가 된다. 대학이 종점이라는 것을 이용해서 역사학과에 등록해 수업을 듣고, 마침내 교수자격증을 획득한 운전기사처럼 말이다.

뱅센대학교의 모델이 미국식이라면, 뱅센의 가장 호전적인 날개는 특히 베이징과 '문화 혁명'의 홍위병을 생각했다. 마오쩌둥주의 추종자들은 주변 이데올로기를 지나치게 지배하고 있었기 때문에 일부 국가적 거물들(예컨대 앙리 베버 혹은 미셸 레카나티)이 속해 있었던 공산당 연맹 산하 트로츠키주의자들의 세포 조직이 조소적으로 '마오쩌둥 세포 조직'이라는 이름을 택할 정도였다.

생성주의의 대학

미국화는 특히 언어학이라는 선도과학에서 현저했다. 이 새로운 학과에서 장 뒤부아와 장 클로드 슈발리에 같은 프랑스어 학자들과 미국의 영향 사이에 결합이 이루어졌다. 촘스키의 생성문법을 단호하게 지지하는 추종자인 니콜라 뤼베와 모리스 그로스는 둘 다 미국의 MIT에서 돌아왔다. 이 대학에서 모리스 그로스는 군장비 엔지니어가 되기로 되어 있었던 이공과대학 학생이었는데, 정보과학에 제공한 가능성들 때문에 언어학을 결정적으로 선택했던 것이다.

뱅센의 언어학과의 방향을 지배하게 되는 것은 생성주의이다. 비록 모리스 그로스가 촘스키보다 해리스에 더 가깝긴 했지만 말이다. 생성주의는 특히 니콜라 뤼베 덕분에 막 발견된 모델이었으며, 물론 뤼베는 교육팀에 소속될 것이라고 예감하고 있었다. 뱅센대학교가 자리를 잡는 시기에 그는 MIT로부터 돌아왔다. 그는 1968년 가을에 귀국하자 벨기에의 국립과학연구재단에서 승진했고, 따라서 그가 그때까지 처해 있던 불안정한 상황에서 벗어났다. 9월 어느 날 아침 그가 토도로프를 방문했을 때, 그는 더 이상 아무것도 그를 붙잡지 않는 파리를 결정적으로 떠나 벨기에로 갈 준비를 하고 있었다. 토도로프 역시 당시의 분위기에 불만을 품고 있었다. 왜냐하면 그는 예일대학교에서 돌아와 불안정하게 장학금으로만 생활하고 있었기 때문이다. 전화가 울렸다. 전화를 건 사람은 뱅센대학창립인사위원회 위원이었던 데리다였다. 그는 토도로프에게 이 새로운 대학에서 가르치는 것을 받아들일 것인지 물으면서 이 대학의 이상적인 모습을 대략적으로 설명했다. 토도로프는 관심이 있다고 대답했고, 데리다는 그에게 다른 유능한 인물들을 접촉해 그들에게 콩트르스카르프 근처 엘렌 식수의 집에서 있을 오후 모임을 알려 주라고 권유했다. 토도로프와 뤼베는 그곳에서 역시 불안정한 제도적 지위에 있었던 모리스 그로스를 만났다. 뒤늦게 전향한 이공과대학생이었던 모리스 그로스는 정규 문학과정을 밟지 않았고, 엑스대학교에서 매년 갱신해야 하는 직위인 객원 조교수에 불과했다. 뿐만 아니라 그는 앙드레 마르티네와 갈등 관계에 있었기 때문에 프랑스에서 언어학적 직업은 그에게 봉쇄되어 있었다. 그래서 그는 텍사스로 떠나기 위해 짐을 꾸릴 준비를 하고 있었다. 또한 엘렌 식수의 집에는 제라르 주네트가 특히 그의 아내를 위해 참석하고 있었다. 자크 데리다는 조정자였고, 엘렌 식수는 한 시간은 족히 뱅센대학교의 계획을 설명했다. "우리는 광인들의 집에 있다고 생각했다. 우리가 일반적으로 대학에 대해 알고 있던 것에 비해 매우 기묘했다. 우리는 언어학과가 뱅센에서 가능한지 물었다. 그건 분명하고, 언어학은 모든 것의 동력이라는 대답이 나왔다."[6]

그리하여 언어학과를 설립하기 위한 일을 담당한 사람은 장 뒤부아였고, 이 학과는 니콜라 뤼베로 하여금 1학년 담당 객원 교수가 되게 해주었다. 언어학은 단번에 뱅센대학교에서 11개의 직위를 갖추게 되었다. "이것은 거의 슬픈 일이었다. 왜냐하면 우리가 원했던 사람들 가운데 프랑스에 11명의 언어학자가 없었기 때문이다."[7] 다음해 언어학과는 보충 직위 하나를 얻게 되었고, 니콜라 뤼베는 그가 **MIT**에서 알게 되었던 24세의 젊은 연구자에게 부탁했다. 교육 프로그램을 설계하는 자유는 전적이었다. "특히 우리는 그로스의 것이 되었든 촘스키의 것이 되었든 생성문법을 가르쳤다. 또한 슈발리에가 담당하는 문법사도 있었다."[8]

그래서 언어학의 영향력은 절정에 달했고, 교수들은 매우 어렵고 기술적인 지식을 배우려는 많은 학생들이 있었다. "처음에 나는 1백여 명의 학생들 앞에서 강의를 했다."[9] 학생들은 현대성을 갈망했고, 생성주의는 과학적 변혁의 마지막 외침처럼 보였다. 새로운 68세대 아이들의 선택에 방향을 준 것은 이와 같은 과학성이다. 베르나르 라크스는 1968-1969학년도에 라마르틴고등학교에서 고등사범학교 입시준비반 1년차에 있었다. 그의 철학 선생 장 투생 드상티는 일찍이 그로 하여금 인식론·수학과학에 관심을 갖도록 했다. 문학에서는 뤼세트 피나가 제도권과 단절된 교육을 베풀었고,

선발시험 준비에 무관심한 채 토도로프·바르트·푸코·바타유를 공부했다. 1969년 2월 방학이 끝난 후, 뤼세트 피나는 고등사범학교 입시준비반 학생들에게 이렇게 말했다. "세계는 변했다. 나는 떠나겠다. 나는 오늘날 흥미있는 유일한 곳인 뱅센대학교로 떠날 것이다. 나를 좋아하는 자는 나를 따르라. 여기는 영감이 찾아오지 않는다. 나는 영감이 불어오는 곳으로 떠나겠다."[10] 베르나르 라크스는 뤼세트 피나를 따라갔고, 따라서 대학의 학기가 한창인 때 뱅센의 캠퍼스에 도착했다. 그는 여기서 문학·언어학·정보학이라는 3개의 학사과정을 시작했다. "1년이 지나자, 나는 다분히 언어학에 집중되어 있었다. 왜냐하면 그것이 과학이었기 때문이다."[11]

과학적 방식, 공리적인 것에 대한 이와 같은 매혹은 마르크스주의적 참여와 매우 잘 결합되었다. 왜냐하면 마르크스주의는 정치적 행동의 과학으로 체험되었기 때문이다. 언어학과를 특징짓게 되는 방향들 가운데 하나는 사회언어학이었는데, 그것은 68 이후에 괄목할 만한 비약을 경험하고 있었다. 이 분야의 전문가는 피에르 앙크르베였다. 그는 모리스 그로스가 음운론과 사회언어학을 가르치라고 선발한 인물이었다. 마르티네의 조교였던 그는 마르티네와 다투었다고 그로스에게 토로했고, 그것으로 이 대학에 취업되는 데 충분했던 것이다. "그로스는 그에게 이렇게 말했다. '나는 당신이 훌륭한 음운론자인지 아닌지는 알 필요가 없다. 나는 당신을 채용하겠다⋯⋯.' 왜냐하면 뱅센은 소르본, 즉 상시에와 마르티네에 대항한 전쟁 기관이 될 것이기 때문이다."[12]

이 사회언어학의 모델 역시 미국식이었다. 그것은 라보프의 업적이었다. 피에르 앙크르베가 볼 때, 그것은 방언이나 사회적 공통 변수들에 대한 연구 영역과 같이 제한된 영역을 지닌 언어학의 하위 분야가 아니라, 연구 대상을 언어 전체로 삼고 변이주의적(variationniste) 생성주의를 연구 패러다임으로 하는 전적으로 별도의 언어학이다. 따라서 그것은 낭테르대학교 학자들의 방향과 마르셀시의 사회언어학의 방향과도 다르고, 당시에 한창 발전 중인 한 학문의 많은 다른 지류적 분야들과의 방향과도 다르다. 왜냐하면

1968년 단 한 해에 그 이전의 7년 동안에 이루어진 것보다 더 많은 연구들이 이 분야에서 이루어졌기 때문이다. 하지만 베르나르 라크스는 이 분야에서 14개의 상이한 중심들을 구분했다.[13] 본디보다 덜 '과학적인' 프랑스 문학과는 단번에 언어학자들의 관점에서 평가절하되었다. 그렇긴 하지만 그것은 구조주의적 현대성에 전적으로 동참했다. 그것은 신비평 주창자들에 의해 주도되었고, 이들은 구조적 패러다임과 언어학적 테크닉에 입각해 문학 연구를 구상했다. 그들 가운데는 60년대 중반에 스트라스부르·브장송 등에서 이루어진 대단했던 회동들에 참여한 자들도 있었다. 학제간 연구와 현대성은 앙리 미트랑·장 피에르 리샤르·클로드 뒤셰·장 르바이양·피에르 쿠엔츠·장 벨맹 노엘·뤼세트 피나 등이 이끌었던 이 새로운 학과의 두 양식(糧食)이었다. 문학의 전통적 영역에 머무르지 않고자 했던 뱅센의 문학자들은 학제간 접근 방법에 폭넓게 개방되었고, 특히 구조주의가 재해석한 프로이트와 마르크스의 분석 모델들에 따라 정신분석학자들과 역사학자들의 방향으로 나아갔다. 이 두 모델에 대부분의 학과 교수들은 찬동했다. "이러한 연구 영역은 원칙적으로 프랑스 문학에 한정되지도, 심지어 '문학적' 표현에 한정되지도 않았다."[14]

라캉-알튀세 조직을 배치한 푸코

이론의 여지없이 가장 괄목할 만한 소식은 구조주의의 별들 가운데 하나인 미셸 푸코를 철학과의 수장에 임명한 것이다. 임명 책임자였던 그는 우선 질 들뢰즈에게 와 달라고 간청했다. 그러나 들뢰즈는 너무 몸이 아팠던 2년 뒤에야 뱅센에 합류했다. 미셸 세르는 뱅센대학교의 모험에서 미셸 푸코를 따르겠다고 즉각적으로 받아들였다. 1968년 가을에 푸코는 《분석을 위한 연구》지를 통해 분명한 목적을 울름에 전달한다. 알튀세-라캉 추종자들 가운데서 뱅센으로 올 사람들을 선발하겠다는 것이다. 그렇게 하여 푸코는 라캉의 딸인 주디트 밀러·알랭 바듀·자크 랑시에르·프랑수아 레뇨·장 프랑수아 리요타르 등을 설득시키는 데 성공했다. 따라서 지배적인 색채는 구조주의-마오쩌둥주의적이 되었다. 비록 공산주의 연맹의 앙리 베버, 그리고 알튀세 추종자이지만 프랑스 공산당 당원인 에티엔 발리바르 같은 사람들을 몇몇 임명했기 때문에 마오쩌둥주의 추종자들이 배타적으로 지배할 수 없게 되었지만 말이다. 전체가 마찰 없이 움직이도록 하기 위해 푸코는 화합형 인물인 프랑수아 샤틀레에게 와 달라고 간청했다. 그는 최근에 구조주의의 입장으로 전향한 참이었다.

푸코는 단독적인 철학과를 넘어서는 실험센터 설립에 개입했다. 그는 특히 정신분석학자들만을 위해서 심리학자들을 배제시키고자 했다. 그렇게 해서 정신분석학자들이 그들 단독으로 학과를 설립할 수 있고, 이 학과의 모든 영향력과 임명권을 확보할 수 있으리라 본 것이다. "그는 프랑스 공산당이 심리학과를 강요하는 것을 피할 수 없었다. 그리하여 직위의 수가 줄어들자 철학/정신분석학과에서 직위를 나눌 수밖에 없었다."[15] 푸코가 체계를 잡은 그와 같은 학과의 발상은 사실 자크 데리다로부터 온 것이다. 라캉의 후원을 업고 학과장 일을 맡은 자는 세르주 르클레르이다. 그러나 라캉과 데리다 사이에 이미 분규는 터져 있었다. 데리다는 구조주의의 또 다른 별인 라캉이 마침내 뱅센의 센터에 들어와 확고한 제도적 일자리를 얻게 되는 것을 막았다. "푸코가 철학과를 장악했을 때, 라캉이 정신분석학과를 이끄는 것이 정상이었다. 그런데 이것을 데리다는 원하지 않았다."[16]

라캉이 뱅센에 없었다 할지라도 라캉 이론은 대대적으로 도입되었고, 이와 함께 정신분석학은 문과대학에 공식적으로 입성했다. 모든 교수들은 파리프로이트학파(EFP)의 회원이었고, 16회나 되는 세미나를 이끌었다. 그들 가운데는 세르주 르클레르와 더불어 미셸 몽트르레·프랑수아 보드리·르네 토스탱·자크 나시프·장 클라브뢸·클로드 라방·뤼스 이리가레·클로드 뒤메질·미셸 드 세르토, 그리고 라캉의 사위인 자크 알랭 밀러가 있었다. 뱅센대학교의 심장부는 여기에 있었는데, 이 학과가 이 시기의 가장 현저한 혁신을 이루어 내고 있기 때문만은 아니었다. 사실 프롤레타리아 좌파가 캠퍼스를 지배하고 있었고, 이 캠퍼스의 국부적 지휘를 맡고 있었던 것은 밀러 가족이었다. 즉 자크 알랭 밀러, 철학과에서 가르치고 있던 그의 부인 주디트, 정치적 조직을 담당했던 그의 동생 제라르 말이다. 제라르 밀러는 공산주의 연맹에 의해 자발적 마오쩌둥주의적이라 규정된 또 다른 마오쩌둥주의적 운동의 열렬한 경쟁에 직면하고 있었다. 이것은 임금제의 폐지와 교수단의 해임을 위한 기본위원회를 말하는데, 장 마르크 살몽과 앙드레 글럭스만이 이끌고 있었다. 살몽은 제1대강의실에 찬 학생들 전체의 주의력과 지지를 끌어내면서 몇 시간 동안 연설을 독점할 수 있는, 비할 데 없는 연설가였다. 글럭스만은 '수정주의 패거리' 와 동화된 자들을 몰아내기 위해 소름끼치는 개입을 증대시켰다.

정신분석학과의 영향력은 매우 컸기 때문에 상설 토론 광장으로 자리를 잡았다. 등록을 했든 안했든 토론 광경의 아름다움을 보기 위해 이 학과를 방문하러 오는 사람들이 많았다. 왜냐하면 매일같이 무언가 새로운 일이 일어났기 때문이다. "기억할 만한 회합들이 있었다. 나는 대강의실에 모인 적어도 8백 명은 되는 사람들 앞에서 상당히 호감이 갈 정도로 격렬했던 강의(강의라 불러야 할지 모르겠지만)를 기억한다. 대강의실의 군데군데에서 갖가지 고함이 들려 왔다. 나는 특히 바듀의 매우 신랄한 개입을 기억한다."[17] "우리는 자크 알랭 밀러와 제라르 밀러를 분개하게 만든 세미나들을 열었다. 왜냐하면 그들은 참석하러 왔지만 그렇게 진지하다고는 생각지 않았기 때문이다. 매우 흥미를 느끼는 청중 앞에서 두서없이 토론하는 것이 허용되었다. 청중은 정신분석가들로 구성된 것이 아니었지만 매우 정치화되어 있었고, 정신분석가를 소모시키러 왔다. 이런 측면은 우리를 즐겁게 했고, 자극을 주었다."[18]

절정의 광경은 라캉이 철학과의 초청을 받아 자신의 세미나 1회를 제1대강의실에서 열기 위해 1969년 12월 3일 뱅센에 왔을 때 벌어졌다. 그의 강의실에는 캠퍼스에서 가장 극단적인 항의자들이 '그' 라캉을 손볼 수 있다는 생각에 미리부터 열광한 채 자리하고 있었다. 대면은 달리의 그림에 어울리는 초현실주의적이었다. "—— 자크 라캉(그가 차지하고 있던 연단에 지나가는 개 한 마리가 있었다): 나는 이런 식의 내 여자 조언자에 대해 말하겠다. 그녀는 자신이 무엇을 말하는지 알고 있는 내가 아는 유일한 사람이다. ——나는 그녀가 언급하는 것을 언급하지 않는다——왜냐하면 그녀가 아무것도 언급하지 않기 때문이 아니라, 그녀가 말로 언급하는 것이 아니기 때문이다. 그녀는 불안할 때 무언가를 말한다——그런 일은 일어난다—— 그녀는 내 무릎에 머리를 기댄다. 그녀는 내가 죽게 되리라는 것을 알고 있으며, 이것은 상당수의 사람들 또한 알고 있다. 그녀의 이름은 쥐스틴이다……——개입: 저런, 뭔가 이상하지 않나? 그는 그의 개에 대해 이야기하고 있다!——자크 라캉: 내 암캐이다. 이 개는 매우 아름답다. 여러분은 이 개가 말하는 것을 들었을지도 모른다. (…) 산책하는 자에 비해서 이 개에 결여된 유일한 것은 대학에 가지 않았다는 점이다."[19] 사실 이 대가는 연단에 더 이상 혼자 있지 않았다. 항의자 1명이 올라가 옷을 벗기 시작했다. 라캉은 끝까지 가라고 그를 격려했다. "들어 보게, 이 친구야. 나는 어제 저녁에 그런 걸 보았네. 나는 야외 극장에 있었지. 그런 짓을 하는 친구가 하나 있었네. 그러나 그는 자네보다 약간 더 대담했네. 그는 완전히 벌거숭이가 되었지. 계속해 보게나, 계속해, 계속해 보라고. 빌어먹을."[20]

청중은 이 대가에게 정신분석학과 강단 담론에 대한 비판, 마오쩌둥식으로 당당한 자아비판을 요구했다. 그러나 라캉은 혁명 활동은 지배자의 담론에 귀착될 수밖에 없다고 항의자들에게 대답했다. "여러분이 혁명가로서 동경하는 것은 한 사람의 지배자이다. 여러분은 그 지배자를 얻게 될 것이다. (…) 여러분은 이 체제의 단위들이 수행하는 기능을 담당하고 있다. 여러분은 이게 무엇을 의미하는지 더 이상 모르겠는가? 체제는 여러분에게 보여 준다. 그것은 이렇게 말한다. '저들이 즐기는 것을 보라.' 이상이다. 오늘은 이만 끝내겠다. 또 보자."[21]

그러나 대가의 시대가 곧 임박하게 된다. 왜냐하면 그는 뱅센에서 세르주 르클레르가 획득한 자율성과 권력을 점점 더 견디지 못하기 때문이다. 그는 이것들로부터 배제되었다고 느꼈다. 세르주 르클레르는 정신분석학과를 철학자들의 후견으로부터 해방되고, 이수 단위의 해방을 보장하는 완전한 별도의 학과를 만들고자 했기 때문에 사방으로부터 공격을 받았다. 그를 반혁명분자로 비난했던 알랭 바듀에 의해 의심을 받은 그는 파리프로이트학파로부터 배제되었다. 이 학과의 회원들은 이단을 단죄하기 위해 캠퍼스에 들이닥쳤던 것이다. 라캉은 세르주 르클레르를 내던지라고 고무시키면서 불을 지폈다. "우리는 음지에서 라캉에 의해 조종받고 있었는가? 그런 점을 배제할 수 없다. 어쨌든 우리는 르클레르를 배척했고, 3년 동안 통솔자 없이 움직였다."[22] 장 클라브뢸은 세르주 르클레르의 학과장 자리를 이어받았지만, 각자를 자유롭게 놓아두면서 전임자의 잔무를 처리하는 데 만족했다.

몇 년이 지나자 파리프로이트학파 지도부, 따라서 라캉의 엄격한 감독하에 학과의 두번째 행위, 즉 정상화와 순종의 행위가 이루어졌고, 여기에는 라캉의 사위가 개입되었다. 과연 1974년에 자크 알랭 밀러는 뱅센의 정신분석학과 교수들을 이끌게 된다. "학과의 수장으로 밀러가 도착한 것은 순응하라는 것이었다. 라캉은 우리에게 자신의 의지에 따르라는 명령을 내렸다. 사람들은 조용히 질서 있게 물러났다."[23]

로제 폴 드루아는 이와 같은 권력 장악 사건을 《르 몽드》지에 폭로했다. "나는 쿠데타의 준비를 알리기 위한 서류에 서명함으로써 작은 역할을 했다. 그런데 그들은 모든 쿠데타에서 그렇듯이 지나치게 알려지지 않는 것이 필요했다. 1주일 전에 기사가 나옴으로써 총회가 개최되고 전단이 나오는 일이 벌어졌다……."[24] 로제 폴 드루아는 이 은밀한 탈환을 숙정이라고 규정했고, 이와 같은 시도가 드러내는 비시정부적 정신을 비난했다.[25] 쿠데타는 실제로 약간의 소란을 일으켰다. 이 점은 질 들뢰즈와 장 프랑수아 리요타르가 서명한 전단의 내용으로 판단될 수 있었다. 리요타르는 대학에서 정말 처음 있는 '스탈린식 작전' 이라고 비난했다. 왜냐하면 사적인 인물들이 대학일에 직접적으로 개입해 직위 박탈과 임명 행위를 하는 것은 전통상 금지되어 있기 때문이다. "테러리즘은 모두 세척을 동반한다. 무의식의 세척도 세뇌만큼 끔찍하고 권위적인 것 같다."[26] 이제 지방 파리의 후사크[1]인 자크 알랭 밀러에 의해 정상화된 정신분석학과는 라캉을 위해 엄격한 정통을 지키며 굴러갔다. 1969년에 라캉은 이렇게 경고했었다. "여러분은 여러분의 지배자를 찾아내게 될 것이다." 학생들은 그가 퐁피두를 생각했다고 순진하게 믿었다. 그러나 지배자는 바로 그였던 것이다. 그래서 뱅센의 정신분석학은 동요를 잠재우고 계층 구조를 재확립하게 되는 질서 있는 구조가 다시 되었다.

학제간 연구

권력 다툼은 뱅센의 다른 학과들에서는 보다 덜 날카로웠다. 그것이 학제간 연구에서 이루어지리라 기대되었던 대조들을 배제하지는 않았다. 확실한 역사과학이 존재한다는 환상을 파괴하는 것이 역사학과의 공개적 목표였다. 따라서 역사학과는 특히 역사학의 방법들과 다른 사회과학 학문들의 방법들을 대조함으로써 역사학의 대상 자체에 대해 탐구하고자 했다.

이와 같은 학제간 연구는 또한 문과대학에서 새로운 학과, 즉 정치경제학과의 토대가 되었다. 계획은 앙드레 니콜라이에 의해 준비되었지만, 그는 뱅센에서 가르치지 못하게 된다. 왜냐하면 이 학과가 결국 1·2학년만을 책임졌고, 따라서 학사과정까지 가지 않았기 때문이다. "지배하고 있던 자들은 순수문학자들이었다. 그들이 원했던 것은 경제학 교육을 통해서 과학성의 구실을 추구하는 것이었다."[27] 계량경제학, 즉 경제 언어의 수학화가 승리하는 시기에 이 정치경제학과는 예외처럼 보였다. 그것은 순수한 경제학

---

1) 후사크(Husák Gustave)는 체코슬로바키아의 정치가로 '프라하의 봄'에서 중요한 역할을 하였으며, 체코의 '정상화'에 합류하였다. 두브체크 실각 후 당제서기에 취임하였다.

은 존재하지 않는다는 가설에서 출발해 역사학적 · 사회학적 · 철학적 · 인류학적 성격의 고찰에 광범위하게 개방되었다. 그렇게 하여 이 학과를 이끌게 된 미셸 보는 18세기의 정치경제학의 전통과 다시 연결될 수 있다고 평가했다. "나는 우리가 옳았고, 우리가 다른 사람들보다 앞서간다고 생각했다."[28] 그는 약간의 초보적 경제 지식을 주우러 온 학생들 덕분에 격동적인 풍요로운 사유의 순간을 간직했다. 사실 이 학생들은 다른 학과들에 등록했었다. "그들은 들뢰즈 · 푸코 · 풀란차스 혹은 다른 사람들로부터 비롯되는 반박들을 제시했고, 우리로 하여금 책을 읽고 숙고하지 않을 수 없게 만들었다."[29]

뱅센대학교에서 성공을 거둔 또 다른 큰 혁신은 놀라울 정도로 학생들이 몰려든 영화학과의 설립이었다. 1천2백 명이 몰려들었고, 그 가운데 5백 명 이상이 주전공으로 삼았기 때문이다. 이 학과가 고등영화원처럼 기술적인 수련을 보장하기는 했지만 기본적으로 비평적 관점 속에 자리잡았고, 막 태어나고 있는 영화기호학의 개화를 가능하게 해주었다. 크리스티앙 메츠의 업적은 파리8대학의 이론적 작업에서 본질적인 영감의 원천이 되었다. 미셸 마리는 특히 장면을 가능한 한 가장 미세한 이산 단위들로 나누는 방법을 레네의 영화《뮤리엘》에 적용했다. 그 결과 텍스트 분석은 영화 언어의 적절한 최소 단위들의 탐구를 가능하게 해주었던 것이다. 국면-시퀀스(phases-séquences)로 일련 번호를 매기는 것에서 출발해 영화를 총체적으로 지배하겠다는 그 의지나 환상은 마르크 베르네에게 '당시에 역사적으로 유효한 발상'처럼 보였다. "왜냐하면 필름들이 없었기 때문이다. 따라서 최대한 많은 것들을 사진 찍어야 했고, 그래서 분명한 각 장면을 가져야 했다. 당시에는 복제 필름도 비디오도 없었다."[30]

뱅센의 광기

과학적 담론이 동전의 뒤쪽이라면 망상적 담론은 앞쪽이었다. 이 양면은 때때로 동일한 것들에 의해 연속적으로 지탱되었다. 이것이 뱅센대학교의 이중적 현실이었고, 알랭 바듀가 후원하고 베르나르 시셰르가 이끄는 벼락 그룹과 더불어 70년대에 휩쓴 특별한 망상의 시기가 잘 예시했던 것이다. 이 마오쩌둥주의 그룹은 문화적 개입의 핵심이 되고자 했고, 테러리스트의 방식 앞에서도 후퇴하지 않았다. 그것은 특히 릴리아나 카바니의 영화,《비엔나 호텔의 야간 배달부》의 캠퍼스 내 상영을 금지한 공적을 세웠다. 그러나 이 그룹이 우선적으로 노린 표적은 이 대학에서 가르치던 마리아 안토니에타 마시오치였다. 그녀가 중국에 대한 대단한 찬양자였는데도 말이다.

당시에 마시오치는 파시즘에 대해 공동 연구를 하고 있었다. 결과적으로 그녀는 파시즘에 물들었고, 자신의 이수 단위를 선전 수단으로 변모시키려 했으며, 특히《유대인 쉬스》를 상영했다고 비난받는 상황에 처했다. 망상은 벼락 그룹이 "구르는 공은 대중을 무디게 하지 않는다"라는 제목의 전단을 뿌렸던 1976년 3월에 절정에 다다랐다. 내용을 보자. "안타깝구나! 우리는 이제 서구 세계의 저 유명한 피토니스[2]를 보지 못하겠구나. 우리를 그토록 웃겼던 여인인데 말이다! (…) 언젠가 그녀는 자신의 해결책을 찾았다고 생각했다──유리공을 가지고 있는데 왜 현실에서 찾는단 말인가! 자신이 공을 동양 방향이나 서양 방향으로 굴리는 데 따라 결정하는 뛰어난 손금쟁이인 그녀는 콧수염들이 나타나는 것을 보았다. 그녀는 그것들이 스탈린의 것인지 히틀러의 것인지 잘 몰랐지만, 그녀의 말에 따르면 그것들은 모두가 강제노동수용소의 군도에서 유유히 지나가고 있는 물고기들의 꼬리로 끝났다. 어느 날 그녀는 꿈속에서 유령선이 지나가는 것을 보았다고 생각했고, 솔레

---

2) 피토니스(Pythonisse)는 천부적 예언 능력을 지닌 여인을 말한다.

르스 함장의 견장이 그녀의 머리를 미는 것을 느꼈다. 그녀는 진지하게 거울 속의 자기 모습을 바라보았고 자신이 아름답다고 생각했다. 이것이 끝이었다. 그녀는 말더듬이가 되었고, 마르크시즘과 정신분석학, 암살자들과 학생들, 편집증과 망상증, 잉크와 정액, 바리케이드와 다둔 씨의 긴 의자, 사드 후작과 집단수용소, 파시즘과 마르크스-레닌주의 그룹들, 이 모든 것을 뒤섞었다."[31]

뱅센은 광기에 사로잡혔는가? 부재하는 민중을 구현할 수 없는 무력한 욕망의 망상적 발산과 민속을 넘어서 그것은 특히 구조주의의 뱅센대학교였다······.

15

끊임없이 번창하는 잡지주의

68 사건은 또한 새로운 잡지들에서 재편된 작업 집단들의 구성을 용이하게 해주고, 기존 잡지들을 역동적으로 만드는 결과를 가져왔다. 우리가 구조주의 패러다임의 상승 국면에서 그 중요성을 지적한 바 있는 이러한 활동은 지속적으로 추구되었고, 60년대말과 70년대초의 이론적 열광을 유지했다.

전위: 문학자들과 언어학자들

기호학적 대모험은 강도 높은 언어학적 활동과 활기찬 문학적 비평 활동에 의해 언제나 특징지어졌다. 그것은 우리가 보았듯이 1969년에 창간된 《세미오티카》라는 잡지를 통해 국제화되었다. 이 잡지는 토머스 A. 시벅이 주도하였고, 2명의 여성 편집인 조제트 레이 드보브와 줄리아 크리스테바가 파리에서 보좌하고 있었다. 편집위원회는 7개국에 걸친 매우 유명한 인물들로 구성되었다.[1] 《세미오티카》는 에밀 벤베니스트가 회장을 맡고, 줄리아 크리스테바가 총무를 맡은 국제기호학회의 기관지가 되었다. 그것의 목적은 기호의 개념이 인정되고 논의되는 곳이면 어디나 극히 다양한 분야에 기호학 연구의 결과를 보급하는 것이었다.

《언어들》이라는 잡지의 계보 속에서, 그리고 같은 출판사인 라루스사에서 프랑스 언어학자들은 장 클로드 슈발리에의 주도하에 새로운 잡지 《프랑스어》를 내놓았다. 창간호는 1969년 2월에 5천 부가 나왔다.[2] 《프랑스어》

의 창간은 프랑스어학회(SELF)팀과 뱅센대학교의 일반언어학과가 공동으로 주도한 것이었다. "당시의 전문 용어에 따르면, 우리는 이론과 실제를 결합 시키고자 했다. (…) 처음 네 호(통사론·어휘론·의미론·문체론)는 교육시 키겠다는 욕망을 나타냈다."[3]

1968년에 토도로프는 《구조주의란 무엇인가?》라는 공저에 실은 글에서 시학을 구조주의의 요소들 가운데 하나로 규정했다. 이와 같은 길은 1970년 쇠이유사에서 제라르 주네트·츠베탕 토도로프·엘렌 식수에 의해 창간된 문학 이론 및 분석 잡지인 《시학》을 통해 체계적으로 탐사된다. 그것이 내 세우는 이론적 전제들은 엄격하게 구조주의와 형식주의의 계보 속에 위치했 다. 이 잡지는 심리주의로 끌고 가는 이론에 대항하는 투쟁 장치의 구실을 하게 되었고, 언어학적 테크닉에 능숙한 문학자들에 의해 주도되었다. 이들 은 바르트와 가까웠지만 일시적으로 그와 헤어져 있었다. 왜냐하면 바르트 가 《텔켈》지 그룹과 이로부터 비롯된 텍스트주의적인(textualiste) 이데올로기 에 접근해 있었기 때문이다. "바르트는 텍스트의 형이상학을 다소 함축하는 대문자 텍스트의 관념에 동조했다. 반면에 주네트와 나는 훨씬 더 경험적인 정신의 소유자였다."[4] 더욱이 《시학》의 방향은 엄격하게 문학적이었고, 마 르크시즘이나 프로이트 이론으로부터 비롯되는 그 어떤 모델에도 문학적 고찰을 종속시키지 않았다. 형식주의적 전제들은 사회적이든 주관적이든 지 시 대상에 대해서 문학 언어의 자율적 연구를 함축했다. 따라서 이 경우 연 구자들은 20세기초의 러시아 형식주의자들의 방향에 충실했던 것이다.

관점은 과학적이고자 했다. 그런 만큼 필립 아몽이 문학에서 인물의 문제 에 접근했을 때, 그는 이 문제를 페이지 위에 있는 기호들의 전체로 인식했 다. "우리는 이러한 방향으로 필요 이상으로 나아갔다. 그것은 가장 관용적 이지 못한 내 글들 가운데 하나였다."[5] 이 잡지와 나란히 쇠이유사는 제라 르 주네트와 츠베탕 토도로프의 공동 책임하에 《시학》 총서를 내놓았으며, 이 총서를 통해 무게 있는 저서들을 출간하게 된다.[6] 그래서 언어학과 문학 과의 관계는 많은 토론과 연구의 중심에 자리잡았다.[7]

뱅센대학교 쪽에서는 문학과가 주도하는 잡지 《문학》이 《시학》이 나온 직후인 1971년에 라루스사에서 출간되었다.[8] 프랑스어를 중시하는 자들로 이루어진 팀이 진정으로 동질적인 것은 아니었고, 그런 만큼 문학적 분석을 풍요롭게 하기 위해 가능한 한 다양한 관점들을 나란히 내놓기로 결정했다. "공통적인 핵심은 막연하지만 마르크스주의적이었고, 사회학 지향적이었다. (…) 왜냐하면 형태의 연구와 동시에 이데올로기에 열광적이었던 시학 전문가들이 있었기 때문이다. 한쪽에는 벤베니스트, 다른 한쪽에는 알튀세라는 두 대가가 있었던 것이다."[9] 이 잡지는 뱅센대학교 문학과가 시도하는 도발적인 학제간 연구를 표현하게 되어 있었으며, 이러한 표현은 진정한 공동 연구 프로그램의 실현을 통해서보다는 잡지 참여자들 각자가 지닌 주요 관심사의 다양성을 통해서 이루어졌다. 앙리 미트랑과 피에르 쿠엔츠 같은 몇몇 사람들은 구조언어학의 기여 쪽으로 보다 기울어졌고, 클로드 뒤셰와 같은 또 다른 사람들은 다분히 사회학적 비평 쪽으로 향했다. 장 벨맹 노엘은 정신분석학적 방법에 비평 작업을 개방시켰다. 물론 저자의 무의식을 탐구하는 것이 아니라 텍스트를 읽을 때 독자 쪽에 떠오르며 어른거리는 환상들, 다시 말해 그가 독자의 무의식으로 귀결되는 텍스트의 무의식이라고 규정하는 것을 탐구하는 것이다. 따라서 장 벨맹 노엘이 텍스트-분석(textes-analyses)이라 규정하는 생산/수용의 놀이가 있었다. 이와 같은 놀이는 문학 연구를 프로이트의 영역으로 향하게 했다. 우리는 이러한 연구가 《문학》지의 주요한 연구축들 가운데 하나였고, 이 축은 알튀세적인 마르크스주의의 지향적 관점과 연결되어 있었다고 말할 수 있다.

글쓰기와 혁명

1967년부터 진행중인 구조주의 방향의 재설정 혹은 조정은 1968년의 항의를 통해 부각되고 강화되었는데, 전위적인 잡지 《텔켈》에서 특권적인 표현 공간을 찾아냈다. 바로 이 잡지에서 데리다의 해체론이 최대한의 독자층을 만났다. 데리다의 친구인 필리프 솔레르스는 극히 상이한 영역들에서 나타나는 구조주의의 다양한 표현들을 수용하여, 그가 1967년 가을에 '프로그램'이라 불렀던 것을 개괄적으로 구상했다. 엘리자베트 루디네스코는 후에 이것을 '지적 테러리즘의 빛나는 선언'[10]이라고 규정하게 된다. 이 프로그램은 혁명적인 길을 정의했고, 글쓰기의 전복을 이 혁명을 실현하는 데 있어서 선결해야 할 과제로 간주했다. 전위 문학지인 《텔켈》은 다가올 프롤레타리아 혁명의 전위대로서 나타났고, 잡지는 레닌식으로 물론 하나의 '과학적인' 프로그램을 지니지 않으면 안 되었다. 대중을 움직이게 하려는 목적을 지녔던 이 폭발성 화염물은 데리다·푸코·라캉·알튀세의 주장들이 현학적으로 혼합된 것이었다.

《텔켈》지는 구조주의 패러다임에 의해 혁신된 인문과학의 현대주의적인 모든 지식을 지니고 있는 냄새가 났고, 1968년에 쇠이유사를 통해 '텔켈' 총서 속에 《총괄 이론》[11]을 내놓을 만큼 매우 강력했다. 이 책은 하나의 과학적 관점을 취했다. "우리는 '문학'이라 불리었던 것이 마감된 한 시대에 속하고 하나의 신생과학, 즉 글쓰기의 과학에 자리를 내주고 있다고 생각한다."[12] 필리프 솔레르스는 역사적 유물론에다 의미론적 유물론을 추가했다. 이 유물론은 자크 데리다의 원흔적, 푸코의 에피스테메적 자르기, 루이 알튀세의 인식론적 자르기, 그리고 자크 라캉의 분열된 주체라는 개념들을 동원했다.

《텔켈》지는 사회과학에서 진행중인 현대화의 연합적 입장을 상징적 차원에서 실현했다. 그만큼 잡지는 프랑스 공산당 지식인들과 《신비평》의 특별한 파트너가 되는 데 성공했던 것이다. 따라서 총괄 이론은 그것의 저자들에 따르면 프랑스 사회 전체를 뜨겁게 달구겠다는 목적을 지녔다. 그러나 《텔켈》지의 관점은 여전히 무엇보다도 문학적이었다. 필리프 솔레르스가 《논리들》을 출간한 해인 1968년에 탐구된 것은 역사적 선형성(線形性), 진리와 주체의 개념 자체를 전복시키게 해주는 제한된 텍스트들이었다. 바로 이와 같은 정신 속에서 솔레르스는 단테·사드·말라르메·바타유의 작품들을 문제삼았다. 이 작품들은 모두가 텍스트의 혁명적 단절이고, 변증법적 초월로 진정으로 향한 것이 아니며, 《수와 드라마》에서 이미 작용중인 연소 과정에 따라 그것들 자신의 특성으로 향하고 있다는 것이다. 텍스트는 "모든 층위에서 불타고 있다." 의미와 이야기를 정지시키는 수사학적 기법, 즉 모순어법에 따라 "그것은 소멸하기 위해서만 나타난다."[13]

따라서 《텔켈》지는 문학과 혁명을 '공동의 명분'으로 삼는 '예술의 붉은 전선'[14]을 견지하고자 했다. 이 전선은 기의로부터 마침내 해방된 기표의 깃발을 높이 들었고, 프랑스 공산당과의 관계에서 구체적이고 구조화된 의지처를 찾아냈다. 이론적인 측면에서 보자면 그것은 데리다의 해체주의를 미는 도구였다. 베르나르 피뇨의 비판에 대해 답변하면서 필리프 솔레르스는 하나의 텍스트, 즉 데리다의 《그라마톨로지에 대하여》가 최근 몇 년의 사유를 철저하게 규명하며 수정하고 있다고 환기시켰다. "어떠한 사유도 이 사건과 관련해 위치하지 않을 수 없다."[15]

피뇨는 "《텔켈》은 어디로 가는가?"[16]라고 자문했다. 이런 질문은 솔레르스에게 잡지가 창간된 이래로 걸어왔던 구불구불한 도정을 표시하는 상당수의 방향 수정을 복원해 보는 기회가 되었다. 1968년에 솔레르스는 1960년의 창간을 미학적 측면에서는 근본적으로 애매하지만, 텍스트의 내재적 접근을 우선시했다는 점에서는 옳았다고 간주했다. 그러나 이와 같은 입장은 텍스트를 표현으로 인식하는 형이상학에 여전히 너무 달라붙어 있었고, 누보 로망의 실증주의를 진지하게 간주하는 경향이 지나쳤다. 누보 로망은 그 당시에, 그리고 1962년까지 이 잡지가 지지하는 글쓰기 형태였다. 이 시점에서 언어학이 가져온 기여 덕분에 글쓰기의 위상이 다시 문제되기 시작했다. "사실 그 시기에 언어학은 우리에게 강력한 구원이 되었다."[17]

1964년에 《텔켈》지는 전위 잡지로 스스로를 규정했고 단절의 글쓰기, 즉 바타유·아르토·사드의 글쓰기, 비메타포적이고 운각처럼 나누는 글쓰기를 설파하였다. 작품과 저자의 범주들은 다시 문제시되었고, 탐구는 데리다와 알튀세의 주장에 입각해 점점 더 글쓰기의 개념 자체에 기울어졌다. 기호의 개념을 다시 문제화하고, 생산으로서의 문학을 고찰하는 방향으로 간 것이다.

솔레르스가 잡지의 방향을 점검하고 있었을 때, 이 잡지는 러시아적 경향의 마르크스주의로부터 중국 경향의 마르크스주의로 이동하는 근본적 선회를 하기 직전에 있었다. 68년 5월과 프롤레타리아 좌파의 성공 결과로서 잡지의 전환은 기록적으로 단시간 내에 이루어졌다. 1968년 9월에만 해도 《텔켈》지는 35호를 소련에서 현대기호학에 할애했고, 이것을 줄리아 크리스테바가 소개했다. 1969년초가 되자 《텔켈》지는 '위대한 키잡이'가 있는 붉은 동양으로, 마오쩌둥 주석이 정화시킨 스탈린식 마르크스-레닌주의로 선회했다. 비록 활기찬 접촉을 한 후, 이 잡지가 '문학과 이데올로기'라는 주제로 1970년 클뤼니에서 열린 학회에 《신비평》지와 함께 참여하기로 결정했지만 말이다. 《텔켈》지에서 '71년 6월 운동'이 조직되었을 때 가능한 타협은 더 이상 없었다. '수정주의 패거리' '새로운 차르'로 규정된 자들과의 관계는 결정적으로 끊어졌다.

그래서 《텔켈》지는 중국이 지식인들에게 발휘하는 매혹을 표현하게 되었고, 잡지의 한 팀은 마르슬랭 플레네·필리프 솔레르스·줄리아 크리스테바 그리고 롤랑 바르트가 중국에 초대되었을 때 감사를 받았다. "우리는 5천 부를 찍는 잡지를 통해(중국에 관한 호는 2만 5천 부까지 찍었다) 중국에 가게 된 최초의 작가들이었다. 우리는 《텔켈》지라는 이 작은 조직 덕분에 약 10억 민중에 의해 초대를 받았다. 우리가 돌아오자 모든 언론 매체가 우리의 의견으로 뒤덮였다. 그것은 그냥 아주 효과적이었다."[18] 1974년에 이루어진 이 중국 여행은 '문화 혁명' 덕분에, 초월이 가능하다는 착상에 근거했다. 그런데 사실 문화 혁명은 1969년에 끝이 났고, 중국 공산당은 중국 사회에 대한 권력을 다시 완벽하게 행사하고 있었다. 따라서 여행에 참여한 자들이 상상한 중국과 당시 중국의 스탈린주의적인 현실 사이에는 큰 차이가 있었다. 줄리아 크리스테바는 1988년에 가서야 이렇게 고백하게 된다.

"현대의 중국은 나를 실망시켰다. 우리는 기대했던 해방을 볼 수 없었고, 그 대신 다소간 자유로운 정신의 소유자들에게 가혹 행위를 가하거나 살해까지 하는 많은 구속 요소들을 보았다."[19]

사실 잡지는 상투적인 중국 선전 구호 속에 갇혀 있었다. 그리고 그것은 인류의 중요한 한 부분을 나타내면서도 제대로 알려지지 않은 동양 세계의 기관지처럼 나타남으로써 엄청난 지적 테러리즘을 자행했다. 《텔켈》지는 프랑스 사회뿐 아니라 인류 전체의 격동, 시골로부터 도시를 향해 급격히 확산되는 그런 격동을 구현하고자 했다. 그래서 마오쩌둥주의적인 새로운 세대가 이 잡지와 합류했다. 예컨대 베르나르 시셰르는 1971년에 당시의 중요한 교육 기관과 단절을 하고, 마오쩌둥주의와 《텔켈》지에 동시에 가입했다. "나는 내가 가르치고 있던 고등학교 학생들의 몇몇 부모와 야기된 충돌 때문에 이 잡지로 왔다. 나는 이 학교에서 정치적이면서 동시에 문학적인 이야기를 토대로 나의 강의에 사드의 텍스트를 도입했던 것이다."[20] 이런 기회를 통해 정치적·이론적 그리고 문학적인 모든 수준에서 가장 급진적인 항의의 거점 자체로 나섰던 《텔켈》지와의 만남이 이루어졌다. "당시에 이론보다 실제가 전적으로 과도하게 중시되었고, 이러한 과도함은 이론화의 의지보다 주관적인 힘의 과도함을 나타냈으며 분석적 진영에서, 《텔켈》지에서, 정치적 집단들에서 지적인 테러리즘을 발생시켰다."[21]

문학의 과도함이란 존재할 수 없기라도 한 것처럼 일어난 이와 같은 과도함은 텔켈 그룹의 작은 세계에서 분석될 수 있다. 그것은 소설이 위기에 빠지고 이데올로기적 비판 활동이 강도 높게 이루어지던 그 시기에 자기 이름을 고백할 수 없는 하나의 미학을 가치화시키기 위해 샛길들을 택했다. 이와 같이 과도한 주관성은 불화와 단절을 야기시켰고, 이 불화와 단절은 그것들을 포장하고 있는 이론적 담론 이면에 정열과 정서를 담고 있었기 때문에 그만큼 격렬했다. 그리하여 잡지가 매번 전환할 때마다 《텔켈》지의 핵심 창간 멤버들을 중심으로 인물들의 쇄신이 이루어졌지만, 힘든 시절을 함께 한 사람들 가운데 추방된 자들도 있었다.

1967년에 《텔켈》그룹과 장 피에르 파예 사이에 동료간 싸움이 이미 벌어졌다. "속내 이야기를 털어놓은 어느 날, 나는 알제리 전쟁 때 《텔켈》지가 취했던 매우 우파적인 입장에 대해 두세 가지 일을 이야기했다. 이것이 많은 물의를 일으켰고, 그야말로 격분을 폭발시켰다."[22] 《텔켈》지의 마오쩌둥주의로의 전환은 두 진영 사이의 신랄한 논쟁을 악화시켰을 뿐이다. 장 피에르 파예가 같은 출판사인 쇠이유사에서 《바꾸기 *Change*》라는 새로운 잡지를 창간하기 위해 《텔켈》지를 떠났으니 말이다. 이 잡지의 핵심 멤버들은 1967년 가을에 구성되었으며, 창간호는 1968년에 나왔다.[23] 잡지의 제목은 흔들림·중간을 환기하고, 과학과 문학, 형식적 이론과 이데올로기적 비판 사이의 망설임을 상기시킨다. 팀이 세운 계획은 이야기의 편집(montage)에 관해 연구해 형식의 놀이에서 이 편집의 효과를 보다 잘 판별해 내는 것이었다. "바로 이 간격——단계적 구축과 분해(démontage) 사이의 간격——속에서 비평은 이동한다."[24] 글쓰기를 대상으로 삼았기 때문에 《바꾸기》는 단번에 《텔켈》의 직접적인 경쟁 잡지로 자처했다.

장 피에르 파예의 잡지는 프라하학파의 계보 속에 포함되었고, 게다가 한호 전체가 이 학파에 할애되었다. 그것은 촘스키의 생성문법에 의거하면서 구조적 모델 속에 역사성·역동적 힘을 재도입하고자 했다. 비록 이것이 촘스키의 시도가 지닌 의미는 아니었다 할지라도 말이다. 어쨌든 그렇게 이 잡지는 장 피에르 파예에 의해 이해되고 이용되었다. 그는 심층 구조(언어 능력 모델)와 표층 구조(언어 수행 모델) 사이의 이동을 가능하게 해주는 통사적 변형의 개념을 강조했다. 한편으로 잡지의 제목은 구조들의 움직임(bougé)이라는 개념을 환기한다. 그것은 장 피에르 파예의 시에서 태어났다. 이 시는 "대서양 깊숙이 한가운데, 리스본과 브라질의 거의 중간에 있는 아조레스라는 군도에서 씌어진 것이다. (…) 군도라는 그런 종류의 요충지는 나에게 형태들의 바꾸기 기호였다."[25] 이어서 장 피에르 파예는 '형태들의 바꾸기'라는 관념을 마르크스의 한 텍스트에서 되찾아냈다. 이 텍스트의 저자는 그것을 검열하여 삭제했는데, 이는 그가 프랑스 독자들에게 제시한 설명을 보다 명쾌히 하기 위한 것이었다. 이 텍스트에서 문제되는 것은 상품인데, 그것은 교환 과정에 들어가 소유자를 바꿈에 따라 형태를 바꾼다. 그것은 가치가 된다. "가치의 변화를 조건짓고 매개하는 것은 이러한 형태 바꾸기이다. 확고한 하부 구조까지 통상적 해석을 완전히 뒤엎는 비상한 표현이 아닐 수 없다."[26] 이어서 장 피에르 파예는 동일한 관념을 횔덜린의 3페이지에 걸친 긴 텍스트에서 되찾아내는데, 이 텍스트는 그가 형태 바꾸기와 재료 바꾸기 사이의 동일한 관계를 확립하는 하나의 동일한 문장으로 귀결된다.

최초 그룹에 미추 로나가 합류했다. 시적 언어의 **바꾸기 규칙**(rule chang-ing)에 관한 그의 작업은 잡지의 방향과 일치했다. 말라르메의 산문에서 그는 프랑스어의 변형문법으로부터 벗어남, 즉 일탈의 규칙으로서 그 나름의 엄격성을 지니고 있는 통사적 규칙을 식별해 내는 데 주력했다. "그것은 언어 바꾸기의 욕구였다."[27] 잡지의 역사에서 세번째 시기는 바꾸기와의 이 관계에서 이야기되는 것과의 관계, 즉 메시지를 이야기하는 행위 자체를 우선시했다. 이 행위는 장 피에르 파예가 1972년에 출간된 자신의 학위 논문[28]에서 이야기와 언술 행위에 관해 전개하는 고찰을 통합시키게 해주었다. "나에게 언어 분석에서 가장 중요한 순간, 즉 철학자와 역사학자에 공통적인 관점으로 나타난 것은 언어가 그것의 현실을 딴판으로 만들면서 이 현실로 되돌아가는 방식이다."[29]

대결의 명소

연구의 중심이었고, 부분적 합의의 장소였으며, 단절을 가져오는 불화의 공간이었던 잡지들은 항상 이 시기에 이론적인 대결의 특별한 수단이었다. 《에스프리》지는 이미 1963년에 레비 스트로스와 대담을 성사시킨 바 있는데, 1968년에 잡지의 팀이 만든 다음과 같은 질문을 미셸 푸코에게 보냈다. "정신의 역사에 체계의 구속과 불연속성을 도입하는 사상은 진보주의적인 정치적 참여에 모든 토대를 제거해 버리는 것이 아닌가?"[30] 푸코의 대답은 당시 다소 알려지지 않은 채 지나갔다. 왜냐하면 그것은 1968년 5월 운동이 한창인 때 나타났기 때문이다. 그러나 그것은 논란적인 시사성을 띠고 있었다. 푸코는《말과 사물》에서 확립된 것 같았던 감춰진 커다란 이론에 대한 규정의 관점을 바꾸기 위해 문제를 일으키고 있는 에피스테메의 개념을 다시 거론했고, 이 개념을 끊임없이 차별화되는 분석의 다원성을 가능하게 해주는 분산의 개념으로 대체했다. 차연에 대한 데리다의 개념은 푸코의 입장에 중요한 영향을 미쳤다고 보여진다. 푸코는 "에피스테메가 이성의 일반적 단계가 아니라, 계속적인 괴리[차이]들의 복잡한 관계이다"[31]라고 말했다. 이렇게 그는 그의 철학 체계에서 구속 요소들에 우선권이 부여되었다는 비난에 대답했다. 특히 그는 모든 현상들을 하나의 유일한 원인에 연결시키기 위해 이 현상들을 다시 짜맞추는 인과적 관계를 다원화시키고, 그것을 '상관 관계의 다형적(多形的) 다발'[32]로 대체시키려고 노력했다.

그가 규정하는 기록 보관학적(archvistique) 작업은 그가 준비하고 있는《지식의 고고학》의 전단계인데, 그 목적은 텍스트들을 수집하는 것이 아니라 그것들이 출현하는 규칙, 그것들이 읽혀질 수 있는 조건, 그것들의 변형을 획정짓는 것이다. 구조언어학과는 달리 푸코의 관심을 끌었던 것은 내용을 구축하는 내적 법칙이 아니라 언술을 존재하게 하는 조건이다. 그런 만큼 그는 구조주의라는 꼬리표와 거리를 유지했다. "내가 이른바 구조주의자가 아니라는 점을 다시 한 번 분명히 할 필요가 있겠는가?"[33] 그의 사상과 정치적 실천 사이의 관계, 즉 진보주의의 문제에 대해 푸코는 자신의 작업이 지닌 비판적 성격을 토대로 이렇게 대답했다. "진보주의적 정치는 어떤 실천의 역사적 조건과 명시된 법칙을 인정하는 정치이다."[34]

《신비평》지는 68 사건 이후에 1970년까지, 구조주의의 주장들을 보급시키고《텔켈》지의 팀과 특별한 관계를 유지하는 개방 노선을 계속적으로 추구했다. 우리가 살펴본 바와 같이 1970년 4월에 이 두 그룹이 주도하는 학회가 클뤼니에서 개최되었다. 이 학회의 주제는 문학과 이데올로기의 관계였고, 발표된 논문들은 《신비평》지에 실리게 된다. 그러나 학회는 위기적인 분위기 속에서 진행되었다. 왜냐하면 동양이 점점 더 붉게 달아올랐고, 베이징에서 본 프랑스 공산당은 텔켈 그룹의 눈으로 볼 때 약간 창백한 장밋빛으로 나타났기 때문이다.

1970년 10월에 카트린 바케스 클레망은 《신비평》지에 '마르크시즘과 정신분석학' 이라는 기획 특집을 마련토록 했다. 여기에는 앙투안 카사노바·앙드레 그린·세르주 르클레르·베르나르 뮐드워프·뤼시앵 세브의 글이 실렸다. 이 특집의 목표는 두 '과학' 사이의 연관을 찾아내는 것이었다. 《신비평》지와 공동으로 개최한 첫번째 학회에서 프랑스 공산당 지식인들을 사로잡은 바 있던 줄리아 크리스테바에게 잡지의 란들이 활짝 개방되었고, 그녀는 1970년에 자신의 저서 《세마날리즈를 위한 연구》에서 주장한 내용에 대해 크리스틴 부시 글럭스만 및 장 페에타르와 대담을 가졌다.[35]

《신비평》은 또한 레비 스트로스의 작품을 소개하고 분석했다. 이미 1969년부터 《신화학》에 대한 고찰을 한 바 있는 카트린 바케스 클레몽이 1973년에 레비 스트로스와 대담한 내용이 잡지에 실렸다. 레비 스트로스는 여기서 마르크시즘에 대해 안심시키는 논지를 폈다. "나는 하부 구조가 상부 구조를 지배한다는 점을 깊이 확신하고 있다."[36] 그리고 그는 본질적으로 생태 환경적인 싸움이 장차 일어날 것이라고 예고했다. 그가 보기에 환경을 보전하기 위해 산업적 진보의 개념을 하향적으로 조정해야 할 때라는 것이다. 환경 오염은 인간 집단들 사이의 관계 문제보다 우선하는 문제가 되었기 때문이다.

정신분석학의 영역을 보면, 이미 우리가 환기한 바와 같이 1968년에 《실리세》의 창간은 피에라 올라니에·콘래드 스타인·장 클라브뢸이 창간해 8호까지 낸 《무의식》이라는 잡지에 대한 라캉의 이론적 대응이었다. "라캉은 스타인의 집에 정신분석 치료차 딸을 보냈는데, 우리가 스타인을 잡아갔다고 매우 비난했다. 그러니까 우리는 이 잡지를 만들어 라캉을 흥분케 했던 것이다."[37] 장 클라브뢸은 원래 위치로 되돌아가지 않을 수 없게 된다. 그리고 1973년에는 르네 마조르가 학파들 사이에 칸막이가 쳐지는 현상 앞에서 먼저 세미나를 열어 반발을 나타냈는데, 이 세미나는 곧바로 《대조》라는 의미 있는 이름을 지닌 잡지가 되었다. 이 기회를 통해 르네 마조르는 당시에 존재했던 네 그룹 사이의 이론적 대화를 다시 열었다. "나는 이론들을 대조시킴으로써 칸막이를 없애려고 시도했다."[38] 세르주 르클레르는 연구소의 한 회원이 시도한 이러한 주도를 라캉 사조가 지지하고 있음을 표명했다. "이윽고 많은 사람들이 몰려들었고, 빗장은 날아갔으며, 사방으로부터 정통 이론에 이의가 제기되었다."[39] 독자는 작가들 · 철학자들로 확대되었고, 대단히 가까운 관계가 르네 마조르와 데리다 사이에 엮어졌다. 데리다는 라캉 학파를 파괴하고, 라캉이 행사하는 절대 권력을 약화시키는 데 《대조》지의 효과를 긍정적 시선으로 바라보았던 것이다. 하지만 라캉은 평판 있게 반응을 나타냈다. 학파의 회장 드니 바스를 《대조》의 세미나 모임에 참석했다는 이유로 사임시켰다. 질서 유지의 단순한 조치였다. 왜냐하면 라캉은 마조르에게 전화해 이런 의미 있는 말을 했기 때문이다. "마조르, 걱정하지 말게. 이건 다만 내적인 방침의 문제이네."[40]

잡지들은 학문들 사이의, 다양한 출신의 전문가들 사이의 이와 같은 대면을 조장했고, 글쓰기에 관한 공동의 고찰이 활짝 열리게 해주었다. 그것들은 1967년 이전에는 우선적으로 구조의 개념을 중심으로 재집중되었는데, 구조주의 시기의 두번째 단계에서는 구조의 다원화와 역동화를 더 많이 추구하게 되었다.

16

부각되는 알튀세의 틀

5월 운동은 알튀세의 주장을 뒤흔들었고, 5월 직후에 이 사조의 침묵을 야기시켰다. 그러나 68년 사태의 항의는 하나의 마르크시즘적 담론을 빌려 스스로를 표현했고, 알튀세 이론에서 마르크시즘에 대한 지지와 구조적 엄격성에 대한 욕망을 양립시킬 수 있는 수단을 찾아냈다. 그러니까 68 세대 라는 한 세대 전체가 지식의 모든 영역에서 알튀세 이론의 범주들을 사용하게 된 것이다. 그것도 흔히 1965년에 나온 결정적 저서들, 즉 《마르크스를 위하여》와 《자본론 읽기》를 잘 알지도 못한 채 말이다. 그러나 1968년에 마스페로사는 포켓판 총서 **PCM**(마스페로 문고판)에 《자본론 읽기》를 출간하는데, 7만 8천 부(문고판으로 1968년부터 1990년까지 판매된 부수)가 판매됨으로써 놀라운 반응을 경험하게 된다. 그래서 사람들은 부지불식간에 알튀세 이론을 공부했다. 왜냐하면 그것은 시대의 분위기에 속했기 때문이다. 역설적으로 한 세대 전체가 알튀세가 재해석한 마르크스를 자신들의 정치적 실천에서 발견했지만, 알튀세는 이론적 차원에서 행동 · 실천으로부터 가능한 한 가장 멀리 떨어진 인식론적 단절, 문제의 그 단절을 설정하고 있었다.

알튀세로의 회귀

1968년 5월 사태의 결과로 당시에 18세의 청년 고등학생이었던 철학 지망생 앙드레 콩트 스퐁빌은 신앙을 상실했고, 가톨릭청년학생연맹을 탈퇴

했으며, '노동자 계급당'에 가입했다. 고등사범학교 입시준비반에 들어가기 전에 그는 방학 기간 동안에 알튀세를 읽었다. 이것은 '오랫동안 철학과 나의 관계'를 뒤흔들어 버리게 되었다. "이 두 책(《마르크스를 위하여》와 《자본론 읽기》)은 (…) 나에게 새로운 세계를 열어 주는 번쩍이는 계시와 같았다."[1] 따라서 앙드레 콩트 스퐁빌은 그의 세대에 속하는 많은 이들이 그랬듯이 알튀세 이론을 따르는 마르크스주의자가 되었다. 그리고 특히 이 젊은 철학도의 지지를 끌어낸 것은 알튀세의 비극적이고 거의 얀센파적인 차원의 엄격성이었다. "그는 나의 스승이었고, 스승으로 남았다."[2]

젊은 대학생들이 알튀세의 주장에서 정신적 양식을 얻고 있는 동안 알튀세와 그의 추종자들은 여전히 신중했다. 이들이 출판계의 전면에 다시 되돌아오는 것을 보기 위해서는 1972년과 1973년을 기다려야 한다. 이 시기는 전통적 좌파가 공동 프로그램을 중심으로 재구성되고, 정치적 극좌주의가 변방으로 퇴각하는 때였다. 이와 같은 대대적 회귀는 1972년에 《존 루이스에게 보내는 답변》(마스페로), 1973년에 《철학과 학자들의 자연발생적 철학》(마스페로), 그리고 1973년에 《자기 비판의 요소들》(아셰트)이 짧은 간격으로 연속해서 출간됨으로써 이루어졌다. 이 출판 현상은 1976년에 우상 파괴 철학자 알튀세가 자신의 당인 공산당 내에서 공식적으로 인정되는 상황이 될 정도로 주목되었다. 이 해에 소시알사에서 《입장들》이 나왔다. 이 저서는 1964년과 1975년 사이에 알튀세가 발표한 여러 논문들을 수록한 것이다. 더구나 프랑스 공산당 내부에서 이와 같은 공식적 인정은 1975년에 아미앵 대학에서 국가 박사학위 논문을 막 발표했던 신진교수 알튀세가 대학계에서 공식적으로 인정된 다음에 이루어진 것이다. 이 학위 논문은 1949-1950년에 장켈레비치와 이폴리트에게 제시된 자신의 첫번째 계획을 성공적으로 실행하지 못했기 때문에 '18세기에서 정치와 철학'에 관한 주제로 수행한 작업이었다. 그러나 알튀세는 울름의 고등사범학교에서 복습 조교로 끝까지 남아 있게 된다. 뒤늦게 대학계의 인정을 받았지만 말이다.

1968년 이후 지식인들 사이에 불어온 마르크시즘의 두번째 바람은 알튀세의 주장에 대한 관심을 되살아나게 했다. 마스페로사가 내놓은 '이론' 총서에 이번에는 아셰트사에서 출간되는 새로운 '분석' 총서가 1973년에 덧붙여지는데, 이 총서 역시 알튀세가 편집 책임을 맡았다. 사람들은 알튀세의 범주들에 입각해 마르크스를 읽고 또 읽은 뒤, 1974년에 사울 카르츠가 알튀세에 대해 연구해 내놓은 책[3]을 통해 알튀세를 읽을 준비를 했다. 이 책은 동시에 대가를 읽는 데 대한 소개이자 그의 주장에 대한 옹호이며 해설이다. 저자는 알튀세를 대상으로 하는 비판에 맞서 그가 무고함을 미리 변호하면서 그의 주장이 지닌 내적 일관성을 보여 주고 있다. 1976년에 《변증법》이란 잡지는 알튀세에게 특집호를 할애했는데, 여기서 레진 로뱅과 자크 길로무는 자신들이 진 정서적·지적인 빚을 표명했다. "나에게는 숨을 돌릴 수 있는 순간이었다. (…) 우리 두 사람 모두에게 단순히 역사를 연구할 수 있는 가능성이었다. (…) 알튀세는 우리로 하여금 텍스트들을 다시 읽지 않을 수 없게 만들었다."[4] 알튀세는 이 역사가들에게 스탈린주의의 폐석을 부수게 해주고, 통상적인 기계주의적 마르크스 해석의 터부를 전복하게 해주는 틈새였으며, 추론의 교착 상태를 타개해 주는 가능성이었다.

알튀세의 주장이 지닌 영향력은 프랑스라는 좁은 범위를 폭넓게 벗어났다. 심지어 알튀세 이론은 라틴 아메리카에서 특별한 영역을 지니고 있었다. 이곳에서, 특히 아르헨티나에서 모스크바와 연결된 공식적 공산당들의 항의는 대개의 경우 알튀세의 이름으로 이루어졌다. 1972년에 출간된 《존 루이스에게 보내는 답변》은 영국의 마르크스주의 철학자 존 루이스가 1972년 봄에 영국 공산당 잡지인 《오늘의 마르크시즘》에 표명한 입장과 논쟁을 벌인다는 구실을 내세운 고찰을 담아냈다. 그것은 영국 마르크스주의자들의 세계에서 강한 관심을 불러일으켰고, 그 결과 영국 공산당 철학자들의 그룹은 알튀세의 텍스트들에 대한 이틀 동안의 강연을 열기로 결정할 정도였다. 그보다 조금 앞선 1971년에는 공식적인 공산당 진영 이외에서 알튀세에 입장을 토대로 한 새로운 철학 잡지 《이론적 실천》이 탄생했다.

국가의 이데올로기적 장치(AIE)

그러나 70년대에 이처럼 승리를 구가하는 알튀세 이론은 60년대 중반에 나온 저서들의 알튀세 이론이 아니다. 그것은 아셰트사에서 기획된 새로운 총서의 이름 자체가 지시하고 있듯이, 이론에서 분석으로 이동함으로써 68 사건과 이 사건의 도전('별볼일 없는 알튀세')을 반영하고 있다. 알튀세가 이와 같은 이동을 통해서 의미하고자 한 것은 순전히 이론적이고 사변적인 관점으로부터 '구체적인 상황의 구체적 분석'으로의 이동이었다. 그러나 개념적인 범주들로부터 출발함으로써 경험주의에 사로잡히지는 않았다. 정세와 명확한 탐구 영역은 이제부터 마르크스주의 이론으로부터 연구되어야 했고, 따라서 알튀세 추종자들은 상아탑으로부터, 마르크스 텍스트들의 단순한 해석으로부터 빠져 나와 현실과 대면했다.

1970년에 이와 같은 전망 속에서 알튀세는 AIE들에 관한 문제의 논문, 〈이데올로기와 국가의 이데올로기적 장치〉[5]를 통해 방대한 연구 프로그램을 규정했다. 그는 지배를 확보하기 위해 폭력에 의존하는 국가의 억압 기구들과, 이데올로기에 따라 작용하는 국가의 이데올로기적 기구들을 구분했다. 가족·정당·노동조합·정보·문화·학교 제도 혹은 교회를 포함하는 이데올로기적 기구들 때문에 지배적 이데올로기에 대한 예속, 즉 이미 확립된 질서에 대한 복종이 영속화된다. 알튀세는 그람시가 이미 암시한 바 있듯이, 현대 자본주의 사회의 지배적 장치가 정착화되는 데 있어서 학교에 중심적인 전략적 위치를 부여했다. "사실 지난날의 국가 이데올로적 장치, 즉 교회의 기능을 대체한 것은 학교 장치이다."[6]

이렇게 하여 알튀세는 학교 세계가 구성하는 특별한 연구 영역에 관심을 갖도록 고무시켰다. 따라서 그는 단순한 담론으로서의 이데올로기에 대한 연구를 실제로서의 이데올로기로 이동시켰다. 이것은 그의 입장을 1969년에 미셸 푸코가 옹호한 입장과 접근시킨다. 푸코는 이때 비추론적인 실제에 추론적 측면을 개방해야 한다는 필요성과 그것들의 상호 연관을 내세웠다. 따라서 이데올로기는 두 사람 모두에게 물질적 존재를 포함한다. 그것은 제도적인 현장 속에서, 실제 속에서 구현된다.

나아가서 알튀세는 비역사적인 범주로 간주된 이데올로기의 존재화(on-tologisation)를 토대로 자신의 방식을 확립했다. "이데올로기는 역사가 없다."[7] 알튀세는 이데올로기 속에서 현실을 왜곡하는 단순한 부속물을 보았던 통속적 해석의 입장을 전복시키면서 이데올로기를 인간과 세계의 관계를 표현하는 본질적 구조, 진정한 본질로 간주한다. "나는 프로이트의 표현을 한마디 한마디 그대로 받아들일 것이고, 나는 이데올로기가 무의식처럼 영원하다고 쓸 것이다."[8]

알튀세는 그가 대표하는 사조에 방대한 작업 영역을 열었다. 1971년에 크리스티앙 보들로와 로제 에스타블레는 《프랑스에서 자본주의적 학교》(마스페로)를 통해서 학교 제도에서 운영되고 있는 선발 방식을 분석한다. 《자본론 읽기》의 공동 저자들 가운데 1명인 로제 에스타블레는 울름의 철학자 그룹과는 반대로 직업적인 측면에서 통계학을 배우면서 신속하게 사회학으로 돌아섰다. 따라서 알튀세와 부르디외(《상속자들》)가 준 이중적 자극을 따라가면서, 로제 에스타블레는 크리스티앙 보들로와 함께 국가의 이데올로기적 장치들의 가정을 시험하여 학교 세계에서 그것들의 통계적 유효성을 측정했다. 이들 저자들은 자본주의적 생산 방식 내에서 노동의 사회적 분할을 재생산하게 해주는 2개의 사이클, 하나는 길고 다른 하나는 짧은 두 사이클을 매우 분명하게 구분해 냈다. "우리가 이 작업을 통해 수행한 것은, 우리가 AIE들의 이 모델을 통계적 현실에 적용했음과 동시에 학교 제도에서 이 모델의 어떤 점이 사실이고 확인할 수 있는 것인지 알아보려고 시도한 것이다."[9]

보다 방대한 프로그램이 교육 사상사를 복원시키게 되어 있었던 하나의 전체 속에 이 연구를 포함시켰다. 바로 이런 프로그램 실현의 일환으로 에티엔 발리바르의 어머니 르네 발리바르와 도미니크 라포르트는 1973년에

《프랑스 국민》(아셰트)을 출간했고, 르네 발리바르 단독으로 《허구적 프랑스인들》(아셰트)을 내놓았다. 이 책들은 부르주아 학교가 매우 특수한 교육된 언어 체계, 다시 말해 프랑스 혁명 이후로 고유한 역사성을 띠는 그런 언어 체계에 초점을 맞추었다는 주장을 뒷받침하고 있다. 따라서 국가의 이데올로기적 장치들에 대한 정의를 통해서 알튀세는 사회적 측면의 해명으로 향한 보다 분명한 탐구 영역을 가능하게 해주었다. 물론 이러한 개념은 많은 기계주의적인 적용들을 낳았다. 그러나 알튀세의 견해에서 AIE들은 장치라는 표현에도 불구하고 어떤 현장, 어떤 도구의 표현이 전혀 아니다. "알튀세는 상호 작용중인 일정 수의 과정들을 조회하려고 시도했다."[10] 따라서 알튀세의 작업이 제도적 실제의 연구로 기울어지는 경향이 있었으며, 이론적인 측면에서 실천으로 이동하려는 의지가 있었다.

구조–알튀세적 인류학

특히 알튀세의 틀은 인류학 쪽에서 마르크시즘과 구조주의의 화해 시도를 낳게 된다. 68년 5월 이전에 이미 마르크스주의 인류학자들의 활발한 움직임이 있었다. 클로드 메야수 · 모리스 고들리에 · 에마뉘엘 테레 · 피에르 필립 레이 등이 그런 사람들이다. 이들 대부분에게 알튀세는 현장의 연구들이 자리잡을 수 있는 이론적 틀을 나타내게 되었다. 1차적으로는 1968년 이전에 토론 · 논쟁 · 학회들을 지배하는 개념적 대조들이 증대되었다. 그러나 매우 신속하게, 그리고 특히 68년 5월 사태 이후에 현장의 연구와 실천 쪽으로 기울어지면서 적극적으로 전면에 나서야 할 필요성이 드러났다. "우리가 그처럼 좁은 토대에 대해 논의를 계속하는 한 우리는 진혀 전진하지 못할 것이라는 생각이 들었다. 그래서 어떤 식으로든 우리 모두는 현장으로 떠나서 경험을 증대시키기로 결정했다."[11]

우리는 에마뉘엘 테레가 1957년에 레비 스트로스의 《친족의 기본 구조》

를 환희를 느끼며 발견했다는 점을 기억하고 있다. 그런 그는 60년대의 공식적인 해석을 벗어나 마르크시즘에 대한 자신의 지지와 정치적 참여에 과학적 엄격성을 결합시키고자 했다. 이와 같은 화해의 시도는 테레에 따르면 가능한 범주에 속했다. 그는 구조주의적 사유가 넘어서지 못하는 3개의 한계를 식별해 내고, 이것들이 마르크시즘을 통해 극복될 수 있다고 보았던 것이다.[12] 한편으로 구조주의는 철학을 피하게 해주지 못했다. 레비 스트로스의 연구가 함축하는 철학은 식별된 이원적 대립들을 인간 두뇌의 구조들과 연결시키는 칸트주의, 초월적 주체가 없는 그런 칸트주의이다. 이 철학은 "별로 내 마음에 들지 않았다."[13] 두번째로 음운론적 모델이 레비 스트로스에게서 분명하게 작용하고 있다. 왜냐하면 테레에 따르면 그는 언어 표현이 드러내는 것과 사회 사이에 등가적 특징을 확립했기 때문이다. "그래서 나는 그가 마땅히 1949년에 자신의 책 제목을 친족 관계에 관한 담론의 기본 구조로 지었어야 했다고 쓸 수가 있었다."[14] 이런 연유로 레비 스트로스의 구조주의는 행동이나 실천을 생각하는 것을 스스로 금지했다. 세번째로 레비 스트로스는 사회를 말·재화·여자의 교환으로 정의함으로써 자신의 관점에서 두 분야를 제외시켰다. 이 두 분야는 구조적 방식의 눈먼 요소들로 남았는데, 다름 아닌 생산(이 생산은 교환의 유일한 연구로 귀결되었다)과 전체적 권력 현상이다. "그런데 마르크스에 따르면 변화가 일어나는 출발점은 이 두 요소이다. 따라서 이것이 나를 마르크시즘으로 되돌아가게 만들었다. 이로부터 평화로운 공존, 공동 작업-협력을 기획해야 한다는 발상이 나왔다."[15]

에마뉘엘 테레는 구조적 방법을 사용하면서 마르크시즘을 현대적 합리성과 화해시키고자 했고, 반대로 "마르크시즘을 통해서 구조주의적 장치를 파괴하는 것이 아니라 역동적으로 만들고자 했다."[16] 그는 이러한 목적으로 클로드 메야수의 현장 연구인 《코트디부아르의 구로족에 나타나는 경제인류학》(무통, 1964)을 동원하여 이것을 알튀세의 범주들에 입각해, 특히 발리바르가 《자본론 읽기》에서 규정하는 역사적 유물론의 근본적 개념들에 입각해 재해석했다. 테레는 클로드 메야수의 책을 '인류학 역사에서 하나의 전환점'[17]으로 제시했다. 클로드 메야수는 자신의 책에서 이중의 계획을 나타냈다. 이 이중적 계획은 전체 구로족 사회에 속하는 혈족적인 파벌적 사회들의 자급자족 생산 방식을 기술하고, 다음으로 상업적인 농업으로 이동을 연구하는 것이었다. 노동 도구들, 생산 기술, 사용된 노동력의 분석으로부터 출발해 메야수는 노동의 과정과, 이 과정이 이루어지는 생산 관계를 재구성했다. 테레에 따르면 그렇게 해서 메야수는 2개의 협동 형태를 규정할 수 있었다. 하나는 그물 사냥으로부터 비롯되는 것으로 복잡한 협동을 결정한다. 다른 하나는 농업에 토대를 둔 단순한 협동이다. 첫번째 관계에 부족적 마을 체제가 대응하고, 두번째 관계에 혈족적 체제가 대응한다.

따라서 알튀세의 표현을 빌려 테레는 메야수가 연구한 2개의 경제-사회적 생산 방식 속에서 밀접하게 결합된 2개의 생산 방식을 구분했다. 한편으로 부족적 마을 체제에서 실현되는 복잡한 협동이 있다. 그런데 이 체제의 토대는 생산 수단의 집단적 소유이고, 평등주의적 분배 법칙이며, 임시적으로 교대되는 취약한 법적-정치적 권력이다. 다른 한편으로 단순한 협동은 혈통적 체제에서 실현된다. 이 체제에서 소유는 역시 공동이지만 개인은 소집단을 소유할 수 있으며, 생산의 분할은 생산의 재분배에 입각해 이루어지고, 권력은 보다 견고하고 지속적이며, 권력을 가진 자들은 연장자들이다. 따라서 원시 사회에서 친족 관계가 어디서나 절대적으로 우선한다는 생각에 반대해, 테레는 이 관계가 경우에 따라 지배적인 입장이 되는 것은 생산 관계로서 그것이 수행하는 역할에 달려 있다고 판단한다. "우리가 단순히 주목하는 것은 사회 조직 전체에서 친족 관계의 우위성이 모든 경제-사회적 원시 사회들에 공통되는 특징이 전혀 아니라는 점이다. 그것은 결정된 몇몇 생산 방식들의 존재와 연결되어 있다."[18]

따라서 테레는 메야수의 연구가 개별적 심급들(instances)의 자율성에 대한, 그리고 한 심급의 지배 현상과 경제 현상의 궁극적 결정 사이에 존재하는 괴리들에 대한 알튀세의 주장을 예시하여 설명하고 있음을 발견했다. 이와 같은 접근은 또한 구조주의가 지닌 2개의 맹목적 지평, 즉 생산과 정치에 대해 관심을 갖게 해주었다.

그러나 클로드 메야수는 알튀세의 범주들에 입각해 현장을 연구한 것이 아니었다. 게다가 전통 사회들에서 경제적 현상의 해석에 대한 그의 최초 이론적 논문은 1960년에 나왔다. 따라서 그것은 알튀세의 초기 출간물들보다 훨씬 앞서 있다. 물론 그는 자신의 저서에 대한 테레의 독서를 만족스럽게 받아들였지만 약간의 유보적 입장이 없었던 것은 아니다. "물론 나는 테레가 나의 작업에 그토록 중요성을 부여해 준 데 대해 만족한다. 그러나 그는 나의 연구를 알튀세적으로 읽음으로써 내가 보여 주고자 했던 것의 일부분, 특히 역사적인 부분과 변증법적인 부분을 상당한 정도로 제거해 버렸다."[19] 그러나 그는 테레가 자신의 접근 방법에서 중심적인 요소를 분명히 드러냈다는 점을 인정했다. 그것은 이른바 친족 관계의 사회 조직과 혈족적 도식을 분리해야 한다는 것이고, 노동과 생산을 조직화해야 한다는 요구에 따라 친족 체계를 재구성해야 한다는 점이다.

마르크 오제 역시 아프리카 해안으로 갔다가 1965년에는 코트디부아르의 알라디앙족의 해안으로 떠났는데, 그 역시 알튀세의 영향권 속에 포함되었다. 그는 레비 스트로스의 구조주의를 화해시키겠다는 기대를 하면서 현장에서 분석틀, 조르주 발랑디에에게서 획득한 아프리카 전문가로서의 교육 내용, 그리고 알튀세의 마르크시즘을 대조했다. 그 역시 마찬가지로 역사적 차원을 없애는 것에 경계를 나타내면서 구조들을 역동화시키게 된다. 당시에 잃어버린 환상의 출구로서 타자의 이미지가 나타냈던 이국 취미에 대한 열광에 반대해, 마르크 오제는 이렇게 상기시켰다. 즉 "인류학적 담론은 역사 속에 존재하고, 당연히 타자들의 역사 속에 존재하기 때문에 그것은 그만큼 덜 순진무구하다."[20] 물론 마르크 오제의 알튀세 이론은 그의 문학적 수련 때문에 매우 부드러워졌으며, 개념적 범주들을 현장의 현실과 대조시키는 일은 페이지 아래의 주(註)를 통해 이루어졌다. 마르크 오제가 옹호한 인류학은 당시까지 대립되어 있었던 의미와 기능, 상징과 역사의 개념들을 화해시키는 인류학이다. "우리가 보기에 인류학적 재검토는 가장 최근의 프랑스 인류학이 지닌 두 가지 강점, 즉 구조주의와 마르크시즘에 입각해 이루어질 수 있을 것 같았다."[21]

한편 모리스 고들리에는 알튀세적 인류학자들의 것과 유사한 연구 관점으로 나아갔다. 비록 그가 알튀세 그룹에 속하지는 않았지만 말이다. 게다가 그는 클로드 메야수처럼《자본론 읽기》이전에 경제적 합리성을 마르크스주의적으로 읽는 시도를 했었다. 우리는 다른 마르크스주의 인류학자들보다 고들리에에게서 마르크스주의와 구조주의의 공생을 실현시키고자 하는 고심을 더 많이 만난다. "우리는 레비 스트로스가 접근하지 않았던 영역에서 전진해야 할 때 구조적 방법을 수용했다."[22] 알튀세 추종자들의 경우처럼 마르크스의 재독서는 고들리에의 작업에 토대가 되었으나, 그가 마르크스를 레비 스트로스에 의거해 다시 읽었다는 차이점이 있다. 우리는 알튀세에게서와 마찬가지로 그에게서도 동일한 반헤겔주의, 바슐라르에게서 빌린 단절의 개념에 대한 동일한 준거를 만난다. 이 단절의 개념은 사회 현상의 감추어진 면의 논리에 다다르기 위해서 경험주의를 넘어서는 데 필요한 것이다. 그것은 동시에 마르크스 작품 내에서도 식별된다. "경제과학은 모든 이데올로기로부터 철저하게 분리되며, 마르크스는 젊은 마르크스와 더 이상 아무 관련이 없다."[23] 1966년부터 고들리에가 발표한 논문들을 엮은 모음집《지평: 인류학에서 마르크스주의의 궤적》이 1973년 마스페로사에서 출간된 것은 인류학에서 이와 같은 마르크스주의적 흐름의 활력을 증언하고 있다. 이 저서는 4천9백50부가 팔렸으며, 1977년에 포켓판인 마스페로 문고판으로 1만 부가 나왔다. 게다가 고들리에는 루이 알튀세가 이끄는 '이론' 총서와 나란히 '인류학장서' 총서를 이끄는 책임을 맡았다.

고들리에는 프랑스 공산당의 공식적 입장과, 특히 1967년에 구조적 방법을 변증법적 방법과 대립시킨 뤼시앵 세브와 싸우지 않을 수 없게 되었다. 1970년에 그는《라 팡세》라는 같은 잡지에서 이와 같은 비판에 답변했다. 다른 한편 구조적 접근과 변증법적 접근을 화해시키려는 그의 관점에도 불구하고 그는 필요한 경우 구조주의의 주장들을 비판했다. "구조적 분석——비록 그것이 역사를 부정하지 않는다 할지라도——은 역사와 합류할 수 없다. 왜냐하면 그것은 처음부터 친족 관계의 형태 분석을 이 관계의 '기능' 분석과 분리시켰기 때문이다"[24]

고들리에의 이론적 작업이 제기하는 커다란 문제로서 알튀세 추종자들의 문제와 일치하는 것은 구조적 인과 관계의 토대이다. 다시 말해 그것은 전통적 사회들 내에서 경제적 심급의 최종 결정과 결합된 친족 관계의 지배적 역할에 대한 이해이다. 이러한 측면에서 볼 때 고들리에는 하부 구조와 상부 구조를 통상적으로 끼워맞추는 비전의 관점을 바꾸었고, 원시 사회들에서 경제적 관계와 친족 관계 사이에 외재성이 존재하지 않는다고 생각했다. 반대로 이 사회들을 분명히 하는 것은 "친족 관계가 생산 관계, 정치적 관계, 이데올로기적 구조처럼 작용한다는 사실에 있다. 따라서 친족 관계는 여기서 하부 구조이면서 동시에 상부 구조이다."[25] 고들리에는 콩고의 밀림 속에 사는 사냥꾼 피그미족인 음부티족 사회의 예를 통해 이와 같은 주장을 뒷받침한다. 그는 사냥과 채집을 하는 이 집단에서 그들의 생산 방식에 내재하는 3개의 구속 요소를 식별해 낸다. 그룹들의 분산, 개인들의 필요한 협동, 그리고 인간과 자원의 조화로운 배분을 확보하기 위해 구성된 무리들 사이의 일정한 유동성이 그것이다. 따라서 음부티족의 생산 방식은 하나의 완전한 구속 체계를 결정하고 있고, 이 체계의 분절들이 '사회의 전반적 구조'[26]를 형성한다.

고들리에는 알튀세의 것과 매우 가까운 입장을 옹호한다. 비록 그가 알튀세 이론의 몇몇 방향들로부터 벗어나지만 말이다. "알튀세의 많은 제자들이 심급들에 관한 그의 이론을 (기능들이 아니라) 제도들의 계층 체계로 해석함으로써 그들이 이론적으로 영원히 넘어섰다고 주장하는 실증주의적 오류에 다시 떨어졌다."[27] 마르크시즘과 구조주의 사이에 실현된 결합은 고들리에로 하여금 마르크스의 사상에서 상이한 성격의 두 모순 형태가 사용되고 있음을 식별해 내게 만든다. 하나는 생산 관계의 구조 자체에 내재하는 것으로

본원적 모순으로 인식된다. 다른 하나는 생산 관계와 생산력이라는 두 유형의 구조를 대립시키는 모순이다. 이와 같은 구분은 고들리에로 하여금 전통 사회들의 연구에 마르크스의 방식을 조정해 맞추도록 해주고, 이 사회들 내에서 이루어지는 변천 과정을 밝히게 해준다. "구조적 인과 관계의 분석에 의해 도출된 모순들의 성격에 대한 분석은 하나의 생산 방식이 여러 가지로 변모되는 동안 발생되는 모순들의 이동 장소에 관한 진정한 이론으로 연장되어야 한다."[28] 이러한 의미에서 고들리에는 레비 스트로스와 구분된다. 그는 1975년에 《인간》이란 잡지가 마련한 레비 스트로스 및 마르크 오제와의 논쟁에서 보여 주듯이, 레비 스트로스가 역사성을 단순한 우발성으로 격하시킨 것에 대해 반박한다. "사실 나는 당신이 《꿀에서 재까지》에서 환원 불가능한 우발성으로서의 역사에 경의를 표한 것을 비판한다. 나는 그것이 결국 부정적인 경의, 즉 역사를 배반하는 경의였다고 생각한다."[29]

알튀세의 사회학

또한 사회학자들 사이에서도 알튀세의 주장은 1968년 5월 이후에 엄청난 성공을 거둔다. 정치적 측면에 대한, 그리고 정치적 영역에서 표현에 대한 사고의 혁신이 국가의 이데올로기 장치라는 개념에 의거하여 이루어지게 된다. 피에르 앙사르는 이렇게 회상한다. "그 논문은 오랫동안 나의 십자가였다. 문제의 그 AIE들은 어디에나 있었다! 나는 그와 같은 생각이 그처럼 매력을 지닐 수 있었는지 여전히 이해되지 않는다."[30] 결국 피에르 앙사르는 침몰되었고, 파리7대학에서 알튀세의 논문을 체계적으로 비판하면서 열광에 저항을 시도했지만 소용없었다. 그러나 이것이 그를 마르크스주의자가 아니라고 의심했던 수강생들을 그렇게 불쾌하게 하지는 않았다. 피에르 앙사르는 가족과 같은 가장 제한적인 단위들까지 국가로부터 기능적으로 내려오는 생산 도식을 반박했고, 반대로 이데올로기의 수용 현상에서 모순과 대립의 개념들을, 이 현상의 다양성을 강조했다. "알튀세의 도식은 내가 하고자 했던 것을 좌절시켰다. 따라서 나는 그를 공격할 온갖 이유가 있었던 셈이 다. 그러나 나는 쇠귀에 경 읽은 것이나 같았다."[31]

정치사회학에서 알튀세의 영향은 특히 1968년에《정치 권력과 사회 계급》(마스페로)을 출간하는 니콜라 풀란차스의 작업을 통해 이루어진다. 1968년 이후에 파리7대학(뱅센)의 교수가 된 풀란차스는 사회학을 경험적 구습에서 벗어나게 하고, 과학적 이론으로 확립시키기 위해 매우 개념적인 접근을 제 안한다. "생산 방식은 본래 의미에서 현실에 존재하지 않는 추상적-형식적 대상을 구성한다……."[32] 국가를 총괄적 기능을 지닌 것으로 규정함으로써 그람시 이론의 영향을 다소 받은 엄격한 알튀세적 학설을 통해서 풀란차스 는 마르크스를 곡해하는 2개의 독서, 즉 역사주의적 독서와 경제주의적 독 서 모두를 지지하지 않는다.

풀란차스에 따르면 역사주의는 두 형태로 표현된다. 하나는 헤겔적 사조 로서 사회 계급을 역사의 주체라는 입장에 놓는 것으로 게오르크 루카치 · 뤼시앵 골드만 · 허버트 마르쿠제에 의해 대표된다. 다른 하나는 마르크스 의 사상에 대한 기능주의적 해석에 의존한다고 보는 사조로서 프랑스에서 피에르 부르디외에 의해 대표된다는 것이다. 이와 같은 견해는 생산 방식 속 에서 차지하는 위치에 의해 규정된 즉자로서의 계급 개념과, 자신의 계급적 이해 관계를 의식하는 대자로서의 계급 개념을 이론상 분리하는 역효과를 낳는다는 것이다. 풀란차스는 이와 같은 역사주의적 방향에 인본주의에 대 한 알튀세의 동일한 논지를 대립시키면서 생산 주체들을 '구조들 전체의 단 순한 버팀대나 운반자들'[33]로 간주한다.

풀란차스에 따르면 마르크스를 왜곡하는 또 다른 독서는 경제주의이다. 이것은 사회 계급들의 존재를 생산 관계 내에 오로지 존재하는 현실로 귀결 시킨다. 그것은 여기서 그것의 반영 이론과 더불어 표적이 되는 공식적인 통상적 해석이다. "정치적 혹은 이데올로기적 권력은 경제적 권력의 단순 한 표현이 아니다."[34] 풀란차스는 그와 같은 해석에 그람시에게서 빌린 패권(hégémonie)의 개념을 대립시켜 국가의 법적-정치적 장치와 이 장치의 상대적 자율성을 복원시킨다. 알튀세의 경우와 마찬가지로 이데올로기적 심급은 플란차스에게서 주요한 역할을 하며, 이 역할은 경제적 지배를 감추는 것으로 환원되지 않는다. 이데올로기적 심급의 기능은 주체들의 체험에 비추어 볼 때 정연한 긍정적 담론을 구축하는 것이고, 경제 현상뿐만 아니라 특히 지배 상황 속에 있는 심급을 은폐하는 것이다.

풀란차스는 계급적 국가 도구라는 통상적 준거보다 훨씬 복잡하게 인식된 권력에 대한 새로운 고찰로 향하고 있다는 장점이 있다. 이 고찰에서 권력은 총괄을 담당하는 광범위한 전략적 영역으로 분석되는데, 그 방식은 미셸 푸코의 것과 상당히 가깝다. 그렇다고 권력의 작용에서 중심의 개념을 문제삼는 것은 아니다. 풀란차스의 작업은 70년대 초반에 사회정치학이라는 매우 높게 평가된 분야에서 엄청난 반향을 일으킨다. 그리하여 그는 르네 루로와 조르주 라파사드가 집필해 1971년에 세게르사에서 내놓은《사회학을 위한 열쇠》에서 가장 대표적인 사회학자로 간주될 정도가 된다. "우리는 우리가 이 저서에서 풀란차스에게 거대한 위치를 부여했다고 세계 곳곳에서 비난을 받았다. 그러나 우리가 보았을 때 당시에 그것은 당연한 것이었다."[35]《정치 권력과 사회 계급》의 인쇄 부수가 르네 루로의 평가를 증거했다. 왜냐하면 이 책의 인쇄 부수는 처음에 8천2백 부였다가 마스페로 문고판으로 4만 부가 나와 절정을 이루었기 때문이다.

알튀세의 인식론

알튀세가 해석한 역사적 유물론은 인문과학의 영역에 한정되지 않았다. 현대의 합리성과 화해하려는 야심을 지닌 그는 이른바 엄격한 과학들에 대해 고찰했다. 이 고찰의 주요한 틀은 여전히 '과학자들을 위한 철학 강의'가 있었던 울름의 고등사범학교가 되었다. 1967-1968학년도의 강의는 과학적 연구에 참여한 알튀세 추종자들의 지침서가 되는 출간물인《과학의 역사에 대하여》[36]를 낳게 된다. 우리가 이미 본 바와 같이 알튀세의 개념들에 입각한 담론 분석을 정의했던 미셸 페쉐는 이 저서에서 단절이라는 문제의 개념에 대해 탐구한다. 알튀세가 마르크스의 작품에서 문제의 인식론적 단절을 중심으로 확립한 구분을 모델로 하여 페쉐는 물리학과 생물학에서 갈릴레오적인 단절의 효과를 연구한다. 그는 '물리학의 각 분야의 경우 단절의 특수한 수준에서'[37] 세계에 대한 견해들(이데올로기적인 것)을 단순히 배제해야 한다는 점을 보여 주기 위해 이데올로기적인 것과 과학적인 것을 분할하고자 한다. 미셸 피샹을 보면 그는 과학의 역사라는 개념 자체를 문제 삼는다. "과학의 역사는 당연한 것이 아니다."[38] 그는 주장된 이론적 담론의 장소, 이 담론이 대상으로 하는 독자층, 이 담론이 인정하는 지위를 설정하게 되는 매우 푸코적인 문제를 다시 다룬다. 미셸 피샹은 과학의 역사라는 개념의 구축에 대립되고 이데올로기에 속하는 장애물들에 대한 비판에 저서의 상당 부분을 할애한다. 이 장애물들은 과학을 단일성으로 간주하는 일, 과학의 변전 생성을 연속적인 목적론의 입장에서 인식하는 일, 그리고 이와 같은 견해들이 추론하는 경험주의이다. 이러한 전제들에 반대해 그가 권장하는 것은 '반복의 인식론'[39]이다. 이 반복의 개념은 학자가 자신의 과학적 실천과 유지하는 전통적 관계와의 주요한 단절을 이루게 되어 있다. 그러나 알튀세의 전제들에 따르면, 이 반복은 단순한 역진적·이론적 분석이 아니다. 그것은 역사적 연속체를 전제하면서 현실의 속성들을 인식의 속성들과 구분하지 않을 수 없다.

카바예스·바슐라르·캉길렘 등 프랑스 인식론학파가 열어 놓은 이와 같은 관점에서 알튀세 추종자들은 인식론적 고찰의 영역을 열고 있다. 바로 이와 같은 틀 안에서 도미니크 르쿠르는 1972년에《인식론 비판을 위하여》라는 책을 출간한다. 그러나 이 저서는 68 이후의 흔적을 지니고 있으며, 푸코의 개입이 지닌 의미를 한정하는 기회를 통해 실천이란 개념의 우위를 재도입한다. 물론 푸코는《지식의 고고학》에서 담론적 실천의 적합성을 분명히 언급하고 있다. 그러나 도미니크 르쿠르에 따르면, 그의 언급은 단견적이다. 과학적 활동에 특유한 경험적 실천은 담론의 실천 연구로 환원될 수 없다. 게다가 하나의 담론을 가능하게 하는 조건들에 대한 연구는 이 담론의 생산 조건들에 대한 체계적 연구를 생략할 수 없다. 푸코의 작품과 알튀세의 작품 사이에 존재하는 때로는 갈등적인 이와 같은 인접성과 대화는, 우리가 앞으로 보겠지만 관심 있는 모든 이들의 인식론적 변화에서 매우 중요하다.

알튀세 추종자이자 수학자인 피에르 레이몽은 70년대 중반에 과학의 역사를 가능하게 하는 조건들에 대해 고찰한 일련의 저서들을 출간한다.[40] 또한 그는 철학이 과학적 생산과 유지하는 관계를 탐구한다. 그는 이 관계를 그것의 작용 형식의 차원에 위치시키는데, 이 작용은 '과학적 힘들의 사회적 배분'[41]과 구분되어야 하면서도 연결되어야 한다. 피에르 레이몽에게서 우리는 1969년에 미셸 피샹이 이미 말한 것과 동일한 시도, 즉 과학적 생산의 선결 문제를 제기하는 과학사의 구축 시도와 다시 만난다. "과학적 생산력의 사회적 배분과 생산의 (철학적) 관계를 구상하는 것은 분명 과학사의 문제이다."[42] 알튀세처럼 피에르 레이몽은 자신의 수학적 대상을 둘로 나눈다. 그는 이론의 역할을 하는 층위인 수학적 수준과 현실이라는 수학화된 수준을 구분한다. 이 둘의 경계는 끊임없이 이동한다. 왜냐하면 이와 같은 구분이 순전히 기능적이기 때문이다. 이러한 분할은 수학화된 현실의 층위에 대한 역사적 접근 방법과, 이 방법을 수학의 영역에 접근시키는 작업을 새롭게 해주게 된다. 따라서 단절의 효율성에 토대한 온전한 이론적 지평은 알튀세가 열어 놓은 관점에서 풍요로운 인식론적 고찰을 낳게 되었다.

총체화의 욕망

따라서 70년대초에 인문과학의 모든 영역이 알튀세의 담론을 채택하는 것 같다. 이 담론은 모든 학문들, 모든 지엽적 지식들을 하나의 이론적 야심을 중심으로 결합시키는 수단처럼 나타난다. 이 이론적 야심은 가능한 개념적 총체화로, 통상적인 칸막이 설치를 넘어서 현실의 다양성을 설명할 수 있는 분석틀로 향하고 있다.

현실의 분석틀로서 알튀세의 개념들을 이처럼 채택하는 일은 《텔켈》지에서 분명히 나타난다. 우리가 보았듯이 이 잡지는 바로 1968년말에 '총괄 이론'을 구축하겠다는 야심을 나타내기 때문이다. '소설' 과 '시' 라는 두 장르 사이의 임의적인 자르기에 마르슬랭 플레네가 대립시키는 것은 텍스트의 도정(parcours textuel)에 대한 새로운 접근인데, 이 접근은 알튀세가 설명한 3개의 '일반성' 으로부터 직접적으로 영감을 받은 것이다. 3개의 일반성에서 "일반성 1(가공된 추상적 일반성)은 언어이고, 일반성 2(작용하는 일반성으로서 이론)는 원글쓰기(archi-écriture)이고, 일반성 3(작업의 산물)은 텍스트이다."[43] 텔켈 그룹에서 이루어지는 이론과 실천의 변증법화는 하나의 항을 다른 하나의 항으로 환원시키는 작업에 의거하는 것이 아니다. 그것은 실천의 특수한 형태로서의 이론, 다시 말해 새로운 과학인 글쓰기를 예측하게 해주는 접근으로서의 이론에 대해 알튀세가 제시하는 규정에 따르고 있다. "텍스트는 문자의 경제(économie scripturale)에 의해 다원적으로 결정된 변형 과정임과 동시에, 알튀세의 표현을 빌리자면 '다양하고 불평등한 모순들을 지닌 구조' 이다."[44]

여전히 문학의 영역에서 《문학》이라는 잡지는 알튀세의 입장에 의해 강한 영향을 받는다. 그리하여 1974년에 나온 '역사/주체' 에 할애된 호에서 구조주의의 죽어 버린 두 관점에 대한 고찰이 문제될 때, 다니엘 살나브는 기본적으로 라캉과 알튀세의 주장에 의존하는 개입 규칙을 규정한다. 문학적 분석에 이용되는 개념적 3각축(형식주의/마르크시즘/정신분석학)의 작용을 검토하면서 그녀는 문학을 이데올로기적 대상으로 생각하고, 따라서 과학성에 다다르기 위해서 이 3개의 접근 방법의 통합이 불가결하다고 간주한다. "역사적 유물론(M.H.)과 무의식의 형성물에 대한 분석(A.F.I.)이 문학 형태의 이론 안으로 들어오게 되면, 현실 문제와 주체 문제의 이론적 해명이 가능하게 될 것이다."[45] 그녀는 변증법적·역사적 유물론에서 상징계의 생산 이론으로서의 일반 이론을 구축시키는 동일한 토대를 본다. 바로 이러한 조건으로 예술적 실천은 '상징화시키는 방식'[46]의 문제 안으로 편입될 수 있다. 알튀세의 표현 자체를 받아들이면서 다니엘 살나브는 역사적 시간의 마르크스주의적 개념에 대해, 다시 말해 유물론적 방향에 앞서 해결해야 할 주체 없는 과정에 대해 알튀세가 내린 규정에 의거한다.

또한 이와 같은 총체화의 고심은 수적으로 보다 적지만 일부 역사가들의 지지를 얻게 된다. 언어학과의 학제간 대화에 개방적인 여류 역사학자 레진 로뱅은 자신이 60년대 중반에 알튀세의 논문들을 발견하면서 얼마나 열광했는지 회상한다. 당시 그녀는 디종의 고등학교 교사였다. "나는 무언가 새로운 것이 지나가고 있고, 마르크시즘을 진지하게 받아들일 수 있을 뿐 아니라 어떤 개념화를 생각할 수 있다는 느낌이 들었다."[47] 그러나 그처럼 위험한 길에 들어서는 역사가들은 드물었다. 이 길에서 그들은 알튀세 추종자들이 사용하는 고도의 추상화와 이론주의에 직면해 자신들이 받은 교육 때문에 불편을 느꼈던 것이다. 본래 복잡하고 혼합적인 이 영역에서 알튀세의 개념적 틀은 사실 현실의 측면들을 온전히 제거하는 대가를 치르고서만 적용될 수 있다. 이 측면들은 이론의 유효성을 뒷받침하기 위해 희생된 것이다. "우리와 같은 역사가들은 나쁜 주체들로 인식되었다. 왜냐하면 우리는 언제나 개념들의 불완전성으로 되돌아갔기 때문이다."[48] 물론 울름의 고등사범학교 교수였던 피에르 빌라르는 알튀세와 직업적으로 가깝고 친근한 관계를 유지했을 뿐 아니라, 엄격한 마르크시즘에 대한 동일한 지지를 나타냈다. 게다가 그는 알튀세의 세미나에서 역사가로서 강연을 해달라고 초청까지 받는다. 그러나 이러한 관계는 그렇게 깊어지지 못한다. 피에르 빌라르가 《역사 연구》를 출간하도록 피에르 노라에게 주는 논문에서 드러내는 비판적 대화를 제외하면 말이다.[49] 특히 이 대화에서 문제되는 것은 공통적인 것이 없는 두 관점, 즉 역사가의 관점과 철학자의 관점이다.

또한 우리는 총체화의 욕망을 1973년에 《변증법》이라는 잡지를 창간하는 그룹에서도 만난다.[50] 이 잡지를 창간한 핵심 멤버들은 이중의 계보 속에 위치한다. 다시 말해 과학성의 다양한 영역들을 구체적으로 탐사하고자 하는 장 투생 드상티의 계보와, 지식의 다양한 층위들을 총체화하고 분절하려는 의지를 드러내는 알튀세의 계보에 위치한다. 《변증법》의 독창성은 높은 수준의 개념화, 호전적인 독자성, 그리고 어떤 것이 되었든 종속의 거부이다. 이 잡지는 신선한 성공을 거두게 된다. 그것은 출판계의 지원 없이도 효율적인 배포망을 구축하여 때로는 1만 부를 넘어서게 된다. 잡지의 계획은 68 사태 직후에 생클루에서 태어났다. 여기서 고등사범학교 학생들인 피에르 자코브 · 다비드 케제르그뤼베 그리고 마르크 아벨레스로 이루어진 작은 그룹이 모임을 가졌다. 이들은 당시에 모두 프랑스 공산당 당원이었다. 그러나 당 지도부와 난처한 일이 생겼고, 그들은 지도부는 최고 결정 기관인 정치국으로 그들을 소환해 잡지의 노선에 대해 설명하도록 한다. "단순히 우리가 헤겔의 사상에 나타나는 수학에 대한 드상티의 논문을 실었기 때문이다. 이 논문은 전혀 정치와 관계가 없다. 그러나 드상티는 당의 이데올로기 담당자였고, 이것이 불안을 자아냈던 것이다."[51] 경우에 따라 잡지에 글을 싣는 자들 가운데 우리는 1969-1970년에 알튀세를 발견하는 언어학자 클로딘 노르망을 만난다. 소쉬르의 단절에 대한 그의 모든 작업은 언어학 영역에 적용된 단절에 대한 알튀세의 가정을 검증하는 관점 속에 자리잡고 있다. 레진 로뱅 역시 역사학자/언어학자로서 알튀세의 입장에 대해 잡지에 자주 개입하게 된다.

따라서 모든 이론적 열광은 알튀세 이론을 인문과학의 통합체로, 구조주의와 마르크시즘을 결합시키는 능력을 통한 과학성의 단단한 방파제로 위치시키는 것 같다. 그러나 이와 같은 승리의 시간은 화려한 만큼이나 일시적이다. 왜냐하면 모순이 다원화되고 이항적인 유희에 복잡한 배합을 이루는 심급들의 변증법이 대체됨으로써 마르크스주의의 설명 구조가 지닌 힘이 상대화되고 평가절하되기 때문이다. 비록 이 힘이 알튀세에 의해 풍요로워졌지만 말이다.

17

내부에서 폭발하는 알튀세의 틀

68년 5월 사태의 모순적 효과로서 알튀세 이론은 잘 지탱되고 있었지만 알튀세 추종자들은 좋지가 않았다. 그들은 이 사건이 자신들의 설명 도식과 부딪치게 된다는 점과, 그들이 자신들의 연구 관점을 실천·현장 쪽으로 재조정해 그 풍요성을 테스트해야 한다는 점을 확실히 의식하고 있었다. 그래서 알튀세는 수정과 자기 비판의 기나긴 과정을 시작한다.

자기 비판

1968년부터 《자본론 읽기》가 '마스페로 문고판 총서' 속에 새로 출간되는 기회를 통해, 알튀세는 그가 '분명한 이론주의적 경향'이라 규정했던 것에 대해 비판적 거리를 유지한다. 이 경향은 그가 철학과 유지하는 관계에서 그의 경향이었다.[1] 그가 보기에 이와 같은 이론주의는 단절의 개념을 중심으로 재해석된 마르크시즘과 혼돈의 근원인 구조주의를 지나치게 접근시킴으로써 나타났던 것이다. "우리가 사용한 용어들은 다양한 면에서 '구조주의의' 용어들과 너무 가까워 오해의 소지를 낳지 않을 수 없었다."[2]

모든 사람들이 지난날 원용했던 구조주의에 대해 아직은 신중하게 이루어진 거리두기에 불과했던 것이, 1974년에 출간된 알튀세의 저서 《자기 비판의 요소들》(아셰트)의 제목이 드러내듯이 곧바로 정식의 자기 비판을 나타내는 주요한 측면이 된다. 따라서 문제는 단순한 일시적 오류가 아니라 진정한 이탈이다. 우리는 이탈 태도(déviationnisme)라는 용어가 마르크스주의 사조에서 자기 채찍을 필연적으로 만드는 용서할 수 없는 죄의 관념을 포함하고 있다는 것을 알고 있다. 이론주의적인 이탈은 문제의 그 단절을, **'총칭적** 과학과 **총칭적** 이데올로기 사이에서'[3] 펼쳐진다고 보는 대립의 형태들로 제시하는 결과를 가져왔다. 이러한 무대 설정은 오류의 위치를 부여받는 이데올로기와 진리의 위치를 차지하는 마르크스주의 과학을 대립시킴으로써 합리주의의 엄격한 차원으로 쟁점들을 이동시킨다. 이러한 입장은 과학사의 방식에 따라 철학적·정치적 문제화에 대해 생각하는 것을 전제로 했다. 그런 만큼 바슐라르로부터 차용한 것은 여기서 더 이상 메타포적인 차원에서뿐 아니라 발견에 도움이 되는 차원에서도 작용한다. 관점의 그 오류, 그 이론주의는 3개의 모습으로 구현되었다 할 것이다. 첫번째는 일반적 용어들로서의 과학과 이데올로기 사이의 차이 이론이고, 두번째는 이론적 실천의 개념이며, 마지막으로 철학은 이론적 실천에 관한 이론의 장소라는 주장이다. 알튀세는 1965년에 시도되었던 《자본론 읽기》로 되돌아가 이렇게 비판한다. "구조주의의 용어들과 우리의 '일시적 제휴'가 허용된 정도를 넘어섰다는 것은 확실하다."[4]

알튀세가 60년대 중반에 사용된 언어를 단순히 비판할 때 그는 사실 하나의 전략, 다시 말해 제도적·이론적 공동 목표를 중심으로 한 다양한 지식들의 봉합을 전적으로 의식한 그런 전략이 무엇을 보다 많이 선택했는지 분명하게 보여 준다. 1974년에 그는 구조주의를 매우 프랑스적인 특산물이자 학자들의 철학적 이데올로기로 인식한다. 구조주의의 전반적 추세는 이러한 사조를 '합리주의적이고 기계주의적이지만 특히 형식주의적인'[5] 것으로 규정한다는 것이다. 그래서 그는 어떤 요소들의 결합으로부터 비롯된다는 현실의 생산에 관한 구조주의적 관념—이상이 전제하는 구체적 사실들의 비우기와 마르크시즘 사이에 아무런 관계도 보지 못한다. 마르크시즘의 개념들은 추상적인 것들로 규정되지만, 사회적 현실을 가장 구체적인 쟁점들을 통해 규명하는 것을 목표로 하기 때문이다. 마르크스는 "구조주의자가 아니다. 왜냐하면 그는 형식주의자가 아니기 때문이다."

그러나 우리가 알다시피 이와 같은 평가는 근거가 빈약하다. 왜냐하면 구조주의는 적어도 레비 스트로스가 사용하는 의미에서 본다면 형식주의로 결코 정의된 적이 없기 때문이다. 게다가 레비 스트로스가 블라디미르 프로프에게 가한 비판은 알튀세가 의도적으로 혼동한 두 사조 사이의 필요한 구분을 증거하고 있다. 알튀세가 구조주의에 내리는 정의는 단순화시키는 경향이 강하면서 문제의 사조가 지닌 성격에서 빗나가고 있고, 특히 통일적인 생명력을 상실한 패러다임을 평가절하시키려는 전략적 목표가 있다. 게다가 그것은 알튀세 자신이 결코 구조주의자가 아니었음을 정당화하게 해준다. "우리가 구조주의자가 아니었다 할지라도 (…) 우리는 유달리 보다 강하고 해로운 정열을 지녔던 죄가 있다. 우리는 스피노자 철학 지지자였던 것이다."[6]

이와 같은 자기 비판이 있기 1년 전인 1973년에 이미 알튀세는 그를 영국의 마르크스주의자 존 루이스와 대립시킨 논쟁을 기회로 이론주의의 이탈을 인정한 바 있다. 그러나 여전히 그는 이른바 부르주아 인본주의에 적대적인 자신의 입장 속에 견고하게 자리잡고 있었다. 그는 이 부르주아 인본주의에 원숙기의 마르크스가 주장한 이론적 반인본주의를 대립시켰다. "역사는 하나의 과정이고, 주체가 없는 과정이다."[7] 이 견해는 1968년에 이미 표명되었다.[8] 그렇지만 알튀세는 본질적인 요점, 즉 마르크스 작품에서 인식론적 단절에 대해 자기 비판을 해야 한다는 점을 인정했다. 이 자기 비판에 따르면 소외, 부정의 부정이라는 헤겔의 철학적 범주들은 엄밀하게 과학적인 범주들을 위해 이 단절 이후에 완전히 사라졌다고 보아야 한다는 것이다. "존 루이스가 그렇지 않다고 나에게 대답했는데, 그가 옳았던 것이다."[9] 이러한 무분별은 알튀세가 마르크스의 철학적 혁명을 과학에서 통용중인 혁명의 방식, 다시 말해 실제적 인식론적 단절로 표현되는 방식과 동일시함으로써 잘못 생각했다고 인정하는 이론주의적 이탈에 의해 설명될 수 있을 것이다. "따라서 나는 철학을 '과학'의 모델에 따라 생각했다."[10]

이와 같은 자기 비판의 측면 이외에도 《존 루이스에게 보내는 답변》은 에마뉘엘 테레에 의해 주요한 정치적 사건으로 간주되고 찬양된다. 테레는 모든 위대한 철학자들의 주장이 실천됨을 식별해 내는데, 이 실천에 따르면 철학한다는 것은 이론 속에서 정치를 하는 것이다. 이 책은 어떤 기다림에 부응하고 있다는 것이 명백한데, 이를 증명하는 것이 이런 종류의 저서로서 예외적으로 2만 5천 부가 나왔다는 점이다. 철학은 본래가 정치적이고, 그것의 본질적 토대는 다른 수단들을 통해 정치적 작업을 계속한다는 것이다. 알튀세는 "솔직하게 정치에 대해 이야기한다. 그의 개입은 하나의 문제, 다시 말해 그 해법이 프랑스 및 국제 노동 운동의 미래에 많은 점에서 결정적인 하나의 문제로 향하고 있다. 그것은 어떻게 스탈린 시대에 대한 마르크스주의적 분석을 수행할 수 있느냐이다."[11] 알튀세는 소련 공산당 20차 전당대회의 토론회에서 흐루시초프가 스탈린주의의 과오에 대해 제시한 짧은 공식적 설명, 즉 일탈이 단순히 인물 숭배로부터 비롯된다는 설명을 공격한다. 순전히 법률적이고 인본주의적인 이러한 설명은 스탈린 지배 기간과 그 이후에 소련에서 통용중인 경제주의와 짝을 이룬다는 것이다.

알튀세는 스탈린주의와, 이것이 나타내는 이탈을 "제2인터내셔널의 사후 복수 형태로, 제2인터내셔널이 표방한 주요한 경향의 재출현"[12]으로 보고 있다. 이 경향은 알튀세에 따르면 인본주의와 경제주의라는 이중의 현대적 모습 속에 구현되어 있다. 이러한 측면에 알튀세는 '주체도 목적도 없는 과정' 의 범주를 대립시키는데, 이 과정은 '주체도 대상도 없는 과정'[13]의 형태를 취할 수 있다고 한다. 그러면서 그는 주체의 범주가 단순히 부르주아 철학에 속하고, 이데올로기적 지배라는 분명한 전략적 목표로 창안되었다고 간주한다. 이처럼 주체를 부정하는 입장에서 우리는 구조주의와의 용어적인 유사성 이상으로 커다란 패러다임적 인접성을 주목하게 된다.

그러나 이러한 자기 비판의 과정은 시작에 불과하다. 얼마 가지 않아 1976년에 에티엔 발리바르는 알튀세가 그에게 전해 주는 미간 텍스트 하나를 알게 된다. 바로 이 시기에 그는 알튀세가 그 자신이 그때까지 구축한 모든 것을 해체하고 파괴하게 만드는 말할 수 없는 힘에 이끌리고 있음을 알아차린다. 그리하여 알튀세는 자신에게 침묵을 강요하고, 이 침묵 속에 산 채로 매장된 사람처럼 갇히고 만다. (그는 1980년 8월에 발리바르에게 이렇게 털어놓는다. "나는 자살하지 않을 것이다. 나는 그보다 더 나쁜 짓을 할 것이다. 나는 내가 이룩한 것을, 다른 사람들과 나에게 비춰지고 있는 내 존재를 파괴할 것이다……."[14]) 에티엔 발리바르는 알튀세가 이전의 입장을 점점 더 확실하게 파괴하는 이 메커니즘을 설명하기 위해 여러 가지 가정을 내놓는다. 게다가 이와 같은 설명 시도들은 누적된다. 심리적 성격의 이유들이 있다. 우리가 알다시피 알튀세는 심리적으로 건강이 좋지 않았고, 울름에서 1년 동안 강의를 하게 되면 정신병원에 체류를 연장했다. 이런 사실에 정치적 성격의 이유들이 덧붙여진다. 그것들은 마르크시즘, 공산주의 세계, 그리고 프랑스 공산당이 결합된 위기에 기인했는데, 알튀세는 이 위기를 막아 보려 했지만 소용없었다는 것이다. 왜냐하면 만족할 만한 해법을 가져올 수 없었기 때문이다. 발리바르가 내세우는 또 다른 설명이 있는데 매우 흥미롭다. 그것은 해체에 관한 데리다의 중심 사상을 원용하는 철학적 성격의 설명이다. 발리바르는 어떤 면에서 알튀세가 그 자신이 주장하는 개념들의 성격 자체를 통해 자신의 철학적 체계를 파괴하는지 보여 준다. "알튀세가 말하지 않을 수 없었던 것은 그것을 사후에 취소시키는 부정이나 동반 담론의 형태들로만 말해질 수 있었다. 요컨대 그는 하이데거와 데리다가 이론적으로 기술한 것, 즉 말과 말의 말소라는 모순적 통일성을 시간 속에서 실천하지 않을 수 없었다."[15] 발리바르는 알튀세가 내세운 개념들의 이미 자기 비판적 성격을 강조한다. 이 개념들은 내적 긴장 속에서 그것들 자체의 부정을 포함하고 있다는 것이다. 예컨대 이론적인 반인본주의의 개념이 그런 경우이다. 알튀세의 기본적 계획, 즉 이네올로기를 벗어나는 과학을 구축하겠다는 계획은 이데올로기적인 억압된 것이 과학의 영역 자체 안으로 언제나 회귀할 가능성을 함축하고 있다. 따라서 밀고 나가야 할 하나의 과학에 내재하는 그 끊임없는 싸움, 그 갈등에는 휴식이 불가능하다. 이 과학은 그 자체 안에 비과학, 그것 자체의 소멸, 그것 자체의 말소를 포함하고 있는 것이다.

알튀세의 교훈

《자본론 읽기》의 공동 저자들 가운데 한 사람인 자크 랑시에르가 볼 때, 알튀세의 이러한 자기 비판은 충분치 않다. 랑시에르는 1974년에 갈리마르 사에서 《알튀세의 교훈》이라는 저서를 출간해 스승의 가르침을 철저하게 거부한다. 1965년에 그가 《자본론 읽기》에 실은 글은 1968년에 '마스페로 문고판 총서'로 나온 축소판에서 로제 에스타블레 및 피에르 마슈레의 글과 함께 삭제된 바 있었다. 이 책이 성공하자 마스페로사는 1973년에 원래 담겨진 글들 전체를 재출간하기로 결정한다. 따라서 자크 랑시에르는 이 사실을 통고받고 자신의 텍스트, 즉 '비판의 개념과 정치경제의 비판.《자본론》의 1884년 원고'를 검토해 필요할 경우 수정을 해달라고 요청받는다. 그러나 자크 랑시에르는 세부적인 손질에 만족할 수도, 만족하고 싶지도 않았다. 왜냐하면 1968년의 운동이 알튀세의 입장에 대해 그를 매우 비판적으로 만들었기 때문이다. 단절은 뱅센대학교가 설립되던 시기인 1968-1969 학년부터 본격화된다. 이때 랑시에르는 이 대학 철학과에서 가르치고 있었다. 그는 마오쩌둥주의 운동을 지지한다는 것을 내세워 과거의 타협에 대해 신랄한 비판을 가한다. 그러면서 그는 인식론적 아카데미즘의 복원에 반대해 '문화 혁명'의 역동적 힘을 내세운다. 이 아카데미즘이 알튀세의 것이라 할지라도 말이다.

1973년에 랑시에르는 1965년의 작업 그룹의 입장이 변함없다는 환상을 주도록 요구받고 있다는 느낌이 들었기 때문에 설명적인 매우 긴 서문을 앞에 넣어 자신의 글을 싣자는 제안을 한다. 이것은 1965년의 자기 입장을 당시의 맥락에서 복원하고, 동시에 1973년에 자신이 지닌 비판적 거리를 재표현하기 위한 것이다. "나는 마치 아무것도 일어나지 않은 듯이 무언가가 진행되고 있으며, 알튀세의 담론을 그처럼 다시 내놓는 데 어떤 거리를 표시해야 한다는 생각이 들었다. 그러나 나의 텍스트는 삭제되었다."[16] 결국 출판사는 1965년에 체결한 계약 조항에 따라 아무런 수정 없이 1975년에 《자본론 읽기》를 재출간하기로 결정한다.[17]

자크 랑시에르는 이러한 상황에 대해 이중으로 반응한다. 그는 마스페로 사가 거부한 서문을 1973년 11월부터 《현대》지에 게재하고,[18] 1974년에는 갈리마르사에서 《알튀세의 교훈》을 내놓기 때문이다. 그가 알튀세 이론에 대해 내리는 결산은 매우 부정적이다. 그것의 독창성은 그것이 초창기의 최초 서클에 속했던 알튀세 추종자로부터 나왔다는 사실에 있다. "사회들과 역사적 운동들의 해석 도구로서 알튀세 이론은 아무것도 흥미로운 것을 생산해 내지 못했다. (…) 그것은 세기초부터 독일·이탈리아·영국·미국에서 존재할 수 있었던 것을 그야말로 덮어 버림으로써 풍요로움을 가져온 것이 아니라 비참을 감추어 버린 것이다. 그 모든 것은 사라졌고 대(大)저자들, 프랑스 공산당, 그리고 우리만 남았다. 즉 근본적으로 촌스러운 견해만 남은 것이다."[19] 랑시에르가 《알튀세의 교훈》을 집필할 때, 알튀세의 자기 비판은 아직 나오지 않았다. 그러나 그것은 랑시에르를 만족시키지 못하게 된다. 그는 그것이 증대되는 비판에 대한 대응책이며, 이는 간신히 혁신된 신알튀세 이론의 추구를 가능하게 하기 위한 것이라고 생각한다.

랑시에르의 비판은 반대로 철저하다. 그것은 단절과 배척을 통해 이루어진다. "알튀세 이론은 과거의 많은 관념들과 함께 5월의 바리케이드 위에서 죽었다."[20] 물론 랑시에르는 알튀세 이론이 주관적인 차원에서 볼 때, 일부 지식들의 보급 및 소통 현상으로서 한 세대 전체에 긍정적 효과를 나타냈다는 점을 인정한다. 왜냐하면 제도화된 지식들에 대한 비판적 세력을 종합하는 시도, 그리고 정치 현상과의 새로운 관계가 알튀세를 중심으로 성립되어 있기 때문이다. 그러나 랑시에르는 알튀세 이론이 허수아비로 제시한 주체에 관한 어떤 사상도 부정한 것에 대해 매우 비판적이다. "주체가 지옥으로 내려갔다는 소리를 들은 지가 벌써 상당히 되었다."[21] 랑시에르는 1973년에 모든 대학이 주체의 청산을 온갖 톤으로 강하게 선언했다고 상기시킨다. "인간에 대해 말하자면, 오늘날 자신의 논술에서 인간을 원용하고 얼굴을 붉히지 않을 고등사범학교 입시준비반 1년차는 없다."[22] 당시의 마오쩌둥주의적 입장에 의해 뒷받침된 또 다른 공격 관점은 하나가 둘로 나누어진다는 변증법의 토대를 환기시키는 것이다. 그리하여 그것은 알튀세가 이데올로기를 하나의 현상 자체, 불변하고 비역사적인 소여, 불변 요소로 제시하면서 뒤르켐적 사회학에 대한 지지나 배반으로 간주하는 것을 비난한다. 이와는 달리 랑시에르에게 모든 이데올로기는 필연적으로 계급들 사이의 쟁점들 속에 붙들려 있다. 따라서 그것은 계급 이데올로기로서만 이해될 수 있다.

그러므로 대립의 요점은 프랑스 공산당 기구와 아카데믹한 지식을 방어하기 위한 반극좌주의적 회유성 혹은 공격성 비난에 있다기보다는 이데올로기에 대한 알튀세의 이론 속에 있다. "이데올로기는 알튀세의 사상에서 고전적인 형이상학적 고찰이 국가에 부여하는 위상을 차지할 수 있을 것이다. (…) 그렇기 때문에 이데올로기는 분할의 장소로서가 아니라, 지시 대상(사회적 전체)과 관련해 통일된 총체로서 제시되는 것이다."[23] 따라서 알튀세는 둘을 하나로 결집했다는 것이고, 요술을 부려 모순의 개념을 사라지게 했다는 것이다. 이것은 랑시에르가 볼 때 당시에 수정주의의 고전적 방식에 다름 아니다. 마찬가지로 우리는 '구조 너머로 물러난 것으로 보이는'[24] 생산 관계의 본질적 개념이 존재화되는 것을 목격한다.

따라서 랑시에르와 알튀세 사이의 단절은 근본적이다. 그리하여 테레가 그야말로 정치적 폭탄으로 생각된 《존 루이스에게 보내는 답변》의 장점을 《르 몽드》지에서 찬양할 때, 랑시에르는 같은 신문에서 알튀세가 사실은 프랑스 공산당 기구 내에서 양립할 수 있는 새로운 정통 학설의 한계를 진술하고 있다고 응답한다.[25] 그는 그가 "그동안에 일어났던 것을 눈가림하고 동화하려는 노력, 우리가 동일한 것을 말하고 있다고 계속해서 믿게 만드는 반(半)자백적 노력"[26]으로 간주하는 것을 인정하지 않는다. 이와 같은 단절 행위는 방대한 매체적 반향을 불러일으키게 된다. 왜냐하면 그것은 알튀세 이론이 야기하는 열광에도 불구하고 1968년부터 그것이 겪는 위기의 결정적 징후를 나타내기 때문이다. 물론 그것은 알튀세뿐 아니라 그의 측근들로부터 매우 부정적으로 인식된다. 그러나 이 측근들은 랑시에르의 책이 지닌 '번뜩이는' [27] 면을 인정한다.

에티엔 발리바르가 볼 때, 이 책은 오늘날 마오쩌둥주의 신봉자들의 상황을 표현한 것으로 나타난다. 그들은 그들의 간행물 《민중의 대의》에서 부르주아 계급은 무너지려 하고 있으며, 권력을 수중에 넣어야 하고, 부르주아 계급을 권력에 유지시키는 유일한 성채는 프랑스 공산당이라고 설명했다. 스스로를 마르크스-레닌주의자로 부르는 자들에 따르면, 노동자들이 마오쩌둥을 사랑할 수밖에 없는 것을 보면 프랑스 공산당 내에 노동자 계급의 경계심을 속이기 위해 마오쩌둥으로부터 영감을 얻는 누군가가 있음에 틀림없었고, 그것은 글을 쓰는 대변자이자 대단한 조종자로 소개된 알튀세일 수밖에 없었다. "그런데 랑시에르는 자신이 알튀세의 표현들을 '이론적 실천'의 표현으로 반대로 해석했다는 점을 알고 있었다. 이 표현은 이론 자체가 실천이라고 설명하는 하나의 방식인 것이다. 그러나 그것은 랑시에르가 말하는 것과는 반대로 이론에 절대적인 특권을 부여하지 않는다." [28] 정서적 차원에서 피에르 마슈레는 그가 '성서적 의미에서 부인, 자신의 죄에 대한 용서를 구하는 종교적 행위'라고 평가했던 것에 의해 더욱더 타격을 받았다. "그 문제의 근본 성격이 나를 매우 분격케 했다." [29]

알튀세에 대항한 탄막 사격

70년대 중반에 알튀세 추종자들이 힘 있게 회귀하는 것에 대항해 그야말로 집단적 포화가 이루어진다. 《논지들》지의 옛 기고자이자 마르크스주의 사회학자인 피에르 푸제롤라는 1976년에 매우 논쟁적인 저서 《레비 스트로스에 대항한 라캉과 알튀세》(사벨리)를 출간한다. 1961년부터 1971년까지 프랑스를 떠나 다카르대학교에서 10년 동안을 보냈던 피에르 푸제롤라는 파리를 지배하고 있는 열광으로부터 다소 떨어져 있다. 비록 그가 출판되고 있는 것이 어떤 것인지 알고 있지만 말이다. 그는 되돌아오자 루이 뱅상 토마스로부터 파리4대학의 박사학위 논문 심사위원을 맡아 달라고 요청받는다. "최초의 충격은 알튀세 이론이었다. 모든 학위 논문 제출자들은 3개의 심급에 대해, 징후적 독서에 대해 나에게 이야기했다. (…) 그들이 이야기하는 것과 내가 마르크스주의에 대해 생각하는 것 사이에 엄청난 간격이 있었다! 따라서 나는 알튀세 이론에 대립되는 최초의 반응을 나타냈다."[30] 푸제롤라가 볼 때, 알튀세 이론은 기구의 전복 없이 독단론을 공격하는 비판이 지닌 엄격하게 부여된 엄밀한 한계에 편입됨으로써 소련 공산당 20차 전당대회의 직접적 결과물이고 창시자들인 마르크스와 레닌으로, 근원으로의 회귀를 끌어내는 방식이다. 이와 같은 맥락에서 알튀세 이론은 '이데올로기적 안정제나 사변적 진정제'[31]의 역할을 수행한다. 푸제롤라는 알튀세의 관념론이 마르크시즘을 실천의 영역으로부터 이론으로 이동시키고, 그리하여 세계의 변화에 대한 마르크스의 관점을 철학의 변화로 변모시키고 있다고 공격한다. 뿐만 아니라 그는 다양한 인문과학으로부터, 특히 정신분석학으로부터 빌린 것들을 표적으로 삼는다. 이것들이 '변증법을 구조적 변증의 방식'[32]으로 대체시키면서 마르크시즘을 구조주의의 변형태로 만들게 하고 있다는 것이다. 역사적 변증법을 대체하는 심급들의 게임은 정신분석학에서 다원적 결정이라는 또 하나의 개념을 필연적으로 빌리게 만들고, 이론적 실천으로 구상된 실천은 추론적인 것과 이것에 대한 징후적 독서의 영역에 갇히게 만든다. 막 정부에 의해 해체된 공산당 연맹의 지도자였던 다니엘 벤사이드는 1973년 《존 루이스에게 보내는 답변》이 나오는 기회를 통해 알튀세의 독설에 대해 비판을 가한다. 그는 특히 알튀세가 너무 소심하게 규정한 스탈린의 '이탈'이라는 개념을 공격한다. "사실 알튀세는 학자의 사족을 덧붙인 마술적 아브라카다브라 주문, 돌팔이의 모든 비법을 지니고 있다. 그는 역사를 대략적으로 검토하는 척하고 있지만, 사실은 역사의 끝자락에

딱하게 매달려 있다."[33] 다니엘 벤사이드의 결론에 따르면 스탈린의 '이탈'의 토대를 순전히 이론적인 원인으로, 다시 말해 제2인터내셔널에서 주장된 경제주체론의 영향으로 귀결시킴으로써 40년 동안의 노동 운동 역사가 쉽게 은폐된다는 것이다. 그렇다면 적은 종이호랑이, 단순한 수사적 형상(경제주체론-인본주의)에 불과하므로 좋은 길을 되찾기 위해서는 스탈린 노선의 '이탈'을 단순히 수정하면 된다는 셈이다.

언제나 트로츠키파의 혁명적 마르크스주의 사조 내부에서 비판이 많이 쏟아진다. 그런데도 1976년에 프랑스 공산당은 알튀세의 책을 소시알사에서 출간함으로써 그를 공식적으로 인정하는 것 같다. 제4인터내셔널의 벨기에 지부에 속했던 마르크스주의 경제학자 에르네스트 망델은 이미 1970년에 '알튀세가 마르크스를 수정하는'[34] 방식을 자세히 연구한 바 있다. 이때는 알튀세가 쓴 '머리말'이 붙은 마르크스의 《자본론》 1권이 1969년에 가르니에 플라마리옹사에서 나왔던 때였다. 망델이 유용하다고 판단하는 몇몇 교육적 충고들을 제외하면, 그가 보기에 나머지는 마르크스가 제시한 의도들과 개념들을 잘못 분석한 것에 지나지 않는다.

미카엘 로이는 마르크스의 인본주의를 옹호하면서 철학적 차원에서 알튀세에게 응답한다. "마르크스 이전에 인본주의가 추상적이고 부르주아적이었다는 점은 모든 인본주의를 단념해야 한다는 것을 의미하는 것이 전혀 아니다."[35] 미카엘 로이가 이미 성숙기의 마르크스, 즉 《독일 이데올로기》 혹은 《공화력 두번째 달 18일》의 마르크스를 읽는 데 있어서 반인본주의적 가정이 근거 없다고 판단하고 있지만, 알튀세가 과학적 이상향으로 설정한 《자본론》의 마르크스도 마찬가지이다. 미카엘 로이에 따르면, 마르크스주의의 인본주의를 나누는 세 단계는 《자본론》에서 자본주의 경제의 사물화된 범주들 뒤에서 인간들의 관계를 폭로하는 방식, 다음으로 자본주의의 비인간성에 대한 비판, 마지막으로 인간들이 생산력을 합리적으로 지배하는 것이 가능한 사회로서 사회주의적 사회의 전망으로 전개된다. 생산력과 생산 관계라는 주요한 두 개념을 정의하면서 마르크스는 다시 한 번 인간의 개념을 개입시킨다. 생산 관계는 "자신들을 위해 사물들 사이의 환상적 관계 형태를 받아들이는 인간 자신들 사이에 결정된 사회 관계"[36]로서 분석된다. 두 번째로 미카엘 로이는 마르크스를 윤리적 고찰, 즉 자본주의의 비판에서 그의 도덕적 야심과 분리하는 것을 거부한다. 왜냐하면 그는 2개의 위험을 구분하기 때문이다. 하나는《자본론》에서 '자본주의에 반대하는 윤리적 외침(M. 뤼벨이 나타낸 경향)'[37]만을 보는 위험이고, 다른 하나는《자본론》에서 과학적 작업만을 보기 위해 모든 도덕적 차원을 부정하는 대칭적 위험이다. "제기되는 질문은 이렇다. 즉 어떤 도덕적 가치들을 내세워 마르크스는 자본주의를 비판하는가?"[38] 미래의 사회주의에 대해 말하자면 문제는 영원한 인간, 초역사적 본질의 관념을 영속화시키는 것이 아니라 새로운 인간을 사실로 인증하는 것이다. 이런 의미에서 마르크시즘은 분명 하나의 인본주의와 유사하다. 비록 그것이 전통적 인본주의와 다르다 할지라도 말이다.

사유의 또 다른 지평은《에스프리》지의 지평인데, 우리가 본 바와 같이 이 잡지는 구조적 사고와의 토론을 한결같이 고려했고, 이와 같은 고려는 언제나 고차원적인 이론적 논거 정립을 야기했다. 이 지평에 속하는 장 마리 도므나크는 1974년《존 루이스에게 보내는 답변》에 대해 '텅 빈 마르크시즘'이라는 환기적 제목으로 반응한다.[39] 그는 알튀세를 하나의 스콜라적인 철학의 방어자로 인식한다. 이 철학은 현실에 부응하지 못하기 때문에 추상적 이론, 단절의 개념, 주체의 부재 등으로 출구를 찾아내어 경험적 현실의 단순한 관찰들이 나타낼 수 있는 만약의 반박을 피한다는 것이다.

장 마리 도므나크는 알튀세의 독서에서 단순히 몇몇 어휘적 차용뿐 아니라 구조주의적 재해석을 보고 있다. "사실 여기서 중요한 것은 더 이상 마르크스가 아니라 알튀세가 특정 구조주의를 통해서 마르크스에 대해 형성하는 관념이다."[40] 도므나크는 마르크스 사상에서 이론적인 반인본주의의 비전이 나타난다는 주장을 반박한다. "마르크스의 출발점은 바로 인간이다. 그가 향하는 것은 인간에 대한 개념이다. 물론 일부 자유주의적 사상가들이 정제해 내는 인류의 추상적 본질이 아니라 존재의 조건들 속에서 이해된 '총칭적' 인간이다."⁴¹⁾ 알튀세의 그와 같이 폐쇄된 결정론적 접근에서, 도므나크는 거대한 구조적 장치의 준엄한 톱니바퀴들의 그물 속에서 대중은 무엇이 되는지 자문한다. 대중은 단순한 단역에 한정된 것 같다. 따라서 그가 여기서 알튀세에게 가하는 비판은, 그가 필연의 구속적 영역에서 자유의 자리와 위상을 강하게 요구하면서 1963년 레비 스트로스에게, 그리고 1968년 푸코에게 한 보다 포괄적인 비판과 합류한다. 물론 알튀세는 얼마 동안 자신의 학설을 보존하는 데 성공한다. 그것이 '텅 빈 상태로 보존된다'는 점 때문이다. "그렇다면 실천은 어떻게 되는가?"⁴²⁾

알튀세는 마르크스 작품을 복잡화시킴으로써, 또 총체화를 지향하는 엄격하고 종합적인 사유 체계를 구축하는 대가를 지불함으로써 마르크시즘의 쇠퇴 순간을 지연시키게 되었다. 그는 마르크시즘이 불길한 운명 속에, 전체주의의 비극 속에 소멸하게 되는 한 세기의 지평에서 덧없는 불꽃이었다. 이러한 맥락에서 알튀세의 노력은 마르크시즘의 주요한 후퇴 물결에 휩쓸려 갈 수밖에 없었다. 이 물결은 부메랑으로 되돌아와 이론을 강타하게 되며, 그것의 원리들을 내세우는 사회들을 상속자가 없는 상태로 만들어 버리고 소멸한다.

알튀세의 시도는 사변적 구조주의의 가장 총체화 지향적이고, 가장 야심찬 시도였던 것이다. 그것의 내부 폭발은 지식의 보다 특수한 영역들, 특히 텍스트에 관한 학문들의 영역에서 구조적 틀에 따라 연구를 계속하는 데 아직은 타격을 가하지 못한다. 뿐만 아니라 철학적 차원에서 알튀세 이론의 내부 폭발은 역사화된 구조주의의 길을 준비시키며, 이 길은 특히 미셸 푸코에 의해 구현된다.

III

과학주의, 미학, 그리고
역사 사이에서의 구조주의

18

형식화의 신기루

구조적 패러다임에 대한 항의나 넘침은 구조주의적이라는 수식어로부터 후퇴하는 운동을 야기시키게 된다. 각자는 어느 날인가 구조주의의 향연에 참여했다는 사실을 열심히 부정한다. 그리고 각자는 지난날 반대로 구조주의적 혁신의 집단적 흐름 내에 자신의 작업을 위치시키기 위해 온갖 수단들을 동원했었기 때문에 그만큼 더 자신의 작품을 특이한 것으로 제시한다. 어떤 사람들은 구조의 본질 자체에 다다르기 위해 더욱더 정교한 형식화의 길을 택하게 된다. 반면에 또 다른 사람들은 점점 더 문학적인 영감, 다시 말해 코드화라는 근본적 야심으로부터 끊임없이 더 멀어지는 그런 영감을 마음껏 펼치기 위해 다분히 구조의 해체 쪽으로 접어들게 된다.

파리학파

최초의 반응, 즉 형식화의 반응은 파리학파가 설립된 언어학의 영역에서 감지된다. 이 학파는 그것의 효시인 프라하학파를 떠올리게 하는 바가 없지 않다. 게다가 그것은 이와 같은 역사적 계보 속에 위치한다. "프랑스 기호학파가 아니라 파리의 학파 말이다. 왜냐하면 파리는 자신들 사이에 일정 수의 공통점이 있다는 것을 인정하는 많은 외국인 연구자들의 결집 장소이기 때문이다."[1] 파리학파는 야콥슨과 벤베니스트의 발상에서 나온 국제기호학회로부터 비롯된다. 이 학회는 러시아 형식주의자들의 전통, 프라하학파 · 코펜하겐학파 · 제네바학파의 업적에 의거함으로써 기본적으로 유럽 언어학으로부터 나온 것이다. 미국 기호학의 대부인 토머스 A. 시벅의 참여가 있었지만 말이다.

이 학회의 야심들 가운데 하나는 동부 유럽의 연구자들로 하여금 철의 장막 반대편에서 통용중인 마르크스주의의 일반 해석으로부터 벗어나게 하고, 중부 및 동부 유럽에 30년대의 지적 열기를 재창조하게 하는 것이다. 이와 관련해 학회의 두번째 학술대회가 열린 장소 자체가 상징적이다. 왜냐하면 그것은 바르샤바에서 열렸고, 폴란드인들이 결정적 역할을 했기 때문이다. 그러나 이 모임은 비현실적인 도전처럼 울린다. 왜냐하면 그것은 소련의 전차들이 체코슬로바키아를 침공하던 바로 그때인 1968년 여름에 열리기 때문이다. 동과 서의 풍요로운 관계를 확립하는 데는 별로 유리한 시점이 아니었던 셈이다. 게다가 헝가리 태생인 미국의 언어학자 시벅은 여행을 해서는 안 될 정도로 상황이 위험하다고 판단하게 된다.

바로 다음해인 1969년 파리에서 기호학 서클이 만들어진다. "우리는 레비 스트로스의 집에서 누가 프랑스기호학회의 핵심이 될 것인지 논의했고, 결국 벤베니스트 · 바르트 · 레비 스트로스 그리고 내가 핵심 멤버를 구성했다. 라캉은 레비 스트로스가 볼 때 그렇게 진지하지 못했고, 푸코는 환상가처럼 보였다."[2] 학회장으로 임명된 벤베니스트는 불행한 일이지만 자신의 연구 노선에 힘을 실어 볼 기회를 갖지 못하게 된다. 왜냐하면 그는 얼마 안 가서 반신불수의 발작을 일으켰기 때문이다. 벤베니스트의 지적 소멸, 그리고 점점 더 분명하게 문학을 선택하는 바르트가 기호학에 나타내는 점증적인 무관심은 이 파리학회의 활동을 그레마스의 세미나에만 종속되게 만든다. 그레마스는 레비 스트로스가 콜레주 드 프랑스에 마련한 인류학연구소에 자리를 잡고 있었다. "벤베니스트가 지적으로 보다 오래 살았다면 균형은 달랐을 것이다."[3] 따라서 파리에서 지배적이 되는 것은 가장 형식주의적이고 옐름슬레우적인 접근 방법이다. 마지막으로 환기해야 할 것은 같은 해 학회가 새로운 잡지 《세미오티카》를 갖추고, 줄리아 크리스테바가 조제트 레이

드보브와 함께 총무가 된다는 점이다. "벤베니스트와 야콥슨은 젊고 역동적인 사람이 필요했기 때문에 나에게 총무를 맡아 달라고 요구했다."[4)

이 잡지의 창간호에서 벤베니스트는 로크, 그리고 특히 미국의 철학자 찰스 샌더스 퍼스(1839-1914)에게서 빌린 세미오티크라는 개념의 역사적 기원을 환기한다. 퍼스의 목표는 '관계의 보편적 산식'[5)을 구축하는 것이었다. 그러나 벤베니스트는 퍼스의 견해를 받아들이지 않는다. 그 반대로 그는 랑그가 도처에 있으면서도 아무 데도 있지 않다는 너무 느슨한 그의 견해로부터 벗어난다. 벤베니스트에 따르면, 이러한 견해는 의미 작용의 모든 연구를 무한의 심연 속에 매몰시킬 위험이 있다는 것이다. 그리하여 그는 그것에 반대해 소쉬르가 남긴 견해를 내세운다. "세계의 어디선가는 기호와 기의 사이의 차이를 받아들여야 한다. 따라서 모든 기호는 기호 체계 안에서 포착되고 이해되어야 한다. 이것이 의미 작용의 조건이다."[6) 따라서 파리학파는 소쉬르의 방법론적 유산에 충실하면서 퍼스로부터 기호학이라는 개념을 빌린 것이다. 다만 의미론적 해석의 수준과 기호학적 수준 사이에 이루어진 차별화는 기호들의 삶에 관한 분석 영역을 사회 생활 전체로 확장하는 데 목표를 두고 있다. 말하자면 랑가주에서 출발해 기호들의 다른 체계들을 연구하는 소쉬르의 길을 체계화하자는 것이다. "사회를 포함하고 있는 것은 랑그이다. 그렇기 때문에 기호학이라는 해석항(interprétance) 관계[1)는 사회학이라는 끼워맞추기 관계와는 반대로 나아간다."[7) 따라서 상이한 기호학적 체계들을 연결시켜 주는 두 원리, 즉 체계들 사이의 비중복(non-redondance)의 원리와 "초체계적인(trans-systématique) 기호는 없다"[8)라는 사실에 따라 사회의 해석항 기능을 담당하는 것이 랑그가 되는 것이다.

이와 같은 기호학적 방향 설정은 줄리아 크리스테바가 그것에 부여하는 의미를 아직 포함하지는 않는다. 크리스테바는 상징적 층위, 즉 동질적이고

---

1) 기호들이 지닌 계열체적 관계의 측면으로서 이 관계가 해석을 가능하게 해준다. 이 측면을 벤베니스트는 interprétance라 부르고 있다. 소쉬르의 가치(valeur) 개념에 속한다.

분절된 구조로서 언어학자들이 부여하는 의미에서 랑그의 층위와, 랑가주의 틈들 속에서 포착해야 하는 무의식적인 충동적 과정의 층위로서 의미된 기호학적 층위를 구분한다. 이 틈들은 모두가 결정 불가능한 것(indécidable)과 이질적인 것(hétérogène)의 표시들이다.

처음에 파리기호학회는 소쉬르로부터 물려받은 기호학과 구조인류학의 특별한 결합으로 나타난다. 레비 스트로스는 이 학회의 수취인이기에 자신의 사회인류학연구소에 기호학자들을 파트너로 수용한다. 그러나 곧바로 그는 그들을 내보낸다. 그리하여 "그레마스는 콜레주 드 프랑스의 연구소에 있던 연구실을 떠나지 않을 수 없었다."[9] 확실한 것이지만, 레비 스트로스는 그레마스가 소쉬르 이론의 언어학적 유산과 신화의 기호학적 연구 사이의 결합을 그 자신보다 더 잘 실현시키려 했다는 점을 참지 못했던 것이다. "인류학자들을 포함해 많은 사람들이 언어학의 이와 같은 지배를 받아들였던 것은 언어학이 여전히 신중했고 개념적 도구들을 제시했다는 점 때문이다. 그러나 이러한 측면이 다양한 영역들을 포괄하겠다는 의도를 지닌 기호학적 시도가 되었을 때, 언어학의 지배는 견딜 수 없게 되었다."[10]

이와 같은 새로운 단절은 파리기호학회에서 그레마스의 중요성을 더욱 돋보이게 만든다. 이 학회는 점점 더 엄격하지만 난해한 형식화에 갇히게 되며, 이 형식화의 모델은 그 어느 때보다 정밀과학인 수학이 된다. 그레마스는 《구조의미론》을 출간한 이후로 구조의 총체적 의미, 전체적 의미 작용에 다다를 수 있다고 확신한다. 그래서 이와 같은 윤곽 속에서 기호는 "의미, 나아가 의미 작용과 지시 작용을 가능케 하는 조건의 초월적 장소"[11]가 된다.

그레마스에 따르면 이 장소는 모든 기호 체계의 진정한 참깨〔비결〕인 기호 사각형의 도움을 받아 복원될 수 있다. 이와 같은 형식화의 꿈은 구조주의의 상징을 자기 것으로 만든다. 그에게 구조주의는 온도를 내리면 분자들의 분산을 막을 수 있는 크리스털, 인간성을 영도로 환원시킴으로써 인간성을 가능하게 만드는 조건들의 초월적 열쇠를 얻을 수 있다는 희망을 갖게 해주는 크리스털인 것이다. "구조주의적 꿈은 냉각화를 통한 죽음이라 할 것이다."[12] 이 학파는 문학적 대상에 관한 많은 기호학적 연구들을 생산하게 되는데, 예컨대 모파상에 관한 알지르다스 쥘리앵 그레마스의 연구,[13] 제라르 드 네르발에 관한 자크 제니나스카의 연구,[14] 알프레드 자리에 관한 미셸 아리베의 연구,[15] 혹은 일반적 중요성을 띤 장 클로드 코케의 연구[16]가 그런 것들이다. 그러나 기호학자에게 문학은 다른 모든 실천과 똑같은 의미작용적 실천일 뿐이고 특별한 가치가 부여되지 않는다. "문학이 자체 법칙들과 내재적 특수성을 그 자체 안에 포함하고 있는 자율적 담론이라는 주장은 거의 만장일치로 반박된다."[17] "기호학자에게 문학은 존재하지 않는다."[18]

이러한 전망에서 필립 아몽은 소설의 인물이 지닌 위상에 대해 탐구하면서, 기호학적 관점에 입각해 이 인물을 분쇄해 버린다. 이를 위해 그는 그가 인본주의적 이데올로기의 명백한 흔적이라고 평가하는 것과 관련해 비판적 분석틀을 구상해 낸다. 그가 주인공의 개념을 해체하는 작업은 상당수의 개념들의 적용을 거쳐 간다. 이 개념들은 인물의 기호학을 명확히 하는 일반적 이론을 확립하게 해주고, "이 기호학을 역사적·심리학적·정신분석학적 혹은 사회학적 접근과 구분하게"[19] 해준다. 필립 아몽은 인물을 불연속적인 기표(나/나를/내가(moi)······ 그/쥘리앵 소렐/그 젊은이/우리의 주인공/······)와 역시 불연속적인 기의(이형(異形), 아말감, 불연속성, 중복 등)에 의해 분절되는 일종의 형태소로 규정한다. 인물의 의미에 대해서 말하자면 그것은 특징들의 단순한 축적에 의해서가 아니라 서술에서 다른 인물들과 맺는 관계에 의해 차별적으로만 나타난다. 따라서 연구는 관여적인 의미론적 축들을 규정하고, 이것들의 계층화를 시도하지 않을 수 없게 된다. 그래서 "우리는 동일한 의미론적 축들에 의해 정해진 전형적 인물들의 부류들이 형성되는 것을 보게 될 것이다."[20] 이와 같은 방대한 작업 영역은 하나의 소여가 아니라 하나의 구축물로 인식된 문학 텍스트에 대한 내재적 접근을 전제한다. 그래서 문학적 이야기들을 외생적(外生的) 결정들과 단절시키고, 그것들을 그것들의 내재적 논리 속에 가두며, 동위소군(isotopie)의 범주와 같은 일정 수의 범주들로 분석을 뒷받침함으로써 그것들이 문학성을 중심으로 연구되는 것이다. "우리가 동위소군을 통해 의미하는 것은 의미론적 범주들로 이루어진 중복적인 전체이며, 이것이 이야기의 균일한 독서를 가능하게 만든다."[21]

60년대와 70년대 사이에 문학기호학적 분석이라는 차원에서 현저한 변화는, 필립 아몽에 따르면 같은 시기에 언어학의 변화와 일치한다. 이 시기에 '상태언어학에서 작동언어학으로'[22] 이동이 이루어진다. 이와 같은 이동 때문에 완성된 체계들의 특수성을 탐지하는 데 열중하는 닫혀진 발상으로부터 이런저런 소통 상황에 특유한 구속 요소들을 식별해 내는 보다 개방적 방식으로 이동이 이루어진다. 우리가 볼 수 있었던 바와 같이 이와 같은 변화는 언술 행위와 다양한 대화적 상황을 고려하게 만든다. 그러나 그 당시를 특징짓는 또 다른 측면은 기호학의 분석 영역이 확장된다는 점이다. 기호학은 문학의 영역을 벗어나 법률·성서·정치·음악·광고까지 온갖 성격의 텍스트들을 점유하여 대상으로 삼기 때문이다.[23]

특히 기호학은 성서의 해석에서 매우 강력한 영향력을 발휘했으며, 이 분야에서 연구의 풍요성 때문에 70년대말에 구조주의의 일반화된 퇴조에 버틸 수 있었다 할 것이다. 또 기호학적 방식이 적용된 특별한 영역들 가운데 하나는 음악 언어이다. "음악은 그것 자체만으로도 구조주의적 작업의 가정을 정당화시킬 수 있었을 것이다."[24] 특히 롤랑 바르트는 로베르트 슈만의 《크라이스레리아나》에 관한 논문을 썼다.[25] 이 논문에서 그는 순전히 형식적인 층위에 부합하는 1차 기호학과 의미 작용의 보다 정서적 차원에 위치하는 2차 기호학을 구분한다. 바르트에 따르면 후자는 협화음·불협화음 등과 같은 즉각적인 소리들의 관계 작용에서 드러난다.

음악기호학에 관한 저서를 집필한[26] 세르주 마르탱은, 보다 옐름슬레우적인 접근을 통해서 바르트와는 달리 의미 작용의 생산은 음계와 그 음정들의 형태인 외적 형태의 차원에서 찾아야 하는 것이 아니라 장조와 단조를 내조시키면서 체계 자체에서 찾아야 한다고 생각한다. "나에게 체계는 하이데거를 참조해 말한다면 세계 내 존재(l'être-au-monde)라 부를 수 있는 것을 나타낸다. 그것은 매우 깊은 정서적 뿌리를 지니고 있는 도식론이다. (…) 하이데거가 칸트의 도식론이라 말하는 것은 음악 체계에 완전히 부합한다. 다시 말해 체계는 논리적 의미에서 하나의 구조이다. 그러나 결국 이 구조는 세계와의 깊은 정서적 관계로 귀결되고, 그렇기 때문에 음악은 이 관계의 표현이다."[27] 따라서 기호학이 의미 작용에서 복원하고자 기대하는 것은 본질적이면서 동시에 존재자를 통해서는 전혀 드러나지 않는 이러한 부재하는 구조이다. 구조의 우위를 명확히 하는 것은 음계의 집중이 더 이상 발견되지 않는 빈학파가 나타내는 단절과 매우 분명하게 합치하기까지 한다. "따라서 조성(調聲) 음악이 의미했던 것과는 반대로, 여기서 변형의 형식적 규칙과 더불어 근본적인 것으로 주어지는 것은 음악 언어이다."[28] 음악 언어에 대한 이론의 이와 같은 대략적 윤곽은 옐름슬레우 기호학이 지닌 3개의 기본적 명제를 음악의 영역에 옮겨 놓는다.

수학소

기호학이라는 용어가 기호론(sémioiogie)이나 구조주의라는 용어를 대신해 사용되는 때는 1970년이다. 역시 70년대 초반에 라캉은 구조언어학과 결별하고, 위상적(位相的) 도형들과 수학소를 가지고 자신의 사상을 보다 정교하게 형식화하는 방향으로 나아간다. "내가 생각하기에 구조주의가 세계에 대한 또 하나의 이해를 의미하게 된 것은 문학사가 우리에게 제시되는 형태인 인형극 탓이라는 점, 바로 이것이 문제인 것 같다. 그러나 그런 전가가 나에게 내세우는 과장에도 불구하고, 그리고 그것이 내가 구조주의의 가장 훌륭한 동반자였던 만큼 더할나위없이 재미있는 형태였지만, 아마 그것은 내가 당연히 만족해야 할 일은 아닐 것이다."[29]

라캉은 구조주의 향연의 다른 회식자들이 상류층에 속한다는 점을 인정한다. 그는 이들과 마찬가지로 향연에 발목이 잡히는 것을 원하지 않은 나머지 문제가 제기된 구조주의의 꼬리표로부터 멀어지고, 취약한 버팀목으로 드러나는 소쉬르의 언어학보다 우월한 접근로들을 수학에서 추구한다. 그래서 라캉은 레비 스트로스의 신화소 개념, 그리스어 **마테마**(mathèma; 이 것은 지식을 의미한다) 그리고 수학으로 귀결되는 수학소 개념의 뿌리 사이 에 공존 관계를 실현시킨다. 그리하여 그는 그가 무의식 언어(lingusterie)[2]라 규정하는 것이 지닌 지나치게 기술적(記述的)인 성격으로부터 벗어나 대문자 순수 기표의 완전한 형식화에 다다르고자 희망한다. 이 순수 기표는 1972년 부터 보로메오적(borroméens)이라고 규정되는 매듭들(nœuds)[3]이 형성하게 되 는 지점인 최초의 벌어진 상태(béance initiale)를 말한다. 이러한 측면은 정신 분석학의 운명을 사회과학의 운명에 일시적으로 접합시킨 후 정밀과학 쪽으 로 그 방향을 바꾼 것을 의미한다. "다만 사막의 은둔자에게 유일한 양식으 로 수학만이 있었다."[30]

따라서 그는 자신의 세미나들에서 도표·원환면과 같은 위상적 도형들을 증대시킨다. 그리고 보로메오 매듭에서는 외재성도 내재성도 없다는 것을 보 여 주기 위해, 그는 연단에서 둥그런 끈이나 종이 리본을 자르고 재단하면서 조작한다. 라캉에게 세계는 환상(fantasme)이다. 그것은 현세 내적인(intra-mondaine) 현실 밖에 위치하고, 그것의 통일성은 담론이 놓치는 것으로부터 만 도달할 수 있다. "오직 수학화만이 전통적 지식이 지탱했던 것과는 아무 상관이 없는 하나의 현실계에 다다른다. 이 현실계는 이 전통적 지식이 믿 는 것, 즉 현실이 아니고 분명 환상이다."[31] 존재하는 것에서 결핍된 것의 총 체성과 내재성을 생각하려고 시도하면서 라캉은 안과 밖, 내부와 외부, 그 리고 모든 구형적(球形的) 위상의 범주들을 제거하는 한 공간의 내부에 대해 생각한다. 반대로 그는 어떠한 집중화 시도도 분쇄해 버리는 비틀림이나 매

---

2) 무의식 언어는 언어학으로 형식화 할 수 없는 언어의 한 측면을 나타내며 일상 언어의 밖에 있다.

3) 3개로 이루어진 '보로메오 매듭'은 현실계·영상계·상징계를 표상하면서 서로 의존적 인 관계에 있다. 라캉은 이 개념을 보로메오 가문의 문장에 나오는 3개로 된 고리 묶음에서 영감을 얻었다 하는데, 셋 가운데 하나가 끊어지면 3개 전체가 분해된다.

듭[절점]의 도식에서 자신의 모델을 찾고자 한다. 하나의 텅 빈 상징계에 부여된 우위로부터 전개되는 순수 논리의 세계 속에 잠긴 "라캉은 위상기하학으로의 회귀를 통해 구체적 형태 부여(substantification)로부터 벗어나고자 한다."[32] 수학소를 추구함으로써 법칙 체계, 다시 말해 하나의 순수 논리 체계에 특유한 결합 관계는 언어학을 통한 것보다 더욱 지시 대상·정서·체험과 거리를 두게 해준다.

반대로 어떤 자들은 라캉이 이처럼 위상적 도형들로 회귀한 것을 교육적 염려로만, 다시 말해 정신분석학을 전수시키려는 방법의 추구로만 생각한다. "수학소는 전수의 관념과 관련이 있었다. 그런 만큼 정신분석학을 하나의 물리학으로 만들자는 것은 아니었다."[33] 그러나 여러 사람들을 낙담시킨 이러한 위상기하학적 단계의 교육적인 이해 관계의 가능성을 넘어서, 우리가 생각할 수 있는 것은 라캉이 언어학이라는 버팀대를 통해 일정 기반에 다다랐을 때, 데리다와는 달리 무의식에 대한 자신의 읽기를 전적으로 산종하는 것(disséminer)[4]을 거부했다는 점이다. 그렇게 했더라면 정신분석학은 해석의 무한으로 나아가지 않을 수 없었고, 이 무한 속에 길을 잃었을 것이다. 라캉은 수학소와 보로메오 매듭의 방향을 통해 다른 방향을 제안하기를 택했다. 반대로 이 방향은 발견해야 할 근본적 구조에의 의존을 은유화하지 않을 수 없게 되었다. "해석이 모든 의미로 개방된 것은 아니다."[34] 수학자들이 사용하는 의미로서의 구조 개념에 접근함으로써 라캉은 추상화의 방향으로, 특별한 관념화 작용과 연결된 하나의 해방된 대상의 개념 쪽으로 한걸음 더 나아간다. 이 개념은 전체 작용들의 일반적 속성들을 추론할 수 있게 해주고, 증명 가능한 언술들이 이 작용들의 속성들을 낳는 영역을 규정할 수 있게 해주는 것이다.

---

4) 산종(dissémination)은 데리다의 중요한 개념 가운데 하나로, 하나의 기표가 씨앗을 뿌려 다른 기표를 만들어 내면서 무한히 기표가 전개되는 현상을 말하며, 그 시작과 끝을 규정하는 확정성을 부인한다. 산종은 흔적만이 존재하는 중심의 부재와 '제1원인'의 부재에 따른 필연적 결과로서, 기표의 연쇄를 통한 의미 작용과 장을 무한히 확대시킨다.

모델화

수학과 모델화에의 의존은 단순한 은유에 속하는 것인가, 아니면 반대로 발견에 도움이 되고 조작적인 목적을 지닌 차용에 속하는 것인가? 앙드레 레니에는 집단들에 대한 이론으로부터 《야생적 사고》로의 이동에 관해 탐구한다.[35] 그는 레비 스트로스가 《신화학》에서 대칭·전도·등가·상동(homo-logie)·동형 사상(同形寫像; isomorphisme)의 개념들을 어떻게 사용하는지 분석한다. 이와 같은 차용물들은 지식의 논리-수학적인 영역에 속한다. 그런 만큼 이와 같은 은유들의 사용이 어떠한 위험성도 띠지 않는다 할지라도, 그것들이 변형 집단의 개념처럼 레비 스트로스의 경우에서 발견해야 할 장치의 중심적 위치를 차지한다면 문제는 다르다. "토테미즘은 자연적인 종들의 사회와 사회적 집단들의 세계 사이에 논리적 등가를 설정한다."[36]

레비 스트로스가 변형 부류라는 말의 매우 폭넓은 의미에서 출발하고 있다는 사실 이외에도 그는 이 개념을 매우 자유롭게 다루고 있으며, 때로는 계열체적 연쇄 속에서 어떤 관계를 우선시하고, 때로는 자의적인 증명 의도에 따라 또 다른 관계를 우선시하게 된다. 그렇기 때문에 레비 스트로스는 "사방팔방에서 우리의 신화들을 선택할 수 있고, 차코 평원의 한 신화를 기아나의 변형 신화를 통해, 가이아 신화를 콜롬비아의 유사한 신화를 통해 밝힐 수 있는 권리"[37]를 주장한다. 따라서 앙드레 레니에는 입증의 과학적 성격에 이의를 제기한다. 과학적 성격은 자의적이 아닌 코드들을 선택해야 하고, 관찰된 대응들을 정당화해야 하기 때문이라는 것이다. "왜 하나의 존재가 기호인지, 왜 이 기호가 다른 의미가 아니라 그런 의미를 지녔는지 이해해야 한다. (…) 결국 문제의 '논리들'은 다분히 소멸적인 생명력을 지니고 있다. 그것들은 관계에 부과된 규칙들이지만, 우리는 그것들을 식별하지 못한다."[38] 그러니까 인문과학에서 이루어지는 형식화에는 과학적 환상이 있다는 것이고, 레비 스트로스 역시 이런 성격을 벗어나지 못한다는 것이다.

그러나 질 가스통 그랑제는 레비 스트로스가 친족 관계를 분석할 때 이와 같은 형식화의 사용이 부분적으로 성공하고 있음을 인정한다. 그의 모델은 적절하게 기능하고 있고, 따라서 우리로 하여금 인척 관계, 규정, 그리고 금지의 구조화 방식을 알게 해준다는 것이다. 그러나 "내가 레비 스트로스에게 비판하는 것은 신화적 사고의 변형들이 대수학자들이 사용하는 의미에서 동일 유형의 관계를 확립한다는 점을 보여 주려고 시도하고 있다는 것이다. 나는 그렇게 생각지 않는다."[39] 그러나 레비 스트로스는 모델화를 여전히 열정적으로 옹호한다. 친족의 수학식으로부터 신화를 구성하는 단위들의 논리-수학적 처리까지, 그는——《신화학》의 마지막 권에서—— '구조주의'에 대한 자신의 믿음을 반복한다. "구조주의는 인문과학이 이전에 지녔던 것과는 비교할 수 없는 힘을 그것에 제공하는 인식론적 모델을 제안한다는 것이다."[40]

이와 같은 모델화는 친족 관계의 탐구 영역에서 레비 스트로스의 제자인 프랑수아즈 에리티에의 주장을 통해 두번째 기류를 만나게 된다. "나의 행운은 사회인류학연구소 소장인 레비 스트로스를 만난 것이었다."[41] 그녀는 오트볼타[부르키나파소]에서 친족 현상들에 대해 모은 일단의 자료를 활용할 수 있었고, 사모 지방에 있는 세 마을 주민들의 계보를 재구성했다. 모델화와 정보 처리 기술은 그녀로 하여금 민족학적 자료로부터 출발해 이론적인 일반화에 귀착되게 해주었다. "컴퓨터는 사회들이 지닌 결혼 풍습의 실태들에 다다르는 데 필수 불가결한 수단이 되었다."[42] 정보 처리 기술의 도움을 받아 프랑수아즈 에리티에는 친족 및 결합의 준(準)복잡 구조들을 지닌 사회, 다시 말해 크로우오마하족 체계[5]라고 불리는 사회가 어떻게 기능하는지를 재구성할 수 있었다. "레비 스트로스의 직관이 확인됨으로써, 오마하 유형의 준복잡 체계는 결합의 기본 구조들에 속하는 아란다족 슈퍼 체계[6]처

---

5) 북서 아프리카 크로우오마하(Crow-Omaha)족의 친족 체계를 말한다.
6) 중부 오스트레일리아 아란다족의 친족 체계를 말한다.

럼 동족 결혼 방식으로 작용하는 것이 명백해진다. 파트너들의 선택은 부계 혈족 전체 가운데 두 후계 가문에 공통적인 조상이 위치한 세대 다음인 네 번째 세대에서 우선적으로 이루어진다."[43] 이와 같은 주장을 통해서, 그리고 이 주장이 기본적 구조들의 연구로부터 친족의 준복잡 구조들로 넘어가면서 가능하게 해주는 제안들을 통해서 프랑수아즈 에리티에는 인문과학이라는 한정된 영역에서 구조주의적 패러다임의 풍요성을 입증한다. 그녀는 나아가 이를 통해서 지적 방식들의 변화들을 넘어서, 분명 구조주의를 가지고 해야 할 적극적인 개념적 제안이 있음을 증명한다. 비록 이런 제안이 흔히 더 할나위없이 순수한 형식화, 즉 수학적 언어의 형식화로 치장하고 있지만 말이다.

19

문학의 명백한 죽음에서 텍스트의 즐거움으로

한편으로 구조주의는 정밀과학의 가장 형식화된 모델들에서 영감의 원천을 끌어냈고, 다른 한편으로 그것은 하나의 전환점에서 새로운 문학적 감성을 동반했다. 이 전환점의 기간 동안에 전통적인 소설 이야기는 중대한 위기를 겪는다. 건드릴 수 없는 표현 방식으로서의 소설이란 장르의 위기는, 특히 누보 로망이라는 개념을 중심으로 문학 이론과 문학을 접근시키게 만든다. 신비평에 신속하게 부합하는 것은 현대성의 기준이 되는 문학적 전위이다. 비평 활동과 창조적 활동 사이의 경계는 흐려지게 되고 진정한 주제로 간주되는 것, 즉 글쓰기 자체, 무한히 전개되는 텍스트성에 자리를 내주게 된다. 필립 아몽이 지적하고 있듯이 "1960년과 1975년 사이의 문학 개념에 대해 검토하는 것은 하나의 해체에 관해 이야기하는 것이다."[1] 구조주의적인 이론적 장치, 특히 언어학적 접근은 새로운 문학적 모험에 전적으로 동참한다. 이 모험은 장르 사이에 배분된 경계를 넘어서 언어를 고유한 상태로 재전유(再專有)하는 것으로 제시된다.

신비평/누보 로망의 공존 관계

우리는 누보 로망의 기본적 원리들 속에 구조주의적 중심 사상이 작용하고 있음을 분명히 목격한다. 즉 전통적 소설의 인물이 배제됨으로써 주체가 동일하게 배척되고, 소설가의 시선이 탐지해 내는 사물들의 다양한 배치들을 통해서 전개되는 공간에 특권이 동일하게 부여되며, 변증법의 측면에서 바라본 시간성에 대해 동일하게 불신을 나타내고, 이 시간성에 스스로를 드러내며 해체되는 움직이지 않는 현재, 즉 정지된 시간으로 대체하는 것이다.

1950년대부터 나탈리 사로트는《현대》지에 글 한 편을 쓰는데, 그녀는 이 글의 제목《의혹의 시대》를 1956년 갈리마르사에서 출간되는 주요한 저서의 제목으로 사용한다. 이 제목은 새로운 문학 비평과 문인들에게 공통되는 정신 상태를 가장 잘 표현하고 있다. 보다 포괄적으로 그것은 인문과학에서 모든 구조적 사고를 이끄는 비평적 패러다임의 진보에 부합한다. 나탈리 사로트는 소설의 위기를, 다시 말해 소설의 줄거리를 떠받쳤던 인물들의 신뢰성이 흔들리고 있음을 확인한다. 현실에서 영감을 받은 작가는 인물들이 깊이에 있어서 실제와 닮고 사실인 것 같기를 원했다. 그런데 이와 같은 인물들의 묘사가 나타내는 흉내에 대한 전통적 견해에 사로트가 대립시키는 것은 미셸 투르니에가 민족학처럼 권장하는 작업, 즉 체험된 자료를 토대로 한 장인적 작업이고, 브리콜라주[임기응변적 작업]로서의 창조이다.

나탈리 사로트의 저서는 곧바로 전통적 소설과의 필연적 단절을 상징하게 되고, 의혹은 비평의 시대에 다양한 글쓰기 형태들과 쇄신된 관계를 가능하게 해준다. 그러나 나탈리 사로트는 겉으로 보기와는 달리 소설의 심리적 관점과 그렇게 철저하게 단절하지는 않는다. 그녀는 성격 및 인물의 원형들을 파괴하면서 자신의 관심을 단순히 이동시킨다. 특히 이것은 외관상의 일화적 줄기 뒤에 감춰진 규정할 수 없는 움직임들로 이해된 굴성(屈性)들의 하부 대화(sous-conversation)를 통해서 이들 성격 및 인물들의 숨겨진 내면적 우글거림을 보다 잘 포착하기 위한 것이다. 이 일화적 줄기는, 심리적 직접성의 도움을 받아 에고의 무한히 섬세한 부분에 다다를 수 있기 위한 구실의 위상으로 격하되어 있다. 누보 로망을 향한 시작으로서의《의혹의 시대》는 또한 도스토예프스키 · 프루스트 · 조이스로 이어지는 소설적 글쓰기의 쇄신적 계보 속에 들어간다.

어쨌든 누보 로망은 사회과학으로 눈길을 돌리면서 이 과학이 내세운 주체의 탈중심화, 유럽 중심주의에 대한 반박, 동일자의 탐구가 타자의 모습으로 대체된 입장으로부터 영감을 받는다. 반대로 자신들의 개별적 학문 분야에 몰두한 구조주의적 연구자들은 자신들의 발견과 개척 영역을 이용해 문학 작품을 만들게 된다. 하나의 새로운 감성 전체가 이 시기에 다음과 같이 생각하도록 만들고 있다. 즉 진리는 자기 자신 밖에 있고, 따라서 진리에 다다르기 위해서는 지식의 주요 지렛대로 제시되었던 것, 즉 심리학과 시간성을 쳐부숴야 한다는 것이다. 심리학과 시간성은 이제 지식에 방해가 되는 장애물로 간주된다. 그래서 구조주의는 새로운 미학의 구실을 한다. 회화적 측면에서 몬드리안, 음악의 영역에서 피에르 불레즈, 문학에서 미셸 뷔토르에서 보듯이 구조는 창조적 방법으로, 현대성의 효모로 여겨진다. 구조는 처음에 창조에 외재적이었으나, 당시까지 깊이를 알 수 없는 것으로 간주된 비법 속으로 조금씩 조금씩 침투한다. 뿐만 아니라 구조적 신비평의 주창자들은 이러한 새로운 미학을 참조하게 되고, 말라르메와 발레리의 작품이 공통으로 문학적 창조의 언어적 조건들에 관심을 보였다고 생각해 그들을 자신들의 연구에 있어서 선구자들로 간주하게 된다. "문학은 언어의 일부 속성들을 이를테면 적용하고 확장하는 것이며, 그 이외의 다른 것일 수가 없다."[2]

문학적 열기는——미셸 뷔토르·알랭 로브 그리예·마르그리트 뒤라스·클로드 시몽·로베르 팽제 등의 작품을 출간하는——미뉘사와——필리프 솔레르스·다니엘 로슈·장 피에르 파예와 누보 로망의 이론가 장 리카르두가 있는——《텔켈》 그룹 같은 몇몇 중심축들로부터 확산된다. 비평과 문학상들이 누보 로망에 할애되는 때는 레비 스트로스가 1955년 《슬픈 열대》를 통해 승리를 거두는 그 시점이다. 알랭 로브 그리예는 같은 해인 1955년 《변태성욕자》로 비평가상을 수상하고, 2년 뒤에는 미셸 뷔토르가 《변경(變更)》으로 르노도상을 받는다. 이 책이 10만 부 이상 팔림으로써 뷔토르는 많은 독자를 성공적으로 확보한다. 1958년에는 클로드 올리에가 《연출》로 메디치상을 수상하고, 같은 해 《에스프리》지는 누보 로망에 특집호를 할애한다. 물론 이들 작가들 각자는 자신의 특유한 문체를 지니고 있다. 그러나 그들은 모두가 새로운 소설적 글쓰기, 소설의 전통적 형태들의 거부를 표현한다. 그리고 그들은 프루스트 · 조이스 혹은 카프카를 넘어서야 하는 행위가 작가들에게 무모한 짓이라는 것을 나타낸다. 이들 대소설가들은 모두가 뛰어넘을 수 없는 기념비적 존재들로 나타난다. 따라서 현대성 속에 뿌리 내린 새로운 세대는 다른 길을 찾아야 하는 것이다.

누보 로망은 《잃어버린 시간을 찾아서》 이후에 글을 써야 한다는 깊은 불안을 표현한다. 동시에 그것은 문학적 창조의 격자 구조화 속에서, 작가의 주관성이 분명하게 투영되는 현상에 직면한 독자의 참여적 관계에 대한 호소 속에서 탈출구를 추구하고 있음을 표현한다. 전위로 나타나는 이와 같은 비판적 관점은 나탈리 사로트가 1950년에 발표한 글에는 아직 비공식적이었으나, 1964년에 《의혹의 시대》가 포켓판으로 재출간될 때는 그녀에 의해 집단적 선언으로 주장된다. "이 글들은 우리가 오늘날 누보 로망이라고 명명하는 것의 몇몇 기본적인 토대를 구성한다."[3]

1957년에 사진 작가 마리오 동데로는 독자들에게 결집된 누보 로망을 나타내는 그룹, 한창 논의가 진행중인 유순한 그룹을 미뉘사 앞에서 필름에 담는다. 사진기 앞에 모인 사람은 알랭 로브 그리예와 클로드 시몽, 발행인 제롬 랭동 · 로베르 팽제 · 사뮈엘 베케트 · 나탈리 사로트 · 클로드 올리에이다. 전통적 인물은 소설의 새로운 지평으로부터 사라지고, 작가의 관심은 유일한 담론적 영역 내부로 이동한다. 그의 시선은 언어와의 내재적 관계로부터 나타난다. 현실은 더 이상 언어와의 외재적 관계 속에서 고려되지 않고, 언어에 내재하는 것으로 고려된다. 발자크의 묘사적 방식과 소설적 성격으로부터 알베르 카뮈의 작품에 나타나는 낯섦 및 거리의 관계로 가면서, 우리는 주어진 소여로 인식된 현실의 해체로 넘어가고, 현실이 작가가 그것에 대해 쓰는 담론으로 격하되는 현상으로 이동한다. "본질은 언어 밖에 있지 않고, 본질은 언어 자체이다"[4]라고 말하게 하는 이러한 운동 속에서 60년대와 70년대에 구조주의적 방향과의 공생 관계가 실현된다. 이 방향의 분석 모델은 음운론이고, 언어학에서 선도적 과학을 찾아냈던 것이다.

상당히 일찍이 알랭 로브 그리예는 이와 같은 문학 활동과 사고의 변화가 만나고 있음을, 그리고 현상학적 접근으로부터 구조주의적 접근으로의 이동이 진행중임을 의식한다. 그는 보르헤스가 문학의 불확실한 실천으로 규정하는 계획을 자신의 것으로 수용한다. "나는 철학과 문학이 동일한 목표를 지니고 있다고 점점 더 확신한다."[5] 1963년에 알랭 로브 그리예는 1955년부터 쓴 글들을 묶은 모음집으로서 선언처럼 제시되는 《누보 로망을 위하여》를 출간한다.[6] 그는 이 책에서 작가로서 그가 자신의 소설들, 즉 1953년의 《지우개》, 1955년의 《변태성욕자》에서 적용하고 있는 원칙들을 명시하고, 그후 미뉘사에서 문학 고문으로서 이 시기를 중시토록 한다. 그는 비평과 문학적 창조의 이와 같은 화해를 예고하는데, 문학적 창조는 현대성에 다다르기 위해서 새로운 지식들로부터 자양을 얻어야 하기 때문이다. "비평적 관심이 창조를 메마르게 하기는커녕 그 반대로 창조에 동력의 역할을 할 수 있을 것이다."[7] 누보 로망은 시선의 한 학파로서, 동시에 객관적 소설의 학파로서 제시된다. 그것은 새로운 유형의 사실주의를 추진하고, 그것을 발자크의 작품과 결합시키는 연쇄고리를 끊는다. 또한 묘사하려는 정열이 문제시되지만, 묘사로부터 의도적 요소들, 다시 말해 세계를 인물들의 매개를 통해서만 존재케 하는 요소들을 비워내는 것이다. 새로운 글쓰기에서 "몸짓들과 사물들은 무언가가 되기 전에 존재하고 있다."[8] 라캉이 파롤과 의미 작용적 연쇄로부터 떠오르는 것의 중요성을 강조하듯이, 로브 그리예는 깊이의 신화를 공격하고 이 신화에 사물들의 표면이 지닌 보다 본질적인 층위를 대립시킨다. 이로부터 비롯되는 것이 묘사 방식에 부여된 모든 중요성이고, 해석학적 방식에 대한 동일한 구조주의적 거부이며, 의미와 의미 작용 사이에 확립된 동일한 구분이다.

소설의 혁명은 인물로부터 멀어진다. 인물은 부르주아 질서의 낡은 잔재로 인식되기 때문이다. 개인의 전성기를 나타냈던 이전의 시대에 의한 부르주아 질서의 정착화는 이제 시간이 다한 것으로 간주된다. 왜냐하면 그것은 '등록 대장'[9]의 시대에 자리를 내주었기 때문이다. 이와 같은 사막화 속에서 우리가 만나는 것은 아우슈비츠 이후에 인간이 계속해서 사유하고 글을 써야 하는 시대의 절망에 대한 표현이고, 존재자의 세계로부터 이탈하고 싶은 욕망이며, 기술공학적 현대성에 대한 비판이다. 따라서 희망은 형태의 세계 쪽으로 이동한다. 이 형태의 세계에서 인간은 탈중심화되어 있고, 언어적 주름들의 무한한 놀이를 일시적으로 구현하는 것이다. 작가는 더 이상 가치들을 실어나르면 안 된다. 왜냐하면 "가치들이 있다 해도 그것들은 과거에 속할 뿐이기 때문이다."[10] 그 대신 작가는 기억이 없는 부동의 현재에, 《지난해 마리앵바드에서》[1]에 나오는 인물들의 방식에 참여해야 한다. 이 영화는 과거가 없는 세계 속에서 전개되고, 이러한 세계에서 각각의 몸짓, 각각의 파롤은 그것 자체의 소멸을 함축한다. 문학의 이와 같은 불확실한 실천 속에서 우리는 순전히 공시적인 접근을 위해서 생성·기원의 어떤 추구도 부정하는 구조주의적 중심 사상과 다시 만난다. 이러한 공시적 접근은 내적 논리를 재구성해야 하는 하나의 공간 속에 편입된다. "현대적 이야기에서는 시간이 그것의 시간성과 단절되어 있는 것 같다. (…) 순간은 연속성을 부정한다."[11]

롤랑 바르트는 객관적으로 이야기된(littérale) 문학이라고 규정된 이와 같은 새로운 문학이 그가 추진하고자 하는 신비평의 원칙들과 일치한다는 점을 즉각적으로 깨닫는다. 그리하여 1955년부터 그는 로브 그리예의 《변태성욕자》에 대한 매우 찬양적인 연구 결과를 출간한다.[12] 바르트는 문학에서는 로브 그리예의 작품에, 연극에서는 브레히트의 작품에 철저하게 의거해 "독자를 부르주아 소설의 본질주의적인 예술에 대한 습관으로부터 벗어나게 하는 작업"[13]을 추진한다. 《변태성욕자》는 글쓰기와 이야기의 영도, 바르트가 1953년부터 원했던 그 영도를 실현한다. 이 작품은 유일한 시선에 정지된 대상들의 세계가 나타나게 하며, 이 요소들은 '철저한 형식주의'[14]를 표방한 로브 그리예로부터 비롯되는 탈사회화되고 탈도덕화된 세계를 구성

---

1) 1961년에 알랭 레네 감독과 알랭 로브 그리예가 공동으로 만든 영화이다.

한다. 문학적 창조와 언어에 대한 과학적 성찰이 이렇게 접근됨으로써 바르트가 작가-글쟁이(écrivain-écrivant)라 규정하는[15] 혼합적 유형이 생겨난다. 이 새로운 유형은 작가의 임무(작가는 글쓰기의 방법 속에 세계를 흡수해 버리려고 전념하지 않을 수 없다)와 글쟁이의 임무를 결합시킨다. 글쟁이는 자기 자신을 표현하지 않으면 안 되고, 파롤을 입증을 위한 과도적 매체에 불과하다고 생각하는 자이다.

그래서 바르트는 전통적인 경계를 이동시키고, 누보 로망과 신비평을 같은 쪽에, 즉 작가와 창조 쪽에 위치시킨다. 이와 같은 새로운 분할은 진행중인 새로운 제휴, 즉 비평가와 작가의 제휴를 개념화시키게 해준다. 이 둘은 글쓰기의 현상과 다양한 언어적 장치를 문제화하는 과정에서 결집한 것이다. 그리하여 우리는 구조적 문학 이론과 누보 로망의 실천 사이에 끊임없는 상호 작용을 목도한다. 그것들은 전통적 인본주의의 다양한 모습들 및 지시 대상과 유사하게 거리를 두면서 서로로부터 자양을 취한다. 누보 로망은 이야기의 사회학적 신빙성을 내던지고, 가능한 이야기들의 변화들을 획정하는 데 전념한다.

그러나 누보 로망이라는 새로운 문학적 글쓰기와 구조주의적인 새로운 문학 비평 사이의 이러한 공생 관계는 바르트와 로브 그리예의 관계의 경우 하나의 객관적 사실주의, 다시 말해 객관적으로 이야기된 문학을 형식화하고 구축하려는 의지에 대해 점증적인 거리를 두는 방향으로 나아간다. 바르트는 1967년부터 텍스트의 즐거움, 전기소(biographèmes), 그리고 코드의 다원화로 방향을 잡는다. 마찬가지로 로브 그리예는 객관적 사실주의로부터 주관적 사실주의로 이동하고, 글쓰기에서 자신의 주관성 표현에 점증하는 중요성을 부여한다.[16] 그 역시 다원화, 거울의 무한한 놀이, 인물들과 줄거리의 격자 구조화, 자전적인 주제들의 도입, 어조들의 혼합을 실행한다. 심지어 로브 그리예는 바르트가 1955년에 자신의 작품을 잘못 해석했다고 불만을 나타내고, 반대로 완전한 주관주의를 주장한다. "나는 나 이외 다른 것에 대해 결코 이야기한 적이 없다."[17] 알랭 로브 그리예에 따르면 바르트는 그의 작품에서 글쓰기의 영도를 절망적으로 탐색해 그것이 실현되고 있음을 찾아냈으나 이는 추정된 것에 불과하다는 것이다. "나의 이른바 백색의 글쓰기——이 표현은 그의 담론에 힘을 주기 위해 때마침 나오고 있다. 따라서 나는 내가 '객관적 소설가'로, 아니면 더 나쁘지만 객관적 소설가가 되려고 노력한 소설가로 인정되는 것을 보았다."[18]

레비 스트로스는 신화를 이것의 변형체들 전체에 의해 구성된 것으로 간주한다. 마찬가지로 누보 로망은 반복과 변화를 통해서 이루어지게 되고, 이 반복과 변화에 입각해 연쇄의 다양한 법칙들이 작용하며, 이 법칙들은 개방된 구조를 바탕으로 이야기를 다시 튀어오르게 하는 불확실성의 개입에 의해 교란된다. 이와 같은 새로운 관점은 문학에 자율성을 부여한다. 문학은 더 이상 입증하며 참여하고 반영해서는 안 되며, 그것의 짜임을 통해서 그 자체로 가치가 있는 것이다. 바르트에 따르면, 동시에 이러한 관점은 세계가 의미가 있는지 아는 질문을 더 이상 제기하지 않고 다음과 같은 질문을 제기함으로써 방향을 바꾼 철학적 탐구에 부합한다. "세계가 여기 있다. 그런데 그 안에 의미가 있는 것일까? (…) 이러한 시도는 아마 어떤 철학도 성공하지 못했을 터이고, 따라서 진정으로 문학의 소관 사항일 것이다."[19] 따라서 문학은 철학을 대신한다는 것이다. 그리고 그것은 언어가 모든 도구화로부터 해방된 이상, 의미의 진정한 체계인 언어의 비현실성에 대한 의식 자체라는 것이다.

이론과 실천 사이의 이와 같은 결합은 미셸 뷔토르 같은 작가의 문학에서 특히 분명하게 나타난다. 그는 1954년 자신의 첫 소설[20]을 집필하기 전에 50년대의 인식론적 탐구에 적극적으로 동참한다. 철학 학사학위를 취득한 미셸 뷔토르는 1948년 가스통 바슐라르의 지도하에 '수학과 필연성의 개념'이라는 주제로 고등 교육 수료증[2]을 준비한다. 이어서 그는 장 발의 지도하에 박사학위를 취득하기 위해 '문학에서 애매성의 측면과 의미 작용의 개

---

2) 오늘날의 박사학위 논문 제출 자격증(DEA)에 해당한다.

념'이라는 주제를 제출한다. 그는 소설 쓰기에 뛰어들지만 이론적·철학적 지평을 단념하지 않고 소설을 하나의 탐구로, 문제 제기의 시도로 생각한다. 그의 첫번째 소설 《밀랑의 통로》도 마찬가지이다. 이 소설에서 그는 파리의 한 8층 건물로부터 공간을 문제삼는다. 그리고 그의 두번째 소설 《시간의 사용》도 그렇다. 이 작품에서 중심 인물은 시간이다. 1960년에 그는 《소설에 관한 에세이》[21]를 통해서 분명하게 이론으로 되돌아온다. 그는 1962년부터 《모빌 *Mobile*》의 출간과 더불어 같은 이야기에 상이한 문체적 효과들을 도입함으로써 전통적 소설을 해체하는 방향을 잡는다. 이 문체적 효과들은 문장, 인용문, 신문 발췌, 콜라주, 몽타주 효과, 페이지의 표면에 흩어진 대문자와 같은 것들이 병치됨으로써 이루어진다. 여기서도 바르트는 전통 소설의 서술을 파괴한 이후에 책의 개념 자체를 공격하는 이런 혁명에 찬사를 보낸다. 바르트에 따르면 미셸 뷔토르는 인쇄상의 규범을 공격함으로써 본질을 건드리고 있다. "작품의 물질적 균질성을 파괴하는 것은 문학의 관념 자체를 표적으로 삼는 것이다."[22]

《모빌》을 통해서 미셸 뷔토르는 새로운 미학을 제안한다. 이 미학은 강의 범람처럼 이야기의 흐름이 보이리라 기대되는 하상 밖으로 범람하고, 이야기에 끊임없이 더 많은 유량(流量)을 주지만 아무 일도 없는 단순한 양적 변화에 불과한 직선적 전개 밖으로 넘쳐나는 미학이다. 그가 이러한 전개에 대립시키는 것은 차이들의 병치와 불연속성의 미학이다.

따라서 구조주의와 누보 로망이라는 두 운동은 비평의 무기를 발전시키는 수단으로 간주된, 있는 그대로의 글쓰기에 공통적으로 관심을 나타냄으로써 서로 합류한다. 그리하여 장 리카르두는 사회과학과 문학에 공통적인 지평으로서 텍스트성의 출현을 지칭하게 해주는 용어로 '서체주의(scripturalisme)'를 제안하기에 이른다.[23]

인문과학의 소설

인문과학에 몸담은 구조주의자들은 문학과의 이와 같은 접근을 체험함으로써 자신들의 작업을 창조로, 강한 문체적 고심에 의해 뒷받침된 그런 창조로 생각할 정도가 된다. 당시의 위대한 소설들은 대부분 인문과학의 저서들이다. 우리는 《슬픈 열대》가 처음에는 소설적 계획이었다는 점을 기억하고 있으며, 레비 스트로스는 자신의 작품을 음악적 혹은 회화적 작품으로 인식하고 그것의 형식적 구축에 지대한 관심을 끊임없이 나타냈다. 그렇기 때문에 《신화학》은 음악적 작곡처럼 분절된다. 그가 내세우는 모티프들의 상이한 변화들은 음악에서 전개부라 불리는 것에서 강한 영감을 받고 있다.

라캉의 바로크 문체는 그가 양차 대전 사이에 초현실주의 예술 잡지인 《미노타우로스》에 기고한 시절의 영향을 강하게 받고 있다. 이 잡지에서 그는 엘뤼아르·르베르디·피카소·마송·달리 등과 나란히 했던 것이다. 이어서 라캉은 조르주 바타유의 작품에 매혹되며, 바타유의 부인 실비아와 결혼한다. 우리가 라캉이 펼치는 그 한계의 글쓰기 속에서, 겨우 소통이 가능한 낯섦의 그 조작 속에서 보는 것은 조르주 바타유의 그 변제적(辨濟的) 의지이고, 합리적 사회의 터부들에 대한 끊임없이 반복되는 위반이다. 또한 우리가 그 속에서 보는 것은 이성으로부터 저주받은 타자, 다시 말해 자신(자아)의 소멸과 자신에 대한 환상의 소멸 속에서 정체를 드러내는 타자 모습의 침입이다. 바타유의 중요성은 또한 미셸 푸코의 도정에서도 나타난다. 바타유 이외에도 다른 작가들이 그의 문체에 영향을 미쳤다. "블랑쇼·아르토·바타유는 나의 세대에게 매우 중요했다."[24] 문학적 차원에서 이들 저자들은 사유의 경계선을 이동시키고, 한계를 넘어서며, 일반적 믿음을 파괴하고, 단절의 지점을 찾기 위해 편력해야 할 길을 보여 주었다. 광기로부터 이성을, 죽음으로부터 의학을, 범죄로부터 율법을, 감옥의 관점으로부터 형법을 탐구하기 위해서 말이다. 이와 같은 관점의 전복은 단절의 문학에 이

끌려, 특히 푸코의 경우 모리스 블랑쇼의 작품에 힘입어 부분적으로 실현되었다. 1955년에 블랑쇼는 **문학적 공간**[25]을 작품이 그 자체로 존재하면서 고독하게 있는 무한한 공간으로 규정했다. 작품은 그것이 단순히 존재한다는 것 이외는 아무것도 드러내지 않는다. 모리스 블랑쇼는 누보 로망처럼 시간과의 변증법적 관계라는 관념을 인정하지 않는다. "시간이 부재하는 시간은 변증법적이 아니다. 그 속에서 나타나는 것은 아무것도 나타나지 않는다는 사실이다."[26]

1966년에 미셸 푸코는 모리스 블랑쇼의 작품에 경의를 표한다.[27] 그가 이 작품에서 보는 것은 자신의 세계와 전적으로 유사한 비개인적인 것의 문학이고, 문학성을 옹호하는 구조적 사조이다. "주체가 배제된 언어로 향한 통로, (…) 이것이 오늘날 문화의 아주 상이한 지점들에서 예고되는 경험이다."[28] 최초의 벌어진 상태(béance initiale) 앞으로 독자를 재위치시키는 글쓰기, 즉 바깥의 글쓰기를 통해서 블랑쇼는 푸코가 철학적 차원에서 추구하고자 하는 것을 문학적 차원에서 실현하고 있다. 그것은 변증법적으로 부정을 사용하는 것이 아니라 담론의 대상을 자기 자신 밖으로, 시선의 저편으로, 그 이면으로, '언제나 이미 시작된 언어의 흐름과 비탄'[29] 속으로 지나가게 하는 것이다. 블랑쇼와 푸코에게 공통되는 이와 같은 비평적 활동은 반전된 실증성의 형태로, 정지된 의미의 형태로 전개되는데, 이 정지된 의미는 그것의 현전이 부재하나 그것의 결핍에 의해 감지되는 것이다. 궁극적이고 심층적인 의미를 다시 찾자는 것이 더 이상 아니다. 모순어법이라는 수사법의 효과는 비평적이며 미학적인데, 블랑쇼와 푸코는 이 수사법을 똑같이 풍부하게 사용한다. 우리는 이러한 사용에서 모든 도구화된 일상적 언어의 거부에 대한 구조주의적이고 형식주의적인 전제들을 다시 만난다. 반대로 작품은 가치의 개념들, 사회가 실어 온 기의들을 배척하면서 '고유한 경험을 통해 완성되도록'[30] 해야 하며, 궁극적으로 이야기가 파괴되어 현재라는 유일한 시간에 자리를 내주는 수준에 도달해야 한다.

우리는 니체주의의 흔적을 느끼는데, 블랑쇼와 푸코는 지배적인 가치들을 공통으로 거부하고, 이 가치들의 가능한 뛰어넘는 방향으로 개입하는 어떤 만회를 염려하는 가운데 니체주의를 내세우고 있다. 따라서 이중의 부정이 있다. 하나는 가치들의 부정이고, 다른 하나는 부정의 부정인데, 이 부정은 모순어법이라는 수사법의 빈번한 사용을 낳는다. 예컨대 '텅 빈 충만함' '장소가 없는 공간' '미완성된 완성'[31] 같은 것들이다. 가치들로부터 벗어난 텍스트 중심주의(textualisme)는 누보 로망과 구조주의의 시도에 공통되는 것인데, 여기서 영감의 원천, 특수한 미학을 만나고 있다. 문학적 아방가르드로서 철학의 형식주의적인 실천은 외부적인 어떤 궁극 목적도 이용할 수 없고, 따라서 논리와 미학을 화해시키게 해주는 담론으로서 나타날 수 있다. 그래서 그것은 문학과 합리적 사고의 경계선을 이동시킬 수 있다.

롤랑 바르트가 쓰고 있듯이 "문학의 존재가 그것의 테크닉 이외에 다른 어떤 것도 아니다"[32]라고 할 때, 더 이상 아무것도 구조주의의 비평 활동과 작가의 창조적 활동을 분리시키지 않는다. 바로 이와 같은 만남으로부터 우리는 어떻게 구조주의적 작품들이 작가들의 부인에도 불구하고 소설적 시도로서 읽혀질 수 있는지 이해할 수 있다. 그러나 또한 이 만남을 통해서 우리는 근본적 구조나 궁극적 코드의 추구에 실망하거나 피로해진 일부 구조주의자들이 특히 1968년 이후로 어떻게 구조의 다원화로 기울었고, 문학적 영감을 점점 더 자유롭게 펼쳤는지 이해할 수 있다.

철학적 담론의 산종

우리가 이미 본 바와 같이 자크 데리다는 철학과 픽션을 갈라 놓는 경계선을 강력하게 문제삼았다. 그의 해체적 활동이 노리는 목표는 경계의 둑을 무너뜨리고 해방된 글쓰기의 산종(dissémination)을 가능하게 하는 결정 불가능자들에 입각해 텍스트의 다의성, 말의 애매성을 드러내는 것이다. 따라서 그는 언어에 대한 특별한 관심에 철학적 담론을 개방시키고, 그것을 점점 더 확고한 탐미화의 방향으로 이끌고 간다.

60년대 데리다의 최초 관점은 특히 구조주의를 내세우는 자들 사이에서 로고스 중심주의, 음운론 중심주의의 흔적을 추적하는 것이었다. 그러나 그것은 세월이 감에 따라 글쓰기의 즐거움에 의해 점점 더 확고해지고 활성화되는 탐미화에 자리를 내준다. "나는 이른바 철학에서 어떤 즐거움의 경제를 찾아내려고 노력한다."[33] 이 즐거움은 문학적 창의성의 즐거움이고, 샛길 라인의 중심에, 한계의 위반 자체 속에 위치한다. 1972년부터 데리다는 자신의 텍스트 작업을 기존의 학문적 범주들 밖에 위치시킨다. "나는 나의 텍스트들이 '철학' 영역에도 '문학' 영역에도 속하지 않는다고 말하겠다."[34]

철학적 담론의 이와 같은 산종은 문학적 글쓰기로부터 가까스로 나타나지만, 1974년에 데리다가 내놓은 《조종》(갈릴레)이라는 저서에서는 매우 현저하다. 이 저서에서 우리는 미셸 뷔토르의 작품에서와 마찬가지로 닫혀진 단위로서의 책을 해체시키는 동일한 관점과 만난다. 상이한 인쇄 활자들, 연쇄적이지만 내용이 다른 종단들의 병치가 사용되기 때문이다. 시작도 끝도, 이야기도 인물도 없는 《조종》은 기본적으로 누보 로망의 모험적 성격을 띤 형식적 탐구에 속한다. "비가 내리자 관객들은 사방으로 달려가 흩어졌다. 결국 무엇을 말하자는 것인가? 몇 페이지 내내 금작화를 인용하고 또 인용하자는 것인가? 음악 한 곡처럼 그것을 해석하고 연주하자는 것인가? 누가 조롱의 대상인가…?"[35] 데리다는 철학과 문학 사이의 대면을 더할나위 없이 멀리까지 밀고 가면서, 주네의 텍스트[36]를 개방시키는 작업을 한다. 진정한 퍼즐로 해체되고 잘려진 낱말들과 상호 분리된 텍스트들로 이루어진 모자이크를 통해서 말이다. 이 퍼즐은 예컨대 glaviaux를 gla와——2페이지 이후에 나오는——viaux로 자른다. 데리다는 일종의 자기 분석을 통해서 사변적인 고찰들, 과학적 개념들, 그리고 '자전적인 단상들'[37]의 병치를 증대시킨다. 이 자기 분석은 서구 사상의 주요한 대립들을 불안정하게 만들기 위해 텍스트를 계기로 간주한다. "서명은 그것이 서명하는 것에서 아무것도 보존하지 못한다. 저기 있는 금작화(genêt), 무덤에 씌어진 무례한 비문, 묘비는 금작화 식물(plante à genêt)이다. 글을 쓰고, 다시 말해 악센트 없이 말하는 금작화 식물……──그대의 이름은?──주네입니다──주네(금작화) 식물(Plantagenet)인가?──나는 주네라고, 당신에 말하고 있소──나는 식물 주네라고 말하고 싶은데, 어떤가? 못마땅한가…?"[38]

이와 같은 새로운 담론적 경제에서 구조는 개방되고 다원적인 파열된 구조이다. 차이, 즉 타자의 개념은 구조인류학의 연구와 초기 구조주의의 뿌리에 자리잡고 있었지만, 이제부터 구조의 관념 자체를 산종시키는 방향으로 작용하게 된다.

이러한 변화는 질 들뢰즈의 작품에서 특히 현저하다. 들뢰즈는 헤겔적인 통일성에 반대해 차이의 개념을 작동시키고, 역시 탐미화의 길을 내세운다. "우리가 생각하기에 철학의 역사는 회화에서 콜라주의 역할과 유사한 역할을 해야 한다."[39] 차이와 반복은 동일한 것과 헤겔주의의 부정적인 것을 대체한다. 그것은 들뢰즈에 따르면 현대 세계의 도래를, 즉 시뮬레이션의 도래와 내용의 변화보다는 형태의 창안에 보다 관심이 있는 신바로크풍의 도래를 드러내 준다. 이로부터 즐거움을 나타내는 일단의 수사학이 비롯된다. 그래서 들뢰즈는 세계를 읽을 때, 개념들(concepts)로 성립되는 새로운 일반적·추상적 관념들(notions)을 작동시키면서 작가처럼 끊임없이 새로움을 창조하게 된다. 특히 들뢰즈는 철학사로부터 벗어나고자 했으며, 이런 의미에서 그는 구조주의적 감수성에 동참하고 있다. 그는 철학사가 모든 창조성을 박해하는 매우 억압적인 기능을 수행했다고 비난하고, 그것을 "본질적으로 철학적 오이디푸스로, (…) 일종의 비역으로, 혹은 같은 말이지만 무염시태로"[40] 규정한다.

질 들뢰즈가 추방된 헤겔 철학에 대립시키는 것 역시 다원화, 즉 다양성이다. 이 다양성은 온갖 방향으로 재단될 수 있는 가변적인 강렬도들[3]에 대한

---

3) 강렬도(intensité)는 대립적인 것들(예컨대 행복과 불행)과 그 사이에 끼여 있는 많은 단계나 상태들을 강도, 즉 강렬도의 차이로 환원시키게 해주는 개념으로 생성 변전을 대립과 모순이 아니라 차이의 내재적 과정으로 포착하게 해준다.

고찰인 글쓰기를 거쳐야 한다. 《차이와 반복》을 통해 또한 들뢰즈는 68 사태 이후에 구조의 움직임(bougé) 쪽으로 방향을 잡고자 한다. "글쓰기를 코드가 아니라 흐름으로 간주해야 한다."[41] 68년 5월의 충격은 이와 같은 다원화 의지에서 매우 중요했기 때문에 하나의 확고한 사상보다는 욕망하는 기계(몸체)에 자리를 내준다. 우리는 데리다 역시 비개연적인 것들, 불확실한 것들을 똑같이 우선시하고 있음을 보게 되는데, 그는 욕망하는 흐름을 주장하는 데 있어서 보다 급진성을 드러낸다. "글을 쓴다는 것은 많은 흐름들 가운데 하나이다. 그것은 다른 흐름들에 비해 아무런 특권도 없다. 그것은 흐름, 역류, 다른 흐름들과의 혼잡, 똥, 정자, 파롤, 행동, 에로티시즘, 돈, 정치 등의 관계 속에 파고든다."[42] 역설적이지만 이와 같은 흐름들로부터 구조주의 패러다임의 주요한 측면 하나가 드러난다. 왜냐하면 우리는 그 속에서 주체의 흔적을 만나지 못하기 때문이다. 작동하는 것은 몸체라는 관념이고, '나(Je)'는 모든 지점에서 연동되고 접속된 욕망하는 몸체의 '그것(본능적 충동)'에 자리를 내준다. 코드화 및 탈코드화는 다형적 형태로 신념도 법칙도 없이 성립되고 해체된다. 그것들은 뿌리가 없는 단순한 형상들에 불과하고, 포착할 수 없는 단자들에 불과하다.

울타리, 즉 해석의 개념은 질 들뢰즈가 펠릭스 가타리와 함께 《자본주의와 정신분열증 t. 1: 안티오이디푸스》를 출간하는 1972년에 맹렬하게 비난받는다. 이 책은 곧바로 반구조주의적인 전쟁 기계로 여겨지고, 진행중인 패러다임의 해체를 가속화시키는 데 기여한다. 그것의 성공은 즉각적이고 충격적이다. 그것은 진행중인 변화의 징후이고, 미래의 쇠퇴를 나타내는 표시이다. 《안티오이디푸스》는 무엇보다도 라캉 이론에서 억압된 것의 격렬한 회귀이다. 라캉이 실현한 프로이트로의 회귀는 기표·상징계를 우위에 두었고, 정서가 비워진 무의식에 대한 견해를 우선시했었다. 이러한 접근은 들뢰즈와 가타리에 의해 철저하게 반박당한다. 두 사람은 라캉이 소중하게 여기는 지배자의 율법에 욕망하는 생산의 필연적 해방을 대립시킨다. 그러나 라캉의 작품은 공적이 없지 않으며, 따라서 《안티오이디푸스》의 두 저자는 라캉이 어떤 점에서 무의식이 의미 작용적 연쇄의 다양성으로 엮어졌는지 정확히 보여 주었다고 인정한다. 이런 관점에서 그들은 특히 대상 (a)의 도움을 받아 정신분석학의 영역을 뒤집을 수 있는 정신분열증적 흐름을 통용시키는 라캉의 접근 방향을 인정한다. "대상 (a)는 지옥 같은 기계, 욕망하는 기계처럼 구조적 균형 안으로 침투한다."[43] 이 저서는 라캉보다는 라캉의 제자들과 정신분석학 일반을 공격하고 있다. 이런 차원에서 볼 때, 들뢰즈와 가타리는 정신분석학에 대한 미셸 푸코의 빈정댐에 공감하고 있다. 그들은 《고전주의 시대 광기의 역사》에 근거해 정신분석학과 19세기의 정신의학 사이에 연속성의 관계를 확립한다. 이 두 학문은 광기를 '부모 콤플렉스'로 귀결시키는 공통점이 있으며, 오이디푸스로부터 비롯되는 죄의식을 고백하는 모습에 중요성을 부여한다는 것이다. "그래서 정신분석학은 실질적인 해방의 시도에 동참하는 것이 아니라 가장 일반적인 부르주아적 억압 작업에 동참한다. 이 작업은 유럽인을 아빠-엄마의 지배하에 유지시키고, 이 문제를 해결하지 않는 것을 말한다."[44]

들뢰즈에 따르면 정신분석학은 환원들을 통해 작동하고, 욕망을 닫혀진 표상 체계로 일률적으로 깎아내리고 있다. "정신분석학은 오이디푸스를 두 배로, 즉 전이의 오이디푸스, 오이디푸스의 오이디푸스로 상승시킬 뿐이다. (…) 그것은 무의식을 구성하는 힘들을 왜곡하는 불변수이다."[45] 들뢰즈와 가타리는 정신분석학과 결탁되어 있는 자본주의와, 정신분열-분석(schizo-analyse) 쪽으로 나아가는 혁명적 운동들 사이에 단절을 확립한다. 구조주의에 그렇듯이 그들에게도 대문자 기표 주체는 존재하지 않으며, 어떤 초월을 통해 지칭할 수 있는 지점이 없다. 과정들만이 있는 것이다. 그들은 나무(수형도)를 리좀(rhizome; 뿌리 줄기)[4]에 대비시키면서 이러한 대립을 은유적으로 표현한다. 리좀의 다형적 성격은 모든 코드화와 단절된 새롭고 풍요로운 철학적 글쓰기를 추진시키는 작동적 개념이나 상이한 사고 방식을 나타낼

---

4) 리좀은 수형도와는 달리 중심이 없는 분지 같은 모델을 나타내기 위한 개념이다.

수 있다. 이와 같은 접근에서 논리학에의 의존은 더 이상 의미가 없다. 또 당연한 것이지만 그러한 글쓰기는 초기 구조주의의 인식-논리적인 고찰로부터 멀어지는데, 이는 분절의 가능성을 배제한 채 시적 영감에 따르는 파열적 사고를 자유롭게 펼치도록 하기 위한 것이다.

들뢰즈와 가타리는 특히 구조주의의 아버지 레비 스트로스를 비판한다. 우리는 라캉이 무의식에 내리는 정의에서 레비 스트로스의 중요성을 살펴본 바 있다.(본서 제1·2권) 들뢰즈와 가타리는 상이한 2개의 논리를 대립시키는데, 하나는 욕망하는 몸체에 의해 구현되고, 다른 하나는 식욕부진의 (anorexique) 구조에 의해 구현된다. "사람들은 무의식을 욕망 자체가 부재하고 추방된 텅 빈 형태로 분명하게 환원시키는 일 이외에 그걸 가지고 무엇을 하는가? 이런 형태는 전의식을 규정할 수 있지만, 결코 무의식을 규정할 수는 없다."[46] 반면에 오이디푸스의 위상을 평가절하시키는 것이 문제일 때, 레비 스트로스는 두 저자가 정신분열-분석(schizo-analyse)을 규정하는 데 있어서 흡족할 만큼 그들에게 도움을 준다. 그들은 《신화학》의 제1권인 《날것과 익힌 것》에 제시된 기준 신화에 의지하여 레비 스트로스의 입증을 따라간다. 이 입증에 따르면 아들과 어머니와의 근친상간 역사에서 진정한 죄인은 사실 아버지라는 것이다. 그 이유는 아버지가 복수를 하고자 했다는 점 때문이다. 따라서 그는 벌을 받고 살해되게 된다. "오이디푸스는 어린애의 신경증적 감정이 되기 전에, 우선적으로 성인의 편집증적 관념이다"[47]라고 들뢰즈와 가타리는 결론을 끌어낸다.

사유의 방식으로 설정된 이타성은 구조주의의 반역사적인 영감과 다시 만나고, 역사를 공간에 대한 특별한 관심으로, 개방된 체계로서의 구조의 진정한 지도로 대체시킨다. "각각의 사물은 그 나름의 지리, 그 나름의 지도, 그 나름의 도표를 지니고 있다."[48] 이에 비해 시간은 동질적일 수 없고 준엄한 파편화로 귀결된다. 왜냐하면 그것은 그것을 우발적으로 찢어지게 만드는 불연속적인 과정들 속에 붙들려 있기 때문이다. "차이의 사상들은 역사를 표면의 단순한 효과 쪽으로 던져 버린다."[49] 70년대초에 기호학적 연구가 텍스트성으로, 다시 말해 글쓰기의 개념 쪽으로 변화함으로써 소쉬르 이론, 촘스키 이론, 화용론 등이 동시에 대결하는 시점에서 유일 모델로부터 해방된 시적 · 창조적 영감 또한 자유로이 펼쳐지게 된다.

철학적 영역에서 진행중인 다원화는 사실 기호학적 계획들이 갖추고 있는 모델들 및 개념들의 다양화와 동시대적이다. 이로부터 비롯되는 상대화, 그리고 궁극적 열쇠에 다다르겠다는 관점의 끊임없는 격퇴는 미학적 분기(分岐)를 선택한 자들을 고무시켰다. 이 미학적 분기는 60년대부터 감지되는 위기에서 힘을 얻고 있다. "기호학자들이 말한 '의혹의 시대'는 소설가들 자신이 말한 의혹의 시대와 일치하고, 또 그것을 증폭시킨다."[50] 이러한 위기는 텍스트를 코드화하려는 욕망을 텍스트의 즐거움으로 대체한 모든 사람들에 글쓰기의 영역을 폭넓게 개방시킨다.

욕망의 철학

이론적인 측면과 정서의 표현 사이에 언제나 커다란 긴장을 느꼈던 롤랑 바르트가 채택하게 되는 것이 이 욕망의 철학이다. 우리가 본 바와 같이 그는 이미 《S/Z》와 《기호의 제국》을 통해서 코드들의 다원화 작업을 시작했으며, 해방된 직관을 개방적 체계 속에서 자유롭게 펼쳐냈다. 그는 이와 같은 새로운 방향 설정을 확인하고, 이번에는 1973년에 하나의 저서를 출간함으로써 미학의 길을 명백하게 내세운다. 《텍스트의 즐거움》이라는 이 책의 제목은 한 시기가 넘어가고 있다는 것을 모두에게 알려 주고 있다. 이 저서는 《기호학적 모험》에 등을 돌리고 있다. 따라서 작가 롤랑 바르트는 글쟁이 바르트로부터 해방될 수 있고, 문체적 측면에 대한 자신의 취향을 더욱더 드러낼 수 있다. 그는 이론주의적인 담론의 기둥 뒤에 자신의 말을 감출 필요 없이 자기 자신에게 스스로를 드러낼 수 있다.

그러니까 글쓰기는 즐김의 공간으로, 욕망과 즐거움의 증거로 주장된다.

바르트는 자신의 호(好)/불호(不好) 체계에 따른 글쓰기 행위에서뿐 아니라 독서가로서의 반응 행위에 있어서도 철저하게 주관성을 받아들인다. 독서가의 판단은 읽은 텍스트가 그에게 야기한 전적으로 개인적인 즐거움에 달려 있다. 즐거움에 날개를 달아 주는 것은 바르트가 자신의 연구 초기부터 끊임없이 몰아낸 것, 즉 기의를 비워내는 궁극적인 수단이다. "즐거움이 정지시키는 것은 의미화된 가치, 즉 (훌륭한) 대의(大義)이다."[51] 물론 바르트는 자신의 주요한 이론적 입장들 가운데 몇몇에 여전히 충실하다. 그러면서 그는 저자·작가는 존재하지 않는다고 되풀이한다. "저자는 죽었다."[52] 저자는 장난감, 단순한 집합소, 영도(零度)의 기능 이외의 다른 기능이 없다. 그는 브리지 놀이에서 죽은 자의 위치 역할을 한다. 또한 우리는 이 저서에서 바르트가 즐거움(plaisir)의 텍스트로 규정하는 것과 즐김(jouissance)의 텍스트를 대립시키기 위한 이원성의 사용과 다시 만난다. 전자, 즉 텍스트의 즐거움은 채워 주고, 말로 표현될 수 있는 것이다. 후자, 즉 즐김의 텍스트는 소멸의 경험이고, 비틀거리게 하며, 말로 표현될 수 없는 것이다. 이 책에서 바르트가 크게 준거하는 대상은 들뢰즈의 대상과 같은 니체이다. 니체는 상투적 표현들과 낡은 은유들로부터 형성된 진실들을 해체시키고 새로운 것, 독특한 것을 해방시키기 위한 의지 대상이다.

바르트는 2개의 도덕, 즉 상투적인 표현의 진부함을 드러내는 소시민적 도덕과 엄격함을 드러내는 소집단적 도덕이 실행하는 즐거움의 축출을 모두 거부한다. "우리 사회는 눅눅하면서도 격렬한 것 같다. 어쨌든 냉랭한 것 같다."[53] 텍스트의 즐거움은 무한으로, 실타래로, 창조적 개방의 끊임없는 뒤얽힘으로 향한다. "텍스트는 직물을 의미한다."[54] 그 이면에서 진실을 찾아야 한다는 의미에서가 아니라 텍스트가 만들어진 짜임새로서, 다시 말해 텍스트의 의미를 요약하는 짜임새로서 말이다. 1975년에 바르트는 프랑스 앵테르의 '라디오스코피'라는 문제의 방송 프로에서 자크 샹셀의 질문들에 답변하면서 자신의 문학적 여정을 되돌아본다. 그는 우선 자신이 하나의 투쟁에 참여한다고 생각하면서 글을 썼지만, 글 쓰는 행위의 진실은 조금씩 조금씩 그 적나라한 실체를 드러냈다고 회상한다. "우리는 결국 좋아서 글을 쓰며, 즐겁기 때문에 글을 쓴다. 따라서 글을 쓰는 것은 결국 즐기기 위해서이다."[55]

그러나 쾌락주의의 이와 같은 표명 속에 기호학자로서 바르트가 부재하는 것은 아니다. 그는 텍스트성에 대한 성찰을 계속한다. 하지만 그가 주장한 미학적 선택은 1966년에 이론적 행복감을 드러낸 바르트와 1973년의 바르트 사이에 중요한 단절을 표현해 주고 있다. 이와 같은 단절은 단순한 여정을 넘어서 구조주의 패러다임의 헐떡거림, 1967-1968년의 위기, 그리고 해결책의 모색을 나타낸다. 바르트가 택한 분기(分岐)는 특히 1975년부터 나타나게 되는 상당수의 회귀를 예고한다. 그때까지 나뭇잎의 속삭임, 자연의 전율을 끊임없이 탐색하는 헤겔에 의해 묘사된 고대 그리스인처럼 바르트는 "언어, 현대인인 나 자신의 본성(자연)인 이 언어의 속삭임을 들으면서"[56] 의미의 전율을 탐색한다.

20

철학과 구조: 타자의 모습

전통적 철학은 구조주의의 소란이 한창이던 그 시기에 힘겹게 버텼다. 이론이 중시된 70년대에는 누군가 인식론을 한다 할지라도, 그 대신 그는 자신이 철학자라고 말하는 것을 조심스럽게 회피했다. 서구 이성은 타자의 다양한 모습에 대한 점점 더 정열적인 탐구에 자리를 내주었다. 그렇다고 철학이 죽은 것은 아니다. 그것은 다만 탐구의 새로운 영역들, 즉 인문과학의 영역들을 점유했는데, 이는 인류학을 통해선 공간 속의 타자, 정신분석학을 통해선 자신 안의 타자, 혹은 역사인류학을 통해선 시간 속의 타자를 발견하기 위해서였다.

68 이후의 세대는 50년대의 세대처럼 전망이 밝은 새로운 이와 같은 연구들로 계속적으로 전환했으며, 이 연구들의 성공은 고전적 학문에서 철학이 차지했던 지배적이고 중심적인 위치를 박탈하는 것 같았다. 그러나 철학은 자만을 전혀 버리지 않았다. 왜냐하면 통용중인 학문적 분류와 분할 방식들을 단호하게 비판하면서도, 인간과학의 다양한 실증적 성과들을 선두에 서서 자기 것으로 수용한 자들은 대개가 철학자들이었기 때문이다. 그러나 어떤 철학적 담론은 이러한 상황에서도 버티기가 힘겨웠다.

동일자와 타자의 변증법

이 시기, 즉 70년대 시기에 자크 부베레스는 이렇게 한탄한다. "진리는 더 이상 흥미가 없다. 알튀세가 말한 바와 같이 진(眞)의 문제를 선(善)의 문제로 대체해야 했다."[1] 그러나 그는 시대적 흐름에 역행하면서 자신의 철학적 고찰을 계속 추구한다. 그리고 그는 당시 참조하지 않으면 안 되었던 철학자들, 예컨대 미셸 푸코나 자크 데리다 같은 자들을 무시하는 도발을 서슴지 않는다. 그는 이들보다는 루돌프 카르나프 · 고틀로브 프레게 · 루트비히 비트겐슈타인 · 버트런드 러셀 · 윌러드 밴 오먼 콰인 등을 더 좋아한다. 1973년에 그는 《비트겐슈타인: 시와 이성》(미뉘)을 출간한다. 이 책은 과학 · 윤리학 그리고 미학 사이의 관계에 대한 고찰이다. "그건 의도적인 도발이었다. 왜냐하면 당시는 윤리에 대해 말하는 것이 거의 금지되어 있거나 아주 몰상식한 일이 되었기 때문이다. 정치적이거나 정신분석학적 문제들만이 제기될 수 있었다."[2] 자크 부베레스는 정신분석학과 마르크시즘이라는 두 전쟁 기계를 가지고 철학적 담론을 몰아붙이는 이론주의/테러리즘으로부터 벗어나기 위해 다른 곳에 위치한다. "어떤 반론을 제기하면 결코 심층적인 대답이 나오지 않았다. 반론을 내세우는 자에 대한 정신분석이 이루어지거나, 그의 계급적 위치에 대한 분석을 하겠다는 제안이 나왔다."[3]

니체/프로이트/마르크스라는 삼각 편대는 독서의 틀 역할을 했고, 세 인물 모두가 서구 이성의 이면으로서의 타자에 대한 탐구를 위해 동원되었다. 전위를 이루는 이와 같은 방파제에 정신분석학이나 인류학을 위한 규율적인 논리가 추가된다. 이 두 학문은 그것들의 정착과 제도화를 강화시키기 위해 해방의 방식에 대해 철학과 오래된 경쟁을 계속한다. 지목된 적(敵)은 해석학과 그것의 해석적 방식이었다. 이 방식의 기반은 재현해야 할 텍스트의 궁극적 진리라는 것이다. 이러한 철학적 방식에 반대하여 내세워진 것은 내용에 비해 자동화된 관계 체계로서의 구조적 논리이다. 이어서 해석의 무한함이 점점 더 권장되게 된다.

아도르노와 호크하이머는 전후에 이미 이성과 이성의 타자인 신화 사이에 유지된 갈등적이고 변증법적인 관계에 대한 고찰을 시작했었다. 이성은 스스로를 성립시키기 위해 신화의 오랜 공포로부터 벗어나야 했다. 그리고 이성의 질서를 구축한 것은 신화의 점진적 지배였다. 그러나 이와 같은 투쟁은 계속되고 있고, 이성은 지속적으로 그것의 타자와 대면하고 있다. "따라서 내부에서 자라나는 일종의 독사가 문제이다."[4] 그러나 뱅상 데콩브는 타자의 개념에서 두 의미 사이에 혼동이 있음을 강조한다. 하나는 타자로서의 타자의 의미, 즉 aliud이고, 다른 하나는 **또 다른 자신**(alter ego)으로서의 타자이다. 이와 같은 혼동으로부터 이성 자체에 타격을 주는 의혹의 전략이 태어난다. 여기서 이성은 다양한 힘들 사이에 일반화된 싸움에서 목표로 잡혀져 있고, 이 힘들 가운데 일시적으로 가장 강력할 뿐이라고 상정되어 있다. "현대의 갈등들이 지닌 심각성을 인정하기 위해서 우리가 결국 의혹을 갖게 된 것은 이성이 소송에서 너무 쉽게 이겼다는 점이다. 어느 누구도 옳지 않다(이성이 없다 personne n'a raison). 어디에도 더 이상 이성이 없다. 다만 역량의 관계에 참여한 힘들이 있을 뿐이다."[5]

이와 같은 해체는 신·인간·형이상학의 연속적인 죽음을 찬양하게 해주고, 초월의 변증법적 방식에 넘침의 허무주의적인 방식을 대립시키게 해주며, 철학적 논증에서 통용중인 아카데미즘과 단절하는 문체까지 낳게 된다. 철학자는 타자의 발견을 실험하는 수많은 사람들에 자신의 자리를 내주지 않을 수 없고, 이 발견은 인문과학의 전문가들에게 귀속되지 않는다. "오늘날의 지배자들로 추가된 사람들은 반순응주의자·실험미술가·팝싱어, 히피와 여피(yuppie), 기식자·광인·감금된 자이다. 그들의 삶 한 시간 속에는 직업적 철학자 1명이 사용하는 30만 개의 단어 속에 있는 것보다 더 많은 강력함과 보다 적은 의도가 들어 있다. 그들은 니체의 독자들보다 더 니체적이다."[6] 이 모든 활동 영역들에서 이루어지고 있는 것은 분명 동일자와 타자의 변증법이다. 동일자의 모습에 편집적-억압적 태도의 모든 악습이 부여되는 시기가 된 것이다. 반면에 창조성과 해방은 다른 측면에 위치한다는 것이다.

이와 같은 힘의 놀이는 인문과학의 연구자들이 요구한 해방에 직면한 철학의 정당성 위기를 부분적으로 재현한다. 그렇기 때문에 레이몽 아롱은 레비 스트로스가 철학과 모호한 관계를 유지하고 있다고 비난한다. 이런 관계 때문에 레비 스트로스는 경험주의적 민족학자들로부터 철학을 한다고 비난을 받자 자신의 방식이 지닌 과학적 성격을 강조한다. 그렇지만 그는 자신의 구조적 분석이 지닌 과학성의 근거를 제공하지는 못한다. "답변을 하려면 구조적 분석의 인식론적 위상을 구상해 내야 할 것이다. 하지만 그는 이런 구상을 거부한다."[7]

폴 리쾨르로 말하자면, 1970년 바로 그 해에 그는 구조주의자들이 던진 도전에 응답하면서 설명적 방식의 풍요로움을 인정한다. 그러나 그는 그것이 해명 과정에서 하나의 단계에 지나지 않는다고 생각한다. "구조적이라 불리는 설명적 모델이 텍스트에 대해 가능한 태도들의 영역을 다 파헤치지는 못한다."[8] 폴 리쾨르는 한편으로 언어학을 도구로 지닌 설명적인 태도와, 다른 한편으로 주체에 의한 텍스트 의미의 재전유(réappropriation)를 통해서 해석의 상위 단계에 도달하게 해주는 텍스트의 필연적 개방성을 상호 보완적인 것으로 제시한다. 따라서 해석의 현재적 성격에는 자기 자신과 관련한 의미 행위, 의미의 실행화(effectuation)가 있다. "텍스트는 다만 하나의 의미가 있었다. 다시 말해 내적 관계들, 하나의 구조만이 있었다. 이제 그것은 의미 작용이 있다."[9] 그러나 이와 같은 화해의 시도는 다양한 사회적 · 실증적 성격들을 철학과 연결해 유지해 주었던 탯줄이 갑자기 잘리는 순간에 들리지 않게 된다.

공간 속의 타자

젊은 세대의 상당 부분이 계속해서 철학을 떠나 인문과학의 모험 속에, 그리고 인문과학이 활동 영역을 통해 기대하게 해주는 대조의 모험 속에 뛰어들게 된다. 필립 데스콜라는 1970년에 인류학을 하겠다는 생각으로 생클루의 고등사범학교에 다니고 있었다. 그래서 그는 그가 철학에서 받는 교육을 단순한 예비 교육으로 간주한다. 고등사범학교에 다니는 동료들은 "이를 알아차리고 나를 깃털 사나이라 부를"[10] 정도였다. 그는 모리스 고들리에의 저서 《경제에서 합리성과 비합리성》을 발견하고 흥미를 느낀다. 그래서 고들리에가 고등사범학교 졸업생으로서 순회 강연을 하러 올 때, 필립 데스콜라는 인류학이 사회적 현실들을 과학적으로 분석하는 데 훌륭한 길이라고 생각한다. 그는 교수자격필기시험에 합격했지만 구술시험에 떨어지고, 다시 시작해야 한다는 생각이 그를 낙담시킨다. "나는 레비 스트로스를 만나러 갔고, 1년 동안의 연수를 받은 후 현장으로 떠났다."[11]

실뱅 오루 역시 생클루의 고등사범학교생이었는데, 언어학이라는 지식의 다른 대륙을 전문가로서 탐구하겠다는 선택을 한다. 이것은 철학자의 전통적 도정으로부터 벗어나는 것을 요구한다. 그는 1967년 고등사범학교에 입학해, 강연자들을 초청하는 일단의 인문과학 그룹을 이끈다. 바로 이를 기회로 실뱅 오루는 오스발트 뒤크로를 알게 되고, 화용론을 발견한다. 그는 당시에 팽배한 구조주의의 과학주의와 주체 배제에 공감하지 않지만, 이 과학주의적 이데올로기가 두 가지 결정적이고 긍정적인 전진을 가능케 했다고 판단한다. "한편으로 그것은 철학적인 차원에서 초월적인 주체를 헛된 것으로 만들었다. 나는 이것을 결정적이라고 생각한다. 다른 한편으로 그것은 인문과학이 체험의 차원에서 구축되지 않는다는 것을 결정적으로 제시하게 만들었다."[12] 실뱅 오루는 1972년에서 1974년까지 베르농(외르)고등학교에서 철학을 가르치러 되돌아간다. 그때 그는 철학적 지식이 사회가 제기하는 문제들에 접목되지 못함에 불만을 나타낸다. 이 철학적 지식이 "역사적 해석의 미시적 문제들에 제한되어 있으며, 전적으로 추상적인" 지식이라는 점 때문이다. "나의 제자들이 내가 낙태에 대해 어떻게 생각하는지 질문하러 왔을 때, 나는 그것은 철학적 문제가 아니라고 대답했다. 사람들은 이런 문제들을 이론적으로 접근하는 것을 거부했다."[13] 이와 같은 괴리는 실뱅 오루로 하여금 다음과 같은 생각을 굳히도록 만든다. 즉 전통적 철학의 도정에서 표시된 길들에서 빠져 나와 하나의 특별한 인문과학, 즉 언어학으로 진출해야 한다. 그리하여 그는 언어학의 가장 저명한 전문가들 가운데 한 사람이 된다.

유럽 밖의 공간 속에서 관찰할 수 있는 이타성으로서 철학에서 타자의 모습은 인류학적 지식을 가져다 주었는데, 70년대에 철학의 영역에 대한 지속적인 주요 도전을 나타낸다. 레비 스트로스는 1967년에 이렇게 선언했다. "철학자들은 모든 것에 대해 어떤 것이나 말할 수 있는 권리가 있다고 인정되었기 때문에 오랫동안 특권을 누려 왔다. 그들은 이제 많은 연구들이 철학으로부터 벗어나고 있다는 사실을 체념하고 받아들여야 한다."[14]

1973년, 레비 스트로스는 앙리 드 몽테를랑의 후임 자리에 아카데미 프랑세즈 회원으로 선출된다. 이러한 선출은 구조주의가 저항할 수 없이 상승 기류를 타고 있음을 명백하게 나타낸다. 가장 전통적인 문학사의 인격화된 상징이었던 불쌍한 왕자 샤를 드데양은 지망할 의사가 있었으나 레비 스트로스의 지망에 직면하자 현명하게 경쟁에서 물러나기로 결심했다. 그러나 레비 스트로스는 유일한 지망자가 되었지만 그렇게 쉽게 선출되지는 못했다. 물론 그는 1차 투표에서 선출되지만, 근소하게 다수표를 얻어 선출된다. 최소한 14표를 얻어야 하는데 16표를 얻은 것이다. 그러나 보로로족과 남비콰라족의 전문가가 아카데미 프랑세즈에 들어온 것만으로도, 그가 30년대 상파울루에서 처음 시작했을 때부터 1974년에 이 한림원에 들어옴으로써 공식적 인정을 얻게 될 때까지 걸어온 길을 충분히 헤아리게 해준다. "여러분은 오늘 나를 맞이함으로써 처음으로 한 사람의 민족학자를 인정하고 있습니다."[15]

따라서 레비 스트로스는 두 영역으로부터 철학을 계속해서 포위한다. 우선 예술의 영역으로, 그는 아카데미 프랑세즈 회원으로 선출될 때 이렇게 환기한다. "내 안에는 교대로 움직였던 예술가와 브리콜뢰르(임기응변적 작업자)가 있습니다. (…) 《슬픈 열대》를 보십시오. (…) 나는 이 작품을 쓸 때 그것을 오페라처럼 작곡한다는 느낌이 들었습니다. 이 작품에서 자서전으로부터 민족학으로의 이동은 서창부와 아리아 사이의 대립에 해당합니다."[16] 동시에 그는 회원으로 선출되던 같은 해인 1973년에 두번째 논문 모음집,

《구조인류학 2》(플롱)를 출간함으로써 과학적 카드를 내놓는다. 이 책은 1952년에 쓴 화제의 논문 〈인종과 역사〉로부터 1973년에 쓴 최근의 논문들까지 수록함으로써 긴 시기를 다루고 있다.

이 저서에서 레비 스트로스는 자신이 우선시하는 두 연구 영역인 친족의 구조와 신화를 다시 다룸으로써 구조주의의 과학적 능력을 중시한다. 그는 여기서 다시 한 번 인문과학에서 과학적 기준을 규정하고, 언어학자와 민족학자가 법률학자 · 경제학자 혹은 정치학자보다 '뇌신경학이나 동물행동학의 전문가'[17]와 더 교환할 게 많다고 주장한다. 따라서 변신은 작동이 잘 안되는 인문과학으로부터 기대된다. 레비 스트로스는 이 책에서 엄격한 민족학을 구축하는 데 선구적 역할을 한 인물들——장 자크 루소 · 마르셀 모스 · 에밀 뒤르켐——에 경의를 표하고, 보편화된 인본주의에 호소한다. 현대의 민족학만이 인간의 지배와 자연의 지배 사이에 화해를 설파함으로써 이 인본주의를 가져다 줄 수 있다는 것이다. "민족학은 인본주의로 하여금 제3의 단계를 밝게 하고 있다."[18]

따라서 구조인류학은 철학을 뛰어넘을 가능성이 있는 학문으로, 철학적 인본주의를 과거로 돌려보낼 수 있는 민주적이고 보편적인 궁극적 단계로 제시된다. 이 인본주의가 르네상스 시대의 제한적이고 귀족적인 인본주의이든, 19세기의 순전히 상업적인 부르주아 인본주의이든 말이다. 그러나 이와 같은 초월은 인간이 자연 속에서 탈중심화되고 역사적 의지주의에 종지부가 찍히는 대가를 지불해야만 이루어질 수 있다. 레비 스트로스는 이 역사적 의지주의를 19세기와 20세기의 대(大)재앙들을 가져온 과거의 이 인본주의의 연장으로 인식한다. "우리가 먼저 식민주의를 통해서, 다음으로 파시즘을 통해서, 마지막으로 대량 학살 강제수용소를 통해서 경험한 모든 비극들은 우리가 여러 세기 전부터 실천해 온 형태의 이른바 인본주의와의 대립이나 모순 속에 포함되는 것이 아니다. 나는 그것들이 거의 이 인본주의의 자연적인 연장 속에 포함된다고 말하겠다."[19]

그 해 1973년에 레비 스트로스가 성공함으로써 그의 저서에 대해 점점 더 가혹하게 격화되는 비판의 무게가 상대화된다. 그렇기 때문에 같은 해, 라울 및 로라 마카리우스 부부는 1967년부터 나온 그들의 논문들을 모아《구조주의 혹은 민족학》(앙트로포)이라는 의도적으로 도발적인 제목을 붙여 출간한다. 이들 저자들이 볼 때 구조주의는 기능주의의 쇠퇴로부터 벗어나기 위해 민족학자들이 점유한 구명대였다. 기능주의는 자신의 운명을 사라진 식민주의에 연결한 바 있었다. 그들은 초월체들로서 작동하는 모델들의 효율성을 위해 현상들의 현실을 부정하고 있다고 비판한다. 따라서 구조주의는 하나의 관념주의로 귀착된다는 것이다. "구조주의에서 설명의 탐구는 사실들의 구체적 · 경험적 성격에서 연유하는 모든 것을 배제함으로써 배제된다."[20] 따라서 이들 커플은 채집에서 사냥으로 넘어가는 동안 족외혼의 기원인 친족 관계와 생산 방식의 변화 사이의 상관 관계를 확립한다. 이로부터 구조적 관점에 대한 냉혹한 비판이 비롯된다. 구조적 관점은 친족 관계의 방식을 비시간적인 불변 요소로서 제시하고 있다는 점 때문이다. 우리는 구조주의가 체험을 비워냈다는 이와 같은 비판 속에서 에드먼드 리치가 레비 스트로스에 대해 취한 이미 알려진 입장과 다시 만난다. 리치가 볼 때 "직접적으로 관찰된 경험적 여건들 전체를 일반적으로 특징짓는 것은 구조의 부재"[21]이다.

따라서 인류학에서 사용된 패러다임들이 삐걱거리고 다양화되는 징후들이 1970년부터 프랑스에서 나타난다. 그것들은 분명하게 감지되고, 심지어 크리스티앙 들라캉파뉴는 레비 스트로스가 아카데미 프랑세즈 회원으로 선출되는 바로 그 시점에서《르 몽드》지에 이렇게 쓰고 있다. "구조주의가 이처럼 공식적 인정이 필요했다고 주장될 수 있을 것이다. 어쨌거나 놀라운 일은 그것이 사방에서 점점 더 반박되고 있는 시점에서 그런 인정을 획득했다는 점이다." 구조적 테크닉의 철저화를 내세워 대상을 그처럼 분리하고 있다는 비판은 80년대에도 계속되고 확대된다. 그리하여 토마 파벨은 이 구조적 방식이 스피노자 이전 시기의 방법으로, 다시 말해 비판 이전(précritique)의 해석 기술로의 회귀라고 생각한다. 이 해석 기술은 신비주의적 독서를 역사적 해석으로부터 분리시켰던 17세기 인본주의적 문헌학에 비해서도 후퇴를 나타낸다. 신비주의 율법학자들이 음운적 혹은 어휘적 단위들을 마음대로 치환해서 모세 5경(토라)을 읽는 원칙으로 되돌아가는 형국이라는 것이다. "레비 스트로스의 경우처럼, 이해될 수 있는 텍스트가 전혀 다른 차원에서 정당화된 의미의 흐름들이 신비로운 무질서를 이루는 가운데 결빙된다."[22]

자신 안의 타자

원시 사회가 나타내는 타자에 의해 부름을 받은 철학자는 또한 자기 자신의 타자에 의해, 라캉의 정신분석학에 의해 반박당한다. 울름으로부터, 따라서 철학적 엘리트의 소모임으로부터 막 추방된 라캉은 1970년부터 철학자들에게 이론적 반격을 가한다. 이들 철학자들은 라캉을 감히 내쫓음으로써 그를 반항자로 이미 간주한 바 있던 국제정신분석학회의 행동을 되풀이한 것이다. 라캉은 진실의 장소가 4개의 담론 가운데 하나인 정신분석학적 담론 속에만 존재한다는 점을 강조한다. 이 담론으로부터 나머지 3개의 담론이 파생한다. "무의식은 지식이다. 본래가 그것은 앎이 없는 하나의 지식이다. 다만 담론만이 무의식을 표현할 수 있다."[23] 우리가 이미 본 바와 같이 라캉은 담론에 대한 이와 같은 개념을 미셸 푸코로부터 빌리고 있지만, 그것으로 철학을 되받아치기 위한 것이다. 첫번째 담론, 즉 지배자의 담론은 특히 정치적 차원에서 실현되는데 승화에 접근하는 것을 봉쇄하며, 직접적으로 죽음에 인접해 있고, 대문자 사물(la Chose)로부터 대상 (a)만을 붙잡으며, 그러면서도 행동의 환상을 품는다. 라캉의 이의 제기를 결정화시키는 담론은 도덕의 차원에 위치하는 대학 담론이다. 이 담론은 지배를 목표로 한다. 그것은 "지식에 저자를 상정해야 하는 주체가 함몰되는 떡 벌어진 상태(béance)"[24]이다. 세번째 담론은 과학자의 담론인 히스테리 환자의 담론이다. "과학은 히스테리 환자의 담론으로부터 도약한다."[25]

이러한 조건들 속에서 네번째 담론, 즉 정신분석학적 담론만이 지배의 욕망으로부터 벗어나며, 유일한 의미 작용적 지식인 무의식적 지식을 진실의 자리에 오게 해준다. "라캉은 결국 정신분석학적 담론과 철학적 담론을 동일시하게 된다."[26] 따라서 라캉은 정신분석학적 담론을 담론들 가운데 담론으로, 이 담론들의 진실이 깃든 장소로 설정한다.

그 해 1970년에 프랑수아 발의 요구로 샤를 멜만의 후원을 받아 정신분석학의 이론적이고 비판적인 새로운 사전이 나올 뻔했다. 라캉의 하나뿐인 파리프로이트학파의 작품이자 투쟁 도구로서 말이다. "나는 그 과제가 성과가 없을 것이라는 점을 잘 알고 있었다. 나의 생각은 매우 단순했다. 나는 저자들 각자를 끌어들이는 프로이트학파의 공저가 없는 경우, 프로이트학파는 더 이상 존재하지 않을 것이라는 점을 알고 있었던 것이다. 나의 발상은 운명을 돌파하는 것이었다. 왜냐하면 이 학파는 성운처럼 모호한 상태에 있었고, 여러 은하들이 병치된 모습 같았기 때문이다."[27] 그러나 PUF사의 라플랑슈 퐁탈리의 사전과 경쟁할 이 사전은 결코 나오지 못하게 된다. 라캉은 레비 스트로스와 바르트처럼, 두 상이한 영역에서 양다리를 걸치고 있었다. 한편으로 그는 정신분석학이 교육을 통해 과학으로서 전수될 수 있다고 생각지 않았다. 이 점은 그를 글의 인간이 아니라 파롤의 인간으로 만들어 버린다. 자신의 말 속에 끊임없이 주관적으로 뛰어들고, 자신의 정신분석학적 담론으로부터 문학을 분리시키지 않는 인간으로 말이다. 다른 한편으로 그의 파롤이 주관적이면 주관적일수록 그는 자신의 파토스로부터 벗어나기 위해, 그리고 그것을 작업의 전이를 통해 전달된 과학적 관점 내에 위치시키기 위해 수학소들, 보로메오 매듭들, 원환면들을 증대시킨다. "세미나들은 라캉에게 생명력의 투자였다. 왜냐하면 전이의 메커니즘이 없는 지식은 존재하지 않기 때문이다."[28]

우리는 진실의 장소로 제시되는 이와 같은 정신분석학적 담론이 많은 철학자들, 특히 알튀세 추종자들에게 얼마나 집단적 열광을 불러일으켰는지 보았다. 이들은 정신분석학적 모험을 선택했다. 이와 같은 파급 효과는 심지어 그런 관심과는 거리가 먼 영역인 경제학자들의 영역에까지 미쳤다. 1972년에 위베르 브로쉬에가 프로이트학파에 가입하게 된 것이다. "라캉은 프랑스의 정신분석학에 많은 것을 기여했다. 무의식의 청취, 고상한 의미에서 말하는 것이지만, 심층을 통해 사람들을 조종하는 방법 같은 것 말이다."[29] 그러나 경제학이라는 과학의 전문가로서 가장 극단적인 수학적 형식화를 선택했던 위베르 브로쉬에는 라캉의 형식화가 교육적 차원에서를 빼면 부정적이라고 판단한다. 경제과학처럼 라캉의 형식화는 아카데믹한 면모에 대한 염려를 나타낼지 모르지만, 확실한 지식의 차원에서는 아무것도 가져다 주지 않는다는 것이다. 그가 볼 때 라캉이 자신의 세미나에서 칠판에 끊임없이 더욱 기술적으로 집요하게 전개하는 뫼비우스의 띠, 클라인 대롱, 보로메오 매듭들, 그리고 모든 위상적 조작들은 총체적 균형에 관한 발라[1]의 이론이 구체적 경제 작용에 대한 앎에 기여하지 못했듯이, 무의식에 대한 앎에 별로 기여하지 못한다. "우리는 늘 그것이 무엇에 소용되는지 알지 못하고, 우리가 그것을 지지하는 자들과 토론할 때 그들은 그것이 순전히 교육학적 가치가 있다고 말한다."[30] 어쨌든 일부 경제학자들이 자신들의 개념들을 정신분석학의 개념들과 대조시킬 필요성을 느꼈다는 것은 심상치 않다. 인문과학에서 합리성의 중심에 정신분석학을 위치시킨 라캉 이론의 영향력은 이런 현상에 큰 기여를 하고 있다.

시간 속의 타자

타자의 세번째 모습은 70년대의 연구에서 우선시되는 대상이 되고, 철학자에게 세번째 도전을 나타내는데, 다름 아닌 시간 속의 타자이다. 이러한 탐구가 또한 함축하는 것은 이제 인류학적 유형의 방식에 입각해 역사와 대

---

1) 발라(Walras, M.-E.-Léon)는 19세기 프랑스의 경제학자로 《순수경제학 요론》을 남겼다.

면하기 위해 일정 수의 비시간적인 철학적 범주들로부터 벗어난다는 점이다. 이것이 장 피에르 베르낭이 실현하는 바이다. 그 역시 철학을 공부한 사람이다. 1948년에 그는 국립과학연구센터의 철학위원회에 소속되었고, 플라톤 철학 체계에서 노동의 범주에 관심을 갖기도 한다. 이러한 관점 속에 들어선 그는 사람들이 현대의 현실로부터 출발해 습관적으로 행하는 문제 제기 방식의 상대성을 발견한다. 사람들이 시대착오적인 정신적 도구를 과거 속에 전치시키는 일이 너무 자주 일어난다는 것이다. 사실 장 피에르 베르낭은 플라톤 철학에서 노동의 개념을 표현하는 낱말이 존재하지 않는다는 점을 알아낸다. 이와 같은 부재 때문에 그는 자신의 방식을 역사화하게 되고, 그리하여 기원전 8세기에서 6세기로 이동하면서 하나의 정신 세계로부터 다른 하나의 정신 세계로의 이동이 이루어짐을 발견한다. 이것이 그가 자신의 첫 저서에서 연구하고 있는 것이다.[31]

노동의 개념을 찾아서 떠났던 장 피에르 베르낭은 특히 종교적 현상의 편재를 발견한다. 그리스 문명 연구가인 그는 루이 제르네의 학생이자 제자가 된다. 제르네는 그리스 세계의 인류학을 저술한 바 있으며, 이 인류학이 마르셀 모스의 계보를 따라 '총체적 사회 현상'을 다루는 방식이 지닌 총합화 지향적 측면은 장 피에르 베르낭의 작업에서 끊임없이 존재하는 이론적 야심을 나타내게 된다. 50년대 초기 당시에 베르낭이 받는 또 다른 주요한 영향은 역사심리학 교수인 이냐스 메이에르송의 영향이다. 메이에르송은 그가 1940년부터 알고 지내는 사이로서 베르낭이 그리스인으로, 그리스인의 사고 범주들로, 그리스인의 감정들로, 뤼시앵 페브르의 유명한 범주를 빌리자면 그리스인의 '정신적 도구들'로 고찰의 방향을 잡게 해준다. 우리가 이미 본 바와 같이 50년대말에 베르낭은 자신의 대상을 역사화시킨 후, 인종들에 대한 헤시오도스의 신화를 읽음으로써 이 대상을 구조화시킨다.

이 단계에서 베르낭은 1958년에 그리스 신화들을 '레비 스트로스와 뒤메질이 제안하는 모델에 따라' 분석한다. "따라서 나는 의식적이고 의지적인 구조주의자로서 작업을 했다."[32] 인종들의 신화에 대한 이 첫번째 연구는 뒤메질이 3중적 기능성의 문제를 제기하면서 달아 놓은 그리스에 대한 주석으로부터 시작한다. 이와 같은 뒤메질의 계보는 베르낭에게 중요하다. 왜냐하면 조르주 뒤메질 덕분에 1963년에 베르낭은 1958년부터 몸담고 있었던 고등실천연구원의 제6분과를 떠나 제5분과에 들어가기 때문이다. 그는 이와 같은 문제들에 대해 조르주 뒤메질과 자주 교류를 한다. 그가 언젠가 이런 교류 방문을 하고 나올 때 문 앞까지 배웅했던 조르주 뒤메질은 계단을 반쯤 내려간 그를 다시 부른다. "그는 나에게 이렇게 말했다. '베르낭 씨, 다시 올라오시겠습니까? (…) 당신은 콜레주 드 프랑스에 대해 생각해 보았습니까? 생각해 보고 레비 스트로스를 만나러 가보면 좋은 일이 있을 것입니다. 왜냐하면 우리는 당신에 대해 생각하고 있기 때문이오.' 그래서 나는 레비 스트로스를 만나러 갔는데, 나에게 이렇게 말했다. '아무 문제 없습니다. 당신을 추천하겠소.'"[33]

따라서 1975년 레비 스트로스에 의해 추천을 받은 장 피에르 베르낭은 콜레주 드 프랑스에 입성하고, 그와 더불어 구조주의의 한 지류인 역사인류학이 합법화의 절정을 맞이한다. 그러나 베르낭이 들어왔다고 해서 역사의 여신 클리오가 추방되는 것은 아니다. 그 반대이다. 베르낭을 열광시키는 것은 운동이고, 하나의 단계에서 다른 하나의 단계로의 이동이다. 그리고 그가 설파하는 심리/인류학은 운동의 과학에 속하지, 역사를 어떤 정지 상태 속에 가두려는 의지에 속하는 것이 아니다. 이러한 이유로 그가 주요하게 참조하는 다른 인물들 가운데 하나가 마르크스이다. 그는 마르크스를 구조주의의 진정한 조상으로 간주한다. 그러나 이 마르크스는 알튀세의 마르크스, 즉 인식론적 단절 이후의 주체가 없는 과정의 마르크스가 아니다. 반대로 주체는 바로 베르낭의 특별한 관심 대상이다. "나는 알튀세의 《존 루이스에게 보내는 답변》을 읽을 때만큼 웃은 적이 결코 없다. 인본주의가 계속해서 폐해를 끼쳤다는 사실을 통해 스탈린의 범죄를 설명하다니! 참으로 머리가 어떻게 된 것이었다!"[34]

뿐만 아니라 베르낭은 그리스인들의 삶이 지닌 모든 측면을 포괄해 함께 생각한다. 이는 현실에서 현상들의 어떤 범주를 도출해 내 그것의 내적이고 내재적인 논리를 검토하는 경향과는 반대된다. 제르네의 총체 지향적 야심을 물려받은 그는 종교라는 자신이 선호하는 영역을 분리된 실체로 생각하지 않는다. 그 반대이다. 그렇기 때문에 그는 구조적 연구들에서 거의 부재하는 실태, 즉 정치 조직을 분석한다. 그는 이 정치 조직의 도래를 아테네에서 클레이스테네스가 이룩한 개혁에 입각해 연구한다. 도시 국가의 새로운 조직에서는 영토적 원칙이 씨족명을 중심으로 한 조직을 대체한다. "중심은 공간에서 동질성과 평등성의 측면들을 표현하지, 차별화와 계층 구조의 측면들을 표현하는 것이 아니다."[35] 폴리스를 형성하는 이와 같은 새로운 공간에 시간성과의 또 다른 관계, 따라서 시민 시대의 창조가 부합한다. 도시 국가를 약화시키는 분할, 파당, 그리고 분파적 지지 경쟁과는 반대 방향으로 가기 위한 이와 같은 이중적 동질화 작업은 물론 그리스인의 정신적 범주들이 완벽하게 변화하는 데 토대를 이룬다. 따라서 그리스 철학, 즉 이성의 도래는 레비 스트로스가 생각하는 것처럼 우발적인 현상들로부터 비롯되는 것이 아니다. 그것은 바로 '도시 국가의 산물'[36]인 것이다.

프랑스 구조주의를 신화 해석의 다른 경향들과 대조시킨다는 발상으로 1973년 5월에 이탈리아(우르비노)에서 그리스 신화를 주제로 개최된 한 학술대회는, 장 피에르 베르낭으로 하여금 구조주의에 대한 자신의 비전을 분명히 하도록 해준다. 이 대회에서 파리의 기호학파는 특히 조제프 쿠르테스와 파올로 파브리에 의해 강력하게 대변된다. 장 피에르 베르낭은 자신의 역사적 인류학파와 함께 참석한다. 마르셀 데티엔은 여기서 '그리스 신화와 구조적 분석: 논란과 문제,' 장 루이 뒤랑은 '경작자 살인자의 의식(儀式)과 첫 제물의 신화,' 그리고 장 피에르 베르낭 자신은 '헤시오도스 작품에 나타난 프로메테우스 신화'라는 주제로 발표를 한다. 이 학회는 특히 안젤로 브렐리치의 이탈리아학파 및 제프리 스티븐 커크의 영국 경향과 정상에서 대면하는 기회가 된다. 마지막 발표에 나선 장 피에르 베르낭은 자기 학파가 지닌 방식의 정연성을 강하게 주장한다. 그리고 제시된 사례 연구들이 역사를 비워내는 경향에 대해 표현된 불안을 안심시키지 않을 수 없다고 단언한 후, 그는 구조적 프로그램을 분명하게 요구하면서 이렇게 계속한다. "우리가 볼 때 구조주의는 이미 만들어진 하나의 이론이 아니다. 그것은 우리가 다른 곳에서 찾아와 그것을 그리스의 현상들에 적용해야 하는 이미 확립된 진리가 아니다. 물론 우리는 클로드 레비 스트로스의 연구와 같은 신화 연구가 최근에 가져온 관점의 변화들을 고려하고, 그것들의 유효성을 검증한다. 그러나 우리는 우리가 작업하는 자료가 포함하고 있는 특수한 것을 결코 간과해서는 안 된다."[37] 마르셀 데티엔의 발표에 대한 신랄한 비판에 직면하자, 장 피에르 베르낭은 이 발표에 대해 그리스의 희생 제의가 사냥의 의례로부터 비롯되었다는 점을 대립시키고, 아도니스의 신화가 그리스에서 지난날 고대 채집 문명으로부터 나온 것으로 간주하면서 구조적 접근을 열렬하게 내세운다. "나는 커크 씨에게 이런 질문을 하고자 한다. 최소한 우리가 순전히 가정적이라고 말할 수 있는 그런 재구축을 역사라고 명명하기만 하면 결국 신중한 자들, 실증적인 자들의 진영에 합류할 수 있다는 말인가? 희생 제의의 신화를 그리스의 종교적 맥락 전체 속에 위치시킨다든가, 또 일반적인 모델들을 도출하고 체계적인 질서를 밝히기 위해 동일한 문화 안에서 다양한 시대들의 다양한 버전들을 비교하는 작업이 신석기 시대로부터 5세기의 그리스로 즐겁게 전진하는 것보다 유리한 점이 있는가? (…) 내가 생각할 때 그런 역사는 기껏해야 공상과학 소설이나, 최악의 경우 상상 소설에 속한다."[38]

따라서 장 피에르 베르낭은 일파를 만들고, 피에르 비달 나케 · 마르셀 데티엔 · 니콜 로로 · 프랑수아 아르토가 참여하는 일단의 연구 그룹은 자신들의 작업을 그의 계보 속에 위치시킨다. 역사적 자료에 대한 이와 같은 인류학적 연구는, 특히 1979년에 마르셀 데티엔과 장 피에르 베르낭이 주도한 공저 《그리스에서 제사 음식》(갈리마르)으로 귀결된다. 이 책에서 필자들은 레비 스트로스처럼 그리스인들의 일상적인 삶, 음식 습관을 탐구한다. 그러나 이국 취미로 탐구하는 것이 아니라, 희생 제의가 폭력을 진정시키고 순화시키는 일로 여기는 그리스 사회의 작동 방식을 보다 잘 이해하기 위한 것이다. 이러한 민주적 사회에서 희생 제의는 모두의 일이지만, 남성들에게만 부여되는 시민권의 제약이 있다. 여성들은 시민권이 배제되듯이 이 제의로부터 배제된다. 그녀들이 제의적 도구들을 점령한다면 그것은 그것들을 거세시키는 살인 무기로 변모시키기 위한 것이다. 따라서 소비되는 고기의 분할은 남자가 할 일이며, 그는 잘려진 고기 조각들을 자신의 부인에게 내놓는다. 그러니까 희생 제의의 의미는 그리스 사회의 내부에 들어가는 특별한 접근 수단을 제공한다. 레비 스트로스는 이 작업에서 아메리카 신화에 대해 자신이 확인한 것과 대단히 유사한 점이 있음을 알아차린다. "장 피에르 베르낭 · 피에르 비달 나케 · 마르셀 데티엔의 작업은 아메리카 인디언들의 사고와 거의 맞아떨어지는 몇몇 층위들이 그리스 신화 속에 있음을 보여 주고 있는 것 같다."[39]

이타성, 즉 타자의 다양한 모습들이 정열적으로 발견됨으로써 구조인류학 · 역사인류학, 그리고 정신분석학이라는 3개의 접근 방식이 서구 이성의 이면에 대한 탐구 속에서 공존하게 된다. 그리고 이러한 발견은 철학에 대한 중대한 도전을 나타낸다.

21

역사와 구조: 화해

페르낭 브로델은 1958년에 이미 레비 스트로스에 마르크 블로크와 뤼시앵 페브르가 이끄는 《아날》지의 유산을 대립시키면서 역사가의 담론 방향을 거의 부동의 역사, 즉 장기 지속의 역사로 바꿈으로써 구조주의의 도전에 반응한 바 있다. 따라서 아날학파의 역사가들은 구조주의의 열기에 이방인으로 남아 있었다. 그만큼 68년 5월의 단절적 사건은 이미 《아날》지에 의해 혁신된 역사학에 가능한 탐구 영역을 광범위하게 열어 줌으로써 초기 구조주의의 반역사주의를 다소 누그러뜨렸다는 이야기가 된다. 그러나 이 역사학은 구조적 관점과 화해하고 있으며, 변화보다 항구성에 더 관심을 기울이고, 사실에 근거하기보다는 인류학적이다. 따라서 60년대에 언어학자들·인류학자들·정신분석학자들의 주장들에 보다 관심을 기울였던 지적 분위기로부터 배제된 역사가들은 복수를 한다.

진정한 황금시대는 역사인류학 저서들의 성공을 보장하는 독자층 쪽에서 시작된다. 이처럼 구조적 패러다임을 수용하여 역사가의 담론에 맞추는 작업은 특히 《아날》지의 새로운 지도부에 의해 대대적으로 착수된다. 브로델은 1969년에 이 잡지를 보다 젊은 역사가들(앙드레 뷔르기에르·마르크 페로·자크 르 고프·에마뉘엘 르 루아 라뒤리·자크 르벨) 세대에 넘긴다. 이들은 정신 상태들의 연구 쪽으로 보다 더 방향을 잡은 역사학을 위해 경제적 역사학의 관점들을 단념한다.

새로운 제휴

1971년에 이 새로운 팀은 잡지를 '역사와 구조'에 할애하는 특집호를 출간한다.[1] 이 특집호는 불과 물의 결합처럼 모순된 것으로 제시되었던 두 용어 사이의 바람직한 화해를 잘 나타내고 있다. 클로드 레비 스트로스·모리스 고들리에·단 스페르버·미셸 페쉐·크리스티앙 메츠가 역사학자들과 함께 참여해 글을 실은 것은 투쟁의 시기가 마감했음을 보여 준다. 또 그것은 반대로 역사가들·인류학자들 그리고 기호학자들 사이에 긴밀한 협력과 협의가 이루어지고 있음을 보여 준다. 따라서 저 70년대 초기에 야심적인 공동 연구 프로그램을 위한 방대한 제휴가 이루어지는 것이다. 실제로 이 프로그램은 10년 동안 내내 매우 풍요로운 결실을 낳게 된다. 이 특집호를 소개하는 글을 쓴 앙드레 뷔르기에르는 1967-1968년의 대혼란에 의해 타격을 받은 구조주의의 퇴각 움직임과, 역사학자들이 판돈을 거두기 위해 잡아야 하는 기회를 정확히 알아차린다. 그는 역사가들을 위해 다음과 같은 점을 입증할 수 있는 매우 온건한 개방적 구조주의 프로그램을 옹호한다. 즉 역사가들이 레비 스트로스가 1958년에 말한 것과는 달리 현실의 특위를 인식하는 데 만족하지 않으며, 그들 역시 인류학자들과 같은 이유로 집단적 관행의 숨겨진 의미와 무의식에 대해 탐구한다는 것이다.

페르낭 브로델은 이미 장기 지속을 역사학이 구조에 접근하는 수단으로, 그리고 모든 사회과학에 공통되는 언어로 제안한 바 있다. 앙드레 뷔르기에르는 문화역사학과 역사인류학의 프로그램의 큰 윤곽을 그리면서 한걸음 더 나아간다. 이 프로그램은 이번에 구조적 연구의 영역, 즉 상징계의 영역에 자리잡게 해주는 것이다. 바로 이같은 특별한 영역에서 구조적 방법의 효율성은 가장 수월하게 전개될 수 있게 된다. 따라서 1971년에 《아날》지가 옹호하는 것은 역사가들을 위한 구조주의이다. 앙드레 뷔르기에르는 심지어 이렇게 드높이 깃발을 흔들어댄다. "약간의 구조주의는 역사로부터 멀어지게 하고, 많은 구조주의는 역사로 되돌아오게 한다."[2] 인류학자들은 역사가들에게 분명히 도전장을 던졌지만, 화해는 역사적 담론의 인류학화에 힘입어 70년대 초기에 분명히 나타나는 것 같다. 레비 스트로스는 라디오 방송 프랑스 퀼튀르의 '월요일의 역사'라는 프로가 《아날》지를 방영하는 데 초청되자, 페르낭 브로델·레이몽 아롱·에마뉘엘 르 루아 라뒤리와 가진 토론에서 이렇게 인정한다. "나는 우리가 같은 일을 한다는 생각이 든다. 역사의 커다란 책은 과거의 사회들에 대한 기술(記述) 인류학적인 에세이이다."[3]

역사가들은 차가운 역사, 즉 항구적인 것들의 역사가 주는 즐거움에 잠기게 되고, 역사 기술은 차례로 동일자의 확고한 이미지보다는 타자의 모습을 우선시한다. 《아날》지의 역사가들은 구조화된 역사를 설파함으로써 에밀 뒤르켐이 사회학자들을 위해 실현시키고자 했던 인문과학의 연합을 성공적으로 이루어 내고자 하는 야심을 나타낸다. 그 방법은 구조적 모델을 끌어들이고, 역사를 더 이상 이데올로기적 학문이 아니라 법칙 규정적(nomothétique) 학문으로 만드는 것이다.

역사가의 담론이 이와 같이 구조적 연합을 이룸으로써 나타나는 첫번째 파장은 물론 시간성의 감속이다. 시간성은 거의 답보 상태에 있게 된다. 사람들은 사실적(史實的)인 것을 부대 현상이나 황당무계한 이야기에 속한 것으로 간주하여 배척하고, 반복되는 것과 재현되는 것에 대해 배타적으로 기울어진다. "사실적인 것에 대해 말하자면 브로델의 교육과 라브루스의 교육이 이루는 조화가 그것을 변방으로 물리치도록 만들고, 나아가 그것에 전혀 관심을 갖지 않도록 만든다."[4] 시간성에 대한 접근은 부동의 장기적인 기간을 더 우선시하게 된다. 그리하여 에마뉘엘 르 루아 라뒤리가 콜레주 드 프랑스의 브로델 자리를 계승할 때, 그는 자신의 첫 강의 제목을 '부동의 역사'[5]라 붙인다. 르 루아 라뒤리에 따르면 역사가는 의식적으로, 아니면 주르댕 씨[1]처럼 자신도 모르게 구조주의적 작업을 한다. "거의 반세기 전부터 마르크 블로크로부터 피에르 구베르까지 프랑스의 가장 훌륭한 역사가들은 철저하게 체계를 세우는 인물들이었다. 그들은 사정을 잘 알면서, 혹은 때로는 알지 못한 채 구조주의적 작업을 했다. 하지만 이런 일이 알려지지 않은 경우가 너무 자주 있었다."[6] 이 엄숙한 자리를 빌려서 르 루아 라뒤리는 레비 스트로스에 의해 신대륙의 친족 법칙과 신화에 적용된 구조주의적 방법에 대해 느낀 찬양을 표명한다. 그러나 그가 이 방법의 효율성이 다른 지역들에는 한계가 있음을 밝히지만, 특히 역사가를 위해 다음과 같은 생각에 유념한다. 즉 분석 모델들을 구축할 때 약간의 변수들에 입각해 현실을 이해할 줄 알아야 한다는 것이다. 르 루아 라뒤리는 롤랑 바르트의 표현을 인용하면서 역사가들을 '전위의 후미로,' 다른 선도사회과학이 실현한 전진들을 수거해 가는 전문가들로 나타낸다. 그들은 이 선도과학을 "뻔뻔하게 약탈한다"[7]는 것이다. 이러한 사실 확인은 전적으로 옳은 것이며, 역사가들이 거두어들여 변모시킨 구조주의의 두번째 바람을 잘 기술하고 있다. 르 루아 라뒤리가 규정하는 교육 프로그램에서 우리는 역사학을 법칙 제정적인 학문으로서 제시하기 위한 관점, 즉 구조주의와 동일한 과학주의적인 관점과 다시 만난다. 이 관점은 생태인구통계학적(écodémographique) 주기에 따라 중세로부터 18세기초까지, 다시 말해 1300년부터 1700년까지 걸치는 부동의 장기적 폭을 드러낸다. 이 주기의 균형은 프랑스 영토에 사는 2천만 주민들을 중심으로 불변하는 것으로 남아 있다.

르 루아 라뒤리 역시 야콥슨이 발견한 음운론의 영도, 레비 스트로스가 발견한 친족 관계의 영도, 바르트가 말한 글쓰기의 영도에 이어서 역사의 영도를 발견한다. 이와 같은 '인구통계학적 제로 성장'은 역사가로 하여금 안정적인 대(大)균형에 다다르게 해준다. 따라서 그의 새로운 과제는 더 이상 역사의 가속화와 변화에 중점을 두는 것이 아니라, 이미 존재하는 균형들과 똑같이 재생산을 가능하게 하는 조절 인자들(agents)에 중점을 두는 것이다. 그렇기 때문에 세균성 인자들이 생태계를 안정화시키는 결정적 요소

---

1) 몰리에르의 희극 《서민 귀족》에 나오는 상인 주르댕 씨. 그가 사교계에 진출하기 위해 철학 교육을 받는 과정에서 철학 스승에게 자신이 산문이 무엇인지 전혀 모르고 40년 이상 산문을 사용해 왔다고 말하는 대목을 상기시킨다.

들로, 설명적 요소들로 전면에 나타나게 된다. "계급 투쟁보다는 훨씬 더 생물학적 사실들에서 보다 심층적으로 집단적 역사의 동력을 찾아야 한다. 적어도 내가 연구 대상으로 삼은 시기에서는 말이다."[8]

그래서 인간은 구조적 관점에서처럼 탈중심화되어 있다. 그는 그물에 걸려 있고, 변화의 환상만을 지닐 뿐이다. 따라서 역사의 대(大)균열들에 속하는 모든 것은 대(大)추세들(trends)을 위해 과소평가되는 것이다. 설령 그것들이 인간 없는 역사에 속한다 할지라도 말이다.[9] 르 루아 라뒤리는 자신의 첫 수업을 역사학에 대한 낙관론적 톤으로 끝맺음한다. 그는 역사학이 다시 정복자가 되는 것을 상상하는 것이다. "역사학은 인기가 별로 없었던 그 수십 년 동안 사회과학의 작은 신데렐라(하녀 신분의)였지만, 이제 되돌아오는 높은 위치를 되찾고 있다. (…) 그것은 단지 거울의 반대쪽으로 이동해 동일자의 자리에서 타자를 뒤좇았던 것이다."[10] 게다가 차가운 역사학파에서 프랑수아 퓌레 같은 일부 사람들은 자신을 공산주의 참여로부터 해방시키기 위해 필요한 해독제를 이미 찾아냈다. 역사와 운동의 구조화는 이 경우에 마르크시즘과 변증법으로 벗어날 수 있는 지렛대가 되어 그것들을 과학성으로 대체하게 해준다. "정체된 것들을 다루는 역사학은 다만 좋은 학문인 것만이 아니다. 그것은 또한 계몽주의 철학으로부터 물려받은 역사성의 비전을 치유하는 좋은 치료학이다."[11]

레비 스트로스가 다룬 사회들처럼, 단순히 재생산해야 할 기계처럼 정적이 된 사회들의 역사를 정착화시키는 현상은 19세기에 지배적이었던 역사적 의지주의에 대항한 구조적 프로그램을 수용한다. 혁명적 지평과 재건적 유혹이 무너지는 상황 앞에서 역사는 부동 속으로, 다시 말해 과거와 미래로부터 잘려진 부동의 현재로 퇴각해 동일자와 타자를 공간 속에 병치하게 된다. 시간성의 이와 같은 부동화는 어떤 사람들의 경우에 모든 계획이 비워진 정치적 입장, 즉 단순히 보수적인 입장을 동반할 수 있다. "결국 이런 유형의 역사(장기적 시대들의 역사, 보통 인간의 역사)는 내가 보수적 성격을 지녔다고 기꺼이 인정하는 역사이다."[12]

조르주 뒤비와 3등분

그러나 냉각된 역사학을 계몽주의 철학에 대한 해독제로 이처럼 사용하는 것은, 특히 50년대와 60년대에 통용된 스탈린식 해석 방식에 따라 호전적인 병기로 마르크시즘을 사용한 사람들이 드러내는 행동이다. 이와 같은 정치적 참여로부터 떨어져 있었고, 과거의 악령들을 쫓아낼 필요가 없는 역사가들의 경우는 다르다. 그렇다고 이들이 구조주의에 덜 매력을 느끼는 것은 아니다. 하지만 그들이 볼 때 구조주의는 마르크시즘과 교대하는 것이 아니다. 그 반대이다.

조르주 뒤비가 그런 경우이다. 그는 1937년에 철학 수업을 받을 때부터 마르크시즘을 발견하지만, 그에게 그것은 오로지 분석적 도구, 발견에 도움이 되는 연장에 지나지 않게 된다. 그는 1980년에 다시 한 번 자신의 여정과 작업에 있어서 이 도구의 중요성을 환기한다. "내가 걸어온 길에 있어서 마르크시즘의 영향은 심층적이었다. 오늘날 파리의 유행을 좇으면서 마르크시즘이 나의 세대 역사가들에게 중요하지 않았다고 주장하는 사람들에 대해 나는 매우 격렬하게 반응한다. 마르크시즘은 나에게 매우 중요했고, 나는 사람들이 그렇게 말하기를 바란다."[13] 조르주 뒤비는 마르크시즘과 구조주의를 화해시키면서, 통시성과 화해한 구조적 현상들에 주의 깊은 독서를 제안할 수 있었다. 그는 알튀세 추종자들에 대한 관심을 기울인다. "중요한 순간은 내가 알튀세·발리바르를 읽었던 때이다. 이 독서가 나로 하여금 보다 분명하게 알게 해준 것은, 내가 전문가로서 연구한 시기에서 경제적인 측면에 의한 결정이 다른 결정 요인들에 비해 부차적일 수 있다는 점이다. 나는 이 점을 예감하고 있었다."[14] 따라서 그는 알튀세 이론을 마르크시즘의 가능한 복잡화로 인식했다.

동시에 조르주 뒤비는 인류학자들이 역사가들에게 던진 도전을 자신의 세대와 함께 강렬하게 느꼈다. 이 도전은 그로 하여금 경제적 성격의 탐구로부터 상상계와 상징계에 대한 탐구로 이동하게 해준다. 그러나 이 두 접근 방법을 분리시키거나 대립시키지 않는다. 그는 11세기와 12세기의 마코내 지역²⁾에 관한 학위 논문¹⁵⁾에서, 클뤼니의 수도원을 둘러싸고 있는 지역에서 진행중인 영주(領主) 혁명을 연구하고 있는데, 여기서 그는 경제적 성격을 탐구했다. "나는 인과 관계의 역학을 비워내려고 노력한다. 그보다 나는 상관 관계에 대해 이야기하지 원인과 결과에 대해 언급하지 않는다. 이런 입장 때문에 나는 모든 것이 모든 것에 의해 결정되고, 모든 것이 모든 것을 결정한다고 생각한다. 총체성이라는 이 불가결한 개념이 나로 하여금 그렇게 생각하도록 만들고 있다."¹⁶⁾ 반영이라는 기계적인 해석에 반대해 조르주 뒤비가 대립시키는 것은 다양한 물질적 · 정신적 발현을 드러내는 사회 층위들의 융합이다. 그래서 그는 역사가들에게 새로운 프로그램, 즉 정신 상태들을 다루는 역사학 프로그램을 제안한다. 이 역사학은 사회사로부터 벗어나기 위한 수단이 아니라 이 사회사의 정점으로서 구상된 것이다.

조르주 뒤비의 가장 구조주의적인 저서 《3개의 질서 혹은 봉건주의의 상상계》는 이 방법을 역사에 가장 성공적으로 적용한 예시로서 읽혀질 수 있다. 이 중요한 책은 주문을 받지 않고 씌어진 유일한 책이며, 조르주 뒤메질의 흔적을 간직하고 있다. "나는 조르주 뒤메질에게 엄청난 빚을 지고 있다. 이 책은 그가 없었다면 씌어질 수 없었을 것이다. 그러나 그는 역사가가 아니다. 그는 언어학자이고 구조에 관심이 있다. 사회를 연구하는 역사가로서 나는 이 이미지가 구체적인 것과 더불어 작용하고 분절되는 가운데 그것을 포착하고 싶었다."¹⁷⁾ 따라서 조르주 뒤비는 조르주 뒤메질의 3중 기능적 도식(지상권, 전쟁, 풍요)을 수용한다. 그러나 그는 이 도식이 인도유럽어족에 특유한 정신적 구조라는 그의 명제를 뒤집는다. 뒤메질이 보기에 태초에 신화가 있었다. 그런데 뒤비의 생각에 따르면 구조는 제안하고, 역사는 배치한다. 뒤비가 시선을 이동시키는 방향은 역사의 피륙 속에서 신화가 출현하

---

2) 프랑스의 중앙 산악 지대의 중심 지역이며, 백포도주로 유명하다.

는 쪽이고, 신화가 다소간 커다랗게 호소력을 발휘하는 쪽이며, 그리고 신화가 사용되는 사회적 관행 속에서 그것이 의미 작용하는 쪽이다. 그런데 그가 연구하는 사회에는 갈등적인 지대가 통과하고 있고, 이 지대는 이동하면서 세계에 대한 표상들을 낳는다. 이 표상들의 형태나 성격은 갈등들을 저지해야 할 필요성에 꼭 들어맞는다. 이러한 틀 속에서 이데올로기적인 측면은 경제적 지배의 단순한 반영과는 다른 역할을 수행한다. 그것은 의미를 생산하고, 따라서 현실적인 것과 사회적인 것을 생산한다. 심지어 그것은 알튀세의 전문 용어를 빌리자면 봉건 사회에서 지배적인 역할을 하고, 생산 관계를 조직하는 기능을 수행한다. 이데올로기적 영역은 이 경우 부재의 장소 역할, 불완전의 완전한 모델 역할을 한다.

조르주 뒤비는 서구 유럽에서 3중 기능적 도식의 출현을 봉건 혁명의 결과로서 복원한다. 11세기에 카롤링거 왕조가 팽창되면서 외부적 압력의 대상이 되자 이데올로기적 가치들의 반전이 목도된다. 국경의 돌계단 위에 자리잡고 있었던 군사 체계는 사회 집단의 중심으로 이동하고, 내부 쪽으로 용해된다. 왕은 이제 전쟁을 하는 권력이 아니라 평화를 보존하는 권력을 구현한다. 정치 권력은 대상을 바꾼다. 왜냐하면 그것은 내부 소란의 보호자가 되고, 성소·교회·수도원의 방어자가 되어야 하기 때문이다. 그러나 동시에 군주의 권위는 다양한 위원회들과 공국들로 무너지고 해체된다. 세속 권력이 약화되자 종교 권력, 다시 말해 수도승과 성직자들의 권력이 이 세속 권력을 거두고 싶은 유혹이 생긴다. 사회적 경계는 이동하고, 이제부터 무기를 지닌 자들과 다른 사람들을 대립시킨다. 군사화된 사회의 중압감을 견디는 사람들의 체념은 찾아내야 하는 이데올로기적 합의의 실현을 거치게 된다.

따라서 봉건 혁명이 필요한 것은 합법화의 체계이고, 최대한 많은 사람들에 의해 받아들여진 복종과 사회적 노동의 배분을 나타내는 완벽한 표상의 모델이다. 그런데 바로 그 시기에, 즉 1025년경에 두 주교, 캉브레의 제라르와 알다베롱에게서 사회의 3중 기능적 도식의 표현이 발견된다. "일부는 기도를 하고, 또 일부는 전쟁을 하며, 그리고 또 일부는 노동을 한다." 따라서 정치 권력이 없는 상황에서 성직자들이 사회적 균형을 복원하려 시도하고, 3원적 모습은 천상의 구분을 지상에 대응시킨 것으로 제시된다. 뒤비가 명료하게 보여 주는 것은 이와 같은 상상적 모델이 특권적인 소집단의 경제적·정치적 권력의 독점을 정당화하게 해주고, 체계를 무너뜨릴 수 있는 감추어진 이원론을 3원적 구조 속에 은폐시키게 해준다는 점이다. 3중 기능적 도식은 앞의 두 계급의 공모를 확실하게 해줄 뿐 아니라 결핍의 자리, 즉 왕정 권력의 자리를 차지하기 위해 가담한 싸움에서 세속인들에 대한 성직자들의 우위를 확보해 준다. 이러한 도식이 12세기까지 잠복의 시기에서 반응을 불러일으키지 않고 성직자들의 발언으로 남아 있지만, 그것은 영주들과 기사들에게는 불가피하게 된다. 이는 도시 부르주아 계급의 부상에 직면하여 프랑스 사회를 구성하는 세 계급 사이에 확고한 구분을 정착시키기 위한 것이다.

따라서 세 계급으로 이루어진 이와 같은 구조화는 회귀 효과를 통해 이데올로기적 측면으로부터 사회적 측면으로 이동한다. 이로부터 그것의 창조적 힘이 나온다. 그래서 필리프 르 벨이 14세기초에 세 계급 모두, 즉 3부회를 소집할 때 천상의 질서는 사회 직능별 질서로, 즉 성직자·귀족·제3신분으로 변모되어 있었는데, 이는 1789년까지 존속하는 분할이다. 상징적 구조의 효율성에 이처럼 집중함으로써 뒤비는 우리가 어떻게 반영의 단순한 메커니즘에 입각해 하나의 사회를 생각할 수 없는지를 보여 줌과 동시에, 상징적 구조가 그것의 역사화 과정 속에서 연구되어야 한다는 점을 보여 주고 있다. "세 계급의 완벽한 모델은 군주제의 이상과 결합되어 있으면서 군대의 수장들을 다른 계급 위에 위치시킴으로써 한 논쟁에서 새로운 질서의 주창자들에 대항하는 무기가 된다. 이 주창자들은 한편으로 이단자들이고, 다른 한편으로 클뤼니 수도원의 수도승들이다."[18]

구조는 이것의 출현을 목격한 갈등 속에서 복원된 것이다. 그러나 이 사례에서 그것은 역사와 대립하는 무기에 해당하지 않는다. 그 반대이다. 그것은 출발점에서 대립적인 것으로 제시되었던 두 방식 사이에 가능한 화해의 대상이 된다.

22

푸코와 역사의 해체(1): 《지식의 고고학》

　미셸 푸코가 1968년 튀니지에서 《지식의 고고학》을 쓸 때, 그는 대단한 성공을 거두었던 《말과 사물》의 주장들에 대해 제기되었던 다양한 반박들에 대해, 특히 울름 가의 인식론학파에 의해, 따라서 새로운 알튀세 추종자 세대에 의해 제기된 문제들에 대해 답변을 시도한다. 이 새로운 세대는 정치적 실천, 참여, 그리고 프랑스 공산당과의 결별을 선택한 참이었다. 68년 5월 사태에 앞서 일어나 그 이후로도 계속되는 대혼란은 구조주의의 분열을 조장한다. 미셸 푸코는 《지식의 고고학》을 통해서 자신의 방식을 개념화할 뿐 아니라 지난날 자신의 구조주의적 입장과 거리를 두고자 노력한다. 그래서 그는 역사가들, 즉 새로운 역사의 역사가들인 《아날》지의 후계자들과 제휴를 암시하면서 특이한 길에 들어선다. 이와 같은 접근 때문에 푸코는 이제부터 역사가들의 영역에 정착해서 그들과 함께 작업하게 된다. 그러나 이러한 방향은 많은 오해의 진원지가 된다. 왜냐하면 푸코는 캉길렘이 심리학을 다루었듯이 역사학에 참여하기 때문이다. 이는 니체처럼 내부로부터 역사학을 해체하기 위한 것이다.

구조주의의 역사화

　푸코 자신이 그를 자신의 이전 작업과 분리시키는 것이 무엇인지를, 즉 자신의 사상이 어떻게 굴절되었는지를 설명한다. 《광기의 역사》는 '역사의 익명적 주체'를 지나치게 우선시했고, 《임상의학의 탄생》은 "구조적 분석에 의존함으로써 제기된 문제의 특수성을 회피할 위험이 있었다"[1]는 것이다. 그리고 《말과 사물》은 분명한 방법론적 틀이 부재함으로써 분석을 문화적 총체성이란 표현을 통해 생각케 할 여지를 주었었다는 것이다. 자신의 작업에 부재하는 이와 같은 방법론적 틀이 바로 《지식의 고고학》의 대상이고, 그 첫번째 형태가 《말과 사물》을 위한 서문의 형태였다. "바로 캉길렘과 이폴리트가 푸코에게 이렇게 말했다. 그것을 서문에 넣지 말게나. 다음에 그것을 전개하게나."[2] 따라서 이 책에는 1966년의 승리에 찬 구조주의의 흔적이 여전히 남아 있다. 그러나 첫번째 판과 1969년에 나온 판을 비교해 보면, 그 사이 푸코의 사상과 지적인 상황에 다양한 수정과 굴절이 개입되었다. 가장 괄목할 만한 점은 《말과 사물》에서 작동하는 단절들을 조직화시키는 것으로 보였던 개념인 에피스테메를 버렸다는 것이다. 이 개념은 《지식의 고고학》에서 사라진다. 푸코가 자신의 방식을 특징짓기 위해 역사학과 접근되는 전문 용어들을 사용하는 것은 징후적이다. 그렇다고 그가 자신을 역사학자로 내세우지는 않는다. 그는 자신을 고고학자로 규정하고, 계보학에 대해 언급한다. 따라서 그는 역사학의 주변을 돌지만, 이것은 역사의 바깥쪽 속에 위치하기 위한 것이다. 이러한 측면은 그가 역사학자 집단과 유지한 최소한 모호하고 자주 갈등적인 관계를 설명해 준다.

1968-1969년에 푸코가 우선적으로 접촉하는 대화 상대자들은 사실 제2세대의 알튀세 추종자들이다. 이들은 《자본론 읽기》를 집필하는 데 동참하지 않았고, 현대적 합리성에 공통되는 방법론적 틀의 규정보다는 철학적 참여의 정치적 차원에 더 관심이 많다. 이들 세대(도미니크 르쿠르, 베니 및 토니 레비, 로베르 리나르 등)는 1기 알튀세 이론과 단절되어 있다. "우리는 《자본론 읽기》에 참여한 팀을 구조주의에 오염되었다고 생각하고, 이것을 매우 나쁜 시선으로 바라본다."[3] 정치적 참여——흔히 마오쩌둥주의적인 참여——에 발을 내디딘 이들 호전적 인물들에게는 보류 상태에 있는 하나의 문제, 즉 실천의 문제가 남아 있다. 그런데 《지식의 고고학》에 나타나는 주

요 혁신이 바로 담론적 실천에 입각한 이 실천의 차원을 고찰하고 있다는 점이다. 그것은 푸코의 가장 중요한 쇄신으로서, 이것이 그로 하여금 담론의 유일한 영역 밖으로 구조적 패러다임의 흐름을 바꾸어 이 패러다임을 마르크시즘과 접근시키게 해준다. 실천의 이와 같은 개념은 《지식의 고고학》과 《말과 사물》 사이에 결정적 분할선을 확립한다."⁴⁾ 구조주의와의 주요한 단절은 사실 "담론적 관계가 담론의 내부에 있지 않다"⁵⁾라는 새로운 주장 속에 설정된다. 그렇다고 이러한 입장이 푸코가 담론적 영역을 떠난다는 것을 의미하는 것은 아니다. 담론적 영역은 우선시되는 대상이지만, 그것의 존재가 지닌 한계 안에서 담론적 실천으로 구상된다. 그러나 담론의 존재를 담론의 외재성 속에서 추구해서는 안 된다. "하지만 담론을 제한하는 것은 담론의 외재적 관계가 아니다. (…) 이 외재적 관계는 이를테면 담론의 한계에 있는[담론적 관계] 것이다."⁶⁾

푸코는 3개의 전통적 우상, 즉 전기적인 면, 사실적(史實的)인 면, 그리고 정치적 역사를 철저하게 무너뜨린 《아날》지의 역사가들이 실현한 도정에 근거해 구조적 패러다임의 역사화를 정당화시킨다. 그의 《지식의 고고학》은 역사가들의 새로운 방향에 대해 그가 느끼는 주요한 관심으로부터 시작한다. "역사가들의 관심이 특히 장기적 시대들로 옮아간 지가 이제 수십 년이 되었다. 마치 그들이 정치적 돌변들과 그것들의 일화들 밑에서 파괴하기 어려운 안정적 균형들을 드러내려고 시도하고 있는 것처럼 말이다."⁷⁾ 거의 부동의 상태인 이러한 역사는 푸코의 주의를 끈다. 그러니까 이와 같은 관심 때문에 1929년에 《아날》지가 시도한 인식론적 전환이 그의 이론적 작업의 제사(題辭)로 위치하게 된다.

변화가 약한 역사, 즉 부동의 커다란 초석들의 역사와 푸코의 돌연변이설 사이의 이와 같은 결합은 놀라움을 자아낼 수 있다. 왜냐하면 그런 역사와는 반대로 푸코가 우선시하는 것은 바슐라르와 캉길렘의 과학인식론의 계보를 따른 불연속주의이고, 수수께끼 같은 커다란 단절들의 힘이기 때문이다. 여기에는 냉각된 역사로 인식론적 문턱의 개념을 뒷받침하는 일종의 역설이 있다. 그러나 이러한 내적 긴장은 외관상에 불과하다. 푸코는 한편으로 사상사, 새로운 문학 비평, 단절을 다양화시키는 과학의 역사, 불연속성들의 탐지와, 다른 한편으로 실록에 속하는 것을 구조들의 무게에 짓눌려 물러나게 만드는 역사학 사이에 수렴적인 변화를 감지한다. "사실 여기저기서 제기되었던 것은 같은 문제들이다. 그러나 그것들은 표면적으로는 반대되는 결과들을 낳았다. 우리가 그것들을 한마디로 요약하면 자료의 문제화이다."[8]

근본에서 보면 전통적 역사학이 자료를 소여로 간주했지만, 이 자료가 새로운 역사학에 창조적인 것이 됨으로써 자료가 동일하게 변모한 것이다. 새로운 역사학은 자료를 조직화하고, 떼어내며, 배분하고, 계열체들(séries)로 만든다. 자료는 위상을 바꾼다. 지난날의 역사가 기념물들을 자료로 변모시켰던 반면에, 새로운 역사학은 "자료들을 기념물로 변모시킨다."[9] 이러한 변화는 역사가를 고고학자로 변모시키는 경향이 있고, 지식의 고고학이라는 푸코의 계획과 만나는 방향으로 나아간다. 푸코의 계획은 지식을 계열체들로 구축하고, 이 계열체들 내에서 내재적으로 묘사하는 작업에 입각하기 때문이다. 이런 측면 때문에 에마뉘엘 르 루아 라뒤리는 "《지식의 고고학》서설은 계열체적 역사에 대한 최초 규정"[10]이라고 말한다. 실제로 푸코는 지식의 고고학자가 지닌 프로그램을 이런 식으로 표명한다. "이제부터 문제는 계열체들을 구성하는 것이다."[11] 따라서 과학의 역사에서, 혹은 새로운 문학 비평에서 작용중인 불연속주의와 역사가들이 부동의 장기적 시간 폭에 부여하는 우선권 사이의 외관상 대립은 피상적이다. 그것은 하나의 사고 및 방법 공동체를 감춘다. 게다가 이 공동체는 계열체주의적(sérialiste) 역사가들을 불연속성을 우선시하게 만들었다. "불연속성의 개념은 역사 과목들에서 중요한 자리를 차지한다."[12] 구멍들을 메우고 단절들을 이어서 그것들을 연속성 속에서 복원하는 것을 과제로 삼았던 역사는 이제 이 불연속성들에 발견에 도움이 되는 가치를 부여한다. 이 불연속성들은 분석의 수준을 규정하기 위한 의지적 작용에 속하기 때문이다. 불연속성은 연구 대상의 한계를 긋게 해주고, 이 대상을 그것의 시작부터, 그것의 단절점으로부터 기술하게 해준다. 끝으로 그것은 하나의 중심 주변에 좁혀진 역사가 아니라, 하나의 총괄적 역사를 구축하는 수단이다. 그러나 이 총괄적 역사를 "우리가 일반적 역사로 부를 수 있고,"[13] 반대로 분산의 공간으로 규정된다.

푸코는 지식의 고고학이 맡은 새로운 과제를 규정하기 위해 《아날》지의 계보를 분명하게 내세운다. "나는 블로크·페브르, 그리고 브로델이 그저 역사를 위해 보여 준 것을 우리는 이념의 역사를 위해 보여 줄 수 있다고 생각한다."[14] 이와 같은 새로운 제휴로 인해 푸코는 구조적 방법과 역사적 생성 변전 사이의 양자택일을 극복하게 되고, 새로운 역사학을 구조주의적 연구에서 가능한 모습들 가운데 하나로 제시한다. 푸코에 따르면, 역사의 장은 우리가 언어학·경제학·민족학·문학 분석에서 만나는 문제들을 똑같이 제기한다. "이 문제들에 분명 우리는 어떨지 모르지만 구조주의라는 약호를 부여할 수 있다."[15] 푸코는 새로운 역사학을 개방되고 역사화된 구조주의를 작동시키기 위한 특별한 영역으로 간주한다. 이것을 미국인들은 포스트 구조주의라 부르게 된다.

구조주의의 이와 같은 역사화는 1967년 이후부터 구조주의 역사의 제2기를 분명히 구성한다. "푸코의 고고학은 레비 스트로스의 분류학적 구조주의와 매우 분명하게 구분된다."[16] 푸코는 구조와 기호에 대한 고찰을 계열체와 사건에 대한 연구로 대체한다. 《아날》지의 새로운 역사가들은 역사 쪽으로 이와 같은 이동을 완전한 동참으로 인식하고 푸코를 자신들의 실천을 개념화시켜 줄 수 있는 인물로 생각하게 되지만, 사실 이 동참은 눈가림식 가담이다. 왜냐하면 푸코의 시선은 여전히 철학자의 시선이며, 니체-하이데거의 계보 속에서 역사가의 영역을 해체하기로 결심하기 때문이다. 푸코에게 관심 있는 것은 역사가가 여전히 우선시하는 대상인 지시 대상이 아니라 담론의 영역이다.

어떠한 경우에도 푸코는 역사과학의 어떤 실증성을 옹호하는 자가 되고 싶지 않았다. 이 역사과학이 새로운 것이라 할지라도 말이다. 그에게 관심 있는 것은 시간적 불연속성에, 다시 말해 담론적 실천의 끊임없는 놀이의 이동들을 조정하는 큰 변화들에 구조를 개방시키는 것이다. 역사학의 해체가 이미 새로운 역사가들에게서 진행중인 것은 사실이지만, 특히 그것은 현실의 이질적인 요소들을 종합화하려는 시도를 포기하고 연속성의 탐구를 단념하는 단계를 거친다. 반대로 그것은 다원화와 원자화의 관점을 제시한다. 하버마스가 기술하고 있는 것처럼 지식의 이와 같은 지형도에서 해석학은 배제된다. 왜냐하면 이해는 이러한 방식의 이론적 지평이 더 이상 아니기 때문이다. "고고학은 말하는 자료가 침묵하는 자료가 다시 되게 하고, 맥락으로부터 해방되지 않을 수 없는 대상이 다시 되게 만들 것이다. 이것은 자료가 구조주의적 유형으로 묘사될 수 있도록 하기 위해서이다."[17] 새로운 역사가들에 의해 자신들의 실천을 확고히 하기 위한 가장 좋은 이론적 버팀대로 간주되게 되는 것은, 사실 역사학의 체계적인 파괴 시도이다. 하나의 진정한 착각이 철학자와 직업 역사가들 사이에 어려운 논쟁에서 모든 오해의 토대를 이룬다.

푸코의 고고학이 드러내는 분산 공간은 사실 초기 구조주의와 유사한 관점 속에 편입된다. 왜냐하면 이 고고학은 너무 단순한 인과 관계의 사용에 이의를 제기하고, 이 인과 관계를 다양한 담론적 실천들 사이의 관계적 망으로, 사방으로 연결된 관계적 망으로 대체하기 때문이다. 그것은 이 실천들을 정연한 인과 관계적 전체로 통합시키려고 시도할 때 나타날 궁지를 벗어날 수 있는 방안이 되고자 한다. 따라서 고고학자는 또한 상대주의자가 된다. 왜냐하면 그 어떤 것이 되었든 무언가를 창시한다는 것은 불가능하기 때문이다. 이러한 의미에서 푸코는 알튀세의 과학주의와 단절한다. 알튀세의 이론적 지평은 여전히 과학으로서의 역사적 유물론, 이데올로기적 불순물을 벗어던신 유물론이었다. 훌륭한 니체주의사로서 푸코는 가장 정착되어 있다고 보여지는 믿음과 가장 정당한 것으로 나타나는 과학을 아무것도 창시될 수 없다는 관점에 입각해 허물어뜨린다.

푸코는《말과 사물》에서 문헌학·정치경제학 그리고 생물학의 경우를 연구한 후, 역사를 공격하면서 조상 전래의 주요한 지식을 공격한다. 그리고 여전히 그는 역사를 파괴하는 구조주의적 계보에 매우 충실하다. 그러나 역사의 존재를 논박하는 것이 아니라, 역사를 내부로부터 파괴하기 위해 잠입 공작을 실천하는 데 있는 이동을 이러한 충실에서 제외해야 한다. 이와 같은 잠입 행위는 70년대초 니체적 분위기의 시점에서 예상과 전혀 다르게 실현되게 되는 과제이다. 지식을 창시할 수 없거나 그것의 기원을 찾을 수 없기 때문에, 남아 있는 관점은 기본적으로 기술적(記述的)이다. 그래서 푸코는 확립된 하나의 과학, 즉 실증주의자의 과학의 이름으로 말하는 모든 사람들에게는 불명예스러운 직함을 내세우고 있다. "나는 행복한 실증주의자이다."[18] 그의 방법은 어떠한 해석적인 체계도 피하게 되고, 담론적 실천이 그것이 말한 것과 말하지 않은 것, 그것의 실증성을 통해 이루어지도록 한다. "분명한 것은 내가 고고학을 하나의 과학으로도, 미래 과학의 1차적인 토대로도 제시하지 않는다는 점이다."[19] 고고학은 지질학자처럼 작업을 한다. 그것은 시간에 의해 축적되고 병치된 상이한 지층들을 지식의 수준에 떠오르게 하며, 그것들의 침전에 영향을 미쳤던 불연속성들과 단절들을 식별하는 데 만족한다.

분석철학을 표적으로 삼는 푸코

그러나 《지식의 고고학》의 근본적 목표는 《아날》지의 역사가들과 새로운 제휴를 실현하는 것이 아니다. 그것은 영미 세계에서 지배적인 분석철학을 비판하는 것이다. 책을 집필할 당시에 푸코는 1966년 9월부터 강의를 맡게 해준 튀니스대학교 철학과 과장과 매우 치열하게 토론을 한다. 이 과장은 프랑스인 제라르 들레달로 영미철학 전문가였다. 그러나 《말과 사물》의 입장을 언어철학의 정연한 비판으로 뒷받침하는 데 있는 이 논쟁적 목표는 피상적 독서로 보면 분명하지 않다. 그래서 도미니크 르쿠르가 《라 팡세》지에

《지식의 고고학》에 대한 글을 싣자,[20] 미셸 푸코는 그에게 감사를 표하지만 무언가 본질적인 것이 빠져 있다고 암시한다. "그는 나에게 이렇게 말했다. '자네 알게나, 자네가 포착하지 못한 무언가가 있네.' 그는 그 이상 말하지 않았다. 이제 나는 그가 무엇을 말하고자 했는지 이해한다. 그가 분석철학과 관련해 강제하고자 노력했던 것은 힘 있는 위치였다."[21] 그렇다면 《지식의 고고학》은 분석철학에 대항하는 투쟁 무기였다는 것일까? 이것은 푸코가 제라르 들레달과 유지한 관계와 도미니크 르쿠르의 증언을 토대로 우리가 표명할 수 있는 가정이다. 그렇지만 우리는 '지향성주의(intentionnalisme), 의미, 그리고 지시 대상에 이처럼 저항하는 모습이 보다 확실하게 현상학과 더 관련이 있다'라고 생각할 수 있다. "푸코는 구조주의에 적대적인 현상학의 전통, 아니면 보다 단순하게 그것의 해석학을 알고 있기 때문이다."[22]

어쨌든 우리는 《말과 사물》과 《지식의 고고학》 사이의 불가분의 관계를 분명히 이해한다. 두 저서 속에 구조주의적 계보는 여전히 지배적이다. 두 작품은 모두 주체 이론을 공격하고 있기 때문이다. 설령 푸코의 고찰이 역사화의 방향으로 굴절이 있다 할지라도 말이다. 구조주의 초기에 그렇듯이 근본적으로 문제가 되고 있는 것은 하이데거처럼 확실히 해야 할 주체, 즉 탈중심화이다. "우리가 그토록 강력하게 한탄하는 것은 역사의 사라짐이 아니다. 그것은 비밀리에 있었고, 주체의 종합적인 활동에 전적으로 의존한 저 역사 형태의 소멸이다. (…) 우리가 슬퍼하는 것은 역사의 그 이데올로기적 이용이다. 이런 이용을 통해서, 우리는 한 세기 전부터 인간으로부터 끊임없이 벗어난 모든 것을 그에게 복원시켜 주려는 노력을 하고 있는데 말이다."[23]

《말과 사물》과 같은 관점에서 푸코는 창조의 왕으로 설정되었던 존재, 즉 인간을 공격한다. 인문과학의 고고학이 우리에게 드러내 주는 것은 인간에게 가해진 다양한 사기 도취적인 상처들이다. 코페르니쿠스로부터 다윈을 거쳐 프로이트에 이르기까지, 인간은 자신의 환상적인 지상권을 조금씩 조금씩 박탈당해 왔다. 그리고 고고학자는 이와 같은 변화를 진지하게 받아들여야 한다. 그는 인본주의적인 인류학을 복원해서는 안 된다. 왜냐하면 '인간은 사라지고 있는 중이기'[24] 때문이다. 분석철학과 이 분석철학의 실용적인 연구에 직면하여 푸코는 언어 행위의 이해를 무의미로 귀결시키는 담론 영역의 자동화를 대립적으로 내세운다. 이는 담론적 형성물들 내에서 전개되는 언술들의 유일한 놀이에 집중하기 위한 것이다. "담론적 형성물들의 연구는 두 영역의 축소를 필요로 한다. 고고학자는 진리를 빼고 생각해야 할 뿐 아니라 의미에 대한 주장을 빼고 생각해야 한다."[25]

우리는 기의와 주체에 대해 이루어지는 이제부터의 고전적인 정상화, 즉 구조언어학에 특유한 그 정상화와 다시 만난다. 그것은 엄밀하게 기술적(記述的)인 관점에서 언어를 접근하기 위해 실현시켜야 할 조건으로 나타난다. 언술과 언술적 기능의 기술은 푸코에 따르면 절대적인 중립성을 함축한다. 이 중립성은 행위로서의 언술 행위에 대해 외재적인 위치 속에 설정되는데, 이는 언술 행위의 의미와 효율성을 탐구하게 되는 분석철학과 반대되는 것이다. 고고학자는 존재하는 언술들의 기술적 과제로 자신을 제한한다. "고고학자는 언술을 진지하게 고려하지 않는다."[26]

특히 푸코는 전기의 모델에 따른 허위적 계속성들 내에 담론의 논리들을 끼워넣으려 하지 않고 고고학적 단절들, 하나의 담론적 형성물로부터 다른 하나로의 큰 변화, 괴리나 불일치를 탐지하려고 애쓴다. 그는 '불연속성들 자체의 분산을 기술하려고'[27] 애쓴다. 자율적 담론 영역 내에서 기술적 측면에 대한 이와 같은 관심은 구조언어학과 이 언어학이 실천하는 배제, 즉 의미 및 지시 대상의 배제의 계보 속에 들어간다. "고고학자는 자신이 명료함의 지평 밖에서 이야기한다고 주장한다."[28] 따라서 푸코에게는 화자의 지향성이 되었든, 참조적 틀이 되었든, 혹은 어떤 내밀한 의미가 되었든 의미 작용적인 다른 곳이 없다. 그는 언술로부터 출발해 초시간성 속에서 되살려 내야 하는 순간으로서의 언술로 되돌아온다.

고고학자에 의해 실현된 주체의 탈중심화는 토마 파벨로 하여금 푸코의 개념적 장치와 해리스와 그의 제자들과 같은 분포주의자들의 개념적 장치를 대조하게 만든다. "유사한 점들은 특히 정신주의적인 개념들의 거부와 관련된다. (…) 푸코가 비판을 가하는 지향적 개념들은 전통·제 학문·영향·변화·정신 상태 등, 요컨대 정연함과 연속성의 모든 역사적 형태들을 포함한다."[29] 이제 우리는 푸코와 역사가들 사이에 벌어지게 되는 대화, 즉 상대방의 이야기를 들으려 하지 않는 그런 대화를 보다 잘 이해한다. 왜냐하면 역사가들은 그의 주장이 지닌 역사적 유효성을 비판하면서, 그가 언술들을 그것들의 맥락과 분명한 역사적 쟁점들 밖에서 다루고 있다고 비난하기 때문이다. 그러나 푸코에게 언술이나 담론적 형성물의 개념은 경험적 내용을 지닌 개념들에 속하지 않는다. 그의 접근 방법은 담론을 가능하게 하는 조건들에 집중하기 위해 담론의 한계 내에 위치한다. 그것은 담론적 교환의 내용이나 의미의 차원에 위치하지도, 푸코가 무의미하다고 판단하는 분석철학에 의해 연구된 구체적 명제들 속에 위치하지도 않는다.

고고학: 제3의 길

비록 푸코가 자신의 모든 관심을 담론적 형성물들에 집중한다 할지라도, 그렇다고 그가 언어를 기술하는 언어학적 방법을 지지하는 것은 아니다. 그가 규정하는 길, 즉 고고학의 길은 언어적 형식화의 테크닉들, 다시 말해 한편으로 기호학과 다른 한편으로 철학적 해석, 즉 해석학 사이에서 가능한 제3의 길로서 제시된다. 또한 고고학적 길은 구조주의 이론적 배경인데, 구조주의와 역사적 유물론 사이의 중간에 위치한다. 질 들뢰즈는 베버른의 세계에 내린 음악적 판단을 푸코에게 적용한다. "그는 새로운 차원을 창조했는데, 우리는 이것을 대각선의 차원이라 부를 수 있을 것이다."[30]

푸코는 어떠한 환원에도 저항하고, 그러한 환원으로부터 벗어나기 위해 그의 사고는 철저하게 경계선 위에, 한계 속에, 장르들의 틈 사이에 위치한다. 《지식의 고고학》의 중심 개념, 즉 담론은 구조와 사건 사이에 있다. 그것은 언어학자의 우선적 대상을 구성하는 언어 규칙들을 포함하고 있지만,

그것들 속에 갇히지 않는다. 왜냐하면 그것은 또한 말해지는 것을 포함하기 때문이다. 따라서 푸코가 사용하는 의미에서 담론은 구조적 차원과 사건적 차원을 동시에 의미한다. 그것은 "때로는 모든 언술들의 일반적 영역이고, 때로는 언술들의 개별화할 수 있는 집단이며, 때로는 상당수의 언술들을 설명하는 규칙적인 실천"[31]이다. 푸코는 지속적인 긴장의 입장을 취한다. 왜냐하면 그가 담론의 폐쇄적 울타리도, 언어에 외재적인 요소들에 의한 담론의 해명도 모두 거부한다는 점 때문이다.

담론은 사물들의 다른 질서로 귀결되지 않기 때문에 푸코는 기호 개념의 윤곽을 그리게 해주는 담론적 실천의 개념을 내놓는다. 그렇다고 그가 담론 영역의 자율화에 토대를 둔 견해를 단념하는 것은 아니다. "그렇지만 결정적인 것은 담론적 관계이다."[32] 따라서 푸코는 언어와 그것의 지시 대상 사이의 원칙적 단절에 토대한 구조주의적 견해 안에 남아 있다. 뿐만 아니라 그는 담론[담화]에 부여된 우선권의 관념을 구조주의와 공유하고 있다. 그러나 그는 담론을 언어학적 테크닉에 입각해 연구하는 것이 아니라 철학자로서 연구한다. 그는 담론들에 거리를 유지하고, 그것들을 이동시키며, 되돌리고, 그것들이 제시되는 수준과는 다른 수준에서 연구한다. 담론적 표면 아래서, 그러나 이 표면으로부터 출발하면서 푸코는 담론들이 그것들에 낯선 다른 곳들을 통해 작용하게 하는데, 이는 그것들의 가능한 다른 조직들을 포착하기 위한 것이다. 시뮬레이션의 놀이로 푸코는 말과 사물의 관계를 해체하면서, 담론이 전개되는 상황적 맥락으로 귀착되는 것을 피하면서 담론적 실천에 고유한 규칙을 정확히 기술하고자 한다. 이러한 관점에서 푸코의 지평은 여전히 담론적 영역 안에 남아 있다. 고고학자의 기능은 담론 아래 감추어진 사상이나 표상을 규정하는 것이 아니라 "담론들 자체, 규칙들을 따르는 실천으로서 그 담론들을"[33] 규정하는 것이다.

분석철학과는 반대로 고고학은 언어 행위의 의미 작용과, 주체에의 준거를 믿지 않는다. 그러나 언어 체계에 속하는 도식들의 반복성을 제시하게 되는 언어학자와는 반대로 푸코는 언술들을 그것들의 실증성 속에서, 그리고 시간과 관련한 그것들의 불안정 속에서 포착한다. 고고학자는 담론적 공간과 언술 행위의 분명한 시점에서 그의 위치에 따라 매순간 이동하고 변화하는, 움직이는 자료체가 지닌 유효성의 정도를 측정해야 한다. 담론의 상이한 영역들 사이의 이러한 이동들, 이러한 연관들은 특수한 규칙 체계와 자료체를 토대로 구성되고 폐쇄된 지식들을 과학들, 분파 학문들로 재단하는 것을 문제삼고 재검토하게 만든다. 고고학자는 주어진 한 시기에 지식의 모든 방식들에 대해서 어떤 횡단적 담론 방식이 지배하는지 탐지하게 해준다.

고고학자의 기본적 단위는 물질성과 실증성 속에서 포착된 언술이다. 이 언술은 한편으로 규칙의 체계로서의 언어와, 다른 한편으로 실제적으로 표명된 담론으로서의 자료체를 통해 중간[사이]에 위치한다. 따라서 언술은 분석철학의 언술 행위가 아니다. 그러나 그것은 폐쇄된 것이 아니다. 왜냐하면 "하나의 언술은 하나의 실체·버팀대·장소·날짜를 지녀야 하기 때문이다."[34] 언술의 물질성에 입각해 푸코는 주체를 중심으로 한 종합을 그려내고자 하는 것이 아니라, 반대로 언술의 다양한 기능 양태들에 입각해 분산의 공간을 그려내고자 한다. 언술을 설립하고 통일시키는 것은 언술의 내적 통일성이 아니라 배치의 법칙이고, 특수한 구성 규칙들이며, 이 규칙 속에서 본질적인 것은 관계의 층위에 위치한다. "따라서 나는 언술들 사이의 관계를 기술하려고 시도했다."[35]

묘사의 층위는 낱말과 사물 사이의 인과 관계 체계를 확립해서는 안 되는 고고학자의 근본적인 과제로 남는다. 언술적 규칙들은 에피스테메들과 마찬가지로 무의식적이다. 그러나 그것들의 실증성은 보다 역사화된다. 그것은 어떤 공간, 일정한 시대, 사회적·지리적·경제적 혹은 언어적 영역과 관련된다. 담론적 실천은 그것을 형성하고 동시에 제한하는 제도와 맺는 유기적 관계를 통해 사회적 현실 내에 더욱더 편입된다. 따라서 고고학자는 언술들이 동일한 담론적 형성물에 속하는 이상 그것들 전체를 식별해 내야 한다. 푸코에 따른 언술적 공간은 상당수의 법칙들을 전제하고, 들뢰즈는 언술을 중심으로 계속적인 3개의 서클을 구분한다. 하나는 나란히 있는 인접한 공간이고, 두번째는 장소들과 관점들을 표시하면서 조직화하는 공간이며, 마지막으로 세번째는 보완적 공간으로서 비담론적 실천의 공간이다. 비담론적 실천이라 함은 제도, 정치적 사건, 그리고 경제적 과정을 말한다.[36] 세번째 공간은 푸코의 작품에서 인과적 층위를 전혀 구성하지 않고, 담론의 닫혀진 견해에 대해 무감각한 구조주의로부터 벗어나기 위한 중요한 변화를 나타낸다.

이것은 푸코 자신과 그의 이전 작품과 관련해서도 중요한 변화이다. 그는 이미 에피스테메들을 담론적 실천으로 대체했다. 그는 담론적 실천과 비담론적 실천 사이의 관계를 자신의 연구 지평 속에 통합시키면서 유물론적인 접근 쪽으로 보다 멀리 나아간다. 설령 이것이 시선의 한계점으로만 인식되는 세번째 서클에 지나지 않는다 할지라도 말이다. 고고학자의 목표는 언술과, 언술의 반복 조건들을 구성하는 이 세 서클로부터 입각해 식별하는 작업이다. "배분의 동일한 공간, 특이성들의 동일한 배치, 장소와 위치의 동일한 질서, 성립된 환경과의 동일한 관계가 있어야 한다. 이 모든 것은 언술로 보면 그것을 반복하게 해주는 '물질성'을 구성한다."[37] 그러나 이러한 담론적 기능들은 보편소들의 장소가 아니라 과도적 모습들, 소멸해야 할 언어들에 불과하다. 그렇게 하여 푸코는 어떤 역사주의나 인본주의의 형태들로 자신의 관점을 수용하려는 어떠한 기도도 좌절시킨다. 그의 견해는 덧없는 것과 다양한 것으로 귀결된다. 담론적 실천은 주체의 활동이 아니라 주체가 종속된 규칙들로 귀결된다. 질 들뢰즈가 언급하고 있듯이, 따라서 이런 방식은 기본적으로 '위상학적'이지 유형학적이 아니다.

중요한 것은 담론을 내놓는 사람의 다양한 지위들·장소들·위치들을 식별하는 것이고, 이때 이 담론의 의미 작용은 공간의 특별한 한 지점과 연결해야 한다. 푸코는 화자의 위치 문제를 분명하게 제기한다. "누가 말하는가? 말하는 모든 개인들 전체에서 누가 정당하게 그런 종류의 언어를 구사하는가? 누가 그런 권리를 지닌 자인가?"[38] 그렇기 때문에 의학적 지식은 아무렇게나 기능하지 않고, 단지 그것의 내적 논리에만 준거하는 것이 아니다.

의사의 위상은 자질의 기준을 포함하고 있다. 의학적 행위는 그것을 실현한 자에 의해, 사회적으로 인정된 그것의 질에 의해, 제도 속에 그것의 위치에 의해 가치를 지닌다. 교수이든 일반 의사이든, 인턴이든 레지던트이든, 의학 박사이든 학위가 없는 의사이든 각각의 지위는 사회적 계층 구조이기도 한 의학적 계층 구조에서 하나의 지식이나 특별한 기량의 동화에 부합한다. "의학적 파롤은 아무한테서 비롯될 수 없다."[39] 담론적 실천은 비담론적 실천 내에 분명하게 위치하고, 따라서 이 비담론적 실천은 고고학자의 연구 지평에 재통합되어야 한다.

　도미니크 르쿠르가 1970년 8월에 《라 팡세》지에 서평을 쓸 때, 무엇보다도 그의 관심을 끈 것은 이러한 측면이다. 그는 이 측면을 자신의 마르크스주의적 입장에 입각해 결정적 진보로, 《말과 사물》과의 단절 지점으로 간주한다. 실천이란 이 개념, 그리고 제도에 투자된 관계에 의해 구조화된 담론적 결정 기구(instance) 이론의 구축은 알튀세에 대해, 그리고 실천 쪽으로 기울어진 그의 사상의 변화에 대해 생각하게 한다. 도미니크 르쿠르의 목표는 《라 팡세》지에서 푸코의 저서에 대단한 위치를 부여함으로써 프랑스 공산당의 중요한 이론적 기관지에서 푸코의 사상을 진지하게 알리고, 그렇게 하여 당 내부에서 그를 배척하려는 움직임에 반대하는 것이었다. "나는 개인적인 이유로, 그리고 철학자로서의 푸코를 매우 좋아했다. 그 글은 푸코가 자신의 고유한 용어들로 언급한 것을 우리가 사용했던 어휘, 즉 이데올로기, 국가의 이데올로기적 장치 같은 어휘로 번역해 보려는 시도였고, 당시에 관례였듯이 한걸음 더 나아갈 수 있다는 점을 말하려 했던 시도였다."[40]

　따라서 도미니크 르쿠르가 만족해하는 것은 《말과 사물》의 초석이었던 것, 즉 에피스테메의 개념이 단념되었다는 점이고("푸코가 여기서 벗어나고자 하는 것은 에피스테메의 구조주의적 측면들이다"[41]), 그렇게 하여 유물론과 결합되는 담론적 실천의 개념 쪽으로 푸코가 방향을 바꾸었다는 점이다. 담론적 체제의 물질성에 토대한 이러한 견해는 제도들, 따라서 알튀세의 국가 이데올로기 장치로 귀결된다. 그러나 도미니크 르쿠르는 푸코가 어떠한 이론화 시도도 단념하면서 기술(記述)의 엄격한 층위에 고고학자의 임무를 제한함으로써 소실점이 있다고 간주한다. 이런 관점에서 그는 푸코가 담론적 형성물이라는 개념을 통해 이데올로기적 대상의 형성에 관한 유물론적 이론의 길로 전진하게 해주었지만, 훌륭한 길을 가다가 도중에서 멈추었다고 평가한다. 푸코는 담론적 실천과 비담론적 실천 사이의 관계를 규정하는 데까지는 가지 않는다. "이데올로기와 생산 관계 사이의 '연결'이라는 중요한 어려움이 나타날 때, 그는 침묵한다."[42] 도미니크 르쿠르의 알튀세적 비판에 따르면, 푸코의 시도가 실패한 것은 이데올로기적 형성과 사회적 관계라는 두 결정태(instances) 사이의 분절 방식, 즉 연결 장치를 놓쳤기 때문이다. 이러한 수준은 푸코가 생각지 못한 것으로 남아 있고, 도미니크 르쿠르에 따르면 과학과 이데올로기 사이의 구분을 다시 생각해야 한다고 표명한 알튀세의 관점으로 필연적으로 귀착된다.

《지식의 고고학》은 구조적 패러다임이 변화하는 전환점인 1969년에 위치한다. 그런 만큼 그것은 반인본주의적인 이론적 입장들이 새로운 지적 상황에 적응하는 현상에 동참한다.《말과 사물》이 나온 이후로 매우 기다려진 이 저서에 대한 반응은 긍정적이다. 그래서 책은 1969년부터 1만 부 이상이 팔리게 된다. (첫 해 1만 1천 부가 팔렸고, 1987년까지 전부 4만 5천 부가 팔렸다.) 매우 이론적인 저서치고는 정말 성공한 셈이다. 장 미셸 팔미에는《르몽드》지에서[43] '역사적 고찰의 조종: 왕의 죽음'이라는 제목으로 푸코의 이론적 여정을 기술한다. 푸코는 세계·삶·도덕·신·역사에 대한 본질을 말하고자 열망했던 아름다운 철학적 꿈을 파괴했고, 이 꿈에 자신의 고고학을 통한 정밀한 과거 읽기를 대립시켰다는 것이다. 프랑수아 샤틀레는《라 캉잴 리테레르》지에서 푸코가 이념의 전통적 역사를 무너뜨렸다고 찬사를 보낸다.[44] 레진 로뱅은 담론적 실천과 비담론적 실천 사이의 필연적 관계를 제시할 때 푸코에 큰 빚을 졌다고 인정한다. 그녀는 언어학에 개방되어 있고, 두 학문(언어학과 역사학) 사이의 접근 전략을 권장하는 여류 역사가로서 이 담론적·비담론적 실천에 매우 민감하다.[45] 그러나 역사가들의 이와 같은 빚은 제한되어 있다. 왜냐하면 푸코는 담론적 수준을 사회적 형성물의 분절된 전체에 결코 연결시키지 않기 때문이다. 그래서 레진 로뱅이 표현하는 비판은 도미니크 르쿠르 및 알튀세가 가하는 비판과 일치한다. 《지식의 고고학》과 구조주의의 연속성을 나타내는 요소들을 보다 강조하는 장 뒤비뇨의 논지는 더욱 냉혹하다. 푸코는 '자의식을 담론-대상 속에 해체하고자'[46] 원하고 있는데 이 담론-대상은 우리 내부에서 우리를 위해, 하지만 우리를 빼고 말하고, 탈인간화된 세계로 향하고 있는 그 무엇이다라는 것이다.

물론 푸코는 1969년에도 자신의 반인본주의적 입장에 충실하다. 주요 목표는 여전히 인간·저자·주체·화자를 탈중심화시키는 것이고, 이들을 담론적 규칙성 속에 몰아넣음으로써 새로운 시대를 예고하는 것이다. 사람들이 얼굴을 갖는 것을 피하면서 글을 쓸 수 있으며, 글쓰기의 자유가 완전히 실현되는 시대 말이다. "아마 나 같은 많은 사람들이 더 이상 얼굴을 갖지 않고도 글을 쓸 것이다. 내가 누구인지 묻지 말고, 동일한 사람으로 남아 있으라고 말하지 마라. 그런 것을 요구하는 것은 호적상의 도덕이다. 이 도덕이 우리의 신분 서류들을 통제한다. 글 쓰는 때에만이라도 그것이 우리를 자유롭게 해주어야 한다."[47] 푸코가 인본주의와 모든 주체 이론에 대항해 투쟁을 계속하지만, 구조주의로 전향했다는 사실을 인정하지 않는다는 것이 1969년에 그에 대해 말하는 하나의 방식이었다. 구조적 패러다임이 위기를 맞는 시점에서 그는 새로운 연구 영역으로 열려지는 제3의 신구조주의적 길을 내면서, 그 자신과 자신의 이전 작업으로부터 벗어나는 방법을 추구한다.

23

푸코와 역사의 해체(2): 《감시와 처벌》

니체적인 해체는 푸코에게 신속하게 지배적이 된다. 그가 알튀세의 일부 주장들과 접근한 것은 일시적이었을 뿐이다. 푸코는 1968년 5월의 정면적 단절의 실패를 이론화하면서 자신의 관심을 체계의 변방, 주변으로 이동시킨다. 이와 같은 새로운 변화로 인해 그는 사회 체계의 대부분 망각된 말단 지대들 속에 자신의 정치적 실천을 재투자한다. 그가 실천과 이론에서 혁명의 도식에 대립시키는 것은 반항의 도식이다. 니체의 영향은 점점 더 편재하고, 푸코는 자신의 이전 저서들에 나타나는 담론/권력의 변증법에 세번째 용어인 몸을 덧붙인다. 그리하여 이 3요소는 그것들의 극한에서 기능한다. 몸과 권력은 존재와 비존재로서 서로 받아 되던지기 때문이다. 자유는 구속에, 욕망은 법에, 반항은 국가에, 다양한 측면은 군집된 것에, 정신분열증 환자는 편집증 환자에 대항한다. 주체의 예속은 제3의 용어를 거친다. 담론성은 권력의 장에 속한다. 왜냐하면 지식이 그것과 동체로 불가분의 관계에 있기 때문이다.

《고고학》으로부터 계보학으로

계보학적 전환은 1970-1971년에 3중적 방식으로 나타난다. 우선 장 이폴리트를 추도하는 기회를 빌려서 푸코는 니체와 역사와의 관계로부터 출발해 계보학으로서, 계획된 카니발로서 역사에 대한 중요한 발표를 한다.[1]

계보학은 푸코에 따르면 몸과 역사가 분절하는 중심에 위치한다. 따라서 그는 역사로부터 망각되었지만 역사의 기반인 몸에 대한 관심을 집중하겠다는 생각을 한다. "몸, 그것은 사건들이 기록되는 표면이다. (반면에 언어는 사건들을 표시하고, 이념들은 그것들을 해체시킨다.)"[2] 따라서 푸코는 몸의 진정한 정치경제학을 확립하고, 다양한 형태의 예속을 추적하며, 그것이 가시적으로 드러나는 방식들을 밝혀내게 된다.

1971년 그 해 푸코는 망각되고 억압되고 갇혀진 그 몸들을 찾아가서 그들에게 발언권을 되돌려 준다. 그러면서 그는 다른 사람들과 함께 감옥정보그룹(GIP)를 설립하고, 자신의 이론적 입장과 정치적 실천을 구체적으로 분명하게 표명한다. 그러나 그 70년대 초기에 또한 푸코는 콜레주 드 프랑스에 들어감으로써 교육 프로그램 하나를 확정해야 한다. 《담론의 질서》[3]라는 제목으로 출간되는 것은 1970년 그가 취임 강연을 한 내용이었다. 그는 이 저서에서 《지식의 고고학》에서 표명된 규칙들로 구성된 하나의 혼합적인 프로그램을 규정한다. 그러나 관점은 고고학적 사명으로부터 현저한 이동을 드러내는 새로운 계보학적 관점이다. 특히 담론적 실천과 비담론적 실천 사이의 관계는 더 이상 문제가 되지 않는다. 푸코는 담론이라는 단 하나의 층위만을 다시 우선시하고, 그것을 이번에는 육체와 유기적으로 연결한다. 그의 계보학적 프로그램은 언제나 역사의 영역 위에 설정되고, 이 영역은 그의 비판적 분석에서 우선시되는 대상이다. '담론에 사건의 성격을 복원시켜야 하고,'[4] 진리의 서구적 탐구를 문제삼아야 하며, 기표의 절대권을 단념해야 한다고 생각하는 푸코가 분명하게 위치하는 지점은 오직 담론적 영역의 내부이다. 우리는 《지식의 고고학》에서 그가 담론들을 계열화하고, 그것들의 규칙성 그리고 그것들을 가능하게 만드는 조건들을 고찰함으로써 이미 규정한 방법의 규칙들을 다시 만난다. 이 시점은 자신의 프로그램을 《지식의 고고학》을 잇는 가운데 비판적 프로그램으로 제시하고, 다른 한편으로 미래의 계보학적 작업을 예고하는 푸코에게 연결적인 전환점이다. 두 관점은 동거하고 있으나, 10년이 흐르는 동안 하나가 다른 하나보다 우위에 서게 된다.

실제로 계보학적 관점은 70년대 중반의 저서들, 즉《감시와 처벌》및《앎의 의지》(1975년 및 1976년)에 영감을 불어넣는다. "계보학자는 현대 사회에서 권력 · 지식, 그리고 육체 사이의 관계를 검토하는 진단자이다."[5] 푸코는 육체적 차원의 도움을 받아, 그리고 욕망 및 법칙을 처벌 체계들과 대조시킴으로써 초기의 구조적 관점을 풍요롭게 하지만 여전히 자신의 방향에 충실한다. 이 방향은 어떠한 역사적 계속성도 부정하고, 육체를 적용 지점으로 하는 익명의 지배 전략들이 대립하는 게임에서 주체의 어떠한 유효성도 부정한다. 주체는 계보학의 틀에서 볼 때 개인적 측면에서도, 집단적 측면에서도 관여적이지 않다. 그것은 사회적 공간에서 중심이 없는, 배분된 힘들의 다양한 장치들의 대상일 수밖에 없다. 권력/지식의 위치 측정은 육체의 정치적 기술공학에서 우선적 방식으로 설정되게 되며, 이 점을 드레퓌스와 라비노우는 '생체 권력(bio-pouvoir)'[6]이라 규정한다. 계보학의 관점에서 볼 때 지식은 객관적 혹은 주관적 토대가 없다. 그런 만큼 과학의 진리 효과가 어떻게 하여 기본적으로 권력의 효과인지 자문하기 위해 과학을 탐구해야 한다.

서구의 실증적 측면들을 그것들의 이면을 통해서, 억압된 타자의 모습을 통해서 추적하는 것, 이것이 전개될 계보학적 프로그램이다. 이 프로그램이 발굴해 내는 것은 계몽 사상의 해방적 담론이 감추고 있는 처벌 절차들이고, 인본주의 아래 똬리를 틀고 있는 공포이며, 과학 내에 있는 권력이다. 따라서 여전히 푸코는 서구의 근대성과 이성의 지배에 대한 신랄한 비판의 관점 속에 있으며, 이 이성의 지배에 역사의 카니발을 대립시킨다. 이러한 이유로 해서 권력의 개념, 도처에 편재하며, 분산되어 있고, 희석되어 있으면서 다시 나타나는 그 개념은 서구 이성의 범주들을 해체하기 위한 도구의 역할을 하게 된다. "푸코의 계보학에서 '권력'은 우선적으로 하나의 순수한 구조주의적 기능과 동의어이다. 그것은 데리다의 작품에서 '차연'과 동일한 위치를 차지한다."[7] 하버마스에 따르면 푸코는 칸트의 관념론에 **선험적**(a priori) 추리의 시간화, 즉 전도된 형태로 사용되는 권력의 시간화를 대립시킨다. 권력은 진리에 더 이상 종속되어 있지 않고, 권력의 지배를 받고 있는 것이 진리이다. 권력은 창설적 범주의 위치를 차지하고, 따라서 주체를 지닐 수가 없다. 그것은 역사가들과의 모든 오해에 바탕이 되는 이중적 뜻을 지닌다. 즉 그것은 육체들을 예속시키기 위해 사용되는 다양한 테크닉을 설명하게 해주는 기술적(記述的) 도구임과 동시에, 이성에 대한 비판을 전개하게 해주는 선험적 범주의 위치를 차지한다. 이러한 의미에서 분명 우리는 푸코가 사용하는 권력이라는 개념에서 구조주의적 개념과 다시 만난다. "내가 권력을 말할 때 개인들을 옭아매는 촘촘한 망을 숙명적으로 펼치는 결정 기구(instance)를 식별하자는 게 아니다. 권력은 관계이지 사물이 아니다."[8]

권력의 문제화

70년대에 주요한 변화 요소는 미셸 푸코가 자신의 이론적 연구 대상 내에 주관적인 측면을 포함시킨다는 점이다. 이는 우리가 같은 시점에 다른 영역에서 바르트에게서 확인한 것과 유사한 변화이다. 이와 같은 주관적 함축은 푸코가 1975년에 내놓는 《감시와 처벌》이라는 저서를 통해서 매우 현저하게 드러난다. 물론 다니엘 드페르가 주목하고 있듯이[9] 《광기의 역사》의 책장 아래에 단 한 주석은 1961년에 이미 감옥에 대한 연구를 예고했다. 그러나 특히 이 저서는 70년대에 중심을 뒤흔들 수 없었기 때문에 2차적 전선, 혹은 변방적 투쟁이라 불리었던 것에 푸코가 참여한 결과물이다.

1971년 2월에 마오쩌둥주의를 추종하는 다니엘 드페르와 그의 동료들은 푸코에게 와 수감 조건에 대한 조사위원회를 설립하자고 제안한다. 푸코는 이 제의에 동의할 뿐 아니라, 이와 같은 호전적인 주도에 무조건적으로 참여한다. 그 자신이 1971년에 그리스 문명 연구가인 피에르 비달 나케 및 《에스프리》지의 장 마리 도므나크와 함께 감옥정보그룹(GIP)의 선두에 선다.

GIP의 주소는 푸코의 주소에 다름 아니다. 그는 매주 토요일마다 감옥 방문을 마치고, 16시 이후에 자신의 집에서 수감자들의 가족들을 맞이하고 그들의 증언을 수집한다. 수감자들의 입장을 옹호하기 위한 그의 투자와 헌신은 전적이었고, 그의 이론적 계획의 작업이 미루어져 이 호전적인 단계 이후에 가서야 출간될 정도였다. "푸코의 생각은 수감자들이 자신들의 의견을 표명토록 하는 것이었다. 그는 나보다 많은 일을 했다. 그 합류 지점에는 푸코의 구조주의, 혁명적 힘을 추구하는 68년 5월의 포스트 마르크시즘, 그리고 GIP에 마오쩌둥주의 추종자들과 더불어 대대적인 인적 지원을 한 복음적 기독교 사이의 매우 이상한 혼합이 있었다."[10] 처벌 제도의 개혁에 관한 논의가 이루어지고, 폭동이 증가하는 감옥 내에서 항의가 잇따르는 그런 분위기 속에서 GIP는 중요한 역할을 하게 된다. 많은 지식인들, 장 클로드 파스롱 · 로베르 카스텔 · 질 들뢰즈 · 자크 랑시에르 등과 같은 뱅센대학교 교수들, 또 예기치 않게 새로운 회원으로 가입한 클로드 모리악 같은 많은 지식인들이 GIP에 합류하게 된다. 클로드 모리악은 프랑수아 모리악의 아들이자 《르 피가로》지의 기자로서 푸코와 깊은 우정을 맺으며 이와 같은 투쟁에 전적으로 참여하게 된다. 1971년부터 1974년까지 푸코는 감옥들을 방문하는 모든 소집에 참여하고, GIP는 시위 · 정보 유포 · 증언, 권력의 억압 관행에 대한 비판적 고찰 등 온갖 종류의 활동을 증대시킨다.

이와 같은 적극적이고 호전적인 투쟁이 있고 난 이후인 1975년에야 《감시와 처벌》이 나오지만, 이 호전적 투쟁은 이 책을 풍부하게 해주었다. 이 저서는 여러 길들의 교차점에 위치한다. 그것은 《지식의 고고학》에서 표현된 의지, 즉 담론성의 영역을 벗어나 담론적 실천과 비담론적 실천을 결합시키겠다는 의지를 잘 보여 주고 있다. 그러나 동시에 그것은 권력이 육체에 적용되는 지점들을 연구하고, 서구 역사의 매우 분명한 한 시점에서 감옥의 문제 제기 방식을 탐색하는 계보적 프로그램의 표현이다. 푸코가 특별한 연구 대상으로 삼은 것은 권력의 많은 행사들 가운데 양태로서의 감옥이다.

권력에 대한 그의 접근 방식은 마르크스-레닌주의의 도구주의적인 견해와 단절하고 권력을 다원화한다. 권력은 더 이상 중심이 없고 순환한다. 그것은 중요한 관계적 구조이다. "구조주의의 시대에 사람들은 레닌의《국가와 혁명》과, 권력에 대해 고찰하는 푸코 사이에 있었다."[11] 푸코는 권력 장의 규정을 확대하고, 가장 극단적 변방까지 그것을 확대하는 입장에 입각해 정치적인 것을 후퇴시킨다. 그리하여 사회 집단에 빛을 발산하는 신경 중추로서의 국가는 사라진다. 푸코의 방식은 17세기 홉스의 방식의 반명제처럼 제시된다. 홉스의 방식은《리바이어던 *The Leviathan*》을 통해 국가를 진앙(震央)으로 간주했다. 반대로 푸코는 당시까지 부대 현상들로 간주되어 무시되었던 국가의 변방적 집단들의 현실을 복원하고자 한다. 이러한 방식은 비조직적인 상황과 무질서한 측면 뒤에서 어떤 질서의 구성과 계층화를 발견하는 이점이 있다.

그러나 푸코의 사상에서 권력의 개념은 정치적 차원을 무한히 분산시킴으로써 그것을 희석시킨다. 권력은 그것을 장악하고 있다고 생각되는 계급에 더 이상 할당될 수 없다. 그것은 개인들 사이의 망에 입각해 순환하고, 연쇄적 사슬처럼 기능하며, 전체로서 결집되기 전에 각자를 경유한다. 권력의 마디 장소가 없다면, 이 권력에 저항하는 장소는 존재할 수 없다. 도처에 편재하기 때문에 권력은 동요할 수 없다. 그것은 각자 안에 있으며, 모든 게 권력이다. 따라서 그것은 도처에 있지만 아무 데도 없다. 그러니까 권력 행사에의 저항은 더 이상 대상이 없다. 푸코의 분석은 동일한 하나의 현실에서 권력과 국가를 혼동하지 않도록 권유하는 엄청난 장점이 있다. 그러나 이는 육체에 쏠리는 배타적 시선을 위해 국가의 존재를 부정하는 대가를 자주 치러야 한다.

유죄를 선고받은 자의 육체는 권력의 장치들이 이루어 내는 다양한 의미 작용들 사이에 붙들려 있다. 공개적 체형을 통해 일정 시간 동안 구경거리로 벌을 받아 죄를 사하는 방식으로부터 원형 형무소의 중심에 죄수를 배치하는 감옥형을 통한 교정에 이르기까지, 계몽 사상이 구현하는 지식의 과대평가와 처벌적 영역들의 확대에 의한 권력의 과대평가 사이에 과정은 여전히 순환적이다. 푸코는 감옥이 출현하는 조건들을 연구함으로써 감옥의 과정을 역사화하는 작업을 한다. 그러나 그가 감옥을 넘어서 노리는 것은 학교와 공장·병영과 같은 사회적 현실의 모든 수준에서 그 실증적 측면을 나타내는 감금 체계이다. 가시성의 새로운 공간이 18세기말에 태어나기 때문이다. 하나의 총체적 체계가 정착되어 구체적인 관계의 현실 속에 편입된다. 그러나 푸코는 그것을 결정권이 있는 어떤 주체, 어떤 인과 체계로 결코 귀속시키지 않는다.

감금의 행위는 외부로부터 강제되는 것 같고, 후에 가서야 정당성을 찾아낸다. 그것은 개별적 담론의 질서와, 가시성의 또 다른 세계인 시선의 급변이 교차하는 지점에 있다. 현대 사회의 도래는 이미 막스 베버가 암시했듯이 주체의 자율 규제에 토대를 두고 있다. 그런 만큼 푸코는 사회 체계의 모든 공간들에서 개인에게 타격을 주는 표준화 권력들의 증대와 확대 속에서 이와 같은 자율 규제의 조건들을 추적한다.

규칙 혹은 법이 획일적으로 기능하는 권력에 의해 표명되는 법률–담론적 사회로부터 규율과 처벌적 규범들에 토대를 둔 사회로 이동이 이루어진다. 절대주의 사회에서 범죄는 인격체로서의 군주에 대한 타격이었다. 그래서 범죄자의 육체는 일시적으로 타격을 입은 군주의 권력을 복원시키기 위한 체형을 받는다. 따라서 체형은 법률적이라기보다는 정치적 기능을 지니고 있다. 육체는 권력 장치의 중심에 있다. "체형에서 검토되는 육체는 벌을 적용하는 지점과 진실을 짜내는 장소를 구성한다."[12] 실제로 유죄를 선고받은 자의 육체는 공개적 처벌 의식에서 주요한 부분이다. 벌의 집행은 범죄의 성격으로 귀결된다. 신성을 모독한 자들은 혀에 구멍이 뚫리고, 부정한 자들은 화형을 받으며, 살인을 한 손목은 잘린다. 따라서 사법권은 저지른 범죄를 반복하고, 소란스러운 체형과 죄인의 죽음을 통해 이 죄를 몰아낸다. 이같은 의식 행사는 군주의 일시적으로 손상된 절대 권력을 회복하게 해준다. "체형은 정의를 복원시키지 않았다. 그것은 권력을 되살아나게 했다."[13]

왕의 절대권에 위기가 닥치자 처벌권은 달라진다. 그것은 더 이상 군주의 모습을 부활시키는 수단이 아니라 사회를 보호하는 수단이 된다. 이와 같은 새로운 접근은 불법주의가 육체에 대한 범죄로부터 재물의 횡령으로 넘어가는 시기와 일치한다. 그래서 처벌 권력이 보이지 않게 되는 경향을 드러내는 사법 체계가 발견된다. 사회적 집단은 투명하게 되어야 하고, 아무리 작은 구석이라도 감시될 수 있도록 시선이 닿을 수 있어야 한다. 이것이 감옥들, 중학교들 혹은 병영들의 증대를 통한 처벌 체계의 정착이다. "윤곽이 잡히는 것은 (…) 사회적 집단에 대한 보다 엄중한 형벌적 경계망이다."[14] 언제라도 어떠한 범법 행위이든 처벌할 수 있는 권력의 편재가 소란스러운 체형을 통해 힘에의 의지를 나타냈던 무능한 권력을 대체한다. "처벌권은 군주의 복수로부터 사회의 방어로 이동되었다."[15] 따라서 근대성은 보다 효율적이 되기 위해 구상된 특별한 제도들에 입각한 민중의 통제를 자체 안에 지니고 있다. 이 시기는 푸코에 따르면 대감금의 시대이다. 이 대감금은 우선적으로 부랑자·거지·광인과 같은 변방적 사회 계층들에 타격을 준다. 그러나 그것은 또한 수도원의 모델이 강제되는 중학교에 들어가는 어린아이들과 관련이 있고, 유랑으로부터 병영에서의 정착으로 이동하는 병사들과 관련이 있다.

하나의 사회 체계 전체가 가시성의 새로운 도식에 따라 이동한다. 이와 같은 새로운 처벌 사회의 모델은 벤담에 의해 제시되고 있으며, 그것의 전체 구조는 1830–1840년대에 감옥 건설의 모델이 된다. "그것은 적용에 있어서 다가적(多價的)이다. 그것은 수감자들의 행실을 교정하는 데 사용되지만 또한 환자들을 돌보고, 학생들을 가르치며, 광인들을 지키고, 노동자들을 감시하며, 거지들과 백수들을 일하게 하는 데 사용된다. 그것은 공간 속에 육체들을 이식시키는 하나의 유형이다."[16] 푸코에 따르면 이와 같은 처벌 사회의 정착을 통해서 또한 목격되는 것은 개별화의 축이 사회적 집단의 하층으로 슬며시 이동하는 현상이다. 중세 사회에서 개별화는 권력이 행사되었던 정상, 즉 군주의 육체에서 최대치였다. 반대로 처벌 사회에서는 가시성이 모든 민중의 행적을 알게 해주게 되어 있는 바 개별화는 하강하면서 권력은 익명적이 되고, 단순한 기능적 장치가 된다.

따라서 푸코는 관점을 이중적으로 전복시킨다. 우선 그는 권력을 더 이상 부정적 관점에서 인식하지 않고, 그것의 적극성 속에서 인식한다. ("사실 권력은 생산을 한다. 그것은 현실을 생산한다."[17]) 그리고 그는 특히 계몽주의에서 자유화와 해방의 주요한 시기, 다시 말해 근대성과 더불어 진실임이 확인된 그런 시기를 보는 역사의 진보주의적 비전을 뒤흔든다. 그가 이와 같은 해방 뒤에서, 제반 자유의 뒤에서 포착하는 것은 육체들을 통제하는 데 있어서 진전이고, 처벌 행위의 확장이며, 억압적 사회의 강화이다. "이념의 역사가들은 완벽한 사회의 꿈을 기꺼이 18세기 철학자들과 법률가들에게 빌려 준다. 그러나 사회의 군사적 꿈도 있었다."[18] 따라서 푸코는 역사적 관점의 진정한 전복으로 초대하고 있으며, 이 전복에서 계보학의 중심적 대상은 육체이고, 접근 방법은 시선의 변화이며 가시성의 양태이다. 이와 같은 차원에서 보면 푸코는 그가 받은 영감이 무엇보다도 구조주의적이었던 시점에서, 임상 진단의 탄생을 가능하게 했던 조건들을 기술했던 방식과 전적으로 연속성을 유지하고 있다. 그러나 처벌적 이성의 이와 같은 연구에서 그의 큰 업적은 역사적 기록 자체, 개혁적 계획들, 탐정문학과 대면하여 특수한 분석의 자료체를 구성해 내고, 철학사의 전범적 텍스트들의 윤곽을 그려냈다는 점이다. 그렇기 때문에 그는 권력 장치들의 실질적 목적들을 보다 잘 이해하기 위해 담론과 보는 행위 가까이에 자신의 분석 시각을 위치시킨다.

그의 저서는 놀라운 반향을 경험하게 된다. 성공에 있어서 두 번의 다른 시점을 경험했던 《광기의 역사》이상으로 《감시와 처벌》은 '자신들의 머릿속에서 경찰, 프티 쉐프[1]를 쫓아내고자' 하며 도처에서 권력을 보는 세대의 정신 상태에 완벽하게 부합한다. 그리하여 푸코의 주장은 저자의 소망을 넘어서, 다양한 사회적 감시망에 대항해 싸우는 사람들을 위한 일반적 경전으

---

1) 프티 쉐프(petit chef)는 지위가 별로 높지 않으면서 위세를 부리는 자로서, 여기서는 경찰을 지칭한다.

로 신속히 변모하게 된다. 처벌 관행에 대항하는 진정한 비판 무기가 된 푸코의 주장은 다양한 분야별 투쟁에, 생겨났다 없어지는 다양한 부차적 전선에 도구 역할을 하게 된다. 철학자가 68 세대라는 한 세대의 이상과 실망을 그처럼 담아내 반향을 일으킨 적은 결코 없을 것이다. 《감시와 처벌》은 또한 감옥에서 증대되는 폭동에 응답하며, 현대 사회의 이와 같은 이면에 이론적 분석틀을 제공한다. 장 미셸 베스니에와 장 폴 토마스가 쓰고 있듯이, "68 사태의 교훈을 끌어낸다는 것은 단호하게 혁명적인 실천과 분석을 아직 단념하지 않는 채 권력에 대항한 싸움의 아름다운 단순성을 포기하는 것이었다."[19] 따라서 문체가 현혹적인 이 책이 1975년에 8천 부가 팔리고, 1987년까지 7만 부가 팔리는 대단한 상업적 성공을 거두는 것은 놀라운 일이 아니다.[20]

푸코, 역사학자인가?

푸코는 철학자로서 역사학자의 영역을 폭넓게 연구했다. 그러나 그는 또한 역사학자들의 집단과 대화를 했으며, 심지어 그들 가운데 몇몇 사람들, 특히 미셸 페로 및 아를레트 파르주와 공동 연구를 수행했다. 이들 두 사람이 우선시하는 역사적 대상은 역시 전통적 역사학에서 배제된 대상인 여성과 소외 계층이었다.

광기의 역사에 관한 학위 논문이 처음 출간될 때부터 푸코는 원하지도 않았는데 직업 역사가들을 만났다. 1961년 플롱사에서 이 논문이 출간될 수 있도록 원고를 지지해 준 사람은 필리프 아리에스이다. 아리에스는 정신 구조들의 역사를 연구하는 고립된 단독 행동자였고, 그가 받은 극보수주의이고 왕정주의적인 우파 이데올로기 색채의 수련을 고려할 때 푸코의 믿기지 않는 옹호자였다. 저서는 특히 역사가들로부터 열광적인 환대를 받는다. 그 결과 로베르 망드루와 페르낭 브로델은 한 위대한 역사가의 탄생에 경의를 표한다. 그러나 처음부터 역사학자들과의 관계는 오해를 중심으로 형성된다. 왜냐하면 사람들이 찬양하는 것은 《아날》지가 추구해 온 정신 구조사의 개념을 훌륭하게 예시하는 사회심리학적 저서이다. 이런 측면은 《광기의 역사》가 아니다. 역사가들은 이어서 그들 사이에서 가장 훌륭한 인물들 가운데 하나를 잃는다는 느낌을 갖게 된다. 그런데 푸코의 계획은 사회사——이 사회사가 혁신되었다 할지라도——의 전문가로서 역사가의 영역에 정착하는 것이 아니라, 그가 역사의 카니발이라 간주했던 것을 니체적 철학자로서 문제삼는 것이었다. 그의 인식론적 저서들을 통해서 어떤 몰이해의 장벽이 푸코와 역사가들 사이에 세워졌다. "푸코는 이 점에 대해 때때로 씁쓸해했다. 그는 그것을 자기 자신에 대한 배척으로 느꼈다. 그가 콜레주 드 프랑스의 교수가 되기 전에 그의 야심들 가운데 하나는 고등연구원의 교수가 되는 것이었으리라. 나는 그가 고등연구원에 지원했다고 생각지 않는다. 그러나 그는 지원하라고 요청받기를 기다렸다. 그는 전혀 요청받지 못했다."[21]

반대로 미셸 페로는 푸코의 저서에 열정적으로 공감을 표시한다. 역사의 장기적 계열들에 관심을 기울이는 라부르스의 지도로 공부한 여류 역사가인 미셸 페로는 19세기 노동자들의 역사에 대한 대전문가이다. 이어서 그녀는 몸담고 있는 파리7대학에서 학제간 연구에 매우 개방적인 여권주의 역사가가 된다. 그녀는 70년대초 이 대학에서 제라르 델포와 함께 '역사와 문학'이라는 주제로 한 교과목을 담당한 바 있다. 1972-1973학년도에 한 여권주의 집단에 가담한 바 있는 그녀는, 1973-1974학년도에 파리7대학에서 여성들도 역사를 지니고 있는지 아는 주제를 다루는 하나의 강좌를 이끈다. 이를 기회로 하여 그녀는 현재의 여성 조건에 대해 이야기하기 위해 마들렌 길베르·에블린 쉴르로 같은 여류 사회학자들을 초청한다. 70년대초 여성사를 처음 다루는 초창기에 특히 문제는 감추어진 현실을 들추어 내고, 망각된 자들의 역사를 만들며, 역사에서 억압된 것을 가시적으로 만드는 일이었다. 우리는 수감자들에게 목소리를 되돌려 주려고 애썼던 푸코와, 여성들에게 목소리를 되돌려 주려고 애썼던 미셸 페로 사이의 만남이 어떤 면에서 풍요로울 수밖에 없었는지 이해하게 된다. 《감시와 처벌》이 나올 때, 미셸 페로는 때마침 19세기 감옥의 역사에 관심이 있었다. "나는 이 책이 기막히다고 생각했다."[22]

푸코의 방법에 매우 비판적인 역사가 장 레오나르의 텍스트 '역사가와 철학자'에 입각해, 그리고 푸코의 답변인 '먼지와 구름'에 입각해 미셸 페로는 프랑수아 에발드와 함께 이 2개의 모순적인 텍스트를 중심으로 역사학자들과 푸코 사이에 원탁 토의를 마련한다. "푸코의 작품을 매우 잘 알고 있었던 자크 르벨과 그와 함께 작업을 했던 아를레트 파르주를 제외한 역사가들은 푸코의 사상에 대해 질문들을 제기했고, 푸코는 답변을 시도했다. 그러나 그들은 2개의 평행한 담론을 개진했다. 그리하여 우리가 녹음된 내용 앞에 프랑수아 에발드와 함께하게 되었을 때, 우리는 그대로 실을 수는 없다고 생각했다."[23] 선택된 해결책은 역사가들의 다양한 개입을 한 사람의 익명 역사가로 축소하고, 이 역사가 위에서 말한 최초의 두 텍스트가 엮어내는 대화에 참여하면서 푸코의 논지를 우선시하는 것이었다. 전체 내용은 1980년에 《있을 수 없는 감옥》[24]이란 출간물의 소재를 구성하게 된다. 그러나 "대화는 진정으로 이루어진 것이 아니었다."[25]

푸코는 이 대면을 기회로 자신의 방식을 설명하고, 그것이 역사학자의 접근과 근본적으로 다르다는 것을 감추지 않는다. 그의 목표는 사회에 대한 총체적 분석을 하는 것이 아니다. "나의 계획은 처음부터 역사가들의 계획과는 달랐다. (…) 나의 전반적 주제는 사회가 아니라 참/거짓의 담론이다."[26] 그는 자신이 사건화(événementialisation)의 방향에서 작업하고 있지만 자신의 대상은 사회사의 영역이 아니다라고 되풀이하여 말한다. 그의 분석틀은 다른 수준, 즉 담론적 실천의 수준에 위치한다. 바로 이것에 대해 역사학자 장 레오나르는 푸코를 비난한다. 레오나르는 푸코의 언구에서 대명동사와 'on'이라는 인칭대명사[2]가 풍부하게 사용되고 있음을 지적한다. 권력 · 전략 · 테크닉 · 전술 등이 문제되고 있지만, "행위자들이 누구인지, 누구의 권력인지, 누구의 전략인지 알 수 없다"[27]는 것이다. 푸코는 다양한 제도들의 역할을 육체 길들이기 및 조건화(conditionnement)의 기도라고 방치해 버린다. 다양한 사회 계층들에 관해 말하자면 그것들은 푸코의 관심 밖이다. 장 레오나르는 푸코가 독자를 카프카적인 세계에 빠지게 하고 있다고 비난한다. "기하학의 어휘는 인간들의 사회를 사막화시킨다. 공간·선·틀·부분·배치만이 문제되고 있다."[28] 그러나 푸코는 이와 같은 비난에 대해 자신의 주제는 거기에 있지 않다고 답변한다. 요체는 18세기와 19세기의 프랑스 사회의 연구도 아니고, 1760년과 1840년 사이의 감옥의 역사도 아니며, '처벌적 이성의 역사에서 한 시기'라는 것이다. 대화는 상대의 이야기를 들으려 하지 않는 대화일 뿐이다. 왜냐하면 푸코는 철학자로서 역사의 몇몇 영역을 통과할 뿐이고, 그의 기본적 목적은 역사가들에게 귀중한, 현실의 전체적 결정 기구(instance)가 미망에서 벗어나야 할 환상이라는 점을 보여 주는 것이기 때문이다.

푸코는 그가 속한 구조주의 세대 모두가 그렇듯이, 어떻게 서구 문명의 요람 자체에서 역사가 나치의 괴물과 스탈린의 전체주의를 낳을 수 있었는지 탐구하면서 역사의 깃발을 조기(弔旗) 상태로 내려놓고 있었다. 그와 역사와의 관계에는 어떤 정신적 충격이 있음이 분명하다. 이 충격이 그로 하여금 가식에 만족할 수 없고, 이면을 드러내게 하며, 계몽주의의 선언 뒤에서 예속 장치의 배치를 포착하도록 이끌고 있다. 자유 뒤에는 대(大)감금이 있고, 평등 뒤에는 육체들의 예속화가 있으며, 동지애 뒤에는 배제가 있음을 말이다. 푸코가 지니고 있는 것은 역사에 대한 어두운 비전이고, 현대성에 대한 철저한 비판이다. 그러나 그의 역사적 해체는 일부 역사가들에게 자신들의 연구 대상을 개념화하고 문제화하는 데 특별한 관심을 갖게 하였다. "나에게 그것은 전적으로 중요했다. 그는 나에게 고찰의 노선들을 끊임없이 제공해 주었다. 《감시와 처벌》에서 그가 규율의 개념에 대해 말하고 있는 모든

---

2) 대명동사는 표현된 행동이 주어 자신에게 돌아가는 동사이고, on이라는 인칭대명사는 여기서 일반 주어를 가리킨다.

것은, 내가 산업 사회에서 표준화가 의미할 수 있는 모든 것을 이해하고 이른바 노동 계급의 형성을 보다 잘 포착하게 도와 주었다. 왜냐하면 푸코가 말하고 있는 것에서 중요한 것은 규율이 다만 억압일 뿐 아니라 동의이고 가치의 내면화이기 때문이다."[29]

고문서에 대한 취향으로 인해 푸코는 육체를 탈취하려고 싸우는 다양한 담론적 장치들의 얽힘 속에서 육체가 권력의 목적으로 설정될 수 있는 방식을 보여 주게 해주는 역사적 자료를 제시할 수 있게 된다. 법률적 기구와 의학적 기구는 광인을 놓고 싸운다. 따라서 푸코가 《정치적 위생 및 법의학 연대기》(1836)에서 발견하는 피에르 리비에르 같은 범죄인은 서로 다른 기원과 기능을 지닌 다양한 담론의 교차점에 위치한다. 이 담론들은 그것들이 결정한 입장의 과학적 성격에 대한 합법성이나 권력의 지위를 얻기 위한 구실로서 이 범죄인을 놓고 대결한다. 그래서 1836년에 일어난 피에르 리비에르 사건은 1973년에 푸코와 그의 세미나 참여자들이 완성한 집단적 자료의 대상이 된다.[30] 이 자료에서 푸코는 자신의 어머니·누이·형을 살해한 20세 가량의 농부인 피에르 리비에르 자신이 쓴 자술서, 법률적 서류 전체, 그리고 세 유형의 의학적 보고서 사이의 쟁점들을 관련시킬 수 있었다. 세 유형의 의학적 보고서 가운데 하나는 시골 의사의 것이고, 두번째는 정신병원 담당의 도시 의사의 것이며, 세번째는 정신의학과 법의학의 대(大)전문가들의 것이다. 하나의 구체적인 사례를 놓고 이처럼 대조함으로써 형사 재판에서 정신의학적 개념들이 사용되는 초창기가 드러나게 된다. 피고인은 법률적 울타리 내에서 대결하는 다양한 전략들 안에 붙들려 있다.

고문서에 대한 푸코의 민감성은 철학으로서는 특별한 것인데, 그로 하여금 역사학자들과 함께 작업한 몇몇 연구들을 출간하게 만든다. 《……나 피에르 리비에르》 이후에, 그는 미셸 페로와 함께 벤담의 《원형 감옥》의 해설을 출간하고,[31] 아를레트 파르주를 만나 바스티유 감옥의 봉인장들(투옥을 명하는)에 대해 작업을 하게 된다. "푸코와 나의 만남은 믿기 어려운 것이었다. 왜냐하면 우리는 같은 방향으로 작업을 전혀 하지 않고 있었기 때문이다. 그것은 자료 자체 때문에, 그리고 일반적으로 알려지지 않은 무엇, 즉 고문서에 대한 그의 민감성 때문에 이루어졌다."[32] 고문서에 대한 이와 같은 매료는 이 여류 역사학자와 철학자의 관계 방식을 뒤집게 된다. 왜냐하면 바로 아를레트 파르주가 이 자료들을 해설하는 것이 필요하다고 푸코를 설득시키는 데 성공하기 때문이다. 사실 푸코는 이 봉인장들을 해설로 무겁게 하지 않고 출간하고 싶었던 것이다. "기적은 그가 이 점에 대해 설득될 수 있었다는 점이다. 그리하여 그는 이 텍스트들에 대해 함께 작업하자고 나에게 요청했다."[33]

이 봉인장들은 사실 푸코가 《임상의학의 탄생》을 집필할 당시까지 거슬러 올라갈 정도로 오래 전에 발견한 것이다. 당시에 이미 그는 그것들을 가지고 무언가를 할 것이라고 생각했다. 그는 이 자료에 대해 매우 강한 정서적 관계를 유지하고 있었다. "그는 우리 또한 감동을 느끼며 작업할 수 있다고 나에게 말한 유일한 사람이었다. 그는 나를 위해 감동이 더 이상 점잔을 피우는 의미에서의 감동이 아니라 지적인 도구가 되도록 해주었다"[34] 이렇게 하여 푸코는 아를레트 파르주와 2년간 함께 작업을 하게 된다. 파르주는 망드루의 제자이자 정신 구조를 전공한 여류 역사가인데, 1975년에 《감시와 처벌》이 나온 뒤에야 푸코의 작품을 발견했다. 당시에 그녀는 일탈 현상, (소외 계층의) 한계 상황 현상을 연구하는 데 전념하고 있었다. "그 당시 사람들은 억압받는 자들에게 말할 기회를 주러 가리라고 말하곤 했다."[35] 이러한 방향은 사실상 그녀를 푸코의 주관심사와 참여에 접근시켜 주었다. 그리하여 그녀가 말하는 것보다 더 있을 법하지 않은 그 만남이 이루어진 것이다. 또한 아를레트 파르주는 직선성에 이론을 제기하는 사상에 매료되었다. 이 사상은 단절선을 우선시했고, 불연속성들을 문제화했으며, 그리하여 상부에서 하부 쪽으로 기능하는 대중 문화의 견해와 단절하게 해주었다. "왜라는 질문이 아니라 어떻게라는 질문만이 제기되었던 그 당시에 그는 나에게 매우 흥미로운 인물이었다. 그것은 내가 간직한 매우 장인적인 작업 방식과 일치했다. 이 방식은 이른바 사회 현상이라는 그 마그마에서 극히 미세한 기능 작용들을 밝혀내는 것이다."[36]

이 유익한 만남의 결과로 1982년에 철학자와 여류 역사가의 공동 저서인 《가족의 무질서》가 출간된다.[37] 이 책이 보여 주는 것은 아무나 다른 형식의 소송 없이 투옥될 수가 있는 근거인 왕의 전횡이나 가장 치욕적인 절대주의의 상징 자체가 사실은 사적인 목적들을 위해 아버지들이나 부부들에 의해 아주 빈번히 사용되었다는 점이다. 이들은 재앙적인 가정 상황을 해결하기 위해 왕에게 투옥 요구를 했던 것이다. '왕의 명령으로' 비세트르 시료원, 살페트리에르 정신병원, 혹은 다른 곳에 끌려간 수많은 남자들과 여자들은 기본적으로 모호한 사적인 사건들 때문에 끌려갔고, 가족들에 의해 보내졌다. 이것은 푸코에게는 분명한 것으로 나타났던 것을 문제화하는 새로운 계기가 된다. 즉 권력 관계가 군주에 의해 구현된 단순한 도구적 관계보다 더욱 순환적이고 훨씬 복잡하다는 점을 보여 주는 계기 말이다.

아를레트 파르주에 따르면 푸코가 역사가들이 자신에 대해 어떻게 생각하는지에 대해 매우 민감했고, "민감한 것 이상이었으며, 매우 가슴 아파했다"면,[38] 《감시와 처벌》은 역사가들한테 진정한 성공을 거두는 실질적인 계기가 된다. 이 성공은 《지식의 고고학》 이래로, 따라서 1969년 이후로 아날 학파와의 실질적인 접근을 확인해 준다. 이러한 만남은 특히 피에르 노라라는 인물과 갈리마르사를 통해 이루어진다. 그리하여 이와 같은 모험 속에서 푸코는 역사가들의 새로운 이상향에 전적으로 동참하게 된다.

24

새로운 역사의 황금시대

1968년 이후에 60년대 구조주의 물결의 큰 수혜자들은 《아날》지의 역사가들이었다. 그들은 구조주의라는 사건과 통시성에 대한 재평가가 불가피하게 되었던 시점에서 판돈을 거두어들일 수 있었다. 이때는 포착할 수 없는 개방된 구조의 관념을 제시한 자들에 의해 내부로부터 포위당한 구조적 패러다임이 퇴각하고, 분열하며, 내부 폭발하는 상황이었다. 반면에 외부로부터는 문제 제기들이 점점 더 급진적이 되어갔다. 구조주의의 모험은 역사학의 길들을 빌리면서 그렇게 계속되고 변모한다.

당시까지 역사학자들은 자신들을 자동 구성 경험(empirie)[1]의 세계로 몰아세웠던 구조주의 열기에 부정적으로만 관련된 것으로 느꼈다. 그러나 그들이 이미 지속의 리듬을 늦추었음은 물론이다. 그리하여 그들은 뒤처진 자들의 왕성한 욕망과 자신만만한 태도를 드러내며 흐름에 편승한다.

일원적 역사로부터 다원적 역사로

구조주의가 역사학자들의 탐구 영역을 풍요롭게 해주도록 만드는 기본적인 연결은 미셸 푸코의 작품과, 그가 갈리마르사의 피에르 노라와 유지하는 관계를 거쳐 간다. 1971년에 피에르 노라가 내놓는 총서의 제목 '제 역사들

---

1) 자동 구성 경험의 개념에 대해선 p.62, 역주 2)를 참조.

총서(Bibliothèque des histoires)'가 역사학자들에 의해 실현된 인식론적 굴절과 구조주의적 프로그램의 수용을 강조하고 있다. 푸코는 '인문과학 총서'와 짝을 이루는 역사 총서에 대해 찾아낸 제목에 매우 만족해했다. "'역사 총서(Bibliothèque de l'Histoire)'라고 불렸다면 평범했을 것이다.² 나는 '제 역사들 총서'가 내가 말하고자 했던 것, 즉 분열에 전적으로 일치한다고 생각했다."¹⁾

역사는 이제부터 복수로, 그리고 소문자로 씌어진다. 그것은 무한히 그것의 시선에 제공되는 다양한 대상들을 향해 보다 잘 재조직되기 위해 종합 프로그램의 실현을 단념한다. 복수로 된 이와 같은 역사들의 개념은 푸코가 《지식의 고고학》의 서설에서 역사학자의 실천에 대해 제시하는 규정에 전적으로 일치한다. 피에르 노라가 이 텍스트를 그만큼 잘 알았던 것은 푸코가 그에게 그것을 읽어보라고 주었기 때문이다. "그는 나에게 내가 역사학자로서 어떻게 생각하는지 묻고 나 자신이 나의 입장을 재발견하게 될 것이라고 말하면서, 이 첫 장(章)을 다시 읽어보라고 했다."²⁾ 피에르 노라는 총서를 소개하는 텍스트를 구상해 내는데, 이 텍스트는 푸코의 철학을 강하게 반영하고 있다. 그는 기념비의 개념을 빌려서 자축하기 위해 이렇게 단언한다. "우리는 대문자 역사의 분열을 체험하고 있다. 오랫동안 유럽의 특권으로 남아 있었던 역사적 의식이 전세계로 확대되는 현상과 이웃 사회과학들에 의해 풍요로워진 탐구 때문에 역사가들이 과거에 제기하는 질문들이 매우 풍부하게 되었다. (…) 역사학은 그것의 방법 · 재단, 그리고 대상들을 바꾸었다……." 이와 같은 새로운 대상들의 증대, 그리고 역사학자의 영역 확장은 모두가 역사학의 승리를 나타내는 표시들처럼 보인다. 피에르 노라는 역사의 분열에 대한 이와 같은 작은 선언으로, 특히 브로델이 이와 같은 텍

---

2) 역사를 단수 대문자(Histoire)로 표시하는 것은 헤겔로 대표되는 서구 중심적인 일원적 · 연속적 역사관을 반영하는 것이고, 복수 소문자(histoires)로 나타내는 것은 역사의 다원성과 불연속성을 함축한다. 뜻을 살리기 위해 역자가 '제 역사들 총서'로 번역한 총서의 제목은 구조주의 사조와 일치하는 후자의 해석을 인정한 것이 된다.

스트 앞에서 분노를 폭발했다는 사실을 알고는 푸코와 함께 몹시 즐거워했던 것을 기억한다.

피에르 노라는 심지어 이 총서에 앞서 선언 책자, 다시 말해 조그만 종합적 책을 내놓고자 했다. 이 책은 앞으로 추진해야 할 새로운 역사학이 옹호하는 이론적 입장들을 압축한 것이다. 그는 이 구상을 미셸 푸코·프랑수아 퓌레·에마뉘엘 르 루아 라뒤리에게 이야기한다. "그래서 우리는 함께 역사학이 어떻게 되어가고 있는지에 대해 심사숙고해 보았다. 나의 생각은 나타나고 있는 중이었던 문제들을 체크하자는 것이었다."[3] 이러한 발의는 예기치 않은 규모로 확대된다. 그것은 자크 르 고프가 갈리마르사와 접근하는 시점과 일치한다. 사람을 찾고자 했던 피에르 노라는 이 계획을 조금씩 조금씩 자크 르 고프에게 넘겨 주었다. 자크 르 고프는 매우 정열적으로 이러한 시도에 참여했기 때문에 '제 역사들 총서'에 앞서 작은 선언 책자를 내겠다는 발상을 두꺼운 세 권으로 된 《역사학하기》로 바꾸었다. 이 저서의 작업은 자크 르 고프와 피에르 노라가 공동으로 책임을 지지만, 후자가 거의 혼자서 마무리하게 된다. 왜냐하면 르 고프가 1972년 고등연구원의 제6분과 위원장으로 선출될 때부터 그는 갈리마르사와 더 이상 유기적 관계를 갖고자 하지 않기 때문이다.

따라서 거창한 전서가 1974년에 새로운 역사를 위한 헌장처럼 나타난다.[4] 이때는 대반격의 시기이다. 그리하여 역사학자들은 새로운 인문과학의 새싹들이 관심을 독점했던 시기 동안 거만하게 굴었지만, 이제 구조주의 유격대들의 풍요로운 방향들을 독점하겠다는 의도를 드러낸다. 그들은 이 유격대들의 방법들을 흡수하는데, 그 목적은 실험의 영역을 가능한 한 최대로 확장하기 위해 통일성을 단념하는 대가를 치르지 않을 수 없는 역사학의 혁명을 완수하는 것이다. 역사학자들은 여기서 사회과학 일반, 제2세대 구조주의, 그리고 해체주의가 그들에게 던지는 도전에 응하고 있다. "역사학이 시간을 통해 사회들을 설명하는 체계로서 홀로 점유했던 영역은 역사학을 빨아들이고 해체할 위험이 있는, 경계가 모호한 다른 과학들에 의해 침투당하고 있다."[5] 이 3부작의 저자들이 볼 때 역사학은 총체성의 사명을 단념하고 푸코가 일반적 역사라 부르는 것, 즉 분산 공간의 역사를 추진함으로써 구제되어야 한다.

이와 같은 분열이 함축하는 점은 역사학자의 담론을 대체적으로 받쳐 주었던 헤겔의 구축물을 문제삼는 것이고, 역사의 장을 통일시켰던 것, 즉 개인 혹은 집단으로서 역사의 주체인 인간을 탈중심화한다는 것이다. 인간의 이와 같은 탈중심화는 인간의 죽음, 주체의 무의미를 선언하는 구조주의적 글쓰기의 중심 사상과 일치한다. 그것은 언어학자나 인류학자에게 그렇듯이 역사학자에게 과학적인 것으로 제시되는 담론을 추진하게 해준다. 왜냐하면 그것은 양적 역사에서 가장 다루기 어려운 가변적인 변수를 부수적인 것으로 간주한다는 점 때문이다. 그리하여 에마뉘엘 르 루아 라뒤리는 그의 《역사학자의 영역 I》의 제4부 제목을 '인간 없는 역사'로 붙인다.[6] 인간적이고 인류학적인 것만을 역사로 생각한 《아날》지의 제1세대와는 반대로 르 루아 라뒤리는 구체적인 역사 연구, 즉 10세기 이후의 기후 연구에 입각해 "역사학자를 다만 인류의 전문가로 만드는 것은 그를 불구자로 절단하는 것이다"[7]라고 생각한다. 이러한 탈중심화는 이같은 일회적인 연구를 넘어서 전적으로 매우 중요하다. 그래서 르 루아 라뒤리는 그것을 역사과학에서 진정한 코페르니쿠스적 혁명으로 규정한다. 이 역사학자는 자신의 과학적 소명을 단언하게 해주는 이러한 탈중심화에 따라 자신의 관점이 지닌 풍요로움을 판단한다.

따라서 어떤 실증주의가 푸코의 입장과 합류하면서 지배한다. 왜냐하면 푸코의 입장은 무엇보다도 고문서의 묘사적 관점에서 왜보다는 어떻게를 포착하는 것이기 때문이다. 그러나 푸코의 주장과의 이와 같은 인접성이 이 철학자와 역사가들 사이의 신뢰 관계를 의미하는 것은 아니다. "푸코는 역사에 열중했다. 동시에 그는 역사가들을 자신들이 하는 일에 대해 충분히 탐구하지 않는 바보들로 간주했다."[8] 게다가 하나의 말썽이 《역사학하기》에 피에르 빌라르가 실은 글과 관련해 터지게 된다. 이 글에서 그는 《말과 사물》

이란 저서를 격렬하게 공격하기 때문이다. "푸코는 대(大)저서들에서 장점은 적고 단점은 많게 보이는 방법을 일반화했다. 처음에는 권위적인 가설들이 제시되고 있다. 이어서 입증이 나온다. 그런데 몇몇 명쾌함이 드러나는 지점들에서 혼동되게 뒤섞인 날짜들, 의미를 파헤쳐 끌어들인 텍스트들, 무지를 드러내는 과오들, 많은 역사적 오해들이 발견된다. 이 과오들은 매우 크기 때문에 그것들이 의도적이었다고 믿어야 할 것이다."[9] 피에르 빌라르는 미슐레와 그의 '열광'에 관한 알튀세의 언급을 환기하면서, 결국 역사가는 두 열광 사이에서 미슐레의 열광을 선호하지 않을 수 없다고 생각한다. 우리가 보다시피 공격은 냉혹하고, 푸코의 반응은 지체하지 않는다. "나는 아무것도 의심하지 못한 채 수화기를 들었는데, 내가 《역사학하기》를 보낸 푸코의 얼음장 같은 목소리가 들렸다. 그는 나에게 이렇게 말하면서 폭발했다. '나는 우리가 서로 이해하고 있다고 생각했소. 그런데 당신들이 쓴 첫마디는 내가 하고 있는 일에 대한 모욕이고 전쟁의 선언이군요. 이런 상황에서 나는 왜 당신이 내 책의 간행을 담당하는지 이해가 되지 않습니다……' 그래서 나는 손을 떨면서 그 책을 펴보았다. 나의 말문을 막아 버린 그 페이지, 르 고프와 내가 모르고 지나쳐 버린 그 페이지를 발견했다."[10] 푸코는 이 페이지를 두번째 판에서 없애라고 요구하고, 그렇지 않을 경우 갈리마르사를 떠날 것이라고 위협한다. 그리하여 피에르 노라는 피에르 빌라르의 집을 방문한다. "노라는 나를 찾아왔다. 그는 완전히 망연자실했다. (…) 푸코는 대단한 작가이고, 훌륭한 재능을 지닌 인물이다. 그러나 나는 역사적 재구성의 관점에서 그의 모든 진지함을 부정했다."[11] 사건은 더욱 복잡해지고 있었다. 왜냐하면 피에르 빌라르는 피에르 노라가 고등연구원에 들어오도록 해야 했고, 문제의 책 제2판이 나오는 시점에서 빌라르의 부인이 죽어가고 있었기 때문이다. 피에르 노라는 그를 괴롭히는 것을 단념하고, 사건은 거기서 머무른다. 시간이 흐름에 따라 푸코의 분노가 진정되었던 만큼 최초 원판이 그대로 보존되게 된다.

그러나 이러한 충돌은 푸코와 역사학자 집단과의 어려운 관계를 드러내

준다. 이 집단이 푸코의 주장을 폭넓게 받아들였지만 말이다. 해체주의적인 동일한 관점에서 볼 때, 역사의 다양한 대상들을 합리적인 전체 속에 연결시키는 것은 이제 문제가 되지 않는다. 미셸 드 세르토는 역사학의 작업을 규정하면서 역사학이 19세기에 차지했던 중심적 위치를 상실했고, "의미를 말하는 역할에서 철학을 이어받는 데 있었던 종합적인 기능을 더 이상 지니지 못한다"[12]라고 생각한다. 피에르 노라는 《역사학하기》 세 권을 《누벨 옵세르바퇴르》지에 소개하면서, 블로크·페브르·브로델의 시대에 역사학의 지평과 70년대의 지평 사이에 불연속성이 있음을 인정한다. "오늘날 나에게 문젯거리로 나타나는 것은 총체적 역사의 개념이다. (…) 우리는 거부해서는 안 되는, 호기심의 대상들 쪽으로 확장되고 파편화된 강렬한 역사를 체험하고 있다."[13] 시간성들에 대한 계열적 접근이 토대가 되는 이질적 시간성들의 다원화는 총체성의 관념을 형이상학적 과거로 퇴각시킨다. "시간은 더 이상 동질적이지 않고, 총체적 의미를 더 이상 띠지 않는다."[14] 역사적 지식의 파편화 속에서 새로운 과학적 공간의 징후를 보는 자크 르벨에 따르면 역사학은 총체적 역사가 죽었다고 애도할 필요가 없다. "열려진 지평은 더 이상 총체적 역사의 지평이 아니라 대상들을 총체적으로 분절하여 구축해야 하는 지평이다."[15]

역사학자의 제국 구축은 역사학자의 실천을 거쳐 간다. 이 시기는 역사학자가 컴퓨터를 통해서 과학성에 다다를 수 있게 되리라 생각되는 때이다. 따라서 그는 경제적·사회적 혹은 문화적 역사의 가능한 모든 대상들을 고려한다. 생산된 밀의 양, 출생·결혼·사망의 수, 유언에서 성모 마리아를 부른 수, 어떤 장소에서 일어난 도둑질 수 등에 이르기까지 말이다. 그는 곡선들을 그리고, 한계들과 굴절되는 점들을 표시한다. "극단적인 경우, 계량화할 수 있는 것만이 과학적 역사가 된다."[16]

'제 역사들 총서'가 출간되기 시작하는 바로 그 해에 폴 베인은 동일한 해체주의적 관점에서 역사학자의 담론에 대해 고찰한 《어떻게 역사를 기술할 것인가》를 쇠이유사에서 내놓는다. 역시 푸코의 주장에 강하게 영감을 받은 이 저서에서 베인은 의식적 모델들, 총체성의 환상들을 형이상학으로 몰아붙인다. 그에게 역사학은 아리스토텔레스의 견해를 따라서 무질서·우연으로 이루어진 현세의 세계에 속하고, 그렇기 때문에 법칙 정립적인 야심을 지닐 수 없다. 그것은 어떻게만을, 다시 말해 일어난 일의 기술만을 복원할 수 있지 왜의 설명을 복원할 수 없다. 그것의 영역은 한계가 없다. "모든 게 역사적이다. 그러나 부분적인 역사들만이 존재한다."[17] 역사학자는 실증주의자일 수밖에 없다. 왜냐하면 그의 학문은 개별적 기록이기 때문이다. 나머지 모든 것은 허위적 연속성들 및 기만적인 재구성들을 통해서만 존재한다. "대문자 역사는 존재하지 않는다……의 역사들만이 존재한다."[18] 푸코의 주장과 유사함은 매우 크기 때문에 폴 베인은 1978년에 포켓판으로 자신의 책이 재출간되는 기회를 이용해 다음과 같은 제목의 중요한 항목을 덧붙인다. '역사를 혁명시키는 푸코.' 역사학자로서 베인은 푸코의 방법이 지닌 실천적 유용성을 보여 준다. "푸코는 굉장한 역사학자이고, 역사학의 완성이다. 이 철학자는 우리 시대의 매우 위대한 역사학자들 가운데 한 사람이다. (…) 그는 완벽하게 실증주의적인 최초의 역사학자이다."[19]

고대사 전문가인 폴 베인은 기독교 황제들의 세기에 검투사들의 싸움이 중지되었음을 예로 들고 있다. 그는 이것을 권력의 인간화로, 기독교화의 효과로 돌리는 설명의 유효성에 이론을 제기한다. 그가 이와 같은 접근 방식에 대립시키는 것은 푸코가 권장하듯이 정치적 권력의 실천 수준 자체에 위치하는 접근법이다. 그런데 황제들은 권력의 다른 실천을 채택했다. 이 실천은 부성적이 되면서 검투사들의 존재와 양립할 수 없었다. 따라서 실천의 기술(記述) 자체에서 설명의 근거가 발견될 수 있는 것이다. "푸코는 '실천'이라 불리는 새로운 결정태(instance)를 발견한 것이 아니다. 이 실천은 그때까지 알려지지 않았다. 그는 사람들의 실천을 실질적으로 있는 그대로 보고자 노력한다. 그는 모든 역사학자가 이야기하는 것, 즉 사람들이 행하고 있는 것 이외의 다른 것을 말하지 않는다."[20] 폴 베인에 따르면, 푸코의 큰 장점은 말이 착각을 일으키게 하고 사물의 자연성을 믿게 만들고 있다는 점을 보여 주고 있다는 것이다. 푸코는 니체처럼 합리주의들을 해체하고, 그것들을 계보학으로 대체하기 위해 불변 요소들의 사용을 받아들인다. "아무튼 성·권력·국가·광기, 그리고 많은 다른 것과 관련해서 진실도 오류도 존재할 수 없을 것이다. 왜냐하면 그런 것들은 존재하지 않기 때문이다. 켄타우로스의 소화 작용이나 번식에 관한 진실도 오류도 없다."[21] 특히 폴 베인을 유혹하는 것은, 현실을 드러내지 않고 지시 대상과 떨어져 있는 담론의 자율에 민감한 푸코의 구조주의적 방향이다. 이와 같은 이론적 장치에서 지배적인 것은 구조적 사고의 핵 자체, 즉 관계적 구조이다. "푸코의 철학은 담론의 철학이 아니라 관계의 철학이다. 왜냐하면 '관계'는 구조로 지칭된 것의 이름이기 때문이다."[22] 폴 베인은 푸코의 방법에 대한 옹호를 끝내면서 푸코가 역사가인지 아닌지를 아는 문제는 타당하지 않다고 간주한다. 왜냐하면 그에게 역사는 가짜의 자연적 대상이기 때문이다.

역사학자들이 이어받은 바통

새로운 역사학의 폭발은 1968-1969년의 전환점부터 괄목할 만하고, 정신분석학적·인류학적 출간물들의 뒤를 잇는다. 역사학의 산물들이 출간되기 위해 이 시기를 기다린 것은 아니지만, 그것들은 특히 이 시기부터 확대된 독자층에 대량적으로 보급되게 된다. 이와 관련해 1968-1969년에 출판계의 결산은 시사하는 바가 크다. 페이야르사는 프랑수아 퓌레와 드니 리셰의 책임 아래 '경계 없는 역사' 총서를 내놓기 시작한다. 같은 시점에 플라마리옹사는 3개의 총서를 발간한다. 하나는 페르낭 브로델이 책임을 맡은 '과학적 총서'이다. 두번째는 과학의 비판적 장치에 관한 가벼운 주장들을 출간하는 '과학' 총서이다. 이 총서를 통해 보베시[3]에 관한 피에르 구베르

---

3) 보베시(Beauvaisis)는 파리 분지의 일부이다.

의 연구, 크레디 리오네 은행에 관한 장 부비에의 연구, 랑그도크 지방에 관한 르 루아 라뒤리의 연구가 출간(1968)된다. 세번째 마지막은 마르크 페로가 책임을 진 '역사의 문제'라는 총서이다. 이 총서를 통해서 연대기적으로 성격이 정해지는 것이 아니라 현시점의 문제 제기들에 의해 성격이 규정되는 역사적 문제가 제기된다. 알뱅 미셸사에서는 마르크 블로크의《봉건 사회》, 뤼시앵 페브르의《16세기 무신앙의 문제》와 같은 고전적인 훌륭한 텍스트들이 '인류의 변화' 총서로 다시 나온다. 따라서 광범위한 독자층이《아날》지를 창간한 대부들에 접근할 수 있게 된다. 플롱사는 필리프 아리에스와 로베르 망드루가 이끄는 '문명과 정신 구조'라는 총서를 내놓는다. 우리가 본 바와 같이 갈리마르사에서는 피에르 노라가 1971년에 '제 역사들 총서'를 내놓게 되는데, 이 총서는 새로운 역사적 글쓰기에서 중요한 융합점들 가운데 하나가 된다. 1974년 역사에 할애된 책의 수는 1964년보다 여섯 배나 많다. 이 총서들의 핵심적 입장들로 인해《아날》지의 지배가 드러난다. 특히 그것은 아날학파의 성공을 대대적으로 지원하는 선두의 트리오, 즉 갈리마르사·쇠이유사·플라마리옹사를 통해서 이루어진다.

70년대에 역사에 대한 이와 같은 열광은 60년대에 인류학이 야기한 관심과 어떤 연속성을 드러낸다. 여전히 문제는 먼 지역들에서 타자의 모습을 발견하는 것이 아니라 서구 문명의 내부 자체에서, 과거의 심층에서 이타성을 발견하는 것이다. 이 시기의 역사적 감수성은 문화사 쪽으로, 정신 구조들의 연구 쪽으로 향한다. 그것은 인류의 일상적 몸짓의 영속성과 반복된 캘린더를 위해 사건의 난입을 비워낸다. 인류의 맥박은 탄생·세례·결혼·죽음과 같은 존재의 생물학적 혹은 가족적 발현들로 축소된다. 학술적이고 인류학화된 이같은 역사학의 가장 눈부신 성공은 에마뉘엘 르 루아 라뒤리의 저서《몽타이유, 오크 마을》이다. 이 책은 1975년에 출간되어 대학에 자리잡은 역사학자로서는 30만 부라는 놀라운 기록을 달성한다. 이 시기에《아날》지는 정신 구조들의 역사에 관한 글들에 점점 더 많은 지면을 할애한다.[23] 역사적 담론의 이와 같은 인류학화는 기술(記述)사회학적 연구를 단

념케 하고 구석구석 뒤지게 만드는데, 성(性) 관련 저서들(장 루이 플랑드랭 ·
장 폴 아롱), 죽음에 관한 책들(미셸 보벨 · 필리프 아리에스 · 피에르 쇼뉘), 가
족에 대한 저서들(장 루이 플랑드랭 · 필리프 아리에스)의 성공을 보장해 준
다. 정신 구조들의 이와 같은 층위는 사회의 모든 영역을 포함하는 경향을
드러내며, 그것을 인간성의 영속성이라는 개념을 중심으로 통합하고 조직
화한다. 그것은 구조적 패러다임이 지닌 유효성이 마지막으로 나타난 것이
다. 왜냐하면 이 패러다임은 이제부터 성공만큼이나 눈부신 준엄한 쇠퇴를
경험하게 되기 때문이다.

원 주

1. 촘스키 이론: 새로운 경계인가?

1) 니콜라 뤼베, 필자와의 대담.

2) 같은 대담.

3) 같은 대담.

4) 같은 대담.

5) N. 뤼베, 〈일반언어학의 오늘〉, in《유럽 사회학 자료집》, V, 1964.

6) N. 뤼베, 필자와의 대담.

7) 같은 대담.

8) N. 뤼베,《생성문법 서설》, 플롱, 1967, p.12.

9) 같은 책, p.357.

10) J. -Cl. 밀네르,《언어과학 서설》, 쇠이유, 1989, p.492.

11) N. 뤼베, 필자와의 대담.

12) N. 뤼베,《생성문법 서설》, 앞의 책, p.33.

13) 마리나 야젤로, 필자와의 대담.

14) Z. S. 해리스,《구조언어학에서 방법》, 시카고대학출판부, 1951.

15) Th. 파벨,《언어학의 신기류》, 미뉘, 1988, p.120.

16) Z. S. 해리스,《언어의 수학적 구조》, 인터사이언스출판사, 뉴욕, 1968.

17) C. 퓌슈, P. 르 고픽,《현대언어학의 문제들에 대한 입문》, 아셰트, 1985, p.36.

18) N. 촘스키,《통사적 구조들》, 푸앵-쇠이유, 1979(1959), p.13.

19) 같은 책, p.23.

20) N. 촘스키,《통사론 이론의 측면들》, 쇠이유, 1971, p.12.

21) N. 촘스키,《데카르트의 언어학》, 쇠이유, 1969.

22) N. 촘스키, 〈언어 이론의 몇몇 불변수들에 대하여〉,《디오젠》, 1965, n° 51, p.14.

23) J. -Cl. 밀네르,《언어과학 서설》, 앞의 책, p.145.

24) J. -M. 브누아,《구조적 혁명》, 그라세(1975), 드노엘, 1980, p.149.

25) F. 가데,《DRLAV, 언어학 잡지》, n° 40, 1989, p.15.

26) N. 뤼베,《생성문법 서설》, 앞의 책, p.50.

27) N. 촘스키,《미추 로나와의 대화》, 플라마리옹, 1977, p.87.

28) 같은 책, p.122.

29) 루이 장 칼베, 필자와의 대담.

30) 오스발트 뒤크로, 필자와의 대담.

31) 앙드레 마르티네, 필자와의 대담.

32) 같은 대담.

33) 장 클로드 슈발리에, 필자와의 대담.

34) Cl. 아제주, 《파롤 인간》, 폴리오-페이야르, 1985, p.370.

35) 클로드 아제주, 필자와의 대담.

36) 츠베탕 토도로프, 필자와의 대담.

37) 세르주 마르탱, 필자와의 대담.

38) É. 벤베니스트, 《일반언어학의 문제 I》, 갈리마르, 1966, '텔' 총서(1986), p.25.

39) 장 뒤부아, 《프랑스어의 구조적 문법: 성과 이름》, 제1권, 라루스, 1965.

40) 장 뒤부아, 필자와의 대담.

41) 같은 대담.

42) 같은 대담.

43) 줄리아 크리스테바, 필자와의 대담.

44) 같은 대담.

45) 실뱅 오루, 필자와의 대담.

46) 프랑수아즈 가데, 필자와의 대담.

47) 조엘 프루스트, 필자와의 대담.

48) 같은 대담.

49) 같은 대담.

50) D. 스페르버, 《구조주의란 무엇인가? 인류학에서 구조주의》, 푸앵-쇠이유(1968), 1973, p.18.

51) 같은 책, p.114.

52) 같은 책, p.108.

53) 단 스페르버, 필자와의 대담.

54) J. 라캉, 〈정신분석학의 중요 문제들〉, 1964년 12월 2일 세미나.

2. 데리다 혹은 초(超)구조주의

1) 자크 데리다, C. 데샹과의 대담, 《르 몽드》, 1982년 1월 31일.

2) J. 데리다, F. 에발드와의 대담, 《마가진 리테레르》, 1991년 3월, p.18.

3) J. 데리다, D. 카앙과의 대담. '유쾌한 즐거움' 프로, 라디오 프랑스 퀼튀르, 1986년 3월 22일, 《디그라프》, n° 42, 1987년 12월에 재수록됨.

4) E. 후설, 《기하학의 기원》, PUF, 1962.

5) 같은 책, p.151.

6) 같은 책, p.171.

7) E. 후설, 《논리적 연구》, PUF, 1959.

8) J. 데리다, 《목소리와 현상》, PUF, 1967, p.38-39.

9) 같은 책, p.116.

10) 뱅상 데콩브, 필자와의 대담.

11) 르네 마조르, 필자와의 대담.

12) J. 데리다, 〈힘과 의미〉, 《비평》, nº 193-194, 6월-7월,1963, 《글쓰기와 차이》, 쇠이유, 1967, p.11에 재수록.

13) 같은 책, p.9.

14) 같은 책, p.10.

15) 같은 책, p.12.

16) 필립 아몽, 필자와의 대담.

17) M. 프랑크, 《신구조주의란 무엇인가》, 세르, 1989, p.65.

18) J. 데리다, D. 카앙과의 대담, 앞서 인용한 라디오 방송 프로.

19) 자크 랑시에르, 필자와의 대담.

20) 자크 오아로, 필자와의 대담.

21) J. 하버마스, 《현대성의 철학적 담론》, 갈리마르, 1988(1985), p.226.

22) J. 데리다, 《입장들》, 미뉘, 1972, p.18.

23) J. 데리다, D. 카앙과의 대담, 앞서 인용한 라디오 방송 프로.

24) V. 데콩브, 《동일자와 타자》, 미뉘, 1979, p.163.

25) J. 데리다, 《입장들》, 앞의 책, p.15.

26) S. 코프만, 《데리다의 독서들》, 갈릴레, 1984, p.39.

27) Ch. 뤼비, 《차이의 군도들》, 펠랭, 1990, p.30.

28) 장 마리 브누아, 필자와의 대담.

29) J. 데리다, 〈코기토와 광기의 역사〉, 《형이상학 및 도덕 잡지》, nº 4, 1963년 10월-12월.

30) J. 데리다, 같은 책, in 《글쓰기와 차이》, 푸앵-쇠이유, 1967, p.52.

31) 같은 책, p.51.

32) 같은 책, p.55.

33) 같은 책, p.58.

34) 같은 책, p.79.

35) 같은 책, p.85.

36) 같은 책, p.88.

37) M. 푸코, 〈나의 육체, 이 종이, 이 불〉, 《파이데이아》, 1971년 9월.

38) 같은 책, in 《광기의 역사》, 갈리마르, 1972, 부록 II, p.599.

39) 같은 책, p.602.

40) J. 데리다, 《그라마톨로지에 대하여》, 미뉘, 1967, p.13.

41) 같은 책, p.13.

42) 같은 책, p.109.

43) 같은 책, p.142.

44) 세르주 마르탱, 필자와의 대담.

45) J. 데리다, 《그라마톨로지에 대하여》, 앞의 책, p.84.

46) 같은 책, p.88.

47) 같은 책, p.100.

48) J. 하버마스, 《현대성에 대한 철학적 담론》, 앞의 책, p.197.

49) J. 데리다, 《그라마톨로지에 대하여》, 앞의 책, p.321.

50) 같은 책, p.25.

51) 같은 책, p.51.

52) F. 드 소쉬르, 《일반언어학 강의》, 페이요, p.55.

53) J. 데리다, 《그라마톨로지에 대하여》, 앞의 책, p.66.

54) 같은 책, p.103.

55) 같은 책, p.124.

56) Cl. 레비 스트로스, 《구조인류학》, 플롱, 1958, p.39.

57) E. 델뤼엘, 《클로드 레비 스트로스와 철학》, 대학출판사, 1989, p.109.

58) 〈18세기 속에 있는 레비 스트로스〉, 《분석을 위한 연구》, nº 4, 1966년 9월-10월.

59) 같은 책, p.114.

60) J. 데리다, 《그라마톨로지에 대하여》, 앞의 책, p.168.

61) J. -J. 루소, 《에밀》. J. 데리다, 《그라마톨로지에 대하여》, 앞의 책, p.194에서 재인용.

62) 자크 데리다, 《그라마톨로지에 대하여》, 앞의 책, p.235-387.

63) J. -J. 루소, 《언어기원론》, 제20장. J. 데리다, 《그라마톨로지에 대하여》, 앞의 책, p.239 에서 재인용.

64) J. -J. 루소, 같은 책, p.362에서 재인용.

65) J. 데리다, 《그라마톨로지에 대하여》, 앞의 책, p.372.

66) 같은 책, p.444.

3. 데리다의 역사화와 그 말소

1) J. 데리다, 〈인문과학에서 구조, 기호 그리고 유희〉, in 《글쓰기와 차이》, 쇠이유, 1967, p.409.

2) 같은 책, p.420.

3) J. 데리다, 〈차연〉, 1968년 1월 27일, 《텔켈》(《전체적 이론》), 푸앵-쇠이유(1968), 1980,

p.48.

4) 같은 책, p.45.

5) J. 데리다, 《입장들》, 앞의 책, p.39.

6) 같은 책, p.23.

7) 같은 책, p.79.

8) 자크 오아로, 필자와의 대담.

9) 같은 대담.

10) 같은 대담.

11) S. 코프만, 《데리다의 독서》, 앞의 책, p.89.

12) J. 데리다, 〈프로이트와 글쓰기의 무대〉, in 《텔켈》, nº 26, 1966. 《글쓰기와 차이》, 앞의 책에 재수록됨.

13) 같은 책, p.314.

14) 같은 책, p.294.

15) 같은 책, p.321.

16) 자크 부베레스, 필자와의 대담.

17) 같은 대담.

18) J. 데리다, J. ‑L. 우브딘 및 G. 스카르페타와의 대담, 《프로메스》, 1971년 7월 17일, 《입장들》, 앞의 책에 재수록됨.

19) 같은 대담, p.113‑114, nº 33.

20) 같은 대담, p.114.

21) J. 데리다, 〈진리의 배달자〉, in 《시학 Poétique》, nº 21, 1975. 《우편엽서》, 오비에‑플라마리옹, 1980에 재수록됨.

22) 같은 논문, 《우편엽서》, 같은 책, p.453.

23) 같은 책, p.464.

24) 같은 책, p.495.

25) J. 데리다, 《여백》, 미뉘, 1972.

26) J. 데리다, 《유한 회사 Limited Inc.》, 갈릴레, 1990, p.27.

27) 같은 책, p.31.

28) J. 데리다, 〈SEC〉, in 《여백》, 앞의 책, p.378.

29) J. 프루스트의 서문, 존 R. 설, 《차이들을 반복하기 위해》, 에클라출판사, 1991, p.25.

30) J. R. 설, 《담화 행위》, 케임브리지대학출판부, 1969. 프랑스어판, 《언어 행위》, 에르만, 1972.

31) M. 프랑크, 《신구조주의란 무엇인가?》, 앞의 책, p.299.

32) 조엘 프루스트, 필자와의 대담.

33) J. 프루스트의 서문. 존 R. 설, 《차이의 반복을 위하여》, 앞의 책, p.31.

34) 자크 부베레스, 필자와의 대담.

4. 벤베니스트: 프랑스의 예외

1) 츠베탕 토도로프, 필자와의 대담.
2) 마리나 야겔라, 필자와의 대담.
3) 앙드레 마르티네, 필자와의 대담.
4) 오스발트 뒤크로, 필자와의 대담.
5) É. 벤베니스트, 〈동사에 있어서 인칭 관계의 구조〉, 《언어학회 연구》, 1946, 《일반언어학의 문제》, I, 앞의 책, 1986, p.227.
6) É. 벤베니스트, 〈대명사의 성격〉, 《로만 야콥슨을 위하여》, 무통, 헤이그, 1966, 20장, p.252.
7) 클로딘 노르망, 필자와의 대담.
8) É. 벤베니스트, 〈프로이트의 발견에 있어서 언어의 기능에 관한 고찰〉, 《정신분석학》, I, 1956, 《일반언어학의 문제》, I, 앞의 책, 1986, p.75에서 재인용.
9) 같은 책, p.86.
10) É. 벤베니스트, 〈언어에서 주체성에 관하여〉, 《심리학 저널》, 1958, 7-9월, PUF, 《일반언어학의 문제》, 같은 책, p.259에서 재인용.
11) Cl. 노르망, 〈랑그에서 주체〉, 《언어들》, nº 77, 1985년 3월, 라루스, p.9.
12) É. 벤베니스트, 〈언어학의 발전에 관한 일별〉, 클랭크시에크, 1963, 《일반언어학의 문제》, I, 앞의 책, 1986, p.20에서 재인용.
13) É. 벤베니스트, 〈분석철학과 언어〉, 《철학 연구》, nº 1, 1963년 1-3월, PUF, 《일반언어학의 문제》, 앞의 책, p.267에서 재인용.
14) É. 벤베니스트, 〈언어에 있어서 주관성〉, 앞의 인용 논문.
15) É. 벤베니스트, 〈인간 경험에서 언어〉, 《디오젠 *Diogène*》, nº 51, 1965년 7-9월, p.3-13, 《일반언어학의 문제》, II, 갈리마르(1974), '텔,' 1985, p.69에서 재인용.
16) 같은 책, p.73.
17) 같은 책, p.77.
18) É. 벤베니스트, 〈언술 행위의 형태적 장치〉, 《언어들》, nº 17, 1970, 3월, p.12-18. 《일반언어학의 문제》, II, 같은 책에 재수록됨.
19) 클로딘 노르망, 〈철학과 언어학: 그들 관계의 역사에서 하나의 스냅 사진〉, 《언어들》, nº 77, 라루스, 1985년 3월, p.33-42.
20) 같은 책, p.42.
21) 오스발트 뒤크로, 《구조주의란 무엇인가? 언어학에서 구조주의란 무엇인가?》, 쇠이유, 1968.

22) 장 클로드 코케, 필자와의 대담.

23) 같은 대담.

24) 클로딘 노르망, 필자와의 대담.

25) 미셸 토르, 〈해석론 혹은 해석학적 장치〉, 《현대》, n° 237, 1966년 2-3월, p.1470.

26) 폴 앙리, 필자와의 대담.

27) 오스발트 뒤크로, 필자와의 대담.

28) 같은 대담.

29) O. 뒤크로, 존 R. 설의 《언어 행위》의 서설, 〈소쉬르로부터 언어철학으로〉, 에르만, 1972, p.13.

30) O. 뒤크로, 〈구조주의, 언술 행위 그리고 의미론〉, 《시학》, n° 33, 1978년 2월, 《말하기와 말해진 것》, 미뉘, 1984에 재수록됨, p.82 참조.

31) O. 뒤크로, 필자와의 대담.

32) 같은 대담.

33) C. 케르브라 오레치오니, 《언어에서 주체성의 언술 행위》, PUL, 리옹, p.1980.

34) F. 자크, 《대화적 측면, 언어에서 주체성의 언술 작용》, PUF, 1979, 1985. J.-Cl. 파리앙트, 《언어와 개인적인 것》, A. 콜랭, 1973. F. 레카나티, 《투명함과 언술 행위》, 쇠이유, 1979. 《수행적 언술》, 1979, 라루스, 1981.

35) A. -M. 딜러 및 F. 레카나티, 〈화용론〉, 《프랑스어》, n° 42, 1979, 5월, 라루스, p.3.

36) 마리나 야겔로, 필자와의 대담.

37) 같은 대담.

38) A. 퀼리올리, 〈언어학에서 몇몇 모순에 대하여〉, 《코뮈니카시옹》, n° 20, 쇠이유, p.86.

39) 마리나 야겔로, 필자와의 대담.

5. 제2의 바르트를 낳은 크리스테바

1) 미하일 바흐친, 《도스토예프스키 시학의 문제》, 모스크바, 1963. 《라블레의 작품》, 모스크바, 1965. 프랑스어 번역판, 《도스토예프스키의 시학》, 쇠이유, p.1970.

2) 줄리아 크리스테바, 필자와의 대담.

3) M. 바흐친, 《라블레의 작품》, 갈리마르, 1970, p.20.

4) J. 크리스테바, 〈낱말, 대화 그리고 소설〉(1966), 《세미오티케, 세마날리즈를 위한 연구》, 쇠이유(1969), 푸앵-쇠이유, 1978, p.83.

5) J. 크리스테바, 필자와의 대담.

6) J. 크리스테바, 〈낱말, 대화 그리고 소설〉, 앞의 책, p.94.

7) 같은 책, p.95.

8) 같은 책, p.97.

9) 같은 책, p.112.

10) 같은 책, p.111.

11) 프랑수아 발, 필자와의 대담.

12) R. 바르트, 《S/Z》, 쇠이유(1970), 푸앵-쇠이유, 1976, p.9.

13) R. 바르트, R. 벨루르와의 대담. 《프랑스 문학》, 1967년 3월 2일, p.13.

14) R. 바르트, R. 벨루르와의 대담, 《프랑스 문학》, 1970년 5월 20일. 《목소리의 결 *Le Grain de la voix*》, 쇠이유, 1981에 재수록, p.78.

15) 같은 책, p.84.

16) R. 바르트, 〈렉스프레스지는 롤랑 바르트와 함께 보다 멀리 나아간다……〉, 《렉스프레스》, 1970년 3월 31일, 같은 책에 재수록됨, p.103.

17) R. 바르트, 스티븐 히스, 《시간의 기호》에 수록된 대담, 앞의 책에 재수록, p.123.

18) R. 바르트, 《S/Z》, 앞의 책, p.1970, p.11.

19) R. 바르트, S. 히스, 앞의 책, p.128.

20) R. 바르트, R. 벨루르와의 대담(1970년 5월 20일), 앞의 책, p.73.

21) R. 바르트, FR3(텔레비전 방송), '오세아니크' 프로그램, 1970년 11월-1971년 5월, 1988년 2월 8일 재방송됨.

22) R. 바르트, 《S/Z》, 1976, p.12.

23) 클로드 브레몽, 필자와의 대담.

24) R. 바르트, R. 벨루르와의 대담(1970년 5월 20일), 앞의 책, p.75.

25) 같은 책, p.77.

26) R. 바르트 《S/Z》, 앞의 책, 1976, p.113.

27) 같은 책, p.113.

28) R. 바르트, 《기호의 제국》, 스키라, 샹-플라마리옹, 1970.

29) R. 바르트, R. 벨루르와의 대담(1970년 5월 20일), 앞의 책, p.82.

30) 같은 대담, p.84.

31) R. 바르트, 《기호의 제국》, 앞의 책, p.30.

32) 같은 책, p.111.

33) J. 크리스테바, 필자와의 대담.

34) J. 크리스테바, 같은 대담.

35) J. 크리스테바, 〈파라그람의 기호학을 위하여〉(1966), 《세미오티케……》, 앞의 책에 재수록됨, p.134.

36) 같은 책, p.146.

37) J. 크리스테바, 필자와의 대담.

38) J. 크리스테바, '유쾌한 즐거움' 프로, 프랑스 퀼튀르(라디오 방송), 1988년 12월 10일.

39) J. 크리스테바, 《세미오티케》, 앞의 책, p.27.

40) J. 크리스테바, '유쾌한 즐거움,' 앞서 인용된 방송 프로.

41) 같은 방송 프로.

42) R. 바르트, S. 히스의 모음 어록, 앞의 책, p.137.

43) R. 바르트, 조르주 샤르보니에와의 대담, 프랑스 퀼튀르, 1967년 10월, 1988년 11월 25일 재방송.

6. 뒤르켐 추종자들의 두번째 바람: 피에르 부르디외

1) 피에르 앙사르, 필자와의 대담.

2) 피에르 부르디외, 《말해진 것들 *Choses dites*》, 미뉘, 1987, p.45.

3) J. 데리다, '유쾌한 즐거움' 프로, 프랑스 퀼튀르, 1990년 6월 23일.

4) P. 부르디외, 《사회학의 문제들》, 미뉘, 1990, p.19, 21.

5) P. 부르디외, 《말해진 것들》, 앞의 책, p.26.

6) P. 부르디외, '유쾌한 즐거움' 프로, 프랑스 퀼튀르, 1990년 6월 23일.

7) 같은 대담.

8) 같은 대담.

9) 같은 대담.

10) P. 부르디외, 《50년대의 철학적 쟁점들》, C. G. -퐁피두, 1989, p.18.

11) 같은 책, p.20.

12) P. 부르디외, 《말해진 것들》, 앞의 책, p.16.

13) P. 부르디외, 《알제리의 사회학》, PUF, 1961.

14) P. 부르디외, '유쾌한 즐거움' 프로, 앞의 대담.

15) 같은 대담.

16) P. 부르디외, 《실천 감각》, 미뉘, 1980, p.22. 이 책은 클로드 레비 스트로스의 60세 생일을 기념하여 봉정된 논문집에 기고한 부르디외의 논문을 담고 있다. 피에르 부르디외, 〈카빌리아인의 집 혹은 전복된 세계〉(1963), in《교환과 소통》, 무통, 1970, p.739-758.

17) P. 부르디외, 〈구조주의와 사회학적 지식 이론〉, 《사회 연구》, XXXV, 4, 1969년 겨울호, p.681-706.

18) P. 부르디외, 《실천 감각》, 앞의 책, p.11.

19) P. 부르디외, FR3 텔레비전 방송 프로, '오세아니크,' 1988년 10월 31일.

20) P. 부르디외, 《말해진 것들》, 앞의 책, p.18.

21) 자크 랑시에르, 필자와의 대담.

22) P. 부르디외, 《호모 아카데미쿠스》, 미뉘, 1984. 이 싸움의 내용에 대해서는 본서 제2권 《구조주의의 역사 II. 전성기: 60년대》, pp.52-59 참조 바람.

23) 같은 책, p.161.

24) 레이몽 부동, 필자와의 대담.

25) A. 카이예, 《부르디외 비판》, 인류학 · 사회학 연구소, 로잔대학, 1987, p.11.

26) P. 부르디외 및 J.-Cl. 파스롱, 《상속자들》, 미뉘, 1964, p.12.

27) 같은 책, p.38.

28) 같은 책, p.72.

29) P. 부르디외, 《사회학의 문제들》, 앞의 책, p.42. J. 랑시에르, 《철학자와 그의 빈민들》, 페이야르, 1983, p.259에서 재인용.

30) P. 부르디외, J.-Cl. 파스롱, 《상속자들》, 앞의 책, p.68.

31) 앙드레 니콜라이, 필자와의 대담.

32) A. 카이예, 《부르디외 비판》, 앞의 책, p.64.

33) 같은 책, p.24.

34) 같은 책, p.5.

35) P. 앙크르베, '유쾌한 즐거움' 프로, 프랑스 퀼튀르, 1990년 6월 23일.

36) A. 카이예, 《부르디외 비판》, 앞의 책, p.7.

7. 1967-1968년: 출판계의 격동

1) J.-M. 오지아스, 《구조주의를 위한 열쇠》, 세게르, 1967, p.9.

2) 같은 책, p.10.

3) 프랑수아 샤틀레, 《라 캥잰 리테레르》, 1968년 1월 1-15일.

4) 앙드레 마르티네, 필자와의 대담.

5) 프랑수아 발, 필자와의 대담.

6) O. 뒤크로, 《언어학에서 구조주의》, 1973, 3만 9천 부. M. 사푸앙, 《정신분석학에서 구조주의》, 4만 9천 부. D. 스페르베, 《인류학에서 구조주의》, 2만 5천 부. 프랑수아 발, 《철학》, 3만 6천 부. T. 토도로프, 《시학》, 2만 1천 부, 1990년까지.

7) F. 발, 《전체적 서설》, 《구조주의란 무엇인가?》, 푸앵-쇠이유, p.12.

8) 같은 책, p.13.

9) F. 발, 필자와의 대담.

10) 같은 대담.

11) F. 발, 《구조주의란 무엇인가? 철학》(1968), 푸앵-쇠이유, 1973, p.37.

12) 같은 책, p.73.

13) 같은 책, p.109.

14) 같은 책, p.109.

15) F. 발, 필자와의 대담.

16) A. 바듀, 〈변증법적 유물론의 (재)시작〉, 《비평》, n° 240, 1967년 5월. 자크 알랭 밀러,

〈봉합점〉,《분석을 위한 연구》, n° 1, 1966 및 〈구조의 작용〉,《분석을 위한 연구》, n° 9, 1968.

17) F. 발,《구조주의란 무엇인가? 철학》, 앞의 책, p.133.

18) 같은 책, p.189.

19) 단 스페르베, 필자와의 대담.

20) O. 뒤크로, 필자와의 대담.

21) 단 스페르베, 필자와의 대담.

22) M. 사푸앙,《구조주의란 무엇인가? 정신분석학에서 구조주의》, 쇠이유(1968), 푸앵-쇠이유, 1973, p.19.

23) 같은 책, p.90.

24) T. 토도로프,《구조주의란 무엇인가? 시학》, 쇠이유(1968), 푸앵-쇠이유, 1973, p.21.

25) 같은 책, p.33.

26) 같은 책, p.44.

27) R. 야콥슨, T. 토도로프, 같은 책, p.106에서 재인용.

28) F. 발, 필자와의 대담.

29) Cl. 레비 스트로스,《꿀에서 재까지》, 플롱, 1967.《식탁 예절의 기원》, 플롱, 1968.

30) Cl. 레비 스트로스,《누벨 옵세르바퇴르》, 1967년 1월 25일, p.32.

31) 같은 대담.

32) G. 캉길렘, 〈인간의 죽음 혹은 코기토의 고갈〉,《비평》, 1967년 7월.

33) 같은 책, p.600.

34) 같은 책, p.607.

35) M. 푸코,《튀니지의 보도》, 1967년 4월 2일.

36) R. 바르트, 〈저자의 죽음〉,《망테이아》, 1968,《랑그의 속삭임》, 쇠이유, 1984, p.61에서 재인용.

37) 같은 책, p.63.

38) 같은 책, p.65.

39) R. 바르트, 〈현실의 효과〉 및 〈사건의 글쓰기〉,《코뮈니카시옹》, 1968, 앞의 책.

40) R. 바르트, 〈현실의 효과〉, 같은 책에 재수록, p.174.

41) 같은 책, p.174.

42) J. 라캉,《실리세 Scilicet》, n° 1, 쇠이유, 1984, p.4.

43) 같은 책, p.7.

44) 같은 책, p.11.

45) C. 메츠,《영화에서 의미 작용에 관한 시론》, 클랭크시에크, 1968.

46) C. 메츠, 〈이야기체 영화의 대(大)통합체적 측면〉,《코뮈니카시옹》, n° 8, 1966.

47) C. 메츠, R. 벨루르와의 대담,《세미오티카》 IV, I, 1971. R. 벨루르,《타자들의 책》, 10/18, 1978에 재수록됨, p.240.

48) C. 메츠, 마르크 베르네 및 다니엘 페르슈롱과의 대담. 《그것, 시네마 *Ça, Cinéma*》, 1975
년 5월, p.24.

49) 같은 책, p.26.

50) C. 메츠, R. 벨루르와의 대담, 앞의 책, p.242.

51) 같은 책, p.256.

52) 같은 책, p.266.

8. 구조주의와/혹은 마르크시즘

1) L. 세박, 《마르크시즘과 구조주의》, 페이요, 1964, p.124.

2) 같은 책, p.129.

3) 제라르 망델, 필자와의 대담.

4) 《신비평》, 1967년 1월, 〈새로운 문제들…… 새로운 기술들〉.

5) J. -P.아롱, 《현대 작가들》, 폴리오-에세, 갈리마르, 1984, p.287.

6) J. 베르데 루르, 《몽유병자들의 깨어남》, 페이야르, 1987, p.125, 대담 72.

7) Ph. 솔레르스, 〈현대적 텍스트의 의미론적 수준〉, 《텔켈》《전체 이론》, 쇠이유, 1968, 푸
앵-쇠이유, 1980, p.278.

8) É. 루디네스코, 《정신분석학의 역사》, t. 2, 쇠이유, 1986, p.541 참고.

9) 같은 책, p.541.

10) 《구조주의와 마르크시즘》, 10/18, 1970.

11) 1968년 2월 22일, '언어과학과 인문과학,' 르네 자조 · 프랑수아 브레송 · 앙투안 퀼리올
리 · 앙리 르페브르 · 앙드레 마르티네 참여. 2월 23일, '사회적 구조와 역사,' 에르네스트 라
브루스 · 뤼시앵 골드만 · 앙드레 마르티네 · 알베르 소불 · 피에르 비달 나케 · 마들렌 레베리
우 참여. 2월 27일, '과학적 사고의 객관성과 역사성,' 이브 갈리프레 · 조르주 캉길렘 · 에르
네스트 카안 · 노엘 물랑 · 에브리 슈아츠만 · 장 피에르 비지에 · 자크 로제 참여. 2월 28일,
'체계와 자유,' 빅토르 르뒤크 · 장 마리 오지아스 · 프랑수아 샤틀레 · 미켈 뒤프렌 · 올리비
에 르보 달론 · 장 피에르 베르낭 참여.

12) 빅토르 르뒤크, in 《구조주의와 마르크시즘》, 앞의 책, p.270.

13) F. 샤틀레, 같은 책, p.272.

14) 같은 책, p.272.

15) 같은 책, p.275.

16) 올리비에 르보 달론, 필자와의 대담.

17) O. 르보 달론, in 《구조주의와 마르크시즘》, 앞의 책, p.291.

18) J.-P. 베르낭, 같은 책, p.306.

19) E. 라브루스, 같은 책, p.153.

20) A. 소불, 같은 책, p.172.

21) P. 비달 나케, 같은 책, p.180.

22) J. 밀로, 《공산주의 연구》, 1968년 2월.

23) O. 르보 달론, 필자와의 대담.

24) P. 빌라르, 〈고전주의 시대에 정치경제는 없다〉, 《신비평》, 1967년 6월.

25) P. 덱스, 《구조주의와 문화 혁명》, 카스테르만, 1971.

26) M. 푸코, R. 벨루르와의 대담, 《프랑스 문학》, 1967년 6월 15일.

27) 같은 대담.

28) 같은 대담.

29) 같은 대담.

30) L. 세브, 〈구조적 방법과 변증법적 방법〉, 《라 팡세 *La Pensée*》, 1967년 10월, n° 135, p.69.

31) 같은 책, p.72.

32) L. 세브, 소시알 출판사, 1984(1967), 《구조주의와 변증법》에 재수록됨, p.64.

33) J. 뒤부아, 〈구조주의와 언어학〉, 《라 팡세》, n° 135, 1967년 10월, p.25.

34) J. 데샹, 〈정신분석학과 구조주의〉, 《라 팡세》, n° 135, 1967년 10월, p.148.

35) J. 뒤부아, 〈두번째 언어학적 혁명?〉, 《신비평》, n° 12, 1968년 4월.

36) 《오늘의 역사학》, 소시알 출판사, 1974.

37) É. 벤베니스트, P. 덱스와의 대담, 《프랑스 문학》, 1968년 7월 24-30일, 《일반언어학의 문제》 2, 앞의 책, 1985에 재수록됨, p.16.

38) M. 뒤프렌, 《인간을 위하여》, 쇠이유, p.1967.

39) 같은 책, p.42.

40) 같은 책, p.10.

41) P. 덱스, 《프랑스 문학》, 1968년 3월 27일.

9. 매체적 성공, 비판으로 키워진 불꽃

1) C. 클레망, 《자크 라캉의 삶과 전설》, 그라세(1981), 포켓 총서, 1985, p.180.

2) A.-S. 페리오, 《프랑스에서 구조주의: 1958-1968》, 박사 논문 제출 자격증(DEA), J. 쥘리아르 지도, 사회과학고등연구원, 1987년 9월.

3) J.-F. 칸, 〈구조주의의 치밀한 정복〉, 《렉스프레스》, 1967년 8월 21일.

4) F. 샤틀레, 《라 캥잰 리테레르》, 1967년 7월 1-15일.

5) 같은 잡지, p.18.

6) 같은 잡지, p.19.

7) 같은 잡지, p.19.

8) E. 파노프스키, 《도상학 시론》, 갈리마르, 1967. 《고딕 예술과 스콜라학파의 사상》, 미뉘, 1967.

9) M. 푸코의 글의 머리기사, 〈말과 이미지〉, 《르 누벨 옵세르바퇴르》, n° 154, 1967년 10월 25일.

10) J.-F. 르벨, 《왜 철학자들인가?》, 쥘리아르, 1957.

11) 같은 책, 1964년판, p.144.

12) J.-F. 르벨, 〈꿀과 담배〉, 《렉스프레스》, 1967년 2월 13-19일, p.69.

13) H. 르페브르, 《입장: 테크노크라트들에 대한 반대》, 공티에, 1967.

14) J.-F. 르벨, 《렉스프레스》, 1967년 7월 10-16, p.59.

15) 같은 잡지, p.59.

16) J.-F. 르벨, 《렉스프레스》, 1968년 3월 25-31일, p.123.

17) J.-F. 르벨, 〈시대들을 관통하는 구조들〉, 《렉스프레스》, 1968년 4월 29-5월 5일, p.105.

18) Cl. 로이, 《논리의 나라에 알리스》, 《르 누벨 옵세르바퇴르》, 1967년 3월 22일.

19) 같은 잡지, p.35.

20) 레이몽 부동, 《구조의 개념은 무엇에 소용되는가?》, 갈리마르, 1968, p.12.

10. 낭테르의 광기

1) 조제프 슘프, 필자와의 대담.

2) A. 투렌, 《5월 운동 혹은 공상적 공산주의》, 쇠이유, 1968.

3) 앙리 르페브르, 필자와의 대담.

4) 같은 대담.

5) 같은 대담.

6) 르네 루로, 필자와의 대담.

7) 같은 대담.

8) 같은 대담.

9) 같은 대담.

10) 같은 대담.

11) 같은 대담.

12) J. 보드리야르, 〈기능-기호와 계급 논리〉, 《코뮈니카시옹》 13호, 1969년, 《기호의 정치경제에 대한 비판을 위하여》, 갈리마르, '텔' 총서(1972), 1982.

13) 에피스테몽(D. 앙지외), 《프랑스를 뒤흔든 그 관념들》, 페이야르, 1968, p.33.

11. 장 폴 사르트르의 복수

1) 에피스테몽, 《프랑스를 뒤흔든 그 관념들》, 앞의 책, p.83.

2) 《르 몽드》, 1968년 5월 10일.

3) 장 뒤비뇨, 필자와의 대담.

4) 같은 대담.

5) 같은 대담.

6) E. 모랭, 《68년 5월: 균열》, 페이야르, 1968.

7) 에피스테몽, 《프랑스를 뒤흔든 그 관념들》, 앞의 책, p.31.

8) M. 뒤프렌, 《르 몽드》, 1968년 11월 30일.

9) 알지르다스 쥘리앵 그레마스가 필자와의 대담에서 상기한 Cl. 레비 스트로스의 언급임.

10) Cl. 레비 스트로스, 《가까이서 멀리서》, O. 자콥, 1988, p.114.

11) A.-J. 쥘리앙 그레마스, 필자와의 대담.

12) R. 바르트, R. 벨루르와의 대담(1970년 5월 20일), 앞의 책, p.79.

13) Cl. 레비 스트로스, 《가까이서 멀리서》, 앞의 책, p.106.

14) C. 카스토리아디스, 《권력들》, n° 39, 1986, p.114.

15) J. 푸이용, 《르 몽드》, 1968년 11월 30일.

16) 미셸 아리베, 필자와의 대담.

17) 조르주 발랑디에, 필자와의 대담.

18) 루이 장 칼베, 필자와의 대담.

19) L.-J. 칼베가 이야기한 일화, 《롤랑 바르트》, 플라마리옹, 1990, p.204.

20) A.-J. 쥘리앙 그레마스, 〈사건적 이야기와 근본적 이야기〉, 《하찮은 사건, 현저한 사건 그리고 이야기》, 뮌헨, 1973.

21) L.-J. 칼베, 《롤랑 바르트》, 앞의 책, p.208.

22) 세르주 마르탱, 필자와의 대담.

23) 로제 폴 드루아, 필자와의 대담.

24) G. 라파사드, 《그룹, 조직 그리고 제도》, 고티에-빌라르, 1970, p.220.

25) 프랑신 르 브레, 필자와의 대담.

26) R. 크레망, 《구조주의 아침 나절》, 라퐁, 1969.

27) 같은 책, p.27.

28) 같은 책, p.32.

29) 같은 책, p.88.

30) 피에르 마슈레, 필자와의 대담.

31) 같은 대담.

32) 자크 랑시에르, 필자와의 대담.

33) M. 푸코, D. 에리봉의 전언, 《미셸 푸코》, 플라마리옹, 1984, p.204.

34) M. 푸코, 같은 책, p.207.

12. 라캉: "거리에 내려온 것은 구조들이다"

1) 자크 라캉, 푸코의 강연 〈저자란 무엇인가?〉에서, 1969년 2월 22일, 《연안 지대 *Littoral*》, n° 9, 1983년 6월에 재수록, p.31.

2) 르네 루로, 필자와의 대담.

3) 장 뒤비뇨, 필자와의 대담.

4) M. 페로, 《68년 5월과 사회과학》, HTP 연구지, n° 11, 1989년 4월, p.62.

5) O. 몽쟁, 앞의 책, p.22.

6) 같은 책, p.23.

7) 로제 폴 드루아, 〈이력과 코지타토룸〉, 《정신의 자유》, n° 17, 1988년 겨울, 라 마뉘팍튀르, p.18.

8) 같은 책, p.18.

9) M. 푸코, 〈저저란 무엇인가?〉, 앞의 책.

10) 같은 책, p.7.

11) 같은 책, p.7.

12) 같은 책, p.14.

13) 같은 책, p.18.

14) J. 라캉, 같은 책, p.31.

15) J. 라캉, 세미나: 〈타자에서 타자로〉, 1969년 2월. J. 알루슈, 〈……로의 회귀가 지닌 3개의 작은 요소〉, 《연안 지대》, n° 9, 1983년 6월, p.35에서 재인용.

16) É. 루디네스코, 《정신분석학의 역사》, t. 2, 앞의 책, p.543.

17) J. 알루슈, 〈……로의 회귀에 관한 3개의 작은 요소〉, 앞의 책, p.59.

18) É. 루디네스코, 필자와의 대담.

19) M. 푸코, 〈인식론 서클에 대한 답변〉, 《분석을 위한 연구》, n° 9, 1968년 여름.

20) 자크 부베레스, 필자와의 대담.

21) 베르나르 시셰르, 필자와의 대담.

22) 마르셀 고셰, 필자와의 대담.

23) 알랭 투렌, 필자와의 대담.

24) P. 덱스, 《구조주의와 문화 혁명》, 앞의 책.

25) H. 르 브라, 《논쟁》, 1988년 5월-8월, p.63.

26) J.-Cl. 슈발리에 및 P. 앙크르베, 《프랑스어》, 1984년 9월, p.101.

27) 장 다비드 나지오, 필자와의 대담.

28) 마르크 아벨레스, 필자와의 대담.

29) 마르크 베르네, 필자와의 대담.

30) 같은 대담.

31) 같은 대담.

32) Ph. 아몽, 〈인물의 기호학적 위상을 위하여〉, 《문학》, nº 6, 1972년 5월.

33) J. 라캉, 〈대상 a로서 시선에 대하여〉, in 《세미나》, 제11편 《정신분석학에서 4개의 근본적 개념(1963-1964)》, 쇠이유, 1973.

34) 마르크 베르네, 필자와의 대담.

35) 장 클라브뢸, 필자와의 대담.

36) J. 라캉, H. 아몽 및 P. 로트망 《세대 II》, 쇠이유, 1988, p.182에서 재인용.

37) M. 프랑크, 《구조주의란 무엇인가?》, 앞의 책, p.28.

13. 제도화: 대학의 정복

1) 장 뒤부아, 필자와의 대담.

2) 같은 대담.

3) 클로딘 노르망, 필자와의 대담.

4) 《프랑스어》, nº 9, 1971년 2월, 부제: 〈언어학과 사회〉.

5) 《언어들》, nº 23, 1971년 9월, 부제: 〈정치적 담론〉.

6) L. 쿠르데스, 《프랑스어》, nº 9, 1971년 2월, 〈언어학과 사회〉.

7) R. 로뱅 및 D. 슬라크타, 같은 책.

8) J. L. 오스틴은 발화 행위(소리의 결합), 발화 내적 행위(문장의 언술 행위가 나타내는 행위) 그리고 발화 매개 행위(언술 행위의 보다 먼 목적)으로 3중으로 구성되는 파롤 행위를 규정하면서 이와 같은 구분을 하고 있다.

9) F. 가데, 같은 책.

10) D. 말디디에, 《언어들》, nº 23, 1971년 9월.

11) A. 프로스트, 《1881, 1885 그리고 1889년 선거 유세의 어휘》, PUF, 1974.

12) 피에르 앙사르, 필자와의 대담.

13) É. 루디네스코, 《정신분석학의 역사》, t. 2, 앞의 책, p.552.

14) 같은 책, p.553.

15) 장 라플랑슈, 필자와의 대담.

16) 이 정보는 D. 에리봉, 《미셸 푸코》, 플라마리옹, 1989, p.227-231에서 발췌한 것임.

17) M. 푸코, 《제목과 업적》, 콜레주 드 프랑스 지원을 위해 출판된 소책자, 1969, p.9.

18) D. 에리봉, 《미셸 푸코》, 앞의 책, p.232.

19) M. 푸코, 미간 텍스트. D. 에리봉, 《미셸 푸코》, 앞의 책, p.104에서 재인용.

20) 로제 폴 드루아, 필자와의 대담.

21) 알랭 투렌, 필자와의 대담.

22) 같은 대담.

23) 제라르 망델, 필자와의 대담.

14. 구조주의의 뱅센대학교

1) 장 뒤부아, 필자와의 대담.

2) G. 라파사드, in 미셸 드보베 엮음, 《열린 대학: 뱅센의 자료》, 대학출판부, 그르노블 자료, 1976, p.219.

3) 베르나르 라크스, 필자와의 대담.

4) 같은 대담.

5) 엘리자베트 루디네스코, 필자와의 대담.

6) 니콜라 뤼베, 필자와의 대담.

7) 같은 대담.

8) 같은 대담.

9) 같은 대담.

10) 뤼세트 피나, 베르나르 라크스가 필자와의 대담에서 전한 말.

11) 베르나르 라크스, 필자와의 대담.

12) 같은 대담.

13) 베르나르 라크스, 〈1968년부터 1983년까지 프랑스 사회언어학의 영역〉, 《프랑스어》, n° 63, 1984년 9월.

14) 《열린 대학: 뱅센의 자료》, 앞의 책, p.116.

15) 세르주 르클레르, 필자와의 대담.

16) 같은 대담.

17) 같은 대담.

18) 클로드 뒤메질, 필자와의 대담.

19) 자크 라캉의 세미나, 1969년 12월 3일, 뱅센대학교. 베르나르 메리고가 《열린 대학: 뱅센의 자료》, 앞의 책, p.267에서 보고한 내용에서 발췌.

20) É. 루디네스코, 《정신분석학의 역사》, t. 2, 앞의 책, p.561에서 재인용.

21) 자크 라캉의 세미나, 1969년 12월 3일, 앞의 책, p.271.

22) 클로드 뒤메질, 필자와의 대담.

23) 같은 대담.

24) 로제 폴 드루아, 필자와의 대담.

25) 로제 폴 드루아, 《르 몽드》, 1974년 11월 15일.

26) G. 들뢰즈, J.-F. 리요타르, 1974년에 유포된 전단. 《열린 대학: 뱅센의 자료》, 앞의 책, p.272.

27) 앙드레 니콜라이, 필자와의 대담.

28) 미셸 보, 필자와의 대담.

29) 같은 대담.

30) 마르크 베르네, 필자와의 대담.

31) 1976년 3월 배포된 전단. PCC, 자크 프레베르, 문화 개입 그룹 벼락이 1976년 3월 4일자로 서명함. in 《열린 대학: 뱅센의 자료》, 앞의 책, p.275-276.

15. 끊임없이 번창하는 잡지주의

1) 《세미오티카》의 편집위원회는 R. 바르트(프랑스), U. 에코(이탈리아), J. -M. 로트만(소련), J. 펠크(폴란드), N. 뤼베(벨기에), M. 샤피로(미국), H. 사일루(서독)로 구성되었다.

2) 《프랑스어》, n° 1, 1969년 2월, 라루스. 총무는 장 클로드 슈발리에가 맡았고, 편집위원회는 M. 아리베·J. -Cl. 슈발리에·J. 뒤부아·L. 길베르·p. 쿠엔츠·R. 라간·A. 르롱·H. 메쇼닉·H. 미트랑·Ch. 뮐러·J. 페에타르·J. 팽숑·A. 레이로 구성되었고, 제2호부터는 M. 그로스와 N. 뤼베가 합류했다.

3) J.-Cl. 슈발리에 및 P. 앙크르베, 《프랑스어》, n° 63, 1984년 9월, p.98.

4) 츠베탕 초도로프, 필자와의 대담.

5) 필립 아몽, 필자와의 대담.

6) 《시학》 총서로 A. 조엘의 《단순한 형태들》, R. 야콥슨의 《시학의 문제》, 토도로프의 《환상문학 서설》 등이 나왔음.

7) 《프랑스어》, n° 3, 라루스, 《문체론》, 1969. 《문학 텍스트의 언어학적 묘사》, 1970년 9월. 《언어들》, 《언어학과 문학》(R. 바르트·G. 주네트·N. 뤼베·T. 토도로프·J. 크리스테바의 논문 수록), 1969년. n° 13, 《담화의 언어학》, 1969.

8) 《문학》, n° 1, 라루스, 편집위원회는 J. 벨맹 노엘·Cl. 뒤셰·P. 쿠엔츠·J. 르바이양·H. 미테랑으로 구성되었고, 총무는 J. 르바이양이 맡았음.

9) 앙리 미트랑, 필자와의 대담.

10) É. 루디네스코, 《정신분석학의 역사》, t. 2, 앞의 책, p.533.

11) 《텔켈 : 총괄 이론》, 쇠이유, 1968.

12) Ph. 솔레르스, 〈글쓰기와 혁명〉, 같은 책, p.72.

13) Ph. 솔레르스, 《텔켈: 총괄 이론》, 쇠이유(1968), 〈글쓰기와 혁명〉, 1980, p.75.

14) 같은 책, p.81.

15) 같은 책, 〈축소 반응〉, p.303.

16) 《《텔켈》은 어디로 가는가?》, 《라 캥잰 리테레르》, 1968년 1월.

17) Ph. 솔레르스, 《텔켈: 총괄 이론》, 〈축소 반응〉, 앞의 책, p.298.

18) 마르슬랭 플레네, 필자와의 대담.

19) 줄리아 크리스테바, '유쾌한 즐거움,' 라디오 프로, 앞서 인용한 방송.

20) 베르나르 시셰르, 필자와의 대담.

21) 같은 대담.

22) 장 피에르 파예, 필자와의 대담.

23) 《교환 Change》, nº 1, 1968. 참여자는 J.-P.파예 · J.-Cl. 몽텔 · J. 파리 · L. 로벨 · M. 로슈 · J. 루보 · N.-N. 뷔아르네였음.

24) 《교환》, 〈권두언〉, nº 1, 1968.

25) J.-P. 파예, 필자와의 대담.

26) 같은 대담.

27) J.-P. 파예, 필자와의 대담.

28) J.-P. 파예, 《포괄적 언어들》, 에르만, 1972.

29) J.-P. 파예, 필자와의 대담.

30) 《에스프리》, 1968년 5월, p.850-874.

31) M. 푸코, 〈하나의 질문에 대한 답변〉, 같은 책, p.854.

32) 같은 책, p.858.

33) 같은 책, p.860.

34) 같은 책, p.871.

35) 《신비평》, nº 38, 1970: 〈문학, 기호학, 그리고 마르크시즘〉.

36) Cl. 레비 스트로스, 《신비평》, nº 61, 1973년 2월, 카트린 바케스 클레몽과의 대담, p.27-36.

37) 장 클라브뢸, 필자와의 대담.

38) 르네 마조르, 필자와의 대담.

39) É. 루디네스코, 《정신분석학의 역사》, t. 2, 앞의 책, p.607.

40) J. 라캉, 르네 마조르가 필자에게 전한 말.

16. 부각되는 알튀세의 틀

1) A. 콩트 스퐁빌, 〈철학 교육〉, in 《정신의 자유》, nº 17, 1988년 겨울, 라 마뉘팍튀르, p.174.

2) 같은 책, p.177.

3) S. 카르츠, 《이론과 정치: 루이 알튀세》, 페이야르, 1974.

4) R. 로뱅 및 J. 길로무, 〈되찾은 정체성〉, 《변증법》, nº 15-16, 1976, p.38.

5) L. 알튀세, 〈이데올로기와 국가의 이데올로기적 장치〉, 《라 팡세》, nᵒ 151, 1970년 6월, 《입장들》, 소시알출판사, 1976, p.67-125에 재수록됨.

6) 《입장들》, p.93.

7) 같은 책, p.98.

8) 같은 책, p.101.

9) 로제 에스타블레, 필자와의 대담.

10) 조르주 엘리아 사르파티, 필자와의 대담.

11) 에마뉘엘 테레, 필자와의 대담.

12) E. 테레, 《미셸 이자르의 세미나》, 사회인류학연구소, 1989년 1월 5일.

13) 같은 책.

14) 같은 책.

15) 같은 책.

16) 같은 책.

17) E. 테레, 《원시 사회 앞에서 마르크시즘》, 마스페로, 1979(1969), p.95.

18) 같은 책, p.135.

19) 클로드 메야수, 필자와의 대담.

20) M. 오제, 《상징, 기능, 역사》, 아셰트, 1979, p.18.

21) 같은 책, p.206.

22) M. 고들리에, 《관념적인 것과 물질적인 것》, 1984, p.35.

23) M. 고들리에 《〈자본론〉에서 체계, 구조 그리고 모순》, 《현대》, 1966년 11월, 《지평: 인류학에서 마르크스주의의 궤적》, t. 2, 마스페로(1973), 1977에 재수록됨, p.97.

24) M. 고들리에, 《지평: 인류학에서 마르크스주의의 궤적》, 앞의 책, t. 1, p.111.

25) 같은 책, t. 2, p.51.

26) 같은 책, t. 1, p.120.

27) 같은 책, t. 1, p.160, 주 30).

28) P. 봉트, 《라 팡세》, nᵒ 187, 1976년 6월, p.85.

29) M. 고들리에, 〈인류학-역사-이데올로기〉, 《인간》, 1975년 7월-12월, p.180.

30) 피에르 앙사르, 필자와의 대담.

31) 같은 대담.

32) N. 풀란차스, 《정치 권력과 사회 계급》, 마스페로, 1968, p.11.

33) 같은 책, p.63.

34) 같은 책, p.121.

35) 르네 루로, 필자와의 대담.

36) M. 피샹 및 M. 페셰, 《과학의 역사에 대하여》, 마스페로, 1969.

37) M. 페쉐, 같은 책, p.30.

38) M. 피샹, 같은 책, p.54.

39) 같은 책, p.101.

40) P. 레이몽, 《유물론으로의 이동》, 마스페로, 1973. 《조합으로부터 확률까지》, 마스페로, 1975. 《역사와 과학》, 마스페로, 1975. 《변증법적 유물론과 논리학》, 마스페로, 1977. 뿐만 아니라 그는 프랑수아 마스페로사에서 '산식' 총서를 이끌게 되며, 특히 미셸 플롱의 《게임 이론》·상상의 정치학》를 내놓게 된다.

41) P. 레이몽, 《역사와 과학》, 마스페로, 1975, 포켓판, 1978, p.11.

42) 같은 책, p.53.

43) M. 플레네, 《텔켈, 총괄 이론》, 앞의 책, p.102.

44) Ph. 솔레르스, 〈글쓰기와 혁명〉, 같은 책, p.78.

45) D. 살나브, 〈개입의 규칙〉, 《문학》, n° 13, 1974년 2월, p.7.

46) 같은 책, p.12.

47) 레진 로뱅, 《시간 공간》지와의 대담, 〈사회과학의 구축〉, n° 47-48, 1991.

48) 같은 대담.

49) P. 빌라르, 〈마르크스주의적 역사, 구축되는 역사〉, in 《역사 연구 Faire de l'histoire》, J. 르 고프 및 P. 노라 공동 편집, 갈리마르, 1974, t. 1, p.169-209.

50) 《변증법》, n° 1-2, 1973년. 편집장은 D. 케제르그뤼베이고, 논문은 B. 아바키앙 링·M. 아벨레스·D. 케제르그뤼베·J. Cl. 쇼메트·Y. 망셀·S. 우브라르·Ch. -A. 링·J. -L. 피엘이 기고함.

51) 마르크 아벨레스, 필자와의 대담.

17. 내부에서 폭발하는 알튀세의 틀

1) L. 알튀세는 이미 1967년에 나온 《자본론 읽기》의 이탈리아어판 서문에서 이와 같은 자기 비판의 과정을 시작했다.

2) L. 알튀세, 《자본론 읽기》, 마스페로, 〈마스페로 문고판 총서〉, t. 1, 1968, p.5.

3) L. 알튀세, 《자기 비판의 요소들》, 아셰트, 1974, p.41.

4) 같은 책, p.57.

5) 같은 책, p.61.

6) 같은 책, p.65.

7) L. 알튀세, 《존 루이스에게 보내는 답변》, 마스페로, 1973, p.31.

8) L. 알튀세, 〈헤겔 앞에서 마르크스와 레닌〉, 1968. 이 논문은 《레닌과 철학》, 마스페로, 1969(이 책의 인쇄 부수는 2만 5천 부에 달하는데, 여기다 1972년부터 문고판 총서로 나온 1만 3천 부를 추가해야 한다)에 수록됨.

9) L. 알튀세, 《존 루이스에게 보내는 답변》, 앞의 책, p.51.

10) 같은 책, p.55.

11) E. 테레, 《르 몽드》, 1973년 8월 17일.

12) L. 알튀세, 《존 루이스에게 보내는 답변》, 앞의 책, p.93.

13) 같은 책, p.72.

14) É. 발리바르, 〈다시 한 번 침묵하라, 알튀세여!〉, 《현대》, 1988년 12월, p.3. 《알튀세를 위한 글들》, 라 데쿠베르트, 1991에 재수록됨.

15) 같은 책, p.9.

16) J. 랑시에르, 필자와의 대담.

17) 《자본론 읽기》는 '마스페로 문고판 총서'로 4권으로 나온다. 저자는 제1권이 알튀세와 에티엔 발리바르, 제2권이 알튀세와 에티엔 발리바르, 제3권은 자크 랑시에르, 제4권이 로제 에스타블레와 피에르 마슈레로 되어 있다.

18) J. 랑시에르, 〈《자본론 읽기》의 재출판을 위한 사용법〉, 《현대》, 1973년 11월, p.788-807.

19) J. 랑시에르, 필자와의 대담.

20) J. 랑시에르, 《알튀세의 교훈》, 갈리마르, 1974, p.10.

21) 같은 책, p.43.

22) 같은 책, p.159.

23) 같은 책, p.237-238.

24) 같은 책, p.235.

25) J. 랑시에르, 《르 몽드》, 1973년 9월 12일.

26) J. 랑시에르, 필자와의 대담.

27) 이 수식어는 피에르 마슈레와 에티엔 발리바르가 동시에 붙인 것이다. 필자와의 대담.

28) 에티엔 발리바르, 필자와의 대담.

29) 피에르 마슈레, 필자와의 대담.

30) 피에르 푸제롤라, 필자와의 대담.

31) P. 푸제롤라, 《레비 스트로스에 대항한 라캉과 알튀세》, 사벨리, 1976, p.141.

32) 같은 책, p.155.

33) D. 벤사이드, 《붉음》, 1973년 8월, 《르 몽드》, 1973년 8월 17일자에 재게재됨.

34) E. 망델, 〈마르크스를 수정하는 알튀세〉, 《제4인터내셔널》, 1970년 1월.

35) M. 로이, 〈마르크스의 역사주의적 인본주의 혹은 《자본론》 다시 읽기〉, 《인간과 사회》, 1970년 7월, p.112.

36) K. 마르크스, 《자본론》, in 《베르케 Werke 23》, 디에츠 베를라그, 베를린, 1968, p.181, 186.

37) M. 로이, 《인간과 사회》, 1970년 7월, p.117.

38) 같은 책, p.117.

39) J.-M. 도므나크, 〈텅빈 마르크시즘〉, 《에스프리》, 1974년 1월, p.111-125.

40) 같은 책, p.112.

41) 같은 책, p.118.

42) 같은 책, p.124.

18. 형식화의 신기루

1) 장 클로드 코케, 필자와의 대담.

2) 알지르다스 쥘리앵 그레마스, 필자와의 대담.

3) 장 클로드 코케, 필자와의 대담.

4) 줄리아 크리스테바, 필자와의 대담.

5) Ch. S. 퍼스, 《선택된 글쓰기》, 필립 P.와이너 출판사, 1958, p.389.

6) É. 벤베니스트, 〈랑그의 기호학〉, 《세미오티카》, 무통, 1969, 1호 및 2호. 《일반언어학의 문제》, 2, 1985, 앞의 책에 재수록됨, p.45.

7) 같은 책, p.61.

8) 같은 책, p.53.

9) J.-C. 코케, 필자와의 대담.

10) 같은 대담.

11) M. 프랑크, 《신구조주의란 무엇인가?》, 앞의 책, p.168-169.

12) 같은 책, p.49.

13) A.-J. 그레마스, 《텍스트의 기호학》, 쇠이유, 1975.

14) J. 제니나스카, 《네르발의 망상, 비평적 담론과 시적 담론》, 라루스, 1973.

15) M. 아리베, 《자리의 언어. 문학기호학 시론》, 클랭크시에크, 1972.

16) J.-C. 코케, 《문학기호학》, 맘, 1973.

17) A.-J. 그레마스, 《시적 기호학 시론》, 라루스, 1971, p.6.

18) J. 크리스테바, 《세미오티케》, 앞의 책, p.41.

19) P. 아몽, 〈인물의 기호학적 위상을 위하여〉, 앞의 책, p.110.

20) 같은 책, p.100.

21) A.-J. 그레마스, 《의미에 대하여, 기호학적 시론》, 쇠이유, 1970, p.188.

22) P. 아몽, 〈문학〉, in 《20세기 프랑스의 언어과학》, B. 포티에 책임 편집, 셀라프, 1980, p.302.

23) A.-J. 그레마스 책임 편집, 《법률적 담론의 기호학적 분석》, 1971. F. 라스티에, 《기호의 이데올로기와 이론》, 무통, 1972. 니콜라 뤼베, 《언어, 음악, 시》, 쇠이유, 1972. 롤랑 바르트, 《모드의 체계》, 쇠이유, 1967. 크리스티앙 메츠, 《언어와 영화》, 라루스, 1971. 《언어들》, n° 22, 〈서술의 기호학, 성서 이야기〉, 1971. L. 마랭, 《정열의 기호학》, 오비에, 1971. L. 마랭, 《구조 분석과 성서 해석》, 뇌샤텔, 1972. 《종교학 잡지》, 특별호, 〈신학에서 언어학적 분

석〉, 1973년 1월-3월. 《에스프리》, 특별호, 〈글쓰기 읽기〉, 1973 등.

24) 세르주 마르탱, 필자와의 대담.

25) R. 바르트, 〈발진〉, in 《랑그, 담론, 사회. 벤베니스트에 보내는 경의》, 쇠이유, 1975.

26) S. 마르탱, 《음악 언어. 체계들의 기호학》, 클랭크시에크, 1975.

27) S. 마르탱, 필자와의 대담.

28) S. 마르탱, 《음악 언어. 체계의 기호학》, 앞의 책, p.26.

29) J. 라캉, 《실리세》, nᵒ 4, 1973, p.40, 주 1).

30) C. 클레망, 《라캉의 생애와 전설》, 르 리브르 드 포슈, 1986(1981), p.35.

31) J. 라캉, 《세미나, 제20부, 다시 한 번(1973-1974)》, 1968년 3월, p.201-213.

32) F. 루스탕, 《라캉》, 미뉘, 1986, p.92.

33) 폴 앙리, 필자와의 대담.

34) J. 라캉, 《세미나. 정신분석학의 4개의 근본적 개념》, 앞의 책, p.226.

35) A. 레니에, 《인간과 사회》, nᵒ 7, 앙트로포, 1968년 3월, p.201-213.

36) Cl. 레비 스트로스, 《야생적 사고》, 플롱, 1962, p.138.

37) Cl. 레비 스트로스, 《날것과 익힌 것》, 플롱, 1964, p.16.

38) A. 레니에, 《인간과 사회》, nᵒ 7, 앞의 책, p.212-213.

39) 질 가스통 그랑제, 필자와의 대담.

40) Cl. 레비 스트로스, 《벌거벗은 인간》, 플롱, 1971, p.614.

41) F. 에리티에 오제, 《친족 관계의 실현》, 갈리마르-르 쇠이유, p.8.

42) 같은 책, p.9.

43) 같은 책, p.122.

19. 문학의 명백한 죽음에서 텍스트의 즐거움으로

1) Ph. 아몽, 《문학》, 앞의 책, p.307.

2) P. 발레리, 《전집》, 플레야드, 갈리마르, t. 1, p.1440.

3) N. 사로트, 《의혹의 시대》, 재판, 갈리마르, '이데' 총서, 1964, 서문.

4) J. 리카르두, 《문학은 무엇을 할 수 있는가?》, 레른, 1965, p.52.

5) A. 로브 그리예, 《50년대 철학적 쟁점》, C. G. 퐁피두, 1989, p.28.

6) A. 로브 그리예, 《누보 로망을 위하여》, 미뉘, 1963.

7) 같은 책, p.11.

8) 같은 책, p.20.

9) 같은 책, p.28.

10) 같은 책, p.123.

11) 같은 책, p.133.

12) R. 바르트, 〈객관적으로 이야기된 문학〉, 《비평》, 1955. 《비평적 에세이》에 재수록됨, 쇠이유(1964), 푸앵-쇠이유, 1971.

13) 같은 책, p.1971, p.70.

14) 같은 책, p.69.

15) R. 바르트, 〈작가와 글쟁이〉, 《논지들》, 1960, 같은 책에 재수록됨. p.153.

16) A. 로브 그리예, 《되돌아오는 거울》, 미뉘, 1984, 앙젤리크, 미뉘, 1987.

17) A. 로브 그리예, 《되돌아오는 거울》, 앞의 책, p.10.

18) 같은 책, p.38

19) R. 바르트, 〈오늘의 문학〉, 《텔켈》, 1961, 《비평적 에세이》에 재수록됨, 앞의 책, p.160.

20) M. 뷔토르, 《밀랑의 통로》, 미뉘, 1954.

21) M. 뷔토르, 〈소설에 관한 에세이〉, in 《총람 *Répertoire I*》, 미뉘, 1960.

22) R. 바르트, 〈문학과 불연속〉, 《비평》, 1962. 《비평적 에세이》에 재수록됨, 앞의 책, p.176.

23) J. 리카르두, 〈텍스트 연출〉, 《라 캥잰 리테레르》, 1967년 11월 1-15일.

24) M. 푸코, 루뱅의 인터뷰, 1981년 5월 7일, '오세아니크' (텔레비전 프로), FR3, 1988년 11월 13일 방영.

25) M. 블랑쇼, 《문학적 공간》, 갈리마르, 1955.

26) 같은 책, p.26.

27) M. 푸코, 〈바깥쪽의 사고〉, 《비평》, 1966년 6월, p.523-546.

28) 같은 책, 같은 곳.

29) 같은 책, 같은 곳.

30) M. 블랑쇼, 《미래의 책》, 갈리마르, 1959, p.247.

31) 같은 책, p.16, 100, 176.

32) R. 바르트, 〈카프카의 대답〉, 《프랑스 옵세르바퇴르》, 1960. 《비평적 에세이》에 재수록됨, 앞의 책, p.140.

33) J. 데리다, D. 카앙과의 대담, 앞의 책, p.14-27.

34) J. 데리다, 《입장들》, 앞의 책, p.95.

35) J. 데리다, 《조종》, 앞의 책, p.135.

36) J. 주네, 〈매우 고르게 작은 네모난 조각들로 찢겨져 화장실에 던져진 렘브란트의 한 작품에서 남은 것〉, 《텔켈》, n° 29, 1967.

37) P. 부공, 〈재구성된 주네〉, 《마가진 리테레르》, 1991년 3월, p.47.

38) J. 데리다, 《조종》, 앞의 책, p.48-49.

39) J. 들뢰즈, 《차이와 반복》, PUF, 1969, p.4.

40) J. 들뢰즈, in M. 크레솔, 《들뢰즈》, 대학출판사, 1973. G. 들뢰즈, 《협상》, 미뉘, 1990에 재수록됨, p.14.

41) 같은 책, p.16.

42) 같은 책, p.17.

43) J. 들뢰즈 및 F. 가타리, 《안티오이디푸스》, 미뉘, 1972, p.99.

44) 같은 책. p.59.

45) G. 들뢰즈, C. 바케스 클레망과 가진 '《안티오이디푸스》에 대한 대담,' 《라르크》, n° 49, 1972. 《협상》에 재수록됨, 앞의 책, p.29.

46) G. 들뢰즈 및 F. 가타리, 《안티오이디푸스》, 앞의 책, p.220.

47) 같은 책, p.325.

48) G. 들뢰즈, Ch. 데샹·D. 에리봉·R. 마기오리와의 대담, 《리베라시옹》, 1989, 10월 23일. 《협상》에 재수록됨, 앞의 책, p.50.

49) Ch. 뤼비, 《차이의 군도》, 앞의 책, p.107.

50) Ph. 아몽, 〈문학〉, 앞의 책, p.297.

51) R. 바르트, 《텍스트의 즐거움》, 쇠이유, 1973, 푸앵-쇠이유, p.103.

52) 같은 책, p.45.

53) 같은 책, p.75.

54) 같은 책, p.100.

55) R. 바르트, '라디오스코피,' 1975년 2월 17일, 프랑스-앵테르. 루이 장 칼베, 《롤랑 바르트》, 플라마리옹, 1990, p.251에서 재인용.

56) R. 바르트, 〈구속 없는 미학을 향하여〉(1975). 《언어의 속삭임》, 쇠이유, 1984에 재수록됨, p.96.

20. 철학과 구조: 타자의 모습

1) 자크 부베레스, 필자와의 대담.

2) 같은 대담.

3) 같은 대담.

4) 자크 오아로, 필자와의 대담.

5) V. 데콩브, 《거친 시대의 철학》, 미뉘, 1989, p.139.

6) J.-F. 리요타르, 〈회귀와 자본에 관한 노트〉, 세리지 학술대회에서 발표된 글, in 《오늘의 니체?》, 10/18, t. 1, 1973, p.157.

7) R. 아롱, 〈동일자와 타자의 역설〉, 《클로드 레비 스트로스 기념 논문집》, 무통, 1970, p.952.

8) P. 리쾨르, 《텍스트에서 행동으로》(1970), 쇠이유, 1986, p.147.

9) 같은 책, p.153.

10) 필립 데스콜라, 필자와의 대담.

11) 같은 대담.

12) 실뱅 오루, 필자와의 대담.

13) 같은 대담.

14) Cl. 레비 스트로스, R. 벨루르와의 대담, 《프랑스 문학》, n° 1165, 1967년 1월 12일. 《타자들의 책》, 앞의 책에 재수록됨, p.44.

15) Cl. 레비 스트로스, 〈아카데미 프랑세즈 신입회원 연설〉, 《르 몽드》, 1974년 6월 28일.

16) Cl. 레비 스트로스, J. -L. 드 랑뷔르와의 대담, 《르 몽드》, 1974년 6월 21일.

17) Cl. 레비 스트로스, 〈사회인문과학에서 과학적 기준〉, 《사회과학 국제학술지》, n° 4, vol. XVI, 1964, p.579-597. 《구조인류학 2》, 플롱, 1973에 재수록됨, p.359.

18) Cl. 레비 스트로스, 《구조인류학 2》, 앞의 책, p.320.

19) Cl. 레비 스트로스, J. -M. 브누아와의 대담, 《르 몽드》, 1979년 1월 21일.

20) R. 및 L. 마카리우스, 《구조주의 혹은 민족학》, 앙트로포, 1973, p.11.

21) E. 리치, 《버마[미얀마] 고지대의 정치 체계》(1964, 영어판), 마스페로, 1972, p.XIII.

22) Th. 파벨, 《언어학적 신기루》, 앞의 책, p.58.

23) A. 쥐랑빌, 《라캉과 철학》, PUF(1984), 1988, p.341.

24) J. 라캉, '라디오포니,' 앞의 책, p.97.

25) 같은 책, p.88.

26) A. 쥐랑빌, 《라캉과 철학》, 앞의 책, p.356.

27) 샤를 멜만, 필자와의 대담.

28) 베르나르 시셰르, 필자와의 대담.

29) 위베르 브로쉬에, 필자와의 대담.

30) 같은 대담.

31) J.-P. 베르낭, 《그리스 사상의 기원》, PUF, 1962.

32) J.-P. 베르낭, 필자와의 대담.

33) J.-P. 베르낭, 필자와의 대담.

34) 같은 대담.

35) J.-P. 베르낭, 《그리스인들의 신화와 사고》, 마스페로(1965), 마스페로 문고판, 1971, t. 1, p.209.

36) 같은 책, t. 2, p.124.

37) J.-P. 베르낭, 〈그리스 신화〉, Atti del(…), 1973, '결론 발표,' p.397-400.

38) 같은 책, 같은 곳.

39) Cl. 레비 스트로스, R. 벨루르와의 대담, 1972. 《클로드 레비 스트로스》, 이데-갈리마르, 1979에 재수록됨, p.174-175.

21. 역사와 구조: 화해

1) 《아날》, n° 3-4, 1971년 5월-8월, 부제 '역사와 구조.'
2) 앙드레 뷔르귀에르, 같은 책, p.VII.
3) Cl. 레비 스트로스, '월요일의 역사,' 프랑스 퀼튀르, 1971년 1월 25일.
4) K. 포미앙, 《새로운 역사》, 레츠 백과사전, 1978, p.543-544.
5) E. 르 루아 라뒤리, 〈부동의 역사〉, 콜레주 드 프랑스 취임 강의, 1973년 11월 30일. 《역사가의 영역》 t. 2에 재수록됨, 1978, p.7-34.
6) 같은 책, p.11.
7) 같은 책, p.13.
8) 같은 책, p.9.
9) F. 도스, 《파편화된 역사》, 라 데쿠베르트, 1987 참고 바람.
10) E. 르 루아 라뒤리, 〈부동의 역사〉, 앞의 책, p.34.
11) F. 퓌레, 《민족학자와 미래학자 사이의 역사학자》, 베니스국제학회, 무통, 1971.
12) 같은 책, p.61.
13) 조르주 뒤비, 필자와의 대담, 1980년 1월 4일, 《방드르디》지에 개재됨.
14) G. 뒤비, 《대화》, G. 라르드로와의 대담집임, 플라마리옹, 1980, p.119.
15) G. 뒤비, 《11세기 및 12세기의 마코네 지역 사회》, A. 콜랭, p.1953.
16) G. 뒤비, 필자와의 대담, 앞의 대담.
17) G. 뒤비, 필자와의 대담. 앞의 대담.
18) G. 뒤비, 《변증법》, n° 10-11, 1975, p.122.

22. 푸코와 역사의 해체(1): 《지식의 고고학》

1) M. 푸코, 《지식의 고고학》, 앞의 책, p.27.
2) 도미니크 르쿠르, 필자와의 대담.
3) 같은 대담.
4) D. 르쿠르, 《인식론 비판을 위하여》, 앞의 책, p.110.
5) M. 푸코, 《지식의 고고학》, 앞의 책, p.62.
6) 같은 책, p.62.
7) 같은 책, p.9.
8) 같은 책, p.13.
9) 같은 책, p.15.
10) 에마뉘엘 르 루아 라뒤리, 라디오 프랑스 퀼튀르, 1969년 7월 10일.

11) M. 푸코, 《지식의 고고학》, 앞의 책, p.15.

12) 같은 책, p.16.

13) 같은 책, p.17.

14) M. 푸코, 《르 몽드》, 1969년 5월 3일.

15) M. 푸코, 《지식의 고고학》, 앞의 책, p.20.

16) M. 프랑크, 《신구조주의란 무엇인가?》, 앞의 책, p.126.

17) J. 하버마스, 《현대성의 철학적 담론》, 앞의 책, p.296.

18) M. 푸코, 《지식의 고고학》, 앞의 책, p.164-165.

19) 같은 책, p.269.

20) D. 르쿠르, 〈지식의 고고학에 대하여〉, in 《팡세》, n° 152, 1970년 8월, 《인식론 비판을 위하여》, 앞의 책에 재수록됨.

21) D. 르쿠르, 필자와의 대담.

22) 장 미셸 베스니에, 필자에게 한 비판적 지적.

23) M. 푸코, 《지식의 고고학》, 앞의 책, p.24.

24) 같은 책, p.397.

25) H. -L. 드레퓌스 및 P. 라비노우, 《푸코, 철학적 도정》, 갈리마르, 1984, p.77-78.

26) 같은 책, p.107.

27) M. 푸코, 《지식의 고고학》, 앞의 책, p.228.

28) H. L. 드레퓌스, P. 라비노우, 《푸코, 철학적 도정》, 앞의 책, p.128.

29) Th. 파벨, 《언어학적 신기류》, 앞의 책, p.131.

30) G. 들뢰즈, 《새로운 기록보관자》, 숄리, 파타 모르가나, 1972, p.48.

31) M. 푸코, 《지식의 고고학》, 앞의 책, p.106.

32) H. -L. 드레퓌스 및 P. 라비노우, 《푸코, 철학적 도정》, 앞의 책, p.96.

33) M. 푸코, 《지식의 고고학》, 앞의 책, p.182-183.

34) 같은 책, p.133.

35) 같은 책, p.44.

36) G. 들뢰즈, 《새로운 기록 보관자》, 앞의 책, p.16-20.

37) 같은 책, p.22-23.

38) M. 푸코, 《지식의 고고학》, 앞의 책, p.68.

39) 같은 책, p.69.

40) D. 르쿠르, 필자와의 대담.

41) D. 르쿠르, 《라 팡세》, 앞의 책, p.101.

42) 같은 책, p.125.

43) J.-M. 팔미에, 《르 몽드》, 1969년 5월 3일.

44) F. 샤틀레, 《라 캥잰 리테레르》, n° 72, 1969년 5월 1-5일.

45) R. 로뱅, 《역사학과 언어학》, A. 콜랭, p.1973.

46) J. 뒤비뇨, 《누벨 옵세르바퇴르》, 1969년 4월 20일.

47) M. 푸코, 《지식의 고고학》, 앞의 책, p.28.

23. 푸코와 역사의 해체(2): 《감시와 처벌》

1) M. 푸코, 〈니체, 계보학, 역사〉, in 《이폴리트 추도 논문집》, PUF, 1971.

2) 같은 책, p.154.

3) M. 푸코, 《담론의 질서》, 갈리마르, p.1971.

4) 같은 책, p.53.

5) H. -L. 드레퓌스 및 P. 라비노우, 《푸코, 철학적 도정》, 앞의 책, p.157.

6) 같은 책, p.186.

7) J. 하버마스, 《현대성의 철학적 담론》, 앞의 책, p.302.

8) M. 푸코, '오세아니크,' 루뱅과의 대담. 앞의 인용된 방송 프로그램.

9) 다니엘 드페르, 프랑스 퀼튀르, 1988년 7월 7일.

10) 장 마리 도므나크, 필자와의 대담.

11) 다니엘 베크몽, 필자와의 대담.

12) M. 푸코, 《감시와 처벌》, 앞의 책, p.46.

13) 같은 책, p.52.

14) 같은 책, p.80.

15) 같은 책, p.93.

16) 같은 책, p.207.

17) 같은 책, p.196.

18) 같은 책, p.171.

19) J.-M. 베스니에 및 J.-P. 토마스, 《오늘날의 이념 연대기》, PUF, 1987, p.46.

20) 피에르 노라가 전해 준 정보임.

21) 미셸 페로, 필자와의 대담.

22) M. 페로, 필자와의 대담.

23) 같은 대담.

24) 《있을 수 없는 감옥》, 19세기 수감 제도에 대한 연구, M. 페로의 책임 편집, 쇠이유, 1980.

25) M. 페로, 필자와의 대담.

26) M. 푸코, 《있을 수 없는 감옥》, 앞의 책, p.55.

27) J. 레오나르, 같은 책, p.14.

28) 같은 책, p.15.

29) M. 페로, 필자와의 대담.

30) M. 푸코, 《나의 어머니, 나의 누이, 나의 형을 교살한 나 피에르 리비에르》, 갈리마르 쥘리아르, 1973,. B. 바레 크리젤 · G. 뷔를레 토르빅 · R. 카스텔 · J. 파브레 · A. 폰타나 · M. 푸코 · G. 르제 · p.물랭 · J.–P. 페테르 · Ph. 리오 · M. 세종이 완성한 자료.

31) J. 벤담, 《원형 감옥 *Le Panoptique*》, 벨퐁, 1977.

32) 아를레트 파르주, 필자와의 대담.

33) 같은 대담.

34) 같은 대담.

35) 같은 대담.

36) 같은 대담.

37) 아를레트 파르주 및 미셸 푸코, 《가족의 무질서》, 갈리마르, 1982.

38) 아를레트 파르주, 필자와의 대담.

24. 새로운 역사의 황금시대

1) 피에르 노라, 필자와의 대담.

2) 같은 대담.

3) 같은 대담.

4) 《역사학하기》, 각기 《새로운 문제들》, 《새로운 접근들》, 《새로운 대상들》로 제목이 붙은 세 권으로 이루어짐, 앞의 책.

5) J. 르 고프 및 P. 노라, 같은 책, t. 1, p.XI.

6) 에마뉘엘 르 루아 라뒤리, 《역사학자의 영역 I》, 갈리마르, 1973, p.423.

7) E. 르 루아 라뒤리, 《10세기 이후의 기후 역사》, 플라마리옹, 1967.

8) 피에르 노라, 필자와의 대담.

9) P. 빌라르, 〈마르크스주의적 역사, 구축중인 역사〉, 《역사학하기》, t. 1, 앞의 책, p.188.

10) 피에르 노라, 필자와의 대담.

11) 피에르 빌라르, 필자와의 대담.

12) M. 드 세르토, 〈역사학의 작업〉, 《역사학하기》, t. 1, 앞의 책, p.28.

13) P. 노라, 《르 누벨 옵세르바퇴르》, 1974년 5월 7일.

14) K. 포미앙, 《시간의 질서》, 갈리마르, 1984, p.94.

15) J. 르벨, 《시간 공간》지와의 대담, n° 34-35, 〈브로델의 제반 상태들〉, 1986년 12월.

16) E. 르 루아 라뒤리, 《역사학자의 영역》, t. 1, 앞의 책, p.20.

17) P. 베인, 《어떻게 역사를 기술할 것인가》, 쇠이유, 1971.

18) 같은 책.

19) P. 베인, 〈역사를 혁명시킨 푸코〉, 《어떻게 역사를 기술할 것인가》, 푸앵-쇠이유, 1978, p.203-204.

20) 같은 책, p.213-214.

21) 같은 책, p.235.

22) 같은 책, p.236.

23) F. 도스, 《파편화된 역사》, 앞의 책. 이 잡지는 1957-1969년의 시기 동안 문화사에 22.4 퍼센트의 글을 할해한 반면에, 1969-1976년 시기에는 32.8퍼센트의 글을 싣는 변화를 보여 준다.

색 인

김웅권
한국외국어대학교 불어과 졸업
프랑스 몽펠리에3대학 불문학 박사
현재 한국외국어대학교 연구교수
학위 논문: 〈앙드레 말로의 소설 세계에 있어서 의미의 탐구와 구조화〉
저서: 《앙드레 말로-소설 세계와 문화의 창조적 정복》
논문: 〈앙드레 말로의 《왕도》에 나타난 신비주의적 에로티시즘〉
(프랑스의 《현대문학지》 앙드레 말로 시리즈 10호),
〈앙드레 말로의 《인간의 조건》에서 광인 의식〉 (미국 《앙드레 말로 학술지》 27권)
역서: 《천재와 광기》 《니체 읽기》 《상상력의 세계사》
《순진함의 유혹》 《영원한 황홀》 《파스칼적 명상》 《기식자》
《운디네와 지식의 불》 《구조주의의 역사 II》 등

문예신서
137

구조주의의 역사 · III

초판발행 : 2003년 3월 10일

지은이 : 프랑수아 도스
옮긴이 : 김웅권
총편집 : 韓仁淑
펴낸곳 : 東文選
제10-64호, 78. 12. 16 등록
110-300 서울 종로구 관훈동 74번지
전화 : 737-2795

편집설계 : 李姃旻 李惠允

ISBN 89-8038-044-5 94160
ISBN 89-8038-042-9 (문예신서)

롤랑 바르트 전집 3

현대의 신화

이화여대 기호학 연구소 옮김

 이 책에서 바르트가 분석하고자 한 것은, 부르주아사회가 자연스럽게 생각하고 자명한 것으로 생각해 버려서 마치 신화처럼 되어 버린 현상들이다. 그것은 1950년대 중반부터 60년대 초까지 프랑스 사회에서 일어나고 있는 현상이지만, 이미 과거의 것이 되어 버린 것이 아니라 오늘날에도 유효한 것이기 때문에 독자들의 많은 관심을 불러일으키고 있다. 저자가 이책에서 보이고 있는 예리한 관찰과 분석, 그리고 거기에 대한 명석한 해석은 독자에게 감탄과 감동을 체험하게 하고 사물을 보는 새로운 눈을 뜨게 한다. 특히 후기 산업사회에 들어와서 반성 없이 이루어지고 있는 것, 가벼운 재미로만 이루어지면서도 대중을 지배하는 모든 것에 대해서 이 책은, 그것들이 그렇게 자연스런 것이 아니라는 것, 자명한 것이 아니라는 것을 알게 한다. 사회의 모든 현상이 숨은 의미를 감추고 있는 기호들이라고 생각하는 이 책은, 우리가 그 기호들의 의미 현상을 알고 있는 한 그 기호들을 그처럼 편안하게 소비하고 있을 수 없다는 것을 우리에게 알게 한다.
 이 책은 바르트 기호학이 완성되기 전에 씌어진 저작이기 때문에 엄밀한 의미에서 바르트 기호학을 대표하는 것은 아니지만, 그러나 그의 타고난 기호학적 감각과 현란한 문체로 이루어져 있어서 그의 기호학이론에 완전히 부합되고 있을 뿐만 아니라, 그의 텍스트 실천이론에도 상당히 관련되어 있어서 바르트 자신의 대표적 저작이라 할 수 있다.

東文選 文藝新書 171

미친 진실

줄리아 크리스테바 〔외〕

서민원 옮김

　"병원의 벽을 마주하고 말한다는 것은 항상 죽음과 소외 속에서 말할 수밖에 없는 필연성을 내포하고 있는 것이 아닐까? 그리고 만약 사실이 그렇다면 그 말이야말로 모든 말이 겪어야 할 필연적인 거북함을 그대로 드러내는 말이 아닐까? 그러므로 그 말이란 최초의 발견에 대한 약속이라기보다는 그 진실조차 숨겨져 있거나 부활 사이에서 억눌리는 주체 안에서 도망하는 도깨비불 같은 어떤 것이 아닐까?

　사실상 의사와 언어학자는 (그들의) 죽음 충동의 부인과 상반된 양극만을 다루어 왔다. 즉 그 하나는 환자들의 육체 또는 정신을 그것으로부터 해방시키려는 것이고, 다른 하나는 욕망과 그것의 도정들이 펼쳐내는 의미 작용을 배제시킨다는 조건하에서만 끊임없이 의사 소통하는 상상적인 대상, 즉 말을 구축시키는 것이다. 만약 정신분석가와 언어학자가 서로 만난다면 그 만남의 장소는 바로 필연적으로 정신분석이 이루어지는 장소이다. 따라서 이 두 종류 담론의 동일성이 공명하는 것이다. 그리고 이 자리에서 문제가 되는 바는 언어의 주체도 욕망의 주체도 아니다. 중요한 것은 상징적이고 사회적인 언어와 욕망의 분절 속에 새겨진 살해의 메커니즘과 그에 따른 단계들을 폭로하는 정신분석의 영역 안에서 이루어진다.

　분석의 섬광이란 드문 순간들이 아니라면 그 어디에서 이 울타리를 넘을 것인가? 기호학자가 긍정론에서 벗어난 채 방황하다가 기호 속에 새겨진 한 주체의 영향을 발견하면서 비로소 표현할 수 있게 된 기묘적절한 표현 속에 있는 것인가? 언어로 모든 종류의 정보를 다루는 한 텍스트 속에서, 또는 번뜩이는 환희로 그 모든 정보와 언어를 넘어서고 거부하는 무를 끌어내는 하나의 텍스트 속에서? 결국 그곳 바로 진실이 스스로를 구조의 불가능으로 인정하고 마는 그 지점에서? 마치 재생산과 반복으로 넘쳐나는 과잉 효과처럼? 결국 여기 제안된 텍스트가 우리를 이끌어 나가는 듯해 보이는 장소는 바로 이와 같은 장면들의 증언인 것이다.